Peter Weingart
Die Stunde der Wahrheit?

Zum Verhältnis der Wissenschaft zu
Politik, Wirtschaft und Medien
in der Wissensgesellschaft

Velbrück Wissenschaft

Erste Auflage 2001
© Velbrück Wissenschaft, Weilerswist 2001
Gesetzt vom Verlag aus der Stempel Garamond
Druck: Hubert & Co, Göttingen
Printed in Germany
ISBN 3-934730-29-9

Die Deutsche Bibliothek – CIP-Einheitsaufnahme
Ein Titeldatensatz für diese Publikation ist bei
Der Deutschen Bibliothek erhältlich.

Inhalt

Vorwort 9

1. Auf dem Weg in die Wissensgesellschaft?
   Diagnosen zum Wandel von Wissenschaft und
   Gesellschaft 11

2. Verwissenschaftlichung und Demokratisierung 35

   Wissensform und Gesellschaftsstruktur 35
   Kommunikation, Vertrauen und objektives Wissen –
   Genese und Funktion des wissenschaftlichen Ethos .. 39
   Die Institutionen der akademischen Wissenschaft –
   Akademien und Universitäten 54
   Akademische Wissensordnung und Herrschafts-
   ordnung – Diagnosen ihrer Veränderung 64
   Das wissenschaftliche ›Ethos‹ – die Prinzipien der
   Produktion zertifizierten Wissens 68

3. Wachstum, Differenzierung, Expansion und
   Identitätswandel der Wissenschaft 87

   Die Wissenschaft wächst am schnellsten 87
   Exponentielles Wachstum und sein Ende 90
   Produktion, Rezeption und Differenzierung 99
   Wachstum, Öffentlichkeit der Kommunikation und
   Qualitätskontrolle 109
   Wachstum, Differenzierung, Spezialisierung und
   institutionelle Identität der Wissenschaft 115

4. Wissenschaftliche Expertise und politische
   Entscheidung 127

   Eine verlorene Illusion 127
   Modelle wissenschaftlicher Expertise im politischen
   Prozeß 133
      Privilegiertes Wissen und die Bedrohung
      demokratischer Legitimierung 133
      Privilegiertes Wissen als politische Ressource –
      das rekursive Modell wissenschaftlicher Politik-
      beratung 139
   Von der Gefahrenabwehr zur Risikoprävention –
   Die enge Kopplung zwischen Wissenschaft und
   Politik 151
   Die Inflationierung wissenschaftlicher Expertise und
   die Vergeblichkeit ihrer Kontrolle 159
   Anstelle eines Epilogs – Wissenschaft und Politik live   169

5. Von der akademischen Forschung zur Kapitalisierung
   des Wissens? Zum Verhältnis von Wissenschaft und
   Wirtschaft 171

   Ein neues Verhältnis von Universität und Industrie ... 171
   Ursachen einer neuen Abhängigkeit zwischen
   Universität und Industrie 176
      Verbindungen zwischen Universitäten und
      Industrie in historischer Perspektive 178
      Die Nützlichkeit der Wissenschaft und die
      wechselseitige Abhängigkeit von Universität und
      Industrie 185
   Modelle des Verhältnisses von ›reiner‹ und
   industrieller Forschung 191
   Ökonomisierung der Wissenschaft oder Akademi-
   sierung der Industrie? Organisationsformen der engen
   Kopplung von akademischer und industrieller
   Forschung 198
      Drei Fallbeispiele: Siemens, IBM und Schering 201
      Universität – Industrie: Vermittlungsmechanismen .   210

Konfliktlinien zwischen Wissenschaft und Wirtschaft 216
  Mechanismen der Kontrolle 217
  Geheimhaltung und die Sicherung intellektueller
  Eigentumsrechte 221
Alte Werte, neue Orientierungen 229

6. Wissenschaft und Medien – Versuchungen öffentlicher
   Aufmerksamkeit 232

   Die Wissenschaft entdeckt die Medien 232
   Das traditionelle Modell der Popularisierung und
   seine Kritik 233
   Die Eigenständigkeit der Medien 237
   Eigenständigkeit der Wissenschaft, Legitimations-
   bedarf und die Rolle der Medien 240
   Die ›Medialisierung‹ der Wissenschaft 244
   Priorität, Profit und Presse – Kalte Fusion und die
   Folgen 254
   Wissenschaftliche Reputation, mediale Prominenz –
   Zur Rolle von Wissenschaftlern als Medienstars 262
   Karriere eines Medienstars – Daniel Goldhagen
   zwischen medialer Prominenz und wissenschaftlicher
   Kritik 267
   Katastrophendiskurse – Zum strategischen Umgang
   der Wissenschaft mit den Medien 272
   Auch das Fazit ziehen die Medien selbst 282

7. Der Verlust von Distanz und Vertrauen
   ›Peer review‹, Betrug und die Externalisierung der
   wissenschaftlichen Steuerungsmechanismen 284

   ›Peer review‹ und Autonomie der Wissenschaft 284
   Betrug in der Wissenschaft 292
     Betrug in der Wissenschaft im Spiegel der Medien . . 295
     Die Reaktion der Wissenschaft auf Betrug und
     deren Ursachen 300

Die Externalisierung der Leistungsbewertung 310
Die Rückwirkungen der Externalisierung der
Leistungsbewertung auf die Wissenschaft 318
Das Dilemma der Externalisierung von Steuerung und
Kontrolle 322

8. Die Zukunft der Wissensordnung 325

Wissen in der ›Wissensgesellschaft‹ 325
Soziale Distribution der Wissensproduktion und
Generalisierung der Forschung als Handlungs-
modus 333
Soziale Distribuiertheit der Wissensproduktion und
Institutionalisierungsgefälle 337
Wissensgesellschaft und neue Epistemologie? 342
Das Publikum der Wissenschaft – Varianten der
Re-Integration 344
Das Neue der Wissensordnung 351

Literatur 356

Namenregister 384
Sachregister 391

Vorwort

Der Plan zu diesem Buch reicht viele Jahre zurück, und die Ausführung hat ebenfalls einige Jahre in Anspruch genommen. Dieser Zeitraum hat sich letztlich als Vorteil erwiesen, denn für viele der diagnostizierten Entwicklungen, die sich zuvor nur auf wenige Beobachtungen und viel spekulative Phantasie stützten, haben sich erst in jüngster Zeit empirische Belege beibringen lassen. Das betrifft insbesondere die Analysen zum Verhältnis der Wissenschaft zu Politik, Wirtschaft und den Medien. Diese Analysen konnten von mehreren größeren Forschungsprojekten profitieren; die jeweiligen fördernden Einrichtungen und Gesprächspartner sind an den entsprechenden Stellen im Text erwähnt. Ihnen sei hier nochmals pauschal für die Unterstützung gedankt. Maurice Aymard, dem Direktor der *Maison des Sciences de l'Homme*, danke ich dafür, es mir mit zwei Aufenthalten ermöglicht zu haben, die einsame Freiheit der *Maison Suger* und Diskussionen vor allem mit Terry Shinn, Paul Foreman und den Teilnehmern des Seminars von Gérard Lemaine produktiv für das Buch zu nutzen.

Eine Reihe von Diplom-, Dissertations- und Habilitationsprojekten von Studenten und Mitarbeitern haben ebenfalls zur Anreicherung des Materials beigetragen. Abgesehen von der ordnungsgemäßen, dem Prinzip der Kommunalität gemäßen Zitierung im Text sei hier erwähnt, daß ich dankbar für einen Lehr- und Forschungskontext bin, in dem eine intellektuell überaus stimulierende und sozial kooperative Atmosphäre zwischen allen Mitgliedern, Studenten, Mitarbeitern und Lehrenden herrscht, ganz wie es dem Ideal der akademischen Gemeinschaft entspricht.

Dazu zählen die technische Unterstützung bei der Materialbeschaffung und der formalen Herstellung des Textes, für die ich Saskia Heise und Anna Kosmützky danke, sowie die Erstellung des Registers, für die ich Lilo Jegerlehner dankbar bin. Dazu zählt insbesondere auch die Bereitschaft, eigene Arbeitszeit zu opfern, gezielte Fragen zu beantworten und schließlich dem Gebot der organisierten Skepsis gemäß Texte kritisch zu lesen. Für diese unschätzbare Hilfe sowie für ihre von allen Alters- und Autoritätsunterschieden unbeeindruckte und regelmäßig bekräftigte Erwartung an mich, das Buch fertigzustellen, danke ich ganz besonders Matthias Winterhager, Anita Engels, Georg Krücken sowie schließlich Sabine Maasen für ein allerletztes Insistieren auf textlichen Klärungen, die ich dem Leser überlassen hätte. All das schmälert nicht meine Verantwortung. Der hieraus möglicherweise entstehende Eindruck, damit werde ein Stück traditioneller Wissenschafts- und Universitätskultur beschworen, ist beabsichtigt. Das Buch handelt von ihrer Veränderung.

Werther, August 2000

1. Auf dem Weg in die Wissensgesellschaft?

Diagnosen zum Wandel von Wissenschaft und Gesellschaft

Das Ende des Jahrhunderts – und gar der Beginn eines neuen Millenniums – ist Anlaß für viele weitgreifende Diagnosen über den Zustand und die Zukunft der Gesellschaft. Zwei solcher Diagnosen stehen mit diesem Datum nur in zufälligem zeitlichen Zusammenhang: Die eine konstatiert einen epochalen Wandel der Gesellschaft von der Industrie- zur *Wissensgesellschaft*, die andere behauptet einen kaum weniger fundamentalen Wandel des Modus der Wissensproduktion, von der akademischen zu einer *postnormalen* Wissenschaft. Obgleich beide Diagnosen unabhängig voneinander gestellt worden sind und auf den ersten Blick nicht einmal viel miteinander gemein haben, bestehen zwischen ihnen relevante und instruktive Zusammenhänge.

Robert E. Lane sprach zum erstenmal 1966 von einer »knowledgeable society«, die dadurch charakterisiert sei, daß ihre Mitglieder sich in ihrer Lebensweise besonders auf wissenschaftliches Wissen verlassen, einen erheblichen Teil ihrer Ressourcen für wissenschaftliche Forschung aufwenden und dieses Wissen in instrumenteller Weise für die Realisierung ihrer Ziele und Wertvorstellungen einsetzen (Lane 1966, S. 650; Stehr 1994, S. 26). Radovan Richta und seine Mitarbeiter diagnostizierten Ende der sechziger Jahre eine *wissenschaftlich-technische Revolution* mit weitreichenden Folgen für die Gesellschaft (Richta u. a. 1968). Daniel Bell verwendete die Begriffe »post-industrielle«, »professionelle«, »Informations-« und »Wissensgesellschaft« weitgehend synonym. Wichtigste Merkmale der Wissensgesellschaft (›knowledge society‹) waren für Bell die Zentralität *theoretischen Wissens*, die primäre Bedeutung von Wissenschaft und Technologie als Innovationsquellen, die Priorität des Ausbildungs- und Forschungssektors im Hinblick auf die gesellschaftlichen Aufwendungen und die Zahl der in ihm beschäftigten Personen (Bell 1973, S. 37, 213 f.).

In einer neueren Diagnose, zwanzig Jahre später, nennt Nico Stehr als weitere Aspekte der Wissensgesellschaft die Durchdringung aller Lebens- und Handlungsbereiche mit wissenschaftlichem Wissen (Verwissenschaftlichung), die Verdrängung anderer Wissensformen durch wissenschaftliches Wissen, die Entstehung eines gesonderten Sektors der Wissenschafts- und Bildungspolitik, die Herausbildung der Wissensproduktion als eines neuen Produktionssektors, die Veränderung von Herrschaftsstrukturen, hier vor allem die Verschiebung der Legitimationsgrundlage von Herrschaft hin zu wissenschaftlich fundiertem Spezialwissen, und schließlich die Entwicklung des Wissens zu einem Kriterium sozialer Strukturbildung (Ungleichheit und Konflikte) (Stehr 1994, S. 36 f.).

Die früheren Thesen zur Entstehung der Wissensgesellschaft und noch eindeutiger die zur Informationsgesellschaft waren vom szientistischen bzw. technokratischen Optimismus der frühen sechziger Jahre geprägt und setzten einen wissenschaftlich-technischen Determinismus und mit ihm das ›Ende‹ von Politik und Ideologie voraus.

Der ältere Begriff der Informationsgesellschaft, der im politischen Bereich nahezu synonym zu dem der Wissensgesellschaft im Umlauf ist, transportiert mehr noch als dieser die Vorstellung, daß es in der zukünftigen Gesellschaft in erster Linie um die Verfügbarkeit möglichst umfassender Information und deren Verarbeitung geht, ohne daß der Gehalt der Information selbst problematisiert wird. In naher Verwandtschaft dazu steht Willkes Definition der Wissensgesellschaft. Demnach ist von einer Wissensgesellschaft bzw. einer wissensbasierten Gesellschaft dann zu sprechen, »wenn die Strukturen und Prozesse der materiellen und symbolischen Reproduktion einer Gesellschaft so von wissensabhängigen Operationen durchdrungen sind, daß Informationsverarbeitung, symbolische Analyse und Expertensysteme gegenüber anderen Faktoren der Reproduktion vorrangig werden« (Willke 1998, S. 162). Gemäß dieser Definition wird die Wissensgesellschaft ausdrücklich von einer »Wissen*schafts*gesellschaft« unterschieden, die als fragwürdiges Modell erscheint, weil sie impliziert, daß das Funktionssystem der Wissenschaft für die gesamte Gesellschaft steht. Wissensgesellschaft meint statt dessen, daß »eine neue Form der Wissensbasierung und Symbolisierung *alle* Bereiche einer Gesellschaft durchdringt *und* kontextspezifische Expertise in allen Bereichen der Gesellschaft generiert wird« (ebd., S. 164).[1] Ungeachtet derartiger Variationen sind die Begriffe Orientierungskategorien, die der Legitimation tiefgreifender struktureller Veränderungen im Wirtschaftssektor, aber auch im Bereich der Bildung und der staatlichen Wohlfahrtssysteme dienen.

Das mit diesen Begriffen nahegelegte Versprechen einer auf Wissen beruhenden Gesellschaftsordnung, die sozial gerechtere, wirtschaftlich effektivere, politisch rationalere, ökologisch angepaßtere, mithin insgesamt bessere Strukturen aufweist, steht in auffälligem Mißverhältnis zu einer Reihe anderer Leitbegriffe und Topoi des öffentlichen Diskurses: Risiko, Unsicherheit, Nichtwissen, Autoritätsverfall der Experten. Diese Begriffe signalisieren, im scharfen Kontrast zu dem der Wissensgesellschaft, die naturzerstörende Unangemessenheit der Wissenschaft und der Technik, ihr Versagen vor der Aufgabe einer Versöhnung der divergierenden Ziele individueller Wohlfahrt, sozialer Gerechtigkeit und des nachhaltigen Umgangs mit den natürlichen Ressourcen sowie ihre Anmaßung einer unbegründeten und nicht legitimierten Autorität. Zum Teil hat diese Skepsis schon die neueren Konzepte der Wissensgesellschaft erfaßt und ihnen ihren naiven Optimismus genommen. Stehr betont, daß das Kennzeichen der Wissensgesellschaft gerade ihre mangelnde Determiniertheit sei. Wissensgesellschaften sind demzufolge zwar durch die zentrale Bedeutung wissenschaftlichen Wissens als Instrument effizienter Kontrolle und Regulierung charakterisiert, aber zugleich multiplizierten Wissenschaft und Technik auch die Widerstandspotentiale gegen die von ihnen selbst hervorgebrachten Entwicklungen. In der Wissensgesellschaft spielen Wissen *und* Nichtwissen eine zentrale Rolle, und es gibt Konflikte um den Zugang zu Wissen, weil Wissen die Basis von Macht und Herrschaft und damit von sozialer Ungleichheit sein kann (Stehr 1994, S. 40f.). Der Begriff der *Risikogesellschaft* wird in der medialen Aufmerksamkeit erst allmählich von dem der Wissensgesellschaft eingeholt.

1 Willkes Begriff der Wissensgesellschaft weist insofern große Nähe zu diesem Begriff aus, als er ein Kriterium in der »embedded intelligence« sieht, das heißt, daß »ihre Infrastrukturen (Telekommunikationssysteme, Telematik- und Verkehrssystemsteuerung, Energiesysteme) mit eingebauter, kontextsensitiver Expertise arbeiten« (Willke 1998, S. 164).

Die verbreitete Skepsis gegenüber den Modernisierungsperspektiven der Wissensgesellschaft oder gar ihre Ablehnung hat in den letzten beiden Jahrzehnten zu einer tiefgreifenden Polarisierung der Gesellschaften geführt und ist zu der wohl ernstesten Belastung der politischen Systeme der führenden Industrienationen geworden. Zugleich hat sich die Gefährdung des gesellschaftlichen Konsenses als Motor für eine weitreichende Reflexion der Kriterien gesellschaftlicher Entwicklung und damit des sozialen Wandels erwiesen.

Ein Vergleich der verschiedenen über mehr als drei Jahrzehnte hinweg formulierten Diagnosen zur Wissensgesellschaft offenbart die Züge des jeweiligen Zeitgeists.[2] Die Konstante bleibt jedoch der behauptete Gegensatz zu der vorangegangenen Epoche der Industriegesellschaft, in der das Eigentum an Produktionsmitteln bzw. die Verfügung über sie das entscheidende Kriterium gesellschaftlicher Macht und Strukturbildung war. Wissenschaftliches Wissen, so die übereinstimmende These, tritt hinsichtlich der gesellschaftlichen Funktion und Bedeutung an die Stelle materieller Produktionsmittel.

Die Begriffe ›Informationsgesellschaft‹, ›Risikogesellschaft‹ und ›Wissensgesellschaft‹ bilden also jeweils affirmative oder kritische Wahrnehmungen der Rolle der Wissenschaft in der Gesellschaft ab. In allen Entwürfen wird die Zentralität wissenschaftlichen Wissens unterstellt, auch wenn sie zum Teil gegensätzlich bewertet wird. Sie lenkt nun die Aufmerksamkeit auf Diagnosen zur Veränderung des Wissenschaftssystems. Die Erwartungen an die Wissenschaft, daß sie verläßliches Wissen, größere Gewißheit für riskante Entscheidungen und eine höhere kommunikative Rationalität gewährleisten könne, werden in diesen Diagnosen enttäuscht. Statt dessen werden grundlegende Veränderungen des Wissenschaftssystems behauptet, die ein wesentlich komplexeres und schon gar kein szientistisch beruhigendes Bild vermitteln: Das akademische System der Wissenschaft, in dem die Grundlagenforschung an den Universitäten betrieben wird, befindet sich demnach in Auflösung. Anders gesagt: Die Wissenschaft als soziale Institution löst sich aus ih-

---

2 Bei Stehr (1994) findet sich ein weitergehender Überblick über Konzeptionen zur Wissensgesellschaft, die hier nicht alle erwähnt werden. Auch die folgenden Beispiele zu postnormaler Wissenschaft sind nur eine Auswahl.

rer vormaligen relativen sozialen Isolation und diffundiert in viele Bereiche der Gesellschaft; das heißt, die Regeln und Werte wissenschaftlichen Forschens werden in anderen gesellschaftlichen Handlungskontexten verbindlich. Der Zugang zu wissenschaftlichem Wissen wird prinzipiell für alle gesellschaftlichen Gruppen geöffnet. Die Kriterien der Beurteilung von Qualität und Relevanz des Wissens werden nicht mehr allein von der Wissenschaft selbst definiert, sondern aufgrund der erhöhten Nutzenerwartungen und Anwendungsorientierung auch von den Anwendern des Wissens. Die Wissenschaft verliert damit ihre institutionelle Identität und ihr Monopol der Erzeugung gesicherten Wissens.

Auch die epistemische Orientierung der Wissenschaft und ihre innere Struktur verändern sich. Wissensproduktion ist nicht länger vorrangig auf die Suche nach Naturgesetzen gerichtet, sondern findet in Anwendungskontexten statt. Disziplinen sind infolgedessen nicht mehr die entscheidenden Orientierungsrahmen, weder für die Forschung noch für die Definition von Gegenstandsbereichen. Statt dessen ist die Forschung durch Transdisziplinarität charakterisiert: Die Problemlösungen entstehen im Kontext der Anwendung, transdisziplinäres Wissen hat seine eigenen theoretischen Strukturen und Forschungsmethoden. Die Qualitätskriterien und -kontrollen der Forschung werden nicht mehr ausschließlich aus den Disziplinen heraus festgelegt und über die ›peer review‹ ausgeübt, sondern aus den Anwendungskontexten erwachsen zusätzliche oder gar konkurrierende soziale, politische und ökonomische Kriterien. Es wird schwieriger, zu bestimmen, was gute Forschung ist. Die Wissensproduktion wird gesellschaftlich rechenschaftspflichtig und reflexiv, das heißt, die Forschung steht unter veränderten Legitimationszwängen. Sie orientiert sich verstärkt an sozialen Werten und politischen Zielen sowie an den Medien (Gibbons u. a. 1994, S. 4 ff.; Funtowicz, Ravetz 1993).[3] Die daraus gefolgerte, weitreichende Prognose lautet, daß die traditionelle Form der Wissenschaft (»Modus 1«) im größeren, neuen System (»Modus 2«) aufgehen wird (Gibbons u. a. 1994, S. 154). Eine eher

---

3 In der Frage, wie tiefgreifend dieser diagnostizierte Wandel der Wissenschaft zu den ›neuen Formen der Wissensproduktion‹ tatsächlich ist, besteht keine Einigkeit. Zur Detailkritik der Thesen vgl. Weingart (1997c).

noch weiter reichende Behauptung geht dahin, daß es sich bei den beobachteten Veränderungen um eine »qualitative Transformation der Wissenschaft« handelt, mehr noch, um eine Revolution wie die des 17. Jahrhunderts, die die Definition von Gegenständen, Methoden und sozialen Funktionen beeinflussen wird (Funtowicz, Ravetz 1993, S. 112, 117).

Damit sind die zentralen Momente genannt, die die Diagnosen zur *Entstehung der Wissensgesellschaft* und diejenigen zur *Transformation der Wissensproduktion* miteinander verbinden. Im Kern handelt es sich um zum Teil widersprüchliche Beschreibungen miteinander verbundener Phänomene aus zwei unterschiedlichen Perspektiven. Wenn die Wissensgesellschaft durch die zentrale Funktion des Wissens in der Gesellschaft charakterisiert ist und gleichzeitig die Auflösung der Wissenschaft als Institution in ihrer traditionellen (das heißt modernen) Form erfolgt, welche Gestalt nimmt dann die *Wissensordnung* an, das Ensemble gesellschaftlicher Arrangements also, das die Produktion und die Diffusion von Wissen reguliert?[4]

Aus der gesellschaftlichen Perspektive heraus vollzieht sich eine Entwicklung, die durch die Verallgemeinerung des Forschungsverhaltens für prinzipiell alle gesellschaftlichen Handlungsbereiche charakterisiert werden kann. Max Weber kann als der erste Theoretiker dieser Entwicklung gelten, insofern er den Rationalisierungs- und Intellektualisierungsprozeß vor allem durch das Paradigma der Wissenschaft geprägt sah, das heißt das Wissen bzw. den Glauben daran, daß man »alle Dinge – im Prinzip – durch Berechnen beherrschen könne« (Weber 1922a, S. 536). Der darin noch zu erkennende szientistische Optimismus wird vor dem Hintergrund der risikofixierten Technikernüchterung im letzten Viertel des 20. Jahrhunderts zurückgenommen und in einer anderen Richtung theoretisch präzisiert. Die Wissensgesellschaft ist nicht ausreichend durch die ver-

---

[4] Helmut Spinners Konzept der Wissensordnung ist, primär aus der Perspektive der praktischen Philosophie, ein normatives, das heißt ordnungs*politisches* Konzept. Sein Grundgedanke, daß Wissen Gegenstand einer sozialen Ordnung ist wie die Wirtschaft und das Recht, hat eine fruchtbare analytische Funktion. Der normative Impetus und der weit gefaßte Wissensbegriff – »Wissen aller Arten, in jeder Menge und Güte« (Spinner 1994, S. 142) – führt dagegen (noch) zu Unordnung in der Empirie (ebd., insbesondere Kapitel I, II).

mehrte Produktion und Anwendung wissenschaftlichen Wissens charakterisiert, wie dies die frühen Theoretiker der Wissensgesellschaft noch gesehen haben (Stehr 1994, S. 203 f.). Dies ist nur das Oberflächenphänomen. Das demgegenüber weitertragende Kriterium besteht in der Generalisierung des Handlungstypus wissenschaftlicher Forschung. Die systematische und kontrollierte Reflexion wird zum verbreiteten Handlungsprinzip in der Gesellschaft. Damit werden – wiederum *im Prinzip* – alle Handlungsorientierungen, Normen und Werte, die vormals fraglos tradiert wurden, der *Reflexion* zugänglich und auf den Fortgang der Wissensproduktion beziehbar. Dieses Merkmal moderner bzw. postmoderner Gesellschaften ist als *Verwissenschaftlichung* der Gesellschaft (Weingart 1983) bezeichnet worden.

Die ›Wissensgesellschaft‹ definiert sich aus dieser Sicht also dadurch, daß die Institutionalisierung reflexiver Mechanismen in allen funktional spezifischen Teilbereichen stattfindet. Diese reflexiven Mechanismen entsprechen dem, was bei Luhmann als Reflexionstheorien der Funktionssysteme behandelt wird, das heißt, sie haben die Erzeugung gesicherten Wissens über den entsprechenden Bereich zum Ziel. In der Wirtschaft wird Wissen über Märkte, Ertragserwartungen, Devisenkursentwicklungen etc. mit den Mitteln und im Stil der Wissenschaft erzeugt; Entsprechendes gilt für die Politik, das Recht etc. (Luhmann 1990b, S. 472 ff.; 1997, S. 958 ff.).

Die reflexiven Mechanismen unterscheiden sich von den Mechanismen der Erfahrungssammlung vergangener Gesellschaftsformen ebenso wie von der Rationalisierung im Sinne Max Webers als Kennzeichen der Moderne dadurch, daß Erfahrungen nicht mehr passiv ›gemacht‹ und verarbeitet werden, sondern prospektiv durch ›forschendes‹ Verhalten gesucht und in Gestalt systematischer Variationen gewählt und reflektiert werden. Gesellschaftliche Innovationen in allen Funktionsbereichen geraten zunehmend unter den Imperativ des durch ›aktive Erfahrung‹ gesteuerten Lernens: Um strategisch handeln zu können, wird die Zukunft durch hypothetische Entwürfe, Simulationen und Modelle vorweggenommen; die Ursachen für Abweichungen tatsächlicher Ereignisse von erwarteten werden systematisch erforscht; die dabei produzierten Daten werden gespeichert und weiterverarbeitet, das heißt in den Prozeß zurückgegeben. Damit ändert sich die Geschwindigkeit und das Volumen der Informationsverarbeitung moderner Wissensgesellschaften um Größenordnungen. Diese Entwicklung geht mit der Entwicklung entsprechender Infrastrukturen Hand in Hand.

Die reflexiven Mechanismen sind ›Lernmechanismen‹ der Gesellschaft und lassen die übrigen Strukturen nicht unberührt. Vielmehr zwingen die systematisch erzeugten und verarbeiteten ›Erfahrungen‹ zweiter Ordnung zu fortwährenden internen Anpassungsprozessen.

Was bedeuten die mit dem Begriff der *Wissensgesellschaft* beschriebenen Veränderungen für die *Wissenschaft*? Aus der Perspektive der Wissenschaft findet die Verallgemeinerung der Reflexion ihren Ausdruck unter anderem darin, daß auch außerhalb der Grenzen der klassischen Forschungseinrichtungen Wissen mit wissenschaftlichen Methoden erzeugt wird. Es ist jedoch kein grundlegendes Wissen über Naturgesetze, sondern bezieht sich auf den jeweiligen Anwendungskontext. Es fügt sich auch nicht unbedingt in den gültigen Kanon der Disziplinen ein, die an den Universitäten nach wie vor die Ausbildung strukturieren. Infolgedessen wird dieses Wissen auch nicht ausschließlich nach den disziplinenspezifischen Qualitätskriterien bewertet, und es wird auch nicht ausschließlich in den disziplineneigenen Kommunikationskanälen kommuniziert.

Eine weitere Beobachtung bezieht sich auf die veränderten Legitimationsbedingungen der Wissenschaft: Die angesichts des Wachstums der Wissenschaft und der Diversifizierung der Forschungsfragen gestiegenen gesellschaftlichen Aufwendungen für die Forschung, die Erweiterung der Anwendungskontexte bzw. der möglichen Nutzungen wissenschaftlichen Wissens und damit die (zeitlich und sachlich) größere Nähe zu ihnen haben den Legitimierungsdruck erhöht und zugleich auch die Wissenschaft der Selbstreflexion unterworfen. Aufgrund dessen ist sie stärker als zuvor auf politische und wirtschaftliche Zielsetzungen sowie auf ihre Darstellung in den und ihre Wahrnehmung durch die Medien hin orientiert.

Diese Entwicklung kann, spiegelbildlich zu der *Verwissenschaftlichung* der Gesellschaft, als *Vergesellschaftung* der Wissenschaft verstanden werden oder, aussagekräftiger an die funktionale Differenzierung der Gesellschaft gebunden, als *Poli-*

tisierung, Ökonomisierung und *Medialisierung* der Wissenschaft.[5]

Die Symmetrie dieser Konstruktion, in die ich die Diagnosen der Wissensgesellschaft und der Transformation der Wissenschaft übersetzt habe, erscheint widersprüchlich, insofern sich die Frage aufdrängt, in welche Richtung die Determinierung der jeweils gemeinten Systeme verläuft. Eine solche Sichtweise wird immerhin durch zwei Typen von Theorien nahegelegt, die gängige Antworten auf die Frage darstellen, sich jedoch als Simplifizierungen erweisen lassen. Der erste Typus kennzeichnet die *Technokratietheorien*. In diesen Theorien wird postuliert, daß die Verwissenschaftlichung der Gesellschaft gleichbedeutend mit der Generalisierung wissenschaftlicher Rationalität und, so die Schlußfolgerung, mit dem Ende von Ideologien und Politik sei. Die in Deutschland einflußreichste Formulierung der Technokratietheorie stammt von Helmut Schelsky, und sie ist beispielhaft für andere Versionen. Schelsky sprach von der »Verwissenschaftlichung unseres Lebens«, das ein »neuartiges Verhältnis von Mensch und Welt« sowie »von Mensch zu Mensch« habe entstehen lassen. Der »technische Staat«, der mit der »wissenschaftlich-technischen Zivilisation« entstanden sei, ist nicht mehr durch »politische Normen und Gesetze«, sondern von »Sachgesetzlichkeiten« geprägt, die in der Demokratie an die Stelle des ›politischen Volkswillens‹ treten. »Herrschaftsdisziplin« werde zur »Sachdisziplin« umgeformt. Ein »Großteil der Politik« vollziehe sich in verschiedenen Formen von »Gutachterkämpfen« (Schelsky 1979, S. 450, 465, 470 f.). Schelsky formulierte seine Analyse des technischen Staats und des Absterbens der Politik auf der Grundlage zeitgenössischer Beobachtungen unterschiedlicher Genres aus der Perspektive des kulturkritischen Konservatismus und folgte darin explizit Autoren wie Jacques Ellul (1954) und implizit den ihm nahestehenden Hans Freyer (1955) und Arnold Gehlen (1957). Hervorragendes Kennzeichen dieser Sicht war die Unterstellung, daß Wissenschaft und Technik einer einheitlichen Sachlogik folgten,

---

5 Ganz abgesehen von dem Gewinn an Präzision werden auch ältere Konnotationen der marxistischen Theorie vermieden, die dem Begriff der Vergesellschaftung anhaften. Zum Begriff der Politisierung der Wissenschaft siehe Weingart (1983); zum Begriff der Medialisierung Weingart, Pansegrau (1998).

deren Übertragung auf die Politik den »Spielraum politischer Entscheidung« immer weiter einengten. Schelsky glaubte, die »Tendenz zu einer Minimierung der politischen Entscheidungen im Staate bei ständiger Kompetenzerweiterung des Staates« feststellen zu können (Schelsky 1979, S. 471).

Gerade in dem Verständnis von Wissenschaft und Technik als gleichsam einer ›außergesellschaftlichen‹ deterministischen Entwicklungslogik gehorchend konvergierten in der Technokratiedebatte und ihrem Umfeld Konservative und Linke.[6] Der entscheidende Punkt ist hier, daß es sich um eine Perspektive handelt, die zeitgebunden, unabhängig vom politischen Standpunkt und in erster Linie vom Wissenschaftsverständnis geprägt war. Vor allem letzteres hat sich seither jedoch grundlegend gewandelt. Der während der sechziger und siebziger Jahre noch so naheliegende Zusammenhang zwischen der Verwissenschaftlichung der Gesellschaft und der Herrschaft technischer Rationalität sowie des mit ihr verbundenen Absterbens des Staates und eines Endes der Politik ist demnach ein Problem, das der Geschichte sozialwissenschaftlicher Theorien angehört.

An die Stelle des technokratischen Wissenschaftsverständnisses ist ein skeptisch-konstruktivistisches getreten. Die prinzipiell auf alle Handlungsbereiche ausgedehnte Produktion und Kartierung systematischen Wissens erzeugt nicht nur mehr Wissen über sie, sondern auch mehr Nichtwissen, das heißt Wissen darüber, was noch unbekannt ist, was nicht gewußt werden kann und welche Unsicherheiten bezüglich dieses Wissens bestehen (Luhmann 1990a; 1992; Japp 1997). Die Erzeugung des Wissens und des Nichtwissens über Risiken ist ein paradigmatisches Beispiel für diesen Prozeß, wie von der Systemtheorie hervorgehoben wird (Luhmann 1992). Die Bindung der Erzeugung von Wissen an Entscheidungen in politischen Kontexten verleiht der Problematik des Nichtwissens die Brisanz. *Verwissenschaftlichung* der Politik, der Wirtschaft usw. verlieren dann ihren ursprünglichen rationalistischen Sinn, und zwar sowohl kognitiv als auch instrumentell.

Die neuen Konzeptionen der *Wissensgesellschaft* bzw. der sie konstituierenden Prozesse der *Verwissenschaftlichung* müssen

---

6 Stehr gibt eine Detailanalyse der Konvergenz in diesem Punkt zwischen Schelsky und Herbert Marcuse, der wiederum für einige weitere Vertreter der Kritischen Theorie steht (Stehr 1994, S. 422-446).

der Erkenntnis Rechnung tragen, daß mit *Wissenschaft* als sozialer Institution ein heterogenes Konglomerat von Aktivitäten der Wissensproduktion bezeichnet wird, daß wissenschaftliches Wissen *nicht* eine einzige eindimensionale Rationalität verkörpert, daß Verwissenschaftlichung infolgedessen auch *nicht* das Ende der Politik oder aller Ideologien bedeutet und daß die Vermehrung von Wissen *nicht* der Lösung einer endlichen Zahl von Problemen immer näher kommt, sondern im Gegenteil zugleich neue Probleme in Gestalt von Risikowahrnehmungen und Wissen über Nichtwissen schafft. Ebensowenig gerechtfertigt sind jedoch entgegengesetzte Befürchtungen, daß etwa die wissenschaftliche Rationalität die Handlungsfähigkeit des Menschen einschränke oder daß die Verfügung über wissenschaftliches Wissen zu einer unkontrollierbaren Herrschaft der Technokraten führe (vgl. Stehr 1994, S. 13 ff.).

Der zweite Theorietypus, der das umgekehrte Determinationsverhältnis unterstellt, hat nicht die Prominenz erlangt, die ihm ein Etikett bescheren würde. Es handelt sich um die zum Teil bereits erwähnten Diagnosen der Veränderung der Wissenschaft als Institution. Strukturähnlich wie die Technokratietheorien setzen auch sie Wissenschaft und Gesellschaft einander gegenüber und postulieren sodann die Auflösung der institutionellen Grenzen der Wissenschaft im Zuge des Vergesellschaftungsprozesses gegenüber den anderen gesellschaftlichen Funktionssystemen.

Ihren Ursprung haben die entsprechenden Konzeptionen in der konstruktivistischen und mikrosoziologischen Orientierung. Erklärtes Erkenntnisziel der Mikroanalysen von Forschungslabors und den in ihnen ablaufenden Forschungsprozessen war der Nachweis, daß es sich dabei um lokal spezifisches, durch die Gegebenheiten vor Ort geprägtes Wissen handelt. Erst die Kommunikation der Erkenntnisse, etwa in Fachjournalen, kann als eine De-Kontextualisierung beschrieben werden (Knorr-Cetina [1981] 1984). Aus diesem wissenschaftssoziologisch durchaus fruchtbaren Forschungsansatz wurde die gesellschafts- und erkenntnistheoretisch weitreichende Schlußfolgerung gezogen, in der Wissenschaft passiere nichts »epistemologisch Besonderes« (Knorr-Cetina 1995, S. 151). Das »Verschwinden oder zumindest Verwischen der Grenzen zwischen der Wissenschaft« (»blurring of the boundary«) und anderen gesellschaftlichen Teilbereichen wird geradezu zum Topos dieses Analysetyps (Rip 1986, S. 141).⁷ Der konservativen Kulturkritik entspricht hier die linke Kritik an einer elitären Wissenschaft. Während die eine Seite die Kolonisierung der Lebenswelt durch wissenschaftliche Rationalität bedauert, versucht sich die andere Seite in dem Nachweis, daß der Anspruch der Wissenschaft auf einen epistemischen und damit auch sozialen Sonderstatus ungerechtfertigt sei.

Ein durchgängiges Thema der postmodernen Wissenschaftskritik ist dementsprechend der Appell an die Überlegenheit einer dezentralen, kontextgebundenen und -spezifischen Vernunft über die zentrale Rationalität des cartesianischen Programms. Stephen Toulmin läßt die postmoderne, »humanisierte« Wissenschaft (und Technik) als den Triumph der Angemessenheit (»reasonableness«) über die Vernunft (»reason«) erscheinen (Toulmin 1990, S. 198 ff.). Beispiele von der Überlegenheit lokalen Laienwissens über das der Experten der wissenschaftlichen Zentrale werden als Beleg der Unzulänglichkeit der traditionellen Wissenschaft ins Feld geführt.⁸ »Partizipatorische Wissenschaft« ist das programmatische Schlüsselwort dieser Auffassung (Gibbons u. a. 1994, S. 148).

Der romantisierende Appell an die höhere Weisheit ›partizipierender Gruppen‹ ist in der Konzeption der ›post-normal science‹ unübersehbar. Die Unterstellung, durch die Partizipation der sogenannten ›Betroffenen‹ und der damit erreichten Reflexivität werde ein größerer Konsens erzeugt, ist das Pendant zu den Rationalitätsthesen in den Technokratietheorien.

---

7 Der Topos der sich ›verwischenden Grenzen‹ ist vor allem von Latour propagiert worden (Latour 1987; 1995).

8 Wynne (1989) führt die Schafzüchter im englischen Cumbria an, die die Ökologie der radioaktiven Niederschläge besser verstehen als die Atomwissenschaftler im nahe gelegenen Atomforschungszentrum in Sellafield. Im gleichen Tenor Funtowicz und Ravetz: »It is now widely appreciated that the beliefs and feelings of local people, whatever their source and validity, must be recognized and respected lest they become totally alienated and mistrustful« (1993, S. 115). Die Analysen vermitteln oftmals den Eindruck, es handele sich weniger um empirische Beobachtung als um normative Programme, etwa wenn von einem »Programm zur Verjüngung der Wissenschaft« die Rede ist, von einem Vorschlag für eine »neue Form der Wissenschaft«, eine »Re-Definition des Wissens«, oder von einer politökologischen Epistemologie (ebd., S. 117, 120 f.).

Hier tritt an die Stelle der vermeintlich konsenserzwingenden wissenschaftlichen Rationalität der Konsens der demokratischen Partizipation. Die implizite Dichotomie Wissenschaft/Betroffene (Laien) ist mithin fixiert auf eine Herrschaftsrolle der Wissenschaft. Die Demokratisierung der Verfügung über wissenschaftliches Wissen ist jedoch ein Verfahren des *politischen Umgangs mit der Differenz* zwischen privilegiertem Wissen und Laienwissen und nicht etwa gleichbedeutend mit ihrer Aufhebung. Gleichwohl sind Verfahren der Mediation, das heißt der Beteiligung von ›Laien‹, Betroffenen und Interessierten an den Implementierungen von Wissen, insbesondere in Gestalt von Technologien, zu einem Charakteristikum der ›Wissensgesellschaften‹ geworden.

Die Visionen der Wissensgesellschaft ebenso wie die einer neuen Wissenschaft lassen sich also als neuere Spielarten desselben Diskurses verstehen, der zuvor als Technokratiediskussion etikettiert war. Wieder knüpfen sich optimistische Erwartungen an die Macht des Wissens, und wieder ist dieses Wissen umgekehrt Gegenstand der Kritik ob seiner Destruktivität und seiner Distanz zu den gesellschaftlichen Problemen. Die zu Beginn des neuen Millenniums in den Medien geführte Debatte zwischen zwei Wissenschaftsberatern des amerikanischen Präsidenten, Bill Joy und Ray Kurzweil, belegt es in unüberbietbarer Deutlichkeit: Während der eine die Horrorvision einer Technologieentwicklung beschwört, die den Menschen ›zur gefährdeten Art‹ mache, träumt der andere bereits von der millionenfachen Steigerung der Kapazität des menschlichen Hirns durch die nanotechnologische Verschmelzung von Mensch und Maschine (Joy 2000; FAZ 2000). Der hier reproduzierte Topos des Widerspruchs zwischen Wissenschaft und Technik als Versprechen der Lösung aller menschlichen Probleme auf der einen und einer übermächtigen, außer Kontrolle geratenden Technik auf der anderen Seite begleitet die abendländische Kultur seit der griechischen Mythologie. Diesen Bildern ist ein Moment gemeinsam: der Bezug auf Wissenschaft als eine unkontrollierbare, außergesellschaftliche Macht, die entweder Segen oder Unheil bringt, aber in jedem Fall schicksalhaft ist.[9]

---

9 Die Geschichte dieses Topos, vor allem aber seine Verarbeitung in Literatur und populären Medien wie dem Film, hat bisher kaum Beachtung gefunden (vgl. Haynes 1994).

Bei dem uralten Thema geht es letztlich um die Re-Integration der Wissenschaft in die Gesellschaft. Vor allem die Entwürfe der neuen Formen der Wissensproduktion, des ›Modus 2‹, lassen dieses Motiv klar erkennen: Diagnosen faktischer Entwicklung und normative Programmatik sind nicht klar voneinander unterschieden. Der Grund für diese merkwürdige Verortung der Wissenschaft außerhalb der Gesellschaft ist zum einen in der epistemischen Privilegierung der wissenschaftlichen Erkenntnisweise und des mit ihr produzierten Wissens, zum anderen in deren sozialer Voraussetzung – der spezifischen *sozialen Distanz* der Wissenschaft zu allen anderen Bereichen der Gesellschaft – zu sehen.[10] Der Topos hat zwar eine lange Vorgeschichte, aber der Diskurs nimmt stets neue Wendungen. Die gegenwärtige Entwicklung läßt sich besser verstehen, wenn man die historischen Phasen des ›Verwissenschaftlichungsprojekts‹ anhand des Charakters der Wissenschaft und seiner Veränderungen im Verhältnis zur Gesellschaft differenziert. In erster Näherung lassen sich drei Phasen der ›Verwissenschaftlichung‹ unterscheiden.[11]

1. Im 17. Jahrhundert entsteht die moderne Wissenschaft und versucht sich gegenüber den vorherrschenden Wissensformen (zünftig organisiertes Handwerk und scholastische Gelehrsamkeit) mit dem Versprechen überlegener, weil theoretisch begründeter Praxis zu legitimieren. Dieses Versprechen bedeutete zu jener Zeit eine Selbstüberforderung der Wissenschaft, deren Wissen, von wenigen Ausnahmen abgesehen, in der Umsetzung dem der Praktiker noch unterlegen war.

---

10 Das ergibt sich auch aus rein begrifflichen Überlegungen. Es ist leicht nachzuvollziehen, daß *Gesellschaft* der allgemeinere Begriff ist, die *Wissenschaft* mithin Teil der Gesellschaft, wie die Wirtschaft, die Politik, die Religion usw. (Luhmann 1990 b, S. 7). Deshalb ist es strenggenommen auch nicht sinnvoll, von Vergesellschaftung der Wissenschaft, sondern allenfalls von deren Politisierung, Ökonomisierung usw. zu sprechen, wie oben bereits betont wurde. Umgekehrt bleibt auch eine Formulierung wie die ›Verwissenschaftlichung der Gesellschaft‹ unpräzise. Konkreter muß von ›Verwissenschaftlichung der Politik‹, ›der Wirtschaft‹ usw. gesprochen werden. Systemtheoretisch liegt dem die Ausdifferenzierung der Wissenschaft zu einem eigenständigen Funktionssystem der Gesellschaft zugrunde.

11 Das folgende Schema verdanke ich einer Diskussion mit meinen Kollegen im Institut für Wissenschafts- und Technikforschung (IWT).

2. Ab Ende des 18. Jahrhunderts beginnt sich die Wissenschaft in Disziplinen zu differenzieren, die im Verlauf des 19. Jahrhunderts zur organisatorischen und epistemologischen Grundlage für die Ausdifferenzierung, soziale Schließung und selbstgesteuerte Entwicklung der Wissenschaft werden. Sie prägen von da an das neue Paradigma des Verhältnisses zwischen Wissenschaft und gesellschaftlicher Praxis, das unter den Begriff der *Normierung* gefaßt werden kann. Das vorherrschende Charakteristikum der Produktion und Anwendung wissenschaftlichen Wissens ist die Normierung der Natur, das heißt ihre Reduktion und Vereinfachung auf Zusammenhänge, die in Laborexperimenten erfaßt und kontrolliert werden können. Die praktische Anwendung des auf diese Art gewonnenen Wissens ist um so erfolgreicher, je vollständiger sich die natürlichen und sozialen Verhältnisse außerhalb des Labors auf die Bedingungen hin normieren lassen, die auch im Labor gelten. Die Normierung betrifft dabei nicht nur die Natur, sondern auch die sozialen Formen des Umgangs mit der Natur, das heißt den Gebrauch von Techniken und die aus ihm resultierenden Veränderungen der Lebensformen. Später treten die Humanwissenschaften mit ihren eigenen Normierungsansprüchen des Sozialen hinzu. Diese Art der Verwissenschaftlichung, deren Ambivalenz Michel Foucault mit seinem Macht/Wissen-Konzept zu beschreiben versucht hat, entsteht aus einer relativen Abgeschiedenheit der Wissenschaft als Institution und setzt zugleich die gesellschaftliche Zubilligung einer nahezu autoritativen Definitionsmacht voraus. (Einschlägige Beispiele für die Normierungskraft der Wissenschaft und die mit ihr einhergehende sozialstrukturelle Privilegierung sind Elektrotechnik, Chemie, Mechanik, Rassenanthropologie und -biologie, Teratologie, Eugenik, Immunologie, Psychiatrie, Psychometrie.)

3. Seit Mitte des 20. Jahrhunderts gerät dieses enge Normierungsparadigma der Wissenschaft in eine Krise. Dessen Erfolge legen eine Ausdehnung der Verwissenschaftlichungsprojekte in Bereiche nahe, die nicht mehr in der herkömmlichen Weise normierbar sind. Paradigmatisch für die neue Phase wird die friedliche Nutzung der Kernenergie (die aber inzwischen nicht mehr der einzige Fall ist). Wissenschaft in dieser dritten Phase ist durch gravierende epistemische und institutionelle Veränderungen charakterisiert: erstens durch die Abkehr vom Laborexperi-

ment und die Hinwendung zu Modellierung und Simulation, verbunden mit der Verschiebung der theoretischen Innovation in Anwendungszusammenhänge; zweitens durch eine zunehmende Aufhebung der Grenze zwischen Grundlagenforschung und angewandter Wissenschaft und die Ausbildung einer transdisziplinären Forschungsorganisation; und drittens durch die Einbettung von ›großen‹ und als riskant erfahrenen Technologien in komplexe soziale Gebilde. Komplex deshalb, weil sich die industrialisierten Gesellschaften zu Massendemokratien entwickelt haben, deren vorrangiges Kennzeichen das generalisierte Mitspracherecht aller Bürger ist und in denen deshalb die fraglose Zuschreibung eines besonderen sozialen Status für die Wissenschaft und die Gewährung einer privilegierten Definitionsmacht nicht mehr gilt. Vielmehr stößt die Wissenschaft auf vielfältige Widerstände und gegenläufige Interessen. Die ›Distanz‹ zwischen Wissenschaft und Öffentlichkeit ist zusammengeschrumpft. Die Mitsprache der vielen konstituiert die Parameter, an denen die Wissensproduktion sich orientieren muß. Mit den solcherart erzeugten Konflikten erfährt sie abermals eine Überforderung.

Hier besteht auch die Verbindung des Begriffs der Wissensgesellschaft zu dem der Risikogesellschaft. Das Versprechen der Objektivität und Gewißheit des Wissens, der Sicherheit von Prognosen ist aus der vorangegangenen Phase auf die Produktion und Anwendung wissenschaftlichen Wissens übertragen worden und prägt auch noch weiterhin das Selbstverständnis der institutionalisierten Wissenschaft sowie deren Wahrnehmung in der Bevölkerung (aller vermeintlichen Wissenschaftsfeindlichkeit zum Trotz hat ›die Wissenschaft‹ – nach dem Bundesverfassungsgericht – unter allen Institutionen das größte Vertrauen).[12] In Fällen einer ›Überdehnung‹ ihrer praktischen Umsetzung und ihrer Normierungskapazität schlägt die Erwartung sicheren Wissens in die Wahrnehmung von Unsicherheit, Nichtwissen und Risiko um. Die Prominenz dieser Wahrnehmung in den Medien spiegelt den Umstand wider, daß die Anwendung von Wissen in den Massendemokratien ›öffentlich‹, das heißt zustimmungsbedürftig ist. Die Beobachtung der Wis-

---

12 Ein seit vielen Jahren stabiler Sachverhalt in Umfragen (vgl. NSB 1999).

senschaft durch die Medien wird infolgedessen zu einem wichtigen Element der Wissensgesellschaft.

Die gegenwärtig noch anhaltende Diskussion über Risiken, Technikfeindlichkeit, Unsicherheit und Expertenhybris indiziert die bislang nicht bewältigte Krise des Normierungsparadigmas. Die Reaktionen der institutionalisierten Wissenschaft sind demgegenüber oft hilflos und naiv. Die Ablösung des Normierungsparadigmas hat schon jetzt nachhaltige Folgen für die Wissenschaft selbst. Unter diesen ist die Verunsicherung der herkömmlichen Epistemologie und des Objektivitätsgedankens bereits klar erkennbar.

Die neueren Konzeptionen der Wissensgesellschaft weisen bereits eine Gebrochenheit auf, die diese Krise widerspiegelt und schon für sich genommen darauf hindeutet, daß ihre adäquatere Beschreibung ebenso wie die ihrer Wissensordnung über einfache Dichotomien hinausgehen muß. Prozesse der Verwissenschaftlichung und solche der Vergesellschaftung, das heißt der Re-Integration der Wissenschaft in die Gesellschaft, sind also nicht widersprüchlich. So erscheinen sie nur, wenn Wissenschaft und Gesellschaft als einander gegenüberstehende Entitäten betrachtet und einseitige Dominanzverhältnisse unterstellt werden. Was aber kann gemeint sein, wenn gleichzeitig von *Verwissenschaftlichung der Politik, der Wirtschaft, der Medien* und umgekehrt der *Politisierung, Ökonomisierung und Medialisierung der Wissenschaft* die Rede ist? Wie können die scheinbar gegenläufigen Prozesse so gefaßt werden, daß sie als Aspekte derselben Entwicklung erscheinen, ihre wechselseitige Bedingtheit in den Mittelpunkt rückt und über diesen Zugang die komplexeren Konturen der Wissensgesellschaft erkennbar werden?

Der für die folgenden Untersuchungen maßgebliche Ansatz geht von der Voraussetzung der funktional differenzierten Gesellschaft aus, in der die Wissenschaft ein Funktionssystem neben anderen ist. Das Interesse richtet sich sodann auf die *Kopplungen* zwischen der Wissenschaft und den anderen Systemen. Die Kopplungen ergeben sich aus den systemspezifischen Leistungen für die jeweils anderen Systeme bzw. aus den entsprechenden Leistungserfordernissen. Die Wissenschaft hält zwei Leistungen für die Politik bereit: *instrumentelles Wissen* zur Lösung konkreter Probleme und *Legitimation* für politische Entscheidungen. Ähnlich läßt sich sagen, daß die Wissenschaft für die Wirtschaft *verwertbares* Wissen bereitstellt und für die Medien *aktuelles* Wissen (Neuigkeiten).

Umgekehrt können die übrigen Teilsysteme der Wissenschaft Leistungen bieten: Die Politik sorgt für die institutionelle Absicherung (wenn sie nicht gerade durch deren Vorenthalt zeigt, wie wichtig sie ist), unter anderem durch Festlegung dessen, was und was nicht erforscht werden soll; Politik und Wirtschaft weisen Ressourcen zu; die Medien liefern öffentliche Aufmerksamkeit für Forschungsgebiete und gegebenenfalls Prominenz für einzelne Wissenschaftler, die in demokratischen politischen Systemen in Ressourcenzuweisung umgesetzt werden können.

Aus diesen wechselseitigen Systemleistungen ergeben sich *strukturelle Kopplungen*, die die Veränderungen des einen Systems in solche im anderen System überträgt. Aufgrund der jeweiligen Systemautonomie handelt es sich dabei aber nicht um eine direkte und sinngemäße Übersetzung, sondern lediglich um Irritationen, die Resonanzen erzeugen.[13] Die Dynamik der Beziehungen zwischen den Funktionssystemen ergibt sich aus zwei Arten von Prozessen: aus der *Eigendynamik eines jeden Systems* und aus den sich daraufhin ändernden *Konstellationen zwischen den Systemen*. Um es am Beispiel zu benennen: Das Wissenschaftssystem ist in allen Industrienationen allein in der zweiten Hälfte des 20. Jahrhunderts um rund eine Größenordnung gewachsen, die Zahl der Wissenschaftler, die Zahl ihrer Veröffentlichungen, die Summe der aufgewendeten Mittel wahrscheinlich noch mehr. Ein derartiges Wachstum ist nur möglich aufgrund eines entsprechenden Ressourcenzuflusses. Aus ihm ergeben sich weitreichende Abhängigkeiten der Wissenschaft von öffentlicher Legitimation. Zugleich kann es nicht ohne Folgen sowohl für die Binnenstruktur des Systems als

---

13 Ich verwende hier mit dem Konzept *strukturelle Kopplung* die Begrifflichkeit Luhmanns, ohne zu garantieren, daß das in allen Einzelheiten seiner Intention entspricht. Das wird noch prekärer, wenn ich später der Vorstellung *enger werdender Kopplungen* einen zentralen Stellenwert zuordne. Luhmanns Beispiel der Kopplung zwischen Wissenschaft und Politik und deren Entwicklung von der ›Rekrutierung wissenschaftlichen Nachwuchses‹ zur ›Beratung durch Experten‹ liegt jedoch genau auf der Linie der hier verfolgten Analyse (Luhmann 1997, S. 776-788).

auch für seine institutionelle Identität bleiben, wenn sie ihre epistemische und institutionelle Kohärenz zu verlieren droht. Daraus ergeben sich wiederum Folgen für die Beziehungen der Wissenschaft zu ihrer gesellschaftlichen Umwelt. Wenn für die hier betrachteten Bereiche Politik, Wirtschaft und Medien von *enger werdenden Kopplungen* mit der Wissenschaft die Rede sein wird, dann ist dies als ein Prozeß zu verstehen, der durch die jeweils spezifischen Beziehungen angelegt ist und durch deren inhärente *Steigerung* vorangetrieben wird. Ein prominentes Beispiel ist die Kopplung Wissenschaft/Politik. Der Druck, politische Entscheidungen unter Rückgriff auf wissenschaftliches Wissen zu legitimieren, wächst in dem Maße, in dem wissenschaftlichem Wissen Autorität als Problemlösungsinstanz zugeschrieben wird. Dies ist selbst eine Folge des Demokratisierungsprozesses, insofern die *sachliche Autorität* des nach universalistischen Prinzipien produzierten Wissens als der *sozialen Autorität* der Angehörigen einer bestimmten Schicht oder der *persönlichen Autorität* charismatischer Personen übergeordnet verstanden wird. Infolgedessen werden wissenschaftliche Berater im Prinzip von *allen* politischen Gruppierungen in Anspruch genommen, mit dem Ergebnis, daß es zu einer Konkurrenz um das neueste Wissen und zu Kontroversen unter den Beratern kommt.

Verwissenschaftlichung und *Vergesellschaftung (Politisierung, Ökonomisierung, Medialisierung)* sind keine einander ausschließenden, sondern komplementäre Prozesse. Es sind Entwicklungsprozesse, die ins Blickfeld geraten, wenn man die Beziehungen zwischen der Wissenschaft und den übrigen Funktionssystemen der Gesellschaft betrachtet und nach signifikanten Veränderungen Ausschau hält. Im Zentrum der folgenden Analysen werden also die Kopplungen zwischen Wissenschaft einerseits, Politik, Wirtschaft und Medien andererseits stehen. Das Interesse gilt den Veränderungen dieser Kopplungen und ihren Rückwirkungen auf die Wissenschaft. Die zentrale Beobachtung besteht darin, daß die *Kopplungen enger werden* und daß es deshalb zu einer Verringerung bzw. zu einem partiellen *Verlust der sozialen Distanz der Wissenschaft* kommt. Dieser Verlust der Distanz ist jedoch weder gleichbedeutend mit der umstandslosen Verwissenschaftlichung aller gesellschaftlichen Teilbereiche noch mit der Umkehrung des Ausdifferenzierungsprozesses der Wissenschaft.[14] Die zentralen Fragen lauten, welche Gestalt die Wissenschaft *trotz* dieser Entwicklung annimmt und wie gesichertes Wissen produziert und kommuniziert werden kann, *obgleich* mit den engeren Kopplungen die wesentliche soziale Voraussetzung bedroht erscheint, und welche Rolle die Wissenschaft in einer Wissensgesellschaft einnimmt, obwohl die funktionale Differenz zu anderen Funktionssystemen nicht aufgehoben wird. Die Untersuchung verhält sich also grundsätzlich skeptisch gegenüber den gefälligen Thesen, die den Diskurs üblicherweise charakterisieren, und erkundet die komplexeren, weil häufig paradoxen Entwicklungen.

Die Untersuchung geht des weiteren von der These aus, daß es zwischen der säkularen gesellschaftlichen Demokratisierung und der Verwissenschaftlichung der Gesellschaft einen inhärenten Zusammenhang gibt. Diese Ko-Dynamik der Demokratisierung politischer Systeme und der Expansion des Wissen-

---

14 Wenn letzteres behauptet werden würde, müßte der Nachweis erbracht werden, daß damit zugleich Umstellungen in der Epistemologie verbunden sind. Dieses entscheidende Kriterium für die Etablierung einer neuen »post-normalen« Wissenschaft nennen Funtowicz und Ravetz auch selbst. Ihnen zufolge geht es zwar weiterhin um Wahrheit, aber diese sei so wenig beweisbar wie Gott; ihre Objektivität werde nicht durch Logik hergestellt, sondern durch einen sozialen Prozeß der Anwendung von handwerklichen Fähigkeiten (›craft skills‹), angeleitet von ethischen Prinzipien (Funtowicz, Ravetz 1993, S. 121). Das in eine ähnliche Richtung weisende Postulat einer neuen Epistemologie in Gestalt eines »sozial robusten Wissens« geht ebenfalls nicht über das hinaus, was mit sozial reflexiven, das heißt sozialwissenschaftlich angeleiteten ›Einbettungsverfahren‹ wie der Technologiefolgenabschätzung längst realisiert ist, ohne daß damit die Wissenschaft selbst verändert wäre (Nowotny 2000; vgl. auch unten, 8. Kapitel). Der richtige Kern der These ist, daß die in Massendemokratien erzwungene Aufgabe des herkömmlichen Kontrollparadigmas komplexere Implementierungsprozesse zur Folge hat. Wie wenig wirksam derzeit die Versuche noch sind, aus dem vorherrschenden epistemologischen Programm auszubrechen und das erfolgreiche Niederreißen der Grenzen zu proklamieren, zeigt im übrigen die Wissenschaftskritik selbst. Der Konstruktivismus versucht, mit dem Postulat der ›theoriefreien Analyse‹ größere *Authentizität* zu erlangen, und die Diskursanalysen von Auseinandersetzungen zwischen Experten zeigen, daß die Grenze zwischen Werturteilen und Tatsachenbehauptungen auch von denen reklamiert wird, die sie leugnen (Hasse, Krücken, Weingart 1994; van den Daele 1996).

schaftssystems einschließlich der für dieses System typischen Verhaltensmuster, Normen und Werte (2. Kapitel) führt zu einer Reihe von Paradoxien. Auf einen allgemeinen und nicht ganz zutreffenden Nenner gebracht: Der stupende Erfolg der Wissenschaft, der sich allererst in dem säkularen Wachstum des Wissenschaftssystems dokumentiert (3. Kapitel), führt zu ihrer Verallgemeinerung und Trivialisierung. Im politischen System zum Beispiel führt die Kopplung in Gestalt des Rückgriffs auf wissenschaftliche Experten zur Inflationierung wissenschaftlicher Expertise und zum Verlust der durch sie erhofften Legitimierung politischer Entscheidungen (4. Kapitel); im Wirtschaftssystem führt der Rückgriff auf die Forschung zur Steigerung der Risiken durch experimentelle Implementierung und damit potentiell zum Verlust der kompetitiven Vorteile (5. Kapitel); in den Medien führt der Rückgriff auf immer sensationellere wissenschaftlich prognostizierte Katastrophen tendenziell zur Inflationierung des Aufmerksamkeitswerts, zur Überziehung der Beweisfähigkeit, zum Verlust der Glaubwürdigkeit wissenschaftlicher Prognosen und damit zum Verlust ihres Nachrichtenwerts (6. Kapitel).

Der gleiche paradoxe Mechanismus läßt sich auch aus der Perspektive der Wissenschaft betrachten und beschreibt dann spezifische Anpassungsstrategien, die nachhaltige institutionelle Veränderungen der Wissenschaft bewirken, sowohl hinsichtlich ihrer inneren Funktionsweise als auch hinsichtlich ihrer Beziehungen zu ihrer gesellschaftlichen Umwelt. Die Legitimierung politischer Entscheidungen führt die Wissenschaft in verschiedene politische Lager und involviert sie, und sei es auch nur durch Zuschreibung von außen, in deren Konflikte (4. Kapitel). Die Orientierung am ökonomischen Kalkül führt zu veränderten Prioritäten und Zeiträumen im Forschungsprozeß sowie zu Geheimhaltungsstrategien (5. Kapitel). Die Orientierung an den Medien führt zur Zuordnung von Prominenz, die sich für den internen Reputationssteuerungsprozeß als störend erweisen kann (6. Kapitel).

Den Bezugsrahmen der beobachteten Veränderungen bildet die akademische Wissenschaft. Das sie charakterisierende Merkmal ist ein Kommunikationstyp, der die Produktion ›gesicherten‹, das heißt verläßlichen Wissens ermöglicht. Der relevante Mechanismus, der dies gewährleistet – eine soziale Innovation von größter Bedeutung –, ist die *soziale Distanz*, die zwischen der Generierung von Wissen und den sozialen Zurechnungen (Status, Macht usw.) sowie Zielsetzungen und Interessen eingeführt worden ist (2. Kapitel). Diese soziale Distanz der Wissenschaft gegenüber der Gesellschaft, die über einen längeren Zeitraum hinweg entstanden ist und die Basis für die Herstellung von Vertrauen in der Kommunikation bildet, wird durch die engen Kopplungen in Frage gestellt, eine paradoxe Folge der gesellschaftlichen Diffusion des Wissens und seiner allgemeinen Anwendung.

Daran anschließend geht es um die *Rückwirkungen der Kopplungen*. Was passiert mit dem auf sozialer Distanz beruhenden Kommunikationsmodus gesicherten Wissens angesichts der Einschränkung der Distanz durch die engeren Kopplungen? Die Rückwirkungen und die durch sie bewirkten Veränderungen des akademischen Wissenschaftssystems erfassen primär die Selbststeuerungsmechanismen der Wissenschaft sowie die sie konstituierenden Verhaltenskodizes. Das betrifft zum einen die zentrale Kategorie des *Vertrauens* in die Aussagen anderer, über die die gesellschaftliche Produktion ›objektiven‹ Wissens allererst ermöglicht wird. An diese Kategorie ist der selbstregulative Mechanismus der ›peer review‹ gebunden. Er schützt die Wissenschaft vor gesellschaftlichen Kontrollansprüchen und garantiert, daß nur Mitglieder (›peers‹) mit anerkannter Kompetenz über Fragen ›objektiven‹ Wissens und den Anspruch von Kollegen, solches zu kommunizieren, urteilen dürfen. Es gibt Indizien dafür, daß dieses Vertrauen traditioneller Art untergraben wird. Eine Folge ist die *Externalisierung der Leistungsbewertung*, das heißt die Übernahme dieser Funktion durch außerwissenschaftliche Institutionen (7. Kapitel).

Die Legitimationskrise der wissenschaftlichen Selbstkontrolle wird nicht zuletzt durch die öffentliche Sichtbarkeit von Betrug verstärkt. Betrug in der Wissenschaft stellt eine eklatante Bedrohung des Vertrauens und damit der Möglichkeit der Produktion verläßlichen Wissens dar. Noch ist nicht einmal sicher, ob die gesteigerte öffentliche Aufmerksamkeit für Betrugsfälle innerhalb der Wissenschaft das Phänomen ›erzeugt‹ oder ob systematische Gründe in der Wissenschaft selbst für eine tatsächliche zahlenmäßige Zunahme der Fälle verantwortlich ist. Unabhängig vom Realitätsgehalt der Beobachtungen reagiert die

Wissenschaft selbst angesichts der wahrgenommenen Gefahr, aber auch Politik und Justiz reagieren bereits. Die sich abzeichnende Tendenz ist eine *Externalisierung der Verhaltenssanktionierung* (7. Kapitel).[15]

Die damit angesprochenen Prozesse charakterisieren das hier zugrunde gelegte Verständnis der *Wissensgesellschaft*. Die Wissensgesellschaft ist demnach durch die Kopplungen zwischen Wissenschaft und Politik, Wirtschaft und Medien definiert. Die Charakterisierung der Gesellschaft als Wissensgesellschaft meint nicht einen zeitlich eindeutig fixierbaren Übergang oder eine abgeschlossene Periode. Kopplungen der genannten Art entwickeln sich über einen längeren Zeitraum hinweg, und sie gewinnen an Dynamik und Intensität. Die Wissensgesellschaft ist weder sinnvoll mit der ersten Reportage von CNN noch mit der Eröffnung des Internet zeitlich markiert, auch wenn beide Ereignisse besonders gut zum Zeitgeist dieser Gesellschaft zu passen scheinen.[16] Ein weniger spektakuläres, aber plausibleres Bild ergibt sich aus den Genealogien einzelner Diskurse. Gerade der über längere Zeiträume zurückreichende Blick auf deren Entwicklung vermag zu zeigen, daß es schon immer um Wissen ging, daß aber die Art des Wissens und seiner Verarbeitung in der Gesellschaft sich selbst und diese verändert. Wenn sich die institutionellen Beziehungen der Wissenschaft zu ihrer Umwelt und damit auch die systeminternen Operationsregeln verän-

---

15 Schließlich gibt es spätestens seit dem Zweiten Weltkrieg eine Erfahrung, die den Verlust einer anderen Facette gesellschaftlichen Vertrauens in die Wissenschaft bedingt hat: die Identifizierung von neuem Wissen mit ethisch gutem Wissen. Die Verwicklung vor allem der medizinischen Wissenschaft in den verbrecherischen Umgang mit Patienten in Nazi-Deutschland ebenso wie die ›benachbarte‹ Problematik der politisierten Eugenik/Rassenhygiene, die bis in die allerjüngsten Projekte der Humangenetik reicht, haben die Fragwürdigkeit der Gleichsetzung von wissenschaftlichem Fortschritt, menschlicher Wohlfahrt und abendländischer Ethik offengelegt. Daran ließe sich auch eine *Externalisierung der Forschungsethik* belegen, auf die hier jedoch nicht eingegangen wird.

16 Die inflationäre Charakterisierung der Gesellschaft als Risiko-, Freizeit-, Vergnügungs-, Medien-, Informations- und auch Wissensgesellschaft ist selbst ein Phänomen der Aufmerksamkeitskonkurrenz und der massenmedial einschlägigen Aufbereitung der wissenschaftlichen Botschaft. Nur den Medien kann das Mißverständnis unterstellt werden, derartigen Etiketten komme exklusiver Realitätsgehalt zu.

dern, dann entfallen auch die Bedingungen, die ursprünglich für die Produktion ›objektiven‹, verläßlichen Wissens verantwortlich waren. Es stellt sich also die Frage, ob eine Veränderung der sozialen Voraussetzungen der ›Objektivität‹ auch eine Veränderung des Wissensbegriffs und der ihm zugehörigen Erkenntnisweisen zur Folge hat.

Über die Antwort läßt sich nur spekulieren. Diese Spekulation muß die Konturen einer neuen *Wissensordnung* zu zeichnen versuchen (8. Kapitel). Soviel ist erkennbar: Der partielle Verlust der sozialen Distanz zwischen der Wissenschaft und ihrer gesellschaftlichen Umwelt ist nicht gleichbedeutend mit der Aufhebung der Differenz zwischen der Wissenschaft und den anderen Funktionssystemen. Zwar nehmen die Grenzen einen komplexeren Verlauf an, aber sie werden keineswegs eingeebnet. Wissenschaftliches Wissen nimmt auch weiterhin einen privilegierten epistemischen Status unter den verschiedenen Wissensformen ein, so daß folglich auch seine gesellschaftliche Integration weiterhin problematisch bleiben wird. Umgekehrt bedeutet der Distanzverlust aber auch, daß die Kommunikation gesicherten Wissens in der neuen Wissensordnung unter ungleich schwierigeren Bedingungen erfolgt: Die Modi der Herstellung von Vertrauen ändern sich nachhaltig und müssen den Bedingungen der Massendemokratien angepaßt werden. Daß in der Wissensgesellschaft eine andere Wissensordnung Geltung haben wird als in der vorangegangenen Industriegesellschaft, ist nicht überraschend. Aber ihre Konturen werden sich kaum mit einfachen Etiketten beschreiben lassen.

2. Verwissenschaftlichung und Demokratisierung

Wissensform und Gesellschaftsstruktur

Die Diagnosen der Entstehung der Wissensgesellschaft und des Wandels der Wissenschaft, ja der gesamten Wissensordnung, können dem kritischen Betrachter leicht als mediengerecht zugeschnittene Produkte marktbewußter Sozialwissenschaftler erscheinen. Dies um so mehr, als zwar die organisatorischen Veränderungen des Wissenschaftssystems Gegenstand alltäglicher Berichterstattung sind, dabei jedoch der Eindruck erweckt wird, als würde immer dieselbe Sache organisiert: die Produktion wahren Wissens. Nur wenigen ist bewußt, daß die Vorstellung von ›wahrem Wissen‹ in relativ kurzer Zeit sehr verschiedene Bedeutungen angenommen hat; mehr noch, daß zwischen den unterschiedlichen Bedeutungen ›wahren Wissens‹ einerseits und sozialen Strukturen und Verhaltensweisen andererseits Beziehungen bestehen. »[...] der Glaube an den Wert wissenschaftlicher Wahrheit ist Produkt bestimmter Kulturen und nichts Naturgegebenes«, stellt Max Weber in einem Nebensatz fest (Weber 1922 a, S. 213). Die Frage ist, *welche* Beziehung zwischen ›Kulturen‹ bzw. bestimmten Gesellschaftsformen und den entsprechenden Wahrheitsvorstellungen besteht. Sie hat die Wissenssoziologie spätestens seit Weber über Mannheim und Merton bis zu Luhmann beschäftigt und bleibt bis heute ihr Kernproblem. Wenn sich mit einiger Sicherheit klären läßt, welcher Art die Beziehungen sind, dann ließe sich auch eine tiefergreifende Antwort auf die Frage finden, ob es sich bei den gegenwärtig beobachteten Veränderungen tatsächlich, wie behauptet wird, um ›revolutionäre‹ Veränderungen des Wissenschaftssystems handelt (Funtowicz, Ravetz 1993, S. 112, 117). Anders gefragt: Sind die organisatorischen Veränderungen die Indikatoren eines sich unter ihrer ›Oberfläche‹ vollziehenden epistemischen Wandels, also eines Wandels der Vorstellungen von ›wahrem Wissen‹ und der sozialen Regeln seiner Erzeugung? Und weiter wäre zu fragen, ob diese Veränderungen solchen – und konkret: welchen – in der Gesellschaft entsprechen.

ZWEITES KAPITEL

Webers These von der kulturellen Bedingtheit der Wahrheitsvorstellungen ist auch der Ausgangspunkt für Robert K. Merton. Er spitzte sie auf die Behauptung zu, daß die »nachhaltige Entwicklung der Wissenschaft nur in Gesellschaften einer *bestimmten* Ordnung stattfindet«, und war überzeugt davon, daß »Veränderungen der institutionellen Struktur die Wissenschaft beschränken, verändern oder möglicherweise sogar verhindern können« (Merton [1938] 1957, S. 254, meine Übersetzung und Hervorhebung). In anderem Zusammenhang präzisierte er: »Die besten Entwicklungsmöglichkeiten hat die Wissenschaft in einer demokratischen Ordnung, die das Ethos der Wissenschaft integriert hat« (Merton [1942] 1985 a, S. 89).[1] Merton verwies explizit auf Tocqueville, der sich bereits in seiner Studie *Über die Demokratie in Amerika* gefragt hatte, ob die »so seltenen und fruchtbaren Leidenschaften (für die Wissenschaft) genauso leicht in demokratischen wie in aristokratischen Gesellschaften entstehen und wachsen« könnten (Tocqueville 1976, S. 528). Selbstverständlich war Merton klar, daß zwischen der Wissenschaft und einer demokratischen Gesellschaftsordnung keine kausale und ausschließliche Beziehung besteht. Schließlich war die moderne Wissenschaft unter autokratischen und absolutistischen Regimen entstanden und gefördert worden. Sie konnte sich demnach innerhalb ganz unterschiedlicher Gesellschaftsstrukturen entwickeln. Aber die Frage war doch, welche Gesellschaftsordnung mit Blick auf das Verhältnis zwischen wissenschaftlichem Potential und tatsächlicher wissenschaftlicher Leistung den Kontext bietet, in dem sich die Wissenschaft »am *besten* entfalten kann« (Merton [1942] 1985 a, S. 89).[2] Mer-

---

1 Die gegenüber dem Original stark edierte deutsche Fassung (Merton 1985 a [1942]) geht hier weiter als die ursprüngliche. Im Original heißt es: »Although detailed monographs [...] provide some basis for the provisional assumption that ›science is afforded opportunity for development in a democratic order which is integrated with the ethos of science‹.« Vgl. meine Übersetzung in der ersten deutschen Ausgabe in Weingart (1972, S. 47): »[...] Annahme, daß ›Wissenschaft ihre Entwicklungsmöglichkeit in einer demokratischen Ordnung findet, die mit dem Ethos der Wissenschaft integriert ist‹«.

2 Die beiden hier zitierten Aufsätze Mertons wurden kurz vor und während des Zweiten Weltkriegs geschrieben und nehmen explizit Bezug auf die Situation der Wissenschaft im NS-Deutschland und in der Sowjetunion. Obgleich der Aufsatz von 1942 zu einem Klassiker der Wissenschaftsso-

ton stellte die Frage gemäß seiner theoretischen Überzeugung in funktionalistischer Weise und beantwortete sie entsprechend, indem er die *institutionellen Imperative,* das heißt die Normen wissenschaftlichen Verhaltens, formulierte. Pointiert lautete seine Frage: Welche Verhaltensformen sind in einer Gesellschaft *notwendig,* damit Wissenschaft als die *Erweiterung gesicherten Wissens* möglich wird?

Für unser Interesse hier bleibt diese Frage relevant, aber ergänzungsbedürftig. Merton verwies bereits auf die Fruchtbarkeit institutioneller Vergleiche, um der Frage nachzugehen, welcher Art und wie eng der Zusammenhang zwischen Gesellschaftsordnung und Wissenschaft sei. Ein vergleichbarer Zugang bietet sich über historische Vergleiche von Wahrheitsvorstellungen an. Diese Vergleiche werden von den neueren Forschungen über die *Geschichte der Objektivität* geliefert, die methodisch als das Pendant zu Mertons institutioneller Wissenschaftssoziologie betrachtet werden können und mit ihr zusammen gesehen werden sollten. Mit dem derart erweiterten Blickwinkel läßt sich nun fragen: 1. Wie verändern sich die Vorstellungen von ›objektivem Wissen‹ (objektiven Wissensformen)? 2. Worin bestehen die sozialen (institutionellen) Innovationen, das heißt die neuen Verhaltensweisen und die sie steuernden Regeln, die die Erzeugung gesicherten Wissens gewährleisten (das Ethos der Wissenschaft)? 3. Was sind die Implikationen für die Gesellschaftsform, für die Wissensordnung in ihr?

Die genauere Betrachtung der Ergebnisse dieser Geschichtsschreibung führt überraschenderweise zu der ursprünglichen These Mertons zurück. Zwischen dem Typus der akademischen Wissenschaft und der demokratischen Gesellschaftsform besteht ein Verhältnis wechselseitiger Ermöglichung. Prozesse der

ziologie geworden ist, wurde er auch als ideologisch kritisiert. Nach Ende des kalten Krieges fällt es vielleicht leichter, diese ideologische Auseinandersetzung hinter sich zu lassen und zu der interessanten wissenssoziologischen Frage zurückzukehren, die ihr zugrunde lag. In diesem Sinn siehe Wang (1999). Vgl. das für den hier diskutierten Zusammenhang grundlegende Werk Mertons *Science, Technology and Society in Seventeenth-Century England* (1938) sowie die Diskussion seiner Thesen bei Steven Shapin (1988). Zum Kontext der Mertonschen Schriften und zur Rezeption vgl. Mendelsohn (1989).

Verwissenschaftlichung haben Rückwirkungen auf die Gesellschaftsordnung, ebenso wie die säkulare Demokratisierung der modernen Gesellschaften die Wissenschaft nachhaltig beeinflußt. Diesen Wechselwirkungen gehe ich im folgenden nach. Das Interesse ist ein doppeltes. Aus den Veränderungen des Wissenschaftssystems und seinen Beziehungen zu den übrigen gesellschaftlichen Teilsystemen ist auf die neuen Konturen einer Gesellschaftsordnung zu schließen, die unter dem Etikett der *Wissensgesellschaft* noch allzu vage beschrieben wird. Umgekehrt ist aus den Veränderungen der Gesellschaftsordnung auf die Veränderungen des Wissenschaftssystems zu schließen, die als ›neuer Modus‹ der Wissensproduktion beschrieben werden.

Ein methodisches Caveat ist an dieser Stelle erforderlich. Tatsächlich ist die generalisierende Rede von *der* Wissenschaft über den Zeitraum mehrerer Jahrhunderte und über die Grenzen verschiedener Nationen und Kulturen hinweg schon an sich unzulässig. Die unübersehbare Fülle historischer und institutioneller Details scheint jeden Versuch zum Scheitern zu verurteilen, daraus auf allgemeinere Muster zu schließen und für sie soziologische Erklärungen zu finden. Für die hier angestrebte Analyse gilt jedoch, daß sie nicht primär an Unterschieden zwischen den Wissenschaftssystemen verschiedener Länder, sondern an deren Gemeinsamkeiten interessiert ist. Dies ist dadurch gerechtfertigt, daß die gesellschaftliche *Institution Wissenschaft* in den größeren westlichen Nationen zwar vielfältige Ausprägungen aufweist, sich zugleich aber seit dem 17. Jahrhundert und im Prinzip bis heute als eine kosmopolitische Gemeinschaft versteht. Es ist im Kontext unserer Analyse auch gerechtfertigt, die Bedeutung der sich mit der disziplinären Differenzierung der Wissenschaft ergebenden internen Unterschiede herunterzuspielen, insoweit die großen Organisationen der Wissenschaft – zuerst die Akademien, dann die Universitäten – bis jetzt die Gemeinsamkeit der Institution repräsentiert haben und die identifizierbaren Orte der gesellschaftlichen Wissensproduktion sind. Da es um die Frage geht, ob es signifikante Veränderungen des Wissenschaftssystems gibt und, wenn ja, ob diese im Zusammenhang mit Veränderungen der Gesellschaftsstruktur stehen und auf einen neuen Typus dessen hinweisen, was in der Gesellschaft als Wissen gilt, muß mit aller unausweichlichen Vereinfachung ein Bezugsrahmen beschrieben werden. Dieser Bezugsrahmen ist ein historisches Konstrukt der zentralen Elemente *akademischer Wissenschaft*, deren reale Repräsentationen sich wahrscheinlich am ehesten auf der Ebene von Diskursen und, wie vielfältig gebrochen auch immer, auf der Ebene gemeinsam geteilter Einstellungen und Verhaltensmuster wiederfinden lassen. Die Frage nach signifikanten Veränderungen suggeriert zudem eine zeitunabhängige Identität dessen, was ich mit akademischer Wissenschaft meine, die selbstverständlich so nicht gegeben ist. Sie entsteht über einen Zeitraum von rund dreihundert Jahren.

Kommunikation, Vertrauen und objektives Wissen – Genese und Funktionen des wissenschaftlichen Ethos

Aufgeschreckt durch einen eklatanten Betrugsfall in der Forschung verkündete die Deutsche Forschungsgemeinschaft (DFG) am Vorweihnachtstag 1997 einen »Ehrenkodex« für die Wissenschaft. Darin wurden unter anderem Plagiat und Fälschung von Daten als Tatbestände wissenschaftlichen Fehlverhaltens identifiziert und Gutachter zur Offenlegung möglicher Befangenheit verpflichtet. In ähnlicher Form hat auch die Max-Planck-Gesellschaft einen Katalog von Fehlverhaltensweisen festgeschrieben (DFG 1998, MPG 1997).[3] Dies sind äußere Anzeichen dafür, daß die Wissenschaft offensichtlich von einer Reihe von Verhaltensregeln bestimmt wird, deren Verletzung oder Nichtbeachtung soziale Sanktionen zur Folge hat. Daß es einer Bekräftigung durch die zwei führenden Wissenschaftsorganisationen Deutschlands bedarf und daß in den USA zu diesem Zweck sogar eine Regierungsbehörde gegründet wurde, ist überdies ein Indiz dafür, daß die Gesellschaft als ganze offenbar ein Interesse an der Einhaltung dieser Regeln hat (oder zumindest DFG und MPG unterstellen, daß dies so ist). Die Regeln selbst erscheinen selbstverständlich, ohne daß jedem bewußt

---

3 Die Bedeutung der formalen Definition von Katalogen des Fehlverhaltens im Zusammenhang mit der neuerlichen Aufmerksamkeit für Betrugsfälle ist Gegenstand des 6. Kapitels.

wäre, warum es gerade diese sind und keine anderen. Warum sollten Wissenschaftler ihre Daten nicht beschönigen, wie es in den Medien oder der Werbebranche üblich ist und von der Öffentlichkeit auch vorausgesetzt wird? Warum sollte ein Gutachter Befangenheit erklären, wenn er einen befreundeten Kollegen befördern oder einen ungeliebten Konkurrenten effektiver ausschalten könnte, wo dies in anderen Geschäftsbeziehungen nicht unüblich ist? An diese und weitere Regeln binden sich Vorstellungen vom Wirklichkeitsbezug und von der Verläßlichkeit des Wissens, das durch die Wissenschaft produziert wird, kurz: von *Objektivität*. Dabei wird sich kaum jemand darüber bewußt sein, daß Objektivität nicht schon immer das gemeint hat, was heute damit verbunden wird, und daß die heutige mit der Wissenschaft verbundene Wortbedeutung kaum älter als eineinhalb Jahrhunderte ist. Objektivität hat eine Geschichte, und diese Geschichte endet nicht, wie die konventionelle Wissenschaftsgeschichte nahelegt, in dem Augenblick, in dem einzelne Wissenschaften die Schwelle zur Objektivität überschreiten (Daston 1992, S. 598).[4] Vielmehr ist unsere heutige Vorstellung von objektivem Wissen eine noch dazu ziemlich rezente Ausprägung, die abstrakter als *eine* spezifische Form kommunizierbaren Wissens unter anderen verstanden werden muß. Aus der komplexen ›Geschichte der Objektivität‹ läßt sich eine Reihe von Mustern herausdestillieren, an denen die verschiedenen sozialen Kontexte und ihre Funktionen für die Entstehung der Vorstellungen von objektivem Wissen erkennbar werden. Es läßt sich zeigen, daß die heutige Vorstellung ›objektiven Wissens‹ einem spezifischen sozialen Kommunikationsmodus entspricht, der im Ethos der Wissenschaft seinen Ausdruck gefunden hat und, wie Merton behauptete, den Strukturprinzipien moderner Demokratien entspricht.

Die Entgegensetzung von *objektiv* und *subjektiv* geht bis ins 14. Jahrhundert zurück, meinte zu jener Zeit aber etwas völlig anderes als heute. Der Gebrauch der Begriffe im 17. Jahrhundert

---

[4] Daston spielt hier auf Gillespies *The Edge of Objectivity* (1960) an, der die Geschichte verschiedener Wissenschaften unter der leitenden Frage verfolgt, wie und wann sie ›Objektivität‹ erlangt haben. Ich folge hier den Arbeiten von Daston, Dear, Porter, Shapin und anderen. Dabei sind Vereinfachungen unumgänglich. Die relevanten Details und illustrativen Beispiele aus der Primärliteratur finden sich in den zitierten Arbeiten.

hat sich bereits diversifiziert und verändert. *Objektiv* bezog sich auf Objekte des Denkens, *subjektiv* auf Objekte als solche (ebd., S. 600; 1994 a, S. 333). Das Hintergrundproblem bestand darin, eine korrekte Ausdrucksweise dafür zu finden, wie sich die Repräsentation einer Sache zu der Sache selbst verhielt. Es ging also um Wahrheit als Übereinstimmung zwischen der Sache selbst und der Idee oder der Vorstellung von der Sache. Die Beziehung der Konzepte zum Problem der Begründung von Wahrheit wurde im 17. Jahrhundert durch die Rede von *Graden der Gewißheit* unterminiert (Dear 1992, S. 621). Auch im Hinblick darauf kursierten unterschiedliche Versionen, doch Dear nimmt die Unterscheidungen Roderigo Arriagas als prototypisch: Arriaga sprach (1632) von *moralischer, physischer* und *metaphysischer Gewißheit*. Moralische Gewißheit war Grundlage praktischen Handelns auch dann, wenn keine unverbrüchlichen Garantien vorhanden waren. Sie begründete Überzeugungen auf der Grundlage der Behauptungen ›umsichtiger und ehrlicher Männer‹. Physische Gewißheit beruhte danach auf unveränderlichen Prinzipien, die auf physische Operationen von Ursache und Wirkung zurückgehen. Hierbei spielt das Zeugnis anderer keine Rolle, sondern nur das physische Verhalten von Dingen. Die höchste Form der Gewißheit, die metaphysische, bezog sich auf allgemeine Axiome Sachverhalte betreffend, die nicht anders sein konnten (zum Beispiel ›Dinge, die einem dritten gleich sind, sind einander gleich‹) (Dear 1992, S. 622). Wieder ein anderer scholastischer Autor, der deutsche Philosophieprofessor Rudolph Goclenius (1613), unterschied zwischen *objektiver* und *subjektiver Gewißheit*. Subjektive Gewißheit war danach Gewißheit des Wissenden im Unterschied zur intrinsischen (objektiven), vom Objekt selbst ausgehenden Gewißheit (Dear 1992, S. 623). Dear hebt nun hervor, daß es ungeachtet der oberflächlichen Ähnlichkeit dieser zu unseren heutigen Vorstellungen von objektivem und subjektivem Wissen einen entscheidenden Unterschied gibt: Die genannten objektiven Gewißheiten bezogen sich in sehr viel direkterer Weise auf die Dinge selbst, als dies heute gesehen wird. So war etwa der Bezug auf das Zeugnis der ›umsichtigen und ehrlichen Männer‹ keine Rechtfertigung des Glaubens, sondern ein Kriterium, um den Typus der Gewißheit zu identifizieren. Für Arriaga und die zeitgenössischen Scholastiker wurde die moralische Gewißheit durch den Bezug auf das Zeugnis identifiziert, nicht konstituiert (ebd., S. 624).

Vor diesem Hintergrund ist es für unseren Zusammenhang interessant, das Schicksal dieses *sozialen Bezugs* von Wahrheit bzw. Gewißheit des Wissens weiterzuverfolgen. Ein dominantes methodisches Problem der Scholastik war die Frage, wie Gewißheit durch das Zeugnis von Personen zu erlangen sei, eine Frage des Wahrheitsgehalts der Historiographie. Sie betraf sowohl die Naturgeschichte (die Geschichte der Tatsachen oder der natürlichen Effekte) als auch die Zivilgeschichte (die Geschichte der freien Handlungen von Menschen) (Shapin, Schaffer 1985, S. 102; Daston 1994b, S. 39).[5] Hinsichtlich der Zivilgeschichte wurde die Möglichkeit verläßlichen Wissens über vergangene Handlungen entweder vollständig bestritten oder aber nur ›Insidern‹ zugetraut, die jedoch andererseits dem Verdikt unterlagen, Interessen und Vorurteile zu haben. Zeitlicher Abstand und räumliche Distanz ließen gar keine andere Wahl: Der überwiegende Teil der ›Geschichte‹ war notwendigerweise auf das Hörensagen verwiesen, und infolgedessen war die Verläßlichkeit der Zeugen ein zentrales Problem, das deshalb auch mit den Methoden und Standards des Rechtssystems angegangen wurde. Unter den Eigenschaften, die ein verläßlicher Historiker haben mußte, war das ›Desinteresse‹ die wichtigste (Dear 1992, S. 625). Die Eigenschaft des ›Desinteresses‹ wurde aus anderen *sozialen* Merkmalen geschlossen: Galilei ist ein gelernter Mathematiker, er ist ein Ehrenmann aus Florenz, der es nicht wagen würde, die Familie der Medici zu täuschen, und er *publiziert* seine Schriften. Deshalb glaubt Kepler ihm die Entdeckung der vier Jupitermonde, obgleich er sie selbst noch nicht sehen konnte und Galilei auch keine anderen Zeugen für seine Behauptung hat (ebd., S. 626f.).

Nach Dear erfolgte im 17. Jahrhundert ein Übergang dergestalt, daß ›Objektivität‹ als eine Eigenschaft von Wissen, die in den Dingen und ihrer ›Wißbarkeit‹ selbst liegt, durch eine negative Kategorie ersetzt wurde. Jetzt ging es um die *Ab*wesenheit von Merkmalen, die für gültiges Wissen als unangemessen galten (ebd., S. 627). Ein anderer derartiger Übergang steht im Zusammenhang damit und erschließt sich über die Frage, was als *Tatsache* galt. Dabei geht es um die Unterscheidung zwischen

---

5 Die Unterscheidung stammt von Hobbes. Vgl. *Leviathan*, Kapitel 9.

der ›alten‹ Wissensform, die auf Schlüssen und Argumenten beruhte, und der ›neuen‹, die auf Tatsachen beruhte. Der Übergang von der Aristotelischen zur Baconischen Auffassung von wirklichem Wissen fand seinen Niederschlag darin, daß die Aristotelische Hierarchie, in der die nur mit Besonderheiten befaßte Naturgeschichte gegenüber der mit Universalien befaßten Naturphilosophie als inferior galt, aufgehoben bzw. umgekehrt wurde. Der Prozeß wird exemplarisch an den unterschiedlichen Auffassungen von *Erfahrung*, den die beiden Zeitgenossen, Galilei und Bacon, hatten.

Galilei, obwohl wie Bacon Anti-Aristoteliker, verblieb insofern in dessen Denkschema, als er der Erfahrung als einzigem Weg zu sicherem Wissen nicht traute und nach auf Universalien und Regelmäßigkeiten beruhendem Wissen strebte. Erfahrung war für ihn der Ausgangspunkt für Axiome und Definitionen. Bacon hingegen mißtraute übereilten Verallgemeinerungen und glaubte nicht, daß sich die Naturgesetze aus allgemeinen Erfahrungen gewinnen ließen. Naturgeschichte mußte seiner Ansicht nach auch abweichende Ereignisse (›deviating instances‹), Irrtümer, Unbestimmtheiten erfassen. Auf diese Weise werde die Naturgeschichte zur Basis der Naturphilosophie und ihr gegenüber eine korrektive Funktion erhalten. Tatsachen (›facts‹) erhielten jetzt den Status des unbezweifelbaren Kerns von Wissen, verläßlicher als ›Axiome und syllogistische Demonstrationen‹. Nach Bacon war es besser, von konkreten Tatsachen wie ›Kreide‹ und ›Schlamm‹ zu sprechen, statt von abstrakten wie der ›Antriebskraft‹ oder den ›planetarischen Umlaufbahnen‹ (Daston 1994b, S. 44f.). Seine Innovation bestand darin, den *Fakten* einen neuen epistemologischen Status zu verleihen, der sie für die Naturphilosophie als beachtlich erscheinen ließ. Wie war es denkbar, daß Fakten, die selten und für die meisten Beobachter unzugänglich waren, dennoch Eingang in eine an Universalien orientierte Naturphilosophie fanden? Sie waren weder konsensfähig noch frei von allen Vorurteilen. Sie versprachen nur, frei von Theorie zu sein. Bacon war sich, wie viele seiner Zeitgenossen, der Schwierigkeiten bewußt, Tatsachen von Interpretationen zu trennen, und argumentierte deshalb zugunsten einer strengen methodischen Disziplin, um die Neigungen des Geistes, alle Erfahrung theoretischen Deutungen zu unterwerfen, zu zügeln (ebd., S. 47, 49).

Die Methoden der Beobachtung und des Experiments waren jedoch keineswegs fraglos akzeptiert. Die seltenen und fremden Fakten entzogen sich ja gerade der ›allgemeinen Erfahrung‹ und der Generalisierbarkeit, die die Grundlage der scholastischen Wissenschaft gewesen waren und die intersubjektive Kommunikation gewährleistet hatten. Die Gegenstände von Bacons Naturgeschichte waren vielfach so weit entfernt, daß sie weiter Reisen bedurft hätten, um sie zu inspizieren. Experimente waren unzuverlässig und aufgrund nicht standardisierter Instrumente, unterschiedlicher Fähigkeiten der Experimentatoren und unzuverlässiger Kommunikation der Methoden und Resultate nur unter glücklichen Umständen replizierbar.[6] Die neuen Methoden waren also nicht schon an sich geeignet, Zustimmung, Konsens und ein allgemein akzeptiertes Wissen zu schaffen.

Die baconischen Tatsachen und die Methoden zu ihrer empirischen Bestätigung erhielten ihre Attraktivität erst vor dem Hintergrund der schier endlosen Vermehrung von Theorien, der sich auf jede nur erdenkliche Einzelheit erstreckenden Kontroversen und der damit geschaffenen alternativen Naturphilosophien. Theoriefreie Fakten mußten in dem Maße als eine Lösung der Kommunikationsprobleme erscheinen, wie Theorien als Ursache der Uneinigkeit galten. Deren Mangel an Plausibilität und Reproduzierbarkeit wurde letztlich durch *Vertrauen* überwunden (ebd., S. 51). Die Frage ist nur, an welche Merkmale sich das Vertrauen knüpfte.

Die Zerstrittenheit der scholastischen Philosophen spiegelte sich in den großen gesellschaftlichen Zerwürfnissen des Bürgerkriegs in England und des Dreißigjährigen Krieges in Deutschland wider. Hobbes war als politischer Theoretiker davon über-

---

6 »In the days when experimental *equipment* was expensive and *temperamental*, when techniques were new and *unstandardized*, when experimenters *varied* enormously in *skill*, when *communication* of methods and results was *sporadic* and elliptical, it was the exception rather than the rule to be able to replicate results« (Daston 1994 b, S. 48, meine Hervorhebung). Daston benennt hier eine Reihe von Faktoren, die einer intersubjektiven Kommunikation und gemeinsamer Erfahrung entgegenstehen, aber gleichwohl darauf angelegt sind, sie zu ermöglichen. Die Frage lautet dann, welche *sozialen* Bedingungen dazu beitragen, daß die Überzeugungsprozesse, um die es letztlich geht, stattfinden.

zeugt, daß die Frage, wie richtiges Wissen zu erzeugen sei, zugleich eine Frage der gesellschaftlichen Ordnung sei. Wissensordnung und politische Ordnung bedingten einander wechselseitig. Er verstand seine entsprechenden Vorschriften zur Erlangung richtigen Wissens folglich zugleich als solche, die dazu dienten, Bürgerkrieg zu verhindern. Hobbes setzte Wissen, Wissenschaft und Philosophie auf die eine Seite, Glauben und Meinung auf die andere. Erstere seien sicher und unbestreitbar, letztere vorläufig, wandelbar und konfliktreich, weil von den Leidenschaften und Interessen der Menschen beeinflußt. Die größte Gefahr für die politische bzw. gesellschaftliche Ordnung ging seiner Meinung nach von der Proliferation ›privater Meinungen und Urteile‹ aus, die jede Autorität und alle bestehenden Konventionen für die Produktion gesicherten Wissens erodieren mußten (Shapin, Schaffer 1985, S. 72 f., 102). Zu den Quellen untauglichen Wissens gehörte Hobbes zufolge die priesterliche und scholastische, absurde Rede, deren Diskussion »Streit und Aufruhr oder Verachtung« erzeugt (Hobbes [1914] 1962, S. 22). Der Vernunft (›reason‹) kam in seinen Augen die gleiche konsenserzwingende Funktion zu wie der physischen Gewalt, weil die Vernunft allen gegenüber gleich war und niemanden bevorteilte. Aber sie konnte immer von unwissenden und ihren privaten Interessen nachgehenden Menschen gefährdet werden. Deshalb legten Hobbes und seine Zeitgenossen Wert auf den Zusammenhang zwischen *Wissen* und *Verhaltensweisen* (›manners‹). Streit und Zerrissenheit waren nur durch die soziale Sanktionierung neuer Verhaltensweisen zu überwinden, die in Gegensatz zu der Selbstüberheblichkeit standen, die mit den hierarchisch verfaßten Schulen verbunden wurde: *Bescheidenheit* und *Desinteressiertheit*, Vermeidung beleidigender Sprache, eigenes Auftreten und Behandlung des Widersachers als Ehrenmann (Shapin, Schaffer 1985, S. 106; Hobbes [1914] 1962, Kapitel 11).

Robert Boyle war es schließlich, der exemplarisch die Regeln zur Bewältigung von Disputen formulierte: 1. Meinungen werden von Personen getrennt, das heißt, der Autor wird von dem Text isoliert, den er verfaßt hat, und den Meinungen, die er vertritt. 2. Wahrheit entsteht in der Unterhaltung aller Beteiligten; alle haben einen Anteil an der Entstehung des Konsensus. 3. Die Konversation ist höflich und gesittet (›civil‹). 4. Der Gegenstand des intellektuellen Austauschs und das Mittel, mit Hilfe dessen es zur Übereinstimmung kommt, ist die ›experimentelle Tatsache‹ (Shapin, Schaffer 1985, S. 74 f.). Boyle, die führende Figur der neuen experimentellen Philosophie in England, hatte auf diese Weise, zusammen mit seinen übrigen ›Fellows‹ der *Royal Society* (der 1666 gegründeten Akademie), eine Antwort auf das Problem der Konfliktbewältigung geliefert. Sie stellten ihre Gemeinschaft als eine »ideale Gesellschaft« dar, in der Streit auftreten konnte, ohne weiteren Schaden für die Gemeinschaft anzurichten, und in der Irrtümer schnell korrigiert wurden (ebd., S. 298). Diese ideale Gesellschaft unterschied sich durch die Art der Autorität, die in den Augen der experimentellen Philosophen allein maßgeblich sein konnte. Die Autorität des Wissens entstammte nach ihrer Auffassung der Natur, nicht privilegierten Personen. Auch für Boyle und die ›experimenters‹ bestand eine enge wechselseitige Beziehung zwischen Wissensordnung und politischer Ordnung, wenngleich mit zum Teil etwas anderen Akzenten als bei Hobbes. Sie bezogen sich auf die Entstehung der Tatsachen: auf die sozialen Bedingungen der ›experimentellen Herstellung‹ von Tatsachen. Die experimentellen Philosophen vertraten die Auffassung, daß sicheres Wissen positive politische Effekte habe, daß nicht der äußere Zwang zur Einheitlichkeit und Übereinstimmung, sondern nur der freie Austausch rivalisierender Meinungen zu sozialer Stabilität führen könne und daß dieser freie Austausch der Meinungen nur sicher sei, wenn die Grenzen, innerhalb deren Disput erlaubt sei, sorgfältig festgelegt und verteidigt würden. Die unter den obwaltenden politischen Bedingungen tatsächlich erfolgte Festlegung dieser Grenzen wurde unter anderem von Robert Hooke in seinem vielzitierten Entwurf der Statuten der *Royal Society* von 1663 formuliert: »Gegenstand und Ziel der Royal Society ist es, die Kenntnisse von natürlichen Dingen, von allen nützlichen Künsten, Produktionsweisen, mechanischen Praktiken, Maschinen und Erfindungen durch Experimente zu verbessern – *ohne sich in Theologie, Metaphysik, Moral, Politik, Grammatik, Rhetorik oder Logik einzumischen.*«[7]

---

[7] »[...] *not meddling with Divinity, Metaphysicks, Moralls, Politicks, Grammar, Rhetorick, or Logick*«. Die Textstelle, die keinen direkten Eingang in die Statuten der *Royal Society* gefunden hat, aber verstreut oder implizit enthalten war, wird von Ornstein (1928, S. 108, Fn. 63) zitiert. Ich habe

In diesem Zusammenhang ist nicht der mit dieser und ähnlichen Textstellen häufig illustrierte Aspekt der politischen Legitimierung der Wissenschaft und damit der politischen Selektivität wissenschaftlicher Gegenstände von Interesse. Vielmehr soll vor allem die von den englischen experimentellen Philosophen vorgenommene *Homologisierung* der sozialen bzw. politischen Ordnung und der Möglichkeit der Produktion *gesicherten* Wissens betont werden. Die entscheidende Verknüpfung besteht darin, daß letztere nicht auf abstrakten metaphysischen Kriterien gründet, sondern auf einer Reihe von speziellen *Verhaltensweisen*, die zu beachten sind.

Schon hier soll auch auf die Modernität dieser Vorstellung hingewiesen werden: Unter den Bedingungen einer »postmodernen« Pluralität von Meinungen erlangen *Verfahren* des Ausgleichs bzw. der Mediation oder, anders gesagt, ›Kompromißkulturen‹ eine besondere Bedeutung (Greiffenhagen 1999). Die soziale Innovation der experimentellen Philosophen bestand genau in der Formulierung eines Verhaltenskodex, der eine Prozeduralisierung durch den Bezug auf demonstrierbares Wissen beinhaltete.

Die Zerstrittenheit der Naturphilosophie und die ›Technologien‹ zu ihrer Überwindung waren keine an die *restoration* gebundene englische Sonderentwicklung, sondern lediglich ein Echo der schon vorher in den philosophischen Kreisen Italiens, Frankreichs und Deutschlands verbreiteten Sentiments, eine paneuropäische Wahrnehmung des Problems, zu dem es unterschiedliche Lösungen gab. Boyles Betonung der Bescheidenheit und Höflichkeit im Umgang mit intellektuellen Gegnern, vor allem aber die ›privilegierte Tatsache‹ (›privileged matter of fact‹), war eine englische Lösung des Problems. Die Beschreibung, wie die Grenzen zwischen privilegierten epistemologischen Kategorien errichtet und erhalten werden, beantwortet allerdings noch nicht die Frage, wie es allererst zur Privilegierung dieser Kategorien kam. Die Antwort liegt in der spezifischen *Verbindung* der Objektivität der ›Baconischen Tatsachen‹ und der Objektivität der Unparteilichkeit. Unparteilichkeit war

---

hier die Übersetzung von van den Daele (1977) übernommen. Vgl. die entsprechenden Stellen in Thomas Sprats Geschichte der *Royal Society* ([1667] 1959, besonders S. 62, 82).

Unparteilichkeit gegenüber Theorien, und die baconischen Tatsachen waren theoriefreie, neutrale Fakten. »Die merkwürdigen Ausprägungen von Tatsachen und Unparteilichkeit verbanden sich und bildeten in der zweiten Hälfte des 17. Jahrhunderts eine erkennbare Form von Objektivität aufgrund des intensiven Drucks, die akademischen Manieren zu verbessern, damit andauernde kollektive Unternehmungen überhaupt möglich würden« (Daston 1994b, S. 57).

Als mit dieser Verbindung die »Vorgeschichte der Objektivität« (Daston) abgeschlossen war, begann dieser Zeitrechnung zufolge ihre Geschichte. Die weitere Entwicklung der Objektivität und damit der Verläßlichkeit des Wissens muß auf eine gesellschaftliche Entwicklung bezogen werden, die ihrerseits durch *Expansion* gekennzeichnet war, Expansion in sozialer und zeitlicher Hinsicht. In dieser expandierenden Gesellschaft wird die Kommunikation und damit die Produktion konsentierbaren Wissens immer voraussetzungsreicher. Steven Shapin hat die »Geschichte der Wahrheit« als Wandel der sozialen Natur des *Vertrauens* rekonstruiert. Es ist die tiefgreifende Veränderung der prämodernen Gesellschaft, in der die Glaubwürdigkeit von Berichten und Erzählungen und damit der Weitergabe von Wissen auf Vertrautheit beruhten. »Wissen zirkulierte in einem System alltäglichen Wiedererkennens« (Shapin 1994, S. 410). In dieser Gesellschaftsordnung wurde der Wahrheitsgehalt mit Tugend verbunden. Eine der Tugenden des Ehrenmannes war die Wahrhaftigkeit, sie definierte ihn. »Wahrheit folgte denselben persönlichen Kanälen wie die zivile Konversation. Wissen wurde gesichert, indem man Menschen vertraute, mit denen man vertraut war, und Vertrautheit konnte eingesetzt werden, um die Wahrheit dessen abzuschätzen, was sie sagten« (ebd.).

Im 18. Jahrhundert begann diese Bindung der Wahrhaftigkeit an (sozial zugeschriebene) persönliche Eigenschaften zu erodieren. Die sozialen Beziehungen expandierten ebenso wie die politischen Verbände und damit die Distanzen der Kommunikation, der Verwaltung. Die engen Grenzen lokaler Gemeinschaften wurden hinfällig. Berichte über die Welt, die Natur, andere Völker wurden nicht mehr von Personen gegeben, die bekannt waren, die bestimmten Familien zugeordnet werden konnten, auf deren Eigenschaften rekurriert werden konnte. An die Stelle des *Vertrauens in Personen* trat das *Vertrauen in Institutionen*. Ohne ein solches Vertrauen wäre eine moderne Gesellschaftsorganisation mit ihren vielfältigen und tiefgestaffelten Abhängigkeiten jedes einzelnen von den dauerhaften Vorleistungen vorangegangener Generationen und geographisch weit verstreuter Mitglieder der Gesellschaft unmöglich (Luhmann 1973). Das Vertrauen ist dabei jedoch wiederum an bestimmte Eigenschaften gebunden, die nunmehr Institutionen eignen. Vertrauen in die Verläßlichkeit von Wissen ist auf Institutionen beschränkt, die besonders streng über die Art und Weise der Produktion dieses Wissens wachen, die dafür Sorge tragen, daß die Interessen und Leidenschaften der beteiligten Personen kontrolliert und so weit wie möglich ausgeschaltet werden. An die Stelle der moralischen Eigenschaften einzelner Personen ist die *Expertise* von Institutionen getreten, und selbst die Expertise von Individuen wird durch Institutionen abgestützt, die sie ausgebildet und lizenziert haben.

Die behauptete Bedeutung des Vertrauens als Grundlage der Produktion gesicherten Wissens scheint im Widerspruch zu dem in der Wissenschaft gepflegten Prinzip der Kritik zu stehen, dem Ethos des ›organisierten Skeptizismus‹, wie Merton es genannt hat. Es herrscht jedoch kein Widerspruch, sondern das eine ist die notwendige Voraussetzung des anderen. Der Fortschritt in der Produktion gesicherten Wissens, die Kumulation neuen Wissens, ist nur möglich, wenn sich Skepsis und Kritik auf jeweils sehr spezifische Behauptungen beziehen. Alle nur mittelbar betroffenen Wissensbestandteile, gegebenenfalls die verwendeten Methoden, Ergebnisse vergangener Versuchsreihen, auf denen die neuen Behauptungen aufbauen, die Integrität ihrer Urheber usw. müssen notwendigerweise als verläßlich vorausgesetzt werden, weil nicht jede Überprüfung einer Behauptung die gesamte Kette der sie begründenden Wissensbestandteile zurückverfolgen kann. »Die besondere Macht der Wissenschaft, Wissen als ein kollektives Eigentum zu erhalten *und* Zweifel auf Teile des gegenwärtig akzeptierten Wissens zu richten, beruht auf einem Maß und einer Qualität von Vertrauen, die nirgendwo sonst in unserer Kultur ihre Parallele haben« (Shapin 1994, S. 417).

Der Prozeß der Expansion der Gesellschaft und der Umstellung von persönlichen Vertrautheitsverhältnissen auf Vertrauen in Institutionen – allgemein: der Prozeß, den Norbert Elias als die »Verlängerung der Handlungsketten« beschrieben hat –, drängte auf die Errichtung einer Gemeinschaft, die über Zeit und Raum hinweg existieren könnte und in der Lage wäre, eine persönliche Interessen, individuelle Eigenarten und Vorurteile, religiöse und nationale Bindungen einschränkende, umfassende Kommunikation zu ermöglichen. Die Erlangung wahren bzw. objektiven Wissens setzte voraus, was Ted Porter treffend eine »*Technologie der Distanz*« genannt hat, »geographisch, intellektuell und sozial« (Porter 1992, S. 640). Bei der Technologie der Distanz handelt es sich um Mechanismen zur Herstellung von Vertrauen durch die Kontrolle bzw. Beseitigung der Gründe für Mißtrauen.

Ein Element dieser »Technologie der Distanz« ist Quantifizierung, die wiederum Grundlage der Standardisierung ist. Quantifizierung ist ein Mittel, um Kommunikation öffentlich zu machen. Sie unterläuft Mechanismen der Aneignung und Verteidigung einer Autorität, die sich auf subjektives, nicht nachprüfbares Urteil gründet. Die Quantifizierung hat sich als eine extrem mächtige Rhetorik der Verbreitung von Forschungsergebnissen über die Grenzen von Ländern, Kulturen und Sprachen sowie die lokalen Gebundenheiten einzelner Laboratorien hinweg erwiesen. Sie ist, in den Worten von Porter, eine »Sprache des Mißtrauens« (»language of distrust«), indem persönliche Urteile und private Weisheit dem *öffentlichen* Urteil unterworfen und von ihm verdrängt werden (ebd., S. 644, 646). *Objektivität* wurde durch die weitgehende Ausschaltung der Subjektivität, durch Unpersönlichkeit und Standardisierung konstituiert, und in dieser Form der Objektivität ist die Möglichkeit zur Ausweitung der *kommunikativen Gemeinschaft* über die zeitlich und örtlich gebundenen persönlichen Beziehungen hinweg angelegt.[8]

---

[8] Quantifizierung war nicht von Anfang an mit Präzisionsmessung und den entsprechenden instrumentellen Infrastrukturen gleichzusetzen. Das »Ethos der Exaktheit« entwickelte sich Kathryn Olesko zufolge erst in der deutschen Experimentalphysik, der Astronomie und Geodäsie des 19. Jahrhunderts, und mit der Zuschreibung persönlicher *Integrität* als einer für Präzisionsmessung und den Charakter der die Messungen vornehmenden Personen zentral wichtigen Eigenschaft (Olesko 1991, S. 250-252, 392 f., zitiert in Daston 1995, S. 11).

Das Moment des »Mißtrauens« ist in einem übertragenen Sinn zu verstehen. Es bezieht sich auf die Möglichkeit der Kommunikation zwischen Personen, die sich weder persönlich kennen (und folglich auf entsprechende Eigenschaften, Indizien und Beziehungen verlassen können) noch gegenseitig zu Gesicht bekommen (und auf die im persönlichen Kontakt mobilisierbaren sozialen Signale verzichten müssen). Persönliche Autorität, gegen die sich das Mißtrauen richtet, ist kein Garant solcher Beziehungen, ebensowenig wie die persönliche Meinung. Vielmehr gilt es, die persönlichen Urteile zu kontrollieren, sich Regeln zu unterwerfen, den Bereich von Bedeutungen einzuschränken. Es geht also um die *soziale* Ermöglichung von Kommunikation unter Bedingungen, die sie sonst ganz unwahrscheinlich sein lassen würden. Porter sieht in diesem Aspekt der Wissenschaft den Prototyp der »modernen, mißtrauischen, pluralistischen, demokratischen politischen Ordnung. Der ›organisierte Skeptizismus‹ der Forschergemeinde erfordert Formalisierung und Objektivität auf eine Weise, die analog zu, wenngleich selbstverständlich nicht identisch mit den Regelsystemen ist, die von den Bürokratien in modernen westlichen Gesellschaften favorisiert werden« (ebd., S. 647).

Ein weiteres Element der Technologie der Distanz ist die »Ent-Subjektivierung« der Wissensproduktion. Hierunter fallen eine Reihe unterschiedlicher Techniken, mittels deren Objektivität konstituiert wurde.[9] Gemeinsam ist ihnen wieder das Bemühen, den Menschen mit seinen Eigenarten, seinem Willen, seinen psychischen Regungen und seinen Leidenschaften aus dem Erkenntnisprozeß so weit wie irgend möglich zu eliminieren.

Zwei wesentliche Formen lassen sich exemplarisch benennen: Die *mechanische Objektivität* des 19. und frühen 20. Jahrhunderts versuchte, alle Formen der menschlichen Intervention bei der Naturbeobachtung entweder durch den Einsatz von Maschinen oder durch die Mechanisierung wissenschaftlicher Ver-

---

9 Ich greife hier frei auf Dastons summarische Klassifizierung der »verschiedenen Arten von Objektivität« anhand der »unterschiedlichen Subjektivitäten, gegen die sie sich richten«, zurück (1992, S. 607). Oder wie es an anderer Stelle heißt: »The history of the various forms of objectivity might be told as how, why, and when various forms of subjectivity came to be seen as *dangerously* subjective« (Daston, Galison 1992, S. 82).

fahren auszuschalten. Die mechanische Objektivität bekämpfte das wissenschaftliche und das ästhetische Urteil, dogmatische Systeme und den Anthropomorphismus. »Was die negativen und positiven Seiten der mechanischen Objektivität verbindet«, ist in den Worten Dastons und Galisons die »heroische Selbstdisziplin: Auf der einen Seite die Ehrlichkeit und die Selbstbeschränkung, die erforderlich sind, um dem Urteil, der Interpretation und sogar dem Zeugnis der eigenen Sinne abzuschwören; auf der anderen Seite die straffe Konzentration, die für präzise Beobachtung und endlos rund um die Uhr wiederholte Messung erforderlich ist« (Daston, Galison 1992, S. 83, 82).

Die *aperspektivische Objektivität* sucht demgegenüber individuelle Idiosynkrasien zu eliminieren. Für sie ist die Überwindung individueller Standpunkte in Auseinandersetzungen die zentrale Voraussetzung für die Schaffung einer wissenschaftlichen Gemeinschaft, deren gemeinsames Ziel die Suche nach Wahrheit ist. »Aperspektivische Objektivität war das Ethos des austauschbaren und deshalb eigenschaftslosen Beobachters – unbezeichnet durch Nationalität, sinnliche Stumpfheit oder Schärfe, durch Ausbildung oder Tradition, durch geistreiche (selbst überlegene) Ausrüstung oder durch irgendeine andere Eigentümlichkeit, die die Kommunikation, den Vergleich und die Anhäufung von Ergebnissen beeinträchtigen könnte« (Daston 1995, S. 22).

Die aperspektivische Objektivität verlangte vom Wissenschaftler ein erhebliches Maß an Selbstkontrolle und Entsagung, an Verzicht auf Ruhm und Anerkennung, es sei denn, sie erreichten ihn als Ehrungen. Die Ausdehnung der kommunikativen Beziehungen zwischen Wissenschaftlern über die ganze Welt setzte an die Stelle der vormals persönlichen Freundschaften das Gebot der Kooperation. Die Kommunikationsbeziehungen wurden vielfältiger, notgedrungen unpersönlicher und folglich formaler. Die beteiligten Persönlichkeiten traten hinter die große Gemeinschaft, die *scientific community*, zurück. »Subjektivität wurde synonym mit dem einzelnen und der Einsamkeit, Objektivität mit dem Kollektiv und der Geselligkeit« (Daston 1992, S. 609). Mitte des 19. Jahrhunderts war das Ethos der aperspektivischen Objektivität etabliert, und es entsprach ebenso den die Epoche kennzeichnenden Tugenden des Bürgertums, wie im 17. Jahrhundert die Ehrvorstellungen der *gentle-*

men die Formen und Inhalte der Kommunikation von Wissen bestimmt hatten.

Die besonderen kommunikativen Verhaltensweisen, die sich seit dem 17. Jahrhundert bis in unsere Tage herausgebildet haben, stellen eine besondere gesellschaftliche Innovation dar. Sie lassen sich als die Elemente des Ethos der Wissenschaft wiedererkennen, das später noch genauer dargestellt wird. Der Zusammenhang zwischen der Vorstellung von wahrem, objektivem Wissen und bestimmten sozialen Verhaltensmustern – das zeigt schon der kursorische Überblick über die ›Geschichte der Objektivität‹ – ist so eng, daß man von einer wechselseitigen Bedingung sprechen kann, nicht aber von einer einseitigen Kausalbeziehung.

Wir stehen heute unter dem Eindruck, als sei mit der seit etwa Mitte des 19. Jahrhunderts geltenden Wissensvorstellung genau jene Auffassung von objektivem Wissen etabliert worden, die allein den ›richtigen‹ Zugang zur Naturerkenntnis eröffnet. Dies ist selbst dann der Fall, wenn wir anerkennen, daß es vor diesem Zeitpunkt andere Vorstellungen von objektivem Wissen gegeben hat. Tatsächlich ist diese Annahme ganz unplausibel. Sie impliziert ein Ende jeder Geschichte, sowohl der des Wissens als auch der der Gesellschaft. Aus demselben Grund ist es unplausibel, die Unveränderlichkeit der für die Erkenntnisproduktion vorausgesetzten sozialen Verhaltensweisen, also des wissenschaftlichen Ethos, mit Verweis darauf zu unterstellen, die Natur selbst diktiere gleichsam das angemessene Verhalten, um sie entschlüsseln zu können.[10] Anders gesagt: Mit derselben

---

10 Diese Behauptung wird durch Mertons funktionalistische Argumentation zumindest nahegelegt und ist auch insofern von ihm befördert worden, als er sich zur zeitgenössischen Wissenschaftstheorie agnostisch verhalten hat. An diesem Punkt setzte die vielfältige Kritik an Mertons ›Ethos‹ (siehe unten) an und verwies auf dessen Historizität. Darin besteht die einzige systematische Differenz zwischen Mertons ›wissenschaftlichem Ethos‹ und zum Beispiel Dastons ›moral economies of science‹: »Im Unterschied zu den Mertonschen Normen sind die ›moral economies‹ historisch, geschaffen, modifiziert und zerstört; durch Kultur und nicht Natur erzwungen und deshalb sowohl veränderbar als auch verletzbar« (Daston 1995, S. 7). Ich werde weiter unten zeigen, daß eine andere Interpretation Mertons möglich und fruchtbarer ist und außerdem gängige Mißverständnisse vermeintlicher Gegenbeispiele vermeidet.

Berechtigung, mit der der Blick in die Geschichte der ›Objektivität‹ und ihres Zusammenhangs mit Veränderungen der Gesellschaft gerichtet wird, kann er auch nach vorn gerichtet werden. Prinzipiell muß unterstellt werden, daß das über mehr als dreihundert Jahre entstandene Ensemble von Verhaltensweisen und Normen wissenschaftlicher Erkenntnisproduktion ebenso weiteren Veränderungen unterliegt wie die Gesellschaftsordnung, in der es institutionalisiert ist. Die historische Veränderbarkeit der die Wissensproduktion steuernden Regeln wird am ehesten in den Organisationen erkennbar, in denen sie sich manifestieren.

Die Institutionen der akademischen Wissenschaft – Akademien und Universitäten

Die Vorstellungen über die Verhaltensmuster, die zur Erlangung gesicherten Wissens befolgt werden mußten, blieben keine abstrakten Ideale, sondern wurden zu organisatorischen Verfahren und Regeln. Bedenkt man die historische Kontingenz der Ausprägung spezifischer Merkmale der Wissenschaftsorganisation, läßt sich die Behauptung einer unilinearen Kausalität zwischen Naturerkenntnis und Organisation der Wissenschaft kaum aufrechterhalten. Die Gründung der *Royal Society* in England war, wie nicht anders zu erwarten, von den herrschenden politischen Bedingungen ebenso geprägt wie die Gründung der *Académie des Sciences* in Frankreich. In England bestimmte die Restauration des Königtums nach dem Ende der puritanischen Revolution die Grenzen dessen, was die Bewegung der neuen Wissenschaft von ihren ursprünglichen Reformvorstellungen realisieren durfte. Die Wissenschaftler gingen Kompromisse ein und paßten sich den politischen Verhältnissen an. Dazu zählte insbesondere der Verzicht auf die religiöse Erneuerung, die Begründung wahren religiösen Wissens sowie weitreichende gesellschaftspolitische Reformen. Damit wurde zum einen die Abgrenzung der legitimen Gegenstände der neuen Wissenschaft vorgenommen, die ausdrücklich Religion, Politik, Moral und Erziehung ausschloß. Hier lag zum anderen aber auch die Verbindung zwischen der politischen Opportunität religiöser und politischer Neutralität einerseits und dem Prinzip des *universalistischen* Charakters des experimentellen Wissens andererseits (van den Daele 1977, S. 156-158; Hunter 1990).[11]

Die universalistische Geltung von Wissen, das heißt die Trennung der persönlichen Eigenschaften – wie Herkunft, Religion oder ethnische Zugehörigkeit – von den Erkenntnissen, die jemand erzeugt, wurde von Thomas Sprat als ein für die *Royal Society* geltendes Prinzip erklärt (Sprat [1667] 1959). Dieses Prinzip ist zu verschiedenen Zeiten durch die Tätigkeit von Akademien und wissenschaftlichen Gesellschaften unterschiedlich realisiert worden, wie die wechselhafte Geschichte des Widerstreits zwischen nationalistischen und kosmopolitischen Orientierungen der Akademien im 17., 18. und 19. Jahrhundert illustriert. Nach 1750 geht die Bedeutung der informellen Gelehrtenrepublik aufgrund ihrer Nationalisierung zurück, ihre Internationalität wird erst im 19. Jahrhundert vorübergehend zurückgewonnen.[12] Auch im 20. Jahrhundert ist das Gebot des Universalismus zumindest zweimal im großen Stil eklatant verletzt worden: nach dem Ersten Weltkrieg in Gestalt des (nur kurzfristig erfolgreichen) internationalen Boykotts gegen die deutsche Wissenschaft und im nationalsozialistischen Deutschland durch den (weitgehend vergeblichen) Versuch, eine arische gegen eine jüdische Wissenschaft auszuspielen (Beyerchen 1977/1980; Crawford, Shinn, Sörlin 1993). Die Diskussionen, die diese Ereignisse ausgelöst haben, sowie die Maßnahmen, die jeweils zu ihrer Überwindung geführt haben, demonstrieren am besten, wie fest institutionalisiert die Norm des Universalismus ist.

---

11 Hunter hebt den ›Trial-and-error‹-Charakter der frühen Institutionalisierung hervor und spricht von einem evolutionären Prozeß (Hunter 1990, S. 28). Zu den anders begründeten Beschränkungen der französischen Akademie, die eher als »ein Zweig der französischen Staatsgewalt« denn, wie die englische Akademie, als eine freie Gemeinschaft von Forschern verstanden werden muß, deren Mitglieder sich fast ausschließlich aus kulturellen Zirkeln der Oberschicht rekrutierten, von der Krone Gehälter bezogen und keine revolutionäre Programmatik vertraten, vgl. Brown (1934, S. 160) und Hahn (1971, S. 13 f.).

12 Zum (unter anderem universalistischen) Ideal und der davon abweichenden (unter anderem chauvinistischen) Realität der Gelehrtenrepublik siehe Daston (1991), zu den Kommunikationsmustern der Gelehrtenrepublik siehe Stichweh (1991).

Ein weiteres zentrales Prinzip der neuen Wissenschaft, das in den Akademien institutionalisiert wurde, war die *Öffentlichkeit* der Forschung und damit die allgemeine Teilhabe an der Kommunikation des Wissens (Böhme, van den Daele 1977, S. 190f.). Dieses Prinzip richtete sich gegen die allseits übliche, wirtschaftlich begründete Geheimhaltung von Wissen, die von den Zünften, den Apothekern und den Alchemisten gepflegt wurde. In dem Augenblick, in dem das Projekt experimenteller Erkenntnis als ein kooperatives und von einzelnen Personen abgekoppeltes Unternehmen verstanden wird, ist der Handel mit Geheimnissen kein wirkungsvoller Mechanismus zur Akkumulation und Verbreitung von Wissen mehr. Durch die Gründung der ersten wissenschaftlichen Zeitschriften (*Philosophical Transactions*, *Journal des Savants*) wurde die Öffentlichkeit von Entdeckungen gewährleistet und zugleich durch die Nennung ihres Urhebers dessen Priorität gesichert. Erst dadurch waren die Voraussetzungen für eine Pflicht zur *Veröffentlichung* geschaffen. Der französischen Akademie und nach ihr den später entstehenden wissenschaftlichen Gesellschaften wurde die Rolle von Entscheidungsinstanzen für die Beurteilung der Neuheit von Erfindungen und Entdeckungen übertragen, so daß ihre Zustimmung zu einem angesehenen Gütesiegel wurde (Hahn 1971, S. 24).

Die Veröffentlichungspflicht war zugleich mit der zentralen Aufgabe der Akademien verbunden, der Forschung selbst. Nach Sprat sollte die Akademie nicht auf die Diskussion und Lizenzierung der andernorts betriebenen Forschung beschränkt bleiben. Vielmehr sollten experimentelle Entdeckungen in Gegenwart einer großen Gruppe von Menschen getestet werden, die alle Zufälle und Regelmäßigkeiten untersuchen und ihren Befund nicht weitergeben sollten, bis die »gesamte *Gesellschaft* entweder von der Sicherheit und Stabilität oder von der absoluten Unmöglichkeit des Effekts überzeugt ist« (Sprat [1667] 1959, S. 99).[13] In dieser Regel kommt sowohl der korporative Charakter der Absicherung der Erkenntnis als auch der diskursive und kritische Charakter des Verfahrens selbst zum

---

13 »[...] observ'd all the *chances*, and the *Regularities* of the proceedings [...] never giving it over till the whole *Company* has been fully satisfi'd of the certainty and constancy; or, on the otherside, of the absolute impossibility of the effect.«

Ausdruck. Der Erfolg dieser systematischen und *organisierten Kritik* und Prüfung einzelner Entdeckungen hing von der Durchsetzung ›ziviler Umgangsformen‹ ab (siehe oben), und dies bedurfte wiederum der Trennung der Entdeckung von ihrem Urheber. Henry Oldenburg, der Sekretär der *Royal Society* und Herausgeber der *Philosophical Transactions*, beseitigte bekanntlich aus den Korrespondenzen und Beiträgen alle persönlichen Bezüge und ließ die Autoren hinter das Kollektiv der wissenschaftlichen Gemeinschaft zurücktreten. Diese besondere »Technik der Distanz«, die (psychologische) Trennung der Behauptungen der Erkenntnis von der persönlichen Identität ihrer Urheber, hat sich bis heute erhalten und ist ein Merkmal (unter anderen) der Wissenschaft in modernen funktional differenzierten Gesellschaften.

Mit der Praxis der Akademien, die Arbeiten ihrer Mitglieder oder anderer Wissenschaftler gemeinsam zu überprüfen (die *Royal Society* folgte dem Grundsatz, alle Experimente, von denen ihr berichtet wurde, durch eines ihrer Mitglieder zu wiederholen), wurde zugleich das wichtigste Element des wissenschaftlichen Ethos institutionalisiert: die *Unvoreingenommenheit* (Desinteressiertheit). An die Stelle persönlich gebundener, durch Interessen entstellter und zeitlich begrenzter Kommunikationen von Erkenntnisleistungen, wie Beschreibungen und Experimente, tritt die Systematik der Beschreibung, die Offenlegung ihres Zustandekommens und der Zwang zur Präzision. Nur dadurch war gegeben, daß die Kommunikation über Erkenntnisse – die Berichterstattung über Beobachtungen, die Durchführung von Experimenten – zu einem wechselseitigen, von vielen Personen getragenen Unternehmen wurde. In diesem Grundsatz nahm die Standardisierung ihren Ausgang, um Vergleichbarkeit und Akkumulation des Wissens zu ermöglichen.

Universalität, das heißt personenunabhängige Geltung, und Öffentlichkeit von Wissen, Reziprozität und Unvoreingenommenheit gehen als institutionelle Normen Hand in Hand. Sie sind im Grundsatz mit den Akademien des 17. Jahrhunderts etabliert. Obgleich diese in der Folgezeit einen Niedergang erfahren, bleiben die organisatorischen Prinzipien erhalten und setzen sich in den großen nationalen Wissenschaftsgesellschaften und schließlich in der modernen Forschungsuniversität des späten 19. Jahrhunderts fort. Erkenntnisgewinn im Verständnis der modernen Wissenschaft hatte sich als ein eigenständiger Institutionentypus ausdifferenziert. Eigenständigkeit bedeutet hier auch Selbstbezüglichkeit: Die Kommunikation wissenschaftlicher Erkenntnisse erfolgt in einer sozial ausdifferenzierten Gruppe, die sich als Gemeinschaft Gleicher versteht, die ihre Mitgliedschaftsgrenzen selbst bestimmt, in der Mitgliedschaft durch Leistung und durch Unterwerfung unter Verfahrensregeln erworben wird, und die sich ihre Aufgaben ebenso selbst stellt, wie sie die Lösungen selbst bewertet. Eine wesentliche Bedingung für diese erfolgreiche Selbstabschließung gegenüber ihrer gesellschaftlichen Umwelt war historisch eher kontingent. Die Begründer der *Royal Society* waren zu einem politischen Arrangement gezwungen, zu einer Begrenzung der mit der neuen experimentellen Philosophie verbundenen normativen und gesellschaftsreformerischen Ansprüche. Dabei kam es zu einer »Identifikation der emanzipatorischen Wirkung der Erkenntnis mit der Erkenntnis als solcher. [...] Die Wissenschaft befreit sich von den normativen Bezügen wahrer Naturerkenntnis, die die wissenschaftliche Bewegung propagiert hat, dadurch, daß sie den sozialen, politischen, pädagogischen Wert der Erkenntnis in ihre Objektivität selbst verlegt« (van den Daele 1977, S. 161, 163).

Die Konsequenzen dieser Entwicklung sind epochal. Der legitimatorische Bezug der neuen Erkenntnisweise, menschlicher Fortschritt und Nutzen für die Gesellschaft, wird in die »Funktionalität der positiven Erkenntnis für beliebige Zwecke« verlagert (ebd., S. 164). Es gibt weder inhaltliche Bezüge zwischen Erkenntnis und gesellschaftlichem Nutzen noch organisatorische Mechanismen, die sie sichern könnten. Damit wird die Ausdifferenzierung der Wissenschaft vollzogen. Sie findet ihren Ausdruck zum einen in der Unterscheidung zwischen ›reiner‹ und angewandter Forschung. Damit wird die Erkenntnisproduktion von den sich wandelnden Wertvorstellungen, moralischen Beurteilungen und politischen Interessenlagen in der Gesellschaft abgekoppelt. Diese Entkopplung ist jedoch erstens nie unumstritten; sie unterliegt vielfachen Angriffen und Versuchen, sie rückgängig zu machen. Aber sie gilt im Prinzip: Sie markiert die Systemgrenze zwischen der Wissenschaft und anderen gesellschaftlichen Teilsystemen. Zweitens wird mit dieser Entkopplung die Erkenntnisdynamik selbstbezüglich. Das heißt, daß der Prozeß der Wissensproduktion und -kumulation nicht durch moralische, politische, religiöse und andere Zielsetzungen und Beschränkungen gesteuert wird, sondern aus sich selbst heraus, aufgrund eines kontinuierenden Prozesses von Fragen, Antworten und durch diese sich neu stellenden Fragen. Dieser Prozeß ist prinzipiell endlos und inhärent expansiv. Das Universum des Erforschbaren ist grenzenlos. Jede Antwort auf eine zuvor gestellte Frage generiert eine Mehrzahl neuer Fragen. Es gibt keine internen Regeln, die diese inhärente Expansionsdynamik des Systems bremsen oder gar anhalten könnten. Vorausgesetzt, die Gesellschaft unterstützt die Wissenschaft, dann wächst sie. Das Arrangement zwischen dem französischen König und der *Académie des Sciences* (und nicht der Zusammenschluß der sich selbst finanzierenden Mitglieder der *Royal Society*) war paradigmatisch für die Folgezeit: Die Wissenschaftler werden vom Staat alimentiert im Tausch gegen Expertise.

Die Ausdifferenzierung der Wissenschaft hat eine paradox erscheinende Konsequenz für die innere Organisation der Wissenschaft. Obgleich sich die Akademien in England und Frankreich sowie die Berliner Akademie in den ihnen zugrunde liegenden Wissenschaftsideologien unterschieden (Daston 1997) und ungeachtet ihrer Beschäftigung mit sehr praktischen Problemen war ihnen die Vorstellung einer *reinen* Wissenschaft gemeinsam, die von der *angewandten* Wissenschaft zu trennen war. In Frankreich, England und Deutschland bildeten sich in den wissenschaftlichen Gesellschaften und an den Universitäten interne Hierarchien des Prestiges heraus, die in gewisser Weise in Widerspruch zu den Wurzeln der neuen Wissenschaft standen. Hatten die Begründer der experimentellen Philosophie sich auf Tatsachen, auf alltägliche Gegenstände und praktische Probleme konzentriert und die überkommene Trennung der Intellektuellen vom Handwerk aufgehoben, so wurde die entsprechende Hierarchie der sozialen Anerkennung innerhalb der Wissenschaft allmählich wieder errichtet: Die mathematischen Wissenschaften und später die theoretischen erhielten das höchste Prestige, weil sie *nicht* mit unmittelbarem Nutzen und monetärem Vorteil verbunden waren (Nye 1990, S. 327).

Die Herausbildung dieser internen Sozialstruktur der Wissenschaft ist gleichbedeutend mit der ›idealtypischen‹ Stabilisierung des Ethos, sie entspricht diesem auf der Ebene der Zuschreibung von sozialer Anerkennung. Zugleich wird damit die Distanz der Wissenschaft von der Gesellschaft geschaffen, in der sie existiert und von deren Ressourcen sie abhängt.

Die zentrale Bedeutung der Akademien als der gesellschaftlichen Orte der Produktion gesicherten Wissens beginnt im späten 18. Jahrhundert zu verblassen. Sie geht an der Wende zum 19. Jahrhundert auf die Universitäten über. Die Jahrhundertwende markiert eine umfassende Restrukturierung der gesamten Universitätslandschaft in Europa, in deren Verlauf die in die Krise geratene Universität des Mittelalters eine grundlegende Transformation erfährt. Am Ende dieser Transformation sollte die moderne Forschungsuniversität des späten 19. Jahrhunderts als primäre gesellschaftliche Institution der Wissensproduktion stehen. Ausgangspunkt dieser Entwicklung waren die Entwürfe der Universität, die schließlich als die humboldtsche zum Modell universitärer Wissenschaftsorganisation weit über die Grenzen Preußens hinaus, »von Amerika im Westen und Japan im Osten« wurde (Wittrock 1993, S. 305, 312). Ein wesentliches Kennzeichen der neuen Universität war ihr Anti-Utilitarismus, der sich bereits im Vorfeld der Gründung als Thema durch die verschiedenen Entwürfe und Manifeste zog und mit dem die Abgrenzung der *reinen* von der angewandten Wissenschaft begründet wurde. Schelling, der von der reformierten Universität als der Akademie sprach, polemisierte in seiner Vorlesung 1802 über die »Methode des akademischen Studiums« gegen die Zweckorientierung der Universitäten: »Akademien können nur einen absoluten Zweck haben: außer diesem haben sie gar keinen. [...] Es soll auf Akademien nichts gelten als die Wissenschaft [...]« (Schelling [1802] 1956, 2. Vorlesung).[14] Schellings Polemik gegen das von Schiller so genannte Brotstudium entsprach, wie auch die entsprechenden Argumentationen bei Humboldt, Fichte und Schleiermacher, der idealistischen Vorstellung, der zufolge der Mensch nur durch »absolutes« und »unbedingtes« Wissen zu vollkommener Sittlichkeit gelangen könne. ›Reine Erkenntnis‹ war im Verständnis des philosophischen Idealismus der Weg zur Selbstverwirklichung, dem Ziel des idealistischen Bildungsideals.

14 Die der Gründung der humboldtschen Universität vorausgehenden Denkschriften von Humboldt, Fichte, Schleiermacher, Steffens und Schellings Vorlesungen sind versammelt in Anrich (1956).

Die Wissenschaft, welche die Basis dieses Bildungsideals darstellte, war die Philosophie. Für sie erhoben die Reformer den Anspruch einer kritisch distanzierenden Reflexion der Primärerfahrungen. Die Philosophie sollte infolgedessen den Kern der neuen Universität darstellen und gegenüber den praktisch orientierten Fachwissenschaften (Theologie, Medizin und Jurisprudenz), die auf die Anhäufung enzyklopädischen Wissens gerichtet waren, die theoretische Dauerreflexion vollziehen. Diese spezifische Vorstellung von der Funktion der Philosophie war aus heutiger Perspektive nur in einer Zeit denkbar, als diese Disziplin sich noch nicht zu einer spezialisierten Fachwissenschaft unter anderen entwickelt hatte. Mit ihr verband sich das folgenreiche Konzept der »Einheit von Forschung und Lehre«, das ebenfalls Teil der Vorstellung von der ›reinen Wissenschaft‹ ist, aber eben an die spezifische Eigenart der Philosophie als einer rein reflektierenden, Ideen produzierenden Wissenschaft geknüpft und nicht auf die Fachwissenschaften übertragbar war.

Die Frontstellung der idealistischen Bildungsreformer gegenüber der an der Praxis orientierten Berufsausbildung und den angewandten Wissenschaften bedeutete nicht, daß sie der von ihnen konzipierten Universität nicht praktische Aufgaben zugedacht hätten: an allererster Stelle die Ausbildung von Staatsdienern. Humboldt erklärt im ›Organisationsplan‹ ausdrücklich, daß die Universität »in enger Beziehung auf das praktische Leben und die Bedürfnisse des Staates« stehe; gemeint war die »Leitung der Jugend« (Humboldt [1810] 1956). Der vermeintliche Widerspruch zwischen der Ablehnung einer Berufsausbildung und der Vorbereitung zukünftiger Staatsdiener auf ihren Beruf wird durch einen Topos aufgelöst, der unmittelbar mit dem Konzept der ›reinen Wissenschaft‹ verbunden ist. Die Vorstellung bestand darin, daß die gesellschaftlichen Wirkungen der ›reinen‹ Wissenschaft *indirekter* Natur sein würden und daß gegenüber den kurzfristigen, pragmatischen Nutzenerwartungen an die praktische Berufsausbildung der längerfristig größere Gewinn für die Gesellschaft von der Ausbildung in der reinen Wissenschaft zu erwarten sei. Es ging um die Erziehung zu selbsttätigem Denken und sittlichem Handeln, kurz, um Charakterbildung der Studenten, die, gerade wenn ihre Ausbildung nicht an unmittelbar praktischen Zielen orientiert war, als gebildete Menschen die besseren Voraussetzungen für das spätere Leben mitbringen würden.

Die Reformideen, die die humboldtsche Universität prägten, waren aus dem Kontext des deutschen Idealismus und der politischen Situation Preußens an der Wende zum 19. Jahrhundert hervorgegangen und zeitgebunden. In den folgenden Jahrzehnten entwickelte sich der Typus disziplinärer Organisation der Wissenschaft, der geradezu die Antithese der Einheitsvorstellung der Berliner Gründer darstellte. Oberhalb dieser Ebene universitärer Realität blieb der philosophische Idealismus das identitätsstiftende Idiom. So wurden in der Folgezeit einige Elemente der ursprünglichen Konzeption aus ihrem Kontext herausgelöst, und sie entwickelten ein Eigenleben als wirkungsvolle Topoi der Wissenschaftsauffassung. Zum einen war dies die Vorstellung der *reinen Wissenschaft*, die an die spezifische (Bildungs-) Funktion der idealistischen Philosophie gebunden war, sich aber im Zuge der Entwicklung der Fachwissenschaften zu einer diese mit einbeziehenden Unterscheidung zwischen *zweckfreier* (oft als *theoretisch,* an der Klärung von Naturgesetzen, das heißt *grundlagen*orientierter) und *angewandter* Forschung entwickelte. Diese Differenz wurde durch die mit der disziplinären Spezialisierung einhergehende Professionalisierung der (naturwissenschaftlichen) Forscher und ihre Arbeit an industriebezogenen Aufgaben verstärkt (Mendelsohn 1982). Zum anderen war es die mit dem Konzept der reinen Wissenschaft verbundene Rechtfertigung eines von ihr zu erwartenden *indirekten* Nutzens. Obgleich ursprünglich ebenfalls an die Bildungsfunktion der philosophischen Reflexion und die von ihr ausgehende Wirkung auf den Charakter des Menschen gebunden, wurde die Begründung der zunächst scheinbar nutzlosen Forschung durch ihre längerfristige Wirkung zum Wohl der Gesellschaft zu einem dominanten Legitimationsmuster der Grundlagenforschung.

Die Idee der ›reinen Wissenschaft‹ wurde auch zu einem wichtigen Aspekt des akademischen Erbes in Deutschland. Der Widerstand der Idealisten und Neuhumanisten gegen die Versuche des Staates, die Universitäten zu bloßen Ausbildungsstätten für staatstreue Beamte zu machen, wurde Bestandteil der Doktrin der von Fritz Ringer als Mandarinentum bezeichneten akademischen Klasse: Für sie ist kennzeichnend die Ablehnung von

›common sense‹, von pragmatischem Fragen und der Suche nach empirischen Antworten. Es ist letztlich eine elitäre Philosophie der Muße, aristokratisch, weltabgewandt und kontemplativ. Zu ihr gehörte auch die Vorstellung von der Freiheit der Wissenschaft, die die Hauptsorge der Väter der deutschen Universität war. Das deutsche Ideal der akademischen Freiheit war von der Überzeugung durchdrungen, es dürfe vom Geist nicht verlangt werden, aus dem Reich der Theorie herabzusteigen, um sich auf die Praxis einzulassen. Dieses Ideal der Praxisferne diente in Deutschland vielen Professoren als wichtigste Garantie der ›freien‹ Wissenschaft, als Ersatz für institutionelle Absicherungen – nicht etwa die institutionelle und finanzielle Unabhängigkeit selbst (Ringer 1983, S. 103, 105). In dem Maße, in dem das Modell der akademischen Freiheit und der ›reinen‹ Wissenschaft den Diskurs über die akademische Wissenschaft bestimmte, begründete es auch die *relative gesellschaftliche Distanz* der Wissenschaft, die für das 19. und frühe 20. Jahrhundert charakteristisch wurde.

Wittrock sieht die längerfristige Wirkung der Humboldtschen Reformen in der Prägung der vorherrschenden kognitiven und institutionellen Konzeptionen von Gelehrtentum und wissenschaftlicher Arbeit für die Zeit nach 1840. Sie schafften einen »autonomen institutionellen Rahmen für intellektuelle Aktivitäten, der später gleichbedeutend mit der modernen Forschungsuniversität wurde«. Dabei handelt es sich nicht um ein auf Preußen bzw. Deutschland begrenztes Phänomen: Die Berliner Universität wurde zum »unbestrittenen internationalen Modell für Universitätsreformer« (Wittrock 1993, S. 320).

In England dominierte die Vorstellung der ›liberal education‹ als ›gentleman's knowledge‹ bis weit ins 19. Jahrhundert hinein. Die Universitäten hatten die Aufgabe der Charakterbildung, nicht der engen Berufsausbildung. Aber auch hier wurden sie zu Ausbildungsinstitutionen der politischen und administrativen Elite. In der zweiten Hälfte des Jahrhunderts begann hier ebenfalls die Professionalisierung der Forschung und Lehre und damit die Übernahme der Rolle als berufsausbildende Institutionen, ohne daß die Funktion der ›liberal education‹ aufgegeben worden wäre.

In den USA hat die Berliner Universität unter anderem Wirkung in Gestalt partieller institutioneller Reformen wie der Einführung der forschungsbezogenen Graduiertenausbildung und der damit verbundenen Forschungsorientierung der Institution als ganzer. Diese Elemente wurden mit der bestehenden Struktur der ›allgemeinbildenden‹ (›liberal‹) und berufsbezogenen (›professional‹) Ausbildung verbunden und bildeten das amerikanische Modell der *research university*, die ihren Siegeszug zu Beginn des 20. Jahrhunderts antreten sollte.

Das zentrale Moment der humboldtschen Gründung war die Forschungsfunktion, die der Universität die Rolle der Produktion von Wissen zuwies. Ungeachtet aller Unterschiede im Detail war dies die Gemeinsamkeit der Institution *Universität*, die in Europa und den USA am Ende des 19. Jahrhunderts entstanden war. Eine weitere Gemeinsamkeit war, daß die Entwicklung der Forschungsuniversität als dominanter Institution der Wissensproduktion mit der Bildung der modernen europäischen Nationalstaaten (Deutschland, Italien) bzw. der Reform und Modernisierung der älteren Staatsgebilde (Frankreich, USA) zusammenfiel (ebd., S. 305).

Es gab offensichtlich einen engen Zusammenhang zwischen der Art der Produktion neuen Wissens, der sich die neuen Universitäten verschrieben hatten, und der politischen und wirtschaftlichen Organisation der Gesellschaft, in der sie ihren Platz hatten. Das gilt unabhängig von und steht scheinbar im Widerspruch zu der ihre Identität bestimmenden Distanz zu den praktischen Belangen der Gesellschaft

Akademische Wissensordnung und Herrschaftsordnung – Diagnosen ihrer Veränderung

In jeder Gesellschaft stellt sich das Problem, wie und welches Wissen erworben wird, wie es akkumuliert und weitergegeben werden kann, wer darüber verfügt und wer von dieser Verfügung ausgeschlossen bleibt. Der kurze Blick in die Geschichte der ›Objektivität‹ hat gezeigt, daß es spezifische *soziale Innovationen* der Kommunikationstechniken sind, die den Typus der Produktion und Distribution ›wahren‹ Wissens bestimmen: das, was Merton als *wissenschaftliches Ethos,* Porter als *Technologie der Distanz* und Daston als *moral economies* der Wissenschaft bezeichnet haben. Zwischen den sozialen Techniken der Kommunikation gesellschaftlichen Wissens und den sozialen Techniken der Verteilung und Rechtfertigung von Macht und Herrschaft besteht in der Gesellschaft eine enge Beziehung. Porter bringt, wie oben erwähnt, die Technologie der Distanz in Verbindung mit den Kontrollmechanismen moderner demokratischer Herrschaftssysteme. Das ist nicht emphatisch gemeint, sondern funktional: Quantifizierung als »Sprache des Mißtrauens« *entspricht* nicht nur dem Geist moderner Bürokratien, sie *ist* auch ein effektiver Mechanismus der öffentlichen Kontrolle bürokratischer Herrschaft.

In den Diskussionen der englischen Philosophen und Anhänger der neuen Wissenschaft ging es unter anderem um die Frage des Verhältnisses von wissenschaftlichem Wissen und politischer Ordnung. Auch wenn oder gerade weil das Arrangement zwischen experimentellen Philosophen und der Krone erstere dazu zwang, sich auf die abstrakte Instrumentalität des von ihnen konzipierten Wissenstypus zu beschränken und substantiellen Forderungen nach einer gegen das Ancien régime gerichteten Reform der Gesellschaft zu entsagen, konnte sich die Wirkung der neuen Techniken der Wissenserzeugung als Mechanismen der Kontrolle und Legitimierung von Herrschaft entfalten.

Ezrahi richtet seine beeindruckende Analyse auf die mit Machiavelli einsetzende, für das westliche politische Denken so einflußreiche Frage nach der Funktion des Wissens in der Politik. Die vielfältigen Versuche, instrumentelle Konzeptionen der Politik mit der Verpflichtung der Politik auf humanistische Konzeptionen der Freiheit zu verschmelzen, haben die Rolle von Wissen und Technik in der Orientierung und Legitimierung politischen Handelns ins Zentrum westlicher Vorstellungen von liberaler Demokratie gerückt und mit ihren Begriffen von Herrschaft, Legitimität und Ordnung verknüpft (Ezrahi 1990, S. 3, 60f.). Dabei ist die emphatisch normative Erwartung der Aufklärung an die Macht der auf rationales Wissen begründeten Vernunft, die die menschlichen Leidenschaften und Interessengegensätze ausgleichen könnte, nie ohne Kritiker geblieben. Aber auch wenn die Erwartung einer Einheit von Wissen, Vernunft und menschlichem Fortschritt enttäuscht wurde, entfalteten die sozialen Techniken der Produktion und Kommunikation ›objektiven‹ Wissens ihre Wirkung in der Legitimierung und Kontrolle politischer Herrschaft.

Die Prinzipien der Produktion gesicherten Wissens, die im 17. Jahrhundert und in der Folgezeit entwickelt wurden, zielen in ihrer Wirkung auf die selektive Förderung demokratischer Legitimationsformen politischer Herrschaft. Dies ist allerdings nur auf dem Hintergrund der Werte ›rationaler‹, das heißt instrumenteller Herrschaft möglich. In diesem Wertekontext geht es um die Einschränkung und Kontrolle der Subjektivität und Willkür des Herrschers, dessen voluntaristische Akte durch den – öffentlich zugänglichen und für jedermann nachvollziehbaren – Bezug auf Fakten und kausale Zusammenhänge objektiviert und legitimiert werden (ebd., S. 64). Die Verbindung instrumenteller und liberal-demokratischer politischer Werte konstituiert eine doppelte Legitimierung politischer Herrschaft: die Delegation der Macht durch die Beherrschten sowie die Begründung politischen Handelns durch demonstrierbares, nachvollziehbares Wissen. Die Wirkung der Verhaltensmuster, Wertorientierungen und institutionellen Praktiken, die sich mit der Produktion wissenschaftlichen Wissens verbinden, entfaltet sich in der politischen Sphäre primär als Mechanismus der Legitimierung politischer Herrschaft.

Die *Öffentlichkeit* des Wissens, die Publizitätspflicht, die Demonstrierbarkeit von Tatsachenbehauptungen richten sich ebenso gegen die Magie wie gegen die ungeprüfte Übernahme von Dogmen oder gegen die Behauptung, über Geheimwissen zu verfügen. *Universalität* des Wissens ist ein Prinzip, das die sozialen Unterschiede und Machtgefälle im Hinblick auf Wissensbehauptungen einebnet. Die Trennung der Person, ihrer Motive, Leidenschaften und Interessen, auch ihrer Ehre und ihres sozialen Status von ihren Wissensbehauptungen – das Prinzip der Unvoreingenommenheit bzw. der *Desinteressiertheit* – ist die zentrale Voraussetzung der gemeinschaftlichen Produktion von Wissen und konstituiert allererst ›Objektivität‹ im Sinne eines allgemeinen Konsenses. Sie ermöglicht auch die Generalisierbarkeit des Vertrauens und dessen Übertragung von Personen auf Institutionen und Verfahren. Desinteressiertheit und Unparteilichkeit etablieren sich zugleich als instrumentalistische Gegenwerte zu Vorstellungen der Parteilichkeit und Moralität in der Politik. Die Spannung zwischen beiden

Werten schlägt sich nach wie vor in der Gegenüberstellung unparteilicher, ›objektiver‹ Expertise und spezifisch politischer Parteilichkeit und persönlichen Charismas nieder: Politisches Handeln ist demnach inhärent nicht-funktional, nicht-öffentlich und parteilich; die Rolle von Experten in der Politik ist funktional, öffentlich und unparteilich. Tendenziell werden auch in der Politik Moralität und Persönlichkeit durch Kompetenz und Fähigkeit ersetzt (ebd., S. 52f.). Die ›entpolitisierende‹ Funktion des Experten, die sich in der Universalität und Publizität des von ihm repräsentierten Wissens niederschlägt, ist zum Teil zu den »idealen Tugenden des politisch Handelnden verallgemeinert worden. Dieser Trend hat die Trennung zwischen öffentlichen und politischen Aspekten des Handelns gefördert und damit den Weg für die Entpolitisierung bereitet, als eine moderne Weise, öffentliches Handeln als tugendhaft erscheinen zu lassen« (ebd.).

Die Prinzipien der modernen Wissenschaft, die die Produktion gesicherten, ›objektiven‹ Wissens ermöglichen, haben zugleich eine zentrale Rolle in der Entwicklung demokratischer Legitimierungsformen von Herrschaft gespielt. Sie haben in den europäischen Gesellschaften eine Entwicklungsdynamik freigesetzt, die auf der Expansion der sozialen Teilhabe an der Produktion und Diffusion von Wissen, auf der Expansion der geographischen Distanzen und zeitlichen Dimensionen dieser Prozesse und auf der Expansion der sachlichen Dimensionen, das heißt der zum Gegenstand von Forschung werdenden Inhalte, beruht.

Mertons eingangs referierte These, der zufolge die Demokratie diejenige Staatsform ist, in der die moderne Wissenschaft ihr Potential *am besten* entwickeln könne, bleibt unbestimmt und vage, weil sie eine funktionale Beziehung zwischen dem Ethos der Wissenschaft und demokratischer Herrschaftsform unterstellt. Die Genealogie dieser Beziehung ist enger, ohne daß deshalb eine strikte Kausalität unterstellt werden kann. Der Schlüssel zu der Frage, welchen Beitrag die *sozialen Innovationen*, die für die Entstehung der modernen Wissensordnung verantwortlich waren, für die Durchsetzung demokratischer Herrschaftsformen hatten, liegt in der *legitimatorischen* Rolle der *sozialen Formen* der Wissensproduktion und *nicht* in den *Inhalten* des Wissens selbst. Hier wird die tiefliegende Verbindung zwischen

Wissensordnung und Herrschaftsordnung erkennbar. Sie ist im Kern mit dem Zusammenhang von Verwissenschaftlichung und Demokratisierung gemeint. Damit stellt sich die Frage nach der »Realität« des *wissenschaftlichen Ethos* zu Beginn des 21. Jahrhunderts, das als der eingangs genannte Bezugsrahmen, als die institutionelle Identität der *akademischen Wissenschaft*, gelten kann.

Das wissenschaftliche ›Ethos‹ – die Prinzipien der Produktion zertifizierten Wissens

Wissenschaftliches Ethos meint jene Verhaltensmuster und impliziten Normen, deren historischer Ursprung auf die Gründungsgeschichte der Akademien zurückgeht und für die sich ungeachtet aller Veränderungen im Detail eine beachtenswerte Kontinuität über einen Zeitraum von mehr als drei Jahrhunderten feststellen läßt.[15] Mertons Formulierung des Ethos ist letztlich eine analytische ›Verdichtung‹ der über diesen Zeitraum entstandenen Verhaltensregeln zu einem Satz institutioneller Imperative oder Normen. Das Ethos ist, in seinen Worten, »der gefühlsmäßig abgestimmte Komplex von Werten und Normen, der für den Wissenschaftler als bindend betrachtet wird. Die Normen werden in der Form von Vorschriften, Verboten, Präferenzen und Genehmigungen ausgedrückt. Sie sind im Sinne von institutionellen Werten legitimiert. Diese Imperative, durch Lehre und Beispiel vermittelt und durch Sanktionen verstärkt, werden in unterschiedlichem Maße von Wissenschaftlern internalisiert und prägen somit sein wissenschaftliches Bewußtsein [...] sein Über-Ich« (Merton 1972, S. 46). Das Ethos ist (bzw., wie man jetzt sagen muß: war) nirgendwo kodifiziert, aber es kann, wie Merton sagt, aus dem moralischen Konsens der Wissenschaftler erschlossen werden, der sich in unzähligen Schriften über den Geist der Wissenschaft und in der moralischen Entrüstung über die Verstöße gegen die Normen niederschlägt.

---

15 Ezrahi zeigt die Parallelität und damit die historische Kontinuität zwischen den Normen der *Royal Society* in ihrer Formulierung und Ausdeutung durch Thomas Sprat (1667) und der Diskussion des ›wissenschaftlichen Ethos‹ durch Merton (1938; 1942) auf (Ezrahi 1980).

In seiner Definition der *institutionellen Imperative* finden sich alle Elemente der sozialen Verhaltenskomplexe wieder, die in Ansätzen im 17. Jahrhundert entstanden und in der Folgezeit weiterentwickelt wurden: *Universalismus* ist die »Vorschrift, daß Wahrheitsansprüche unabhängig von ihrem Ursprung *vorgängig gebildeten unpersönlichen Kriterien* unterworfen werden müssen: Übereinstimmung mit Beobachtung und mit bereits bestätigtem Wissen. Die Annahme oder Ablehnung der Ansprüche hängt nicht von personalen oder sozialen Eigenschaften ihrer Protagonisten ab; seine Rasse, Nationalität, Religion, Klassenzugehörigkeit oder persönlichen Qualitäten sind als solche irrelevant« (ebd., S. 48, Hervorhebung im Text). – *Kommunismus* bedeutet, daß die »materiellen Ergebnisse der Wissenschaft [...] ein Produkt sozialer Zusammenarbeit [sind] und [...] der Gemeinschaft zugeschrieben« werden. »Der Anspruch des Wissenschaftlers auf sein ›intellektuelles Eigentum‹ beschränkt sich auf die Anerkennung und Wertschätzung, die [...] in etwa mit der Bedeutung dessen übereinstimmt, was in den allgemeinen Fonds des Wissens eingebracht worden ist« (ebd., S. 51). – *Uneigennützigkeit* hat weder mit besonderen Motiven der Wissenschaftler noch mit einer besonderen moralischen Integrität zu tun. Sie ist ein »grundlegendes institutionelles Element«, das seine »Grundlage im öffentlichen und überprüfbaren Charakter der Wissenschaft« hat und die Integrität von Wissenschaftlern dadurch begründet, daß in der Konkurrenz zu anderen Verlockungen widerstanden wird, unerlaubte Mittel zum eigenen Vorteil einzusetzen (ebd., S. 53).[16] Die Geltung dieser Norm läßt sich Merton zufolge an dem »fast völligen Fehlen von Betrug in den Annalen der Wissenschaft« festmachen (ebd.) – *Organisierter Skeptizismus* ist »sowohl ein methodologisches wie auch ein institutionelles Mandat. Die Zurückhaltung des endgültigen Urteils, bis ›die Fakten zur Hand

---

16 Speziell diese ›Norm‹ wird inzwischen fast nur noch mißverstanden (Einzelnachweise lohnen daher nicht). Typischerweise wird die Arbeit von Wissenschaftlern in kommerziellen Kontexten (Industrieforschung) als ›interested‹ und der Norm entgegengesetzt interpretiert. Das Interesse am Geldverdienen mittels Wissen, das heißt Forschung im Anwendungskontext, hat aber nichts mit dem Gebot der Ehrlichkeit vor sich selbst und anderen zu tun. Es gilt als Voraussetzung guter Forschung schlechthin.

sind‹, und die unvoreingenommene Prüfung von Glaubenshaltungen und Überzeugungen aufgrund empirischer und logischer Kriterien [...]« (ebd., S. 55).

Unter Wissenschaftssoziologen gilt Mertons Schema des wissenschaftlichen Ethos seit langem als eine überholte Beschreibung der Wissenschaft bzw. Erklärung des Handelns von Wissenschaftlern. Vor allem Thomas Kuhns Analyse wissenschaftlicher Revolutionen schien es nahezulegen, inhaltliche Einheiten wie Begriffe, Theorien und Methoden bzw. umfassende Paradigmen als die die Forschung und die Kommunikation der Wissenschaftler steuernden Orientierungen anzunehmen (Whitley 1974; Weingart 1976; Lemaine u. a. 1976).[17] Die davon ausgehende Entwicklung hat die Aufmerksamkeit infolgedessen auf die Unterschiede zwischen verschiedenen Disziplinen und Spezialgebieten sowie auf die Bedingungen und Prozesse der lokalen Wissensproduktion gelenkt, und dies so weitgehend, daß der Eindruck vollständiger Heterogenität entsteht. Die verbindenden Elemente der Disziplinen, ihre Gemeinsamkeiten oder, anders gesagt, die *geteilte, akademische Kultur der Produktion zertifizierten Wissens* sind dabei außer acht geraten. Entkleidet man jedoch die von Merton analytisch definierten Normen ihrer rationalistischen Implikationen und nimmt sie, wie hier geschehen, als Beschreibung historisch entstandener Regeln der Kommunikation über gesichertes Wissen, dann kommen diese Gemeinsamkeiten wieder in den Blick. Im Zentrum des Interesses steht hier die Frage, auf welche Weise bzw. aufgrund welcher Prinzipien wissenschaftliches Wissen gegenüber anderen Wissensformen privilegiert und sozial abgesichert wird. Dieses Problem ist allen wissenschaftlichen Disziplinen gemeinsam. Deshalb verteidigen Organisationen wie die Deutsche Forschungsgemeinschaft auch diese Prinzipien, unge-

---

17 Ironischerweise hat sich Kuhn selbst nie auf die Merton-Kritik seiner Fangemeinde in den siebziger Jahren eingelassen. Obgleich er der Kronzeuge und Ziehvater der neuen (nach-Mertonschen) Wissenschaftssoziologie war, sah er selbst gar nicht den Gegensatz zwischen Mertons Normen und den paradigmaähnlichen ›kognitiven Orientierungen‹. Nachdem der Begriff des Paradigmas von der Kritik zerfleddert worden ist und die Beschreibung lokal und disziplinär unterscheidbarer *scientific communities* und ihrer Kulturen beliebig vermehrbar zu sein scheint, kann man seine Zurückhaltung nachträglich um so höher schätzen.

achtet ihrer internen Differenzierung in unterschiedlichen disziplinären Kulturen.

Speziell von zwei Positionen aus ist Merton kritisiert worden, auf die er selbst Bezug nimmt. Zum einen ist die Behauptung des Ethos als eine empirische Beschreibung des Verhaltens von Wissenschaftlern und deren Motivation interpretiert und sodann mit entsprechenden Gegenbeispielen widerlegt worden. Sieht man das Ethos als einen Satz *statistischer Normen*, das heißt aktueller Verhaltensmuster, dann gibt es eine Vielzahl von Verstößen bzw. von institutionell bedingten Abweichungen. Die Wissenschaft ist nicht die homogene Institution, die Merton unterstellt. Auf dieser Ebene liegt auch der Einwand, daß die Normen historischen Veränderungen unterlegen haben. Die faktische Geltung des Ethos wird allenfalls für die Hochzeit des deutschen Universitätssystems des 19. Jahrhunderts anerkannt (Barnes, Dolby [1970] 1972).

Zum anderen richtet sich die Kritik gegen die (bei Merton zumeist) implizite wissenschaftstheoretische Behauptung, der zufolge das Ethos das Verhaltenskorrelat einer von der Natur vorgegebenen Epistemologie beschreibt (Daston 1995). Die letztere Kritik trifft, soweit sich bei Merton selbst dafür überhaupt Ansätze finden lassen, die besondere geistesgeschichtliche Situation der bis in die sechziger Jahre weitgehend ungefragt geltenden Wissenschaftskonzeption. Die ›Logik der Forschung‹ (Popper), die Methodologie des logischen Empirismus und die Abgrenzung zwischen Wissenschaft und Nicht-Wissenschaft erschienen noch als ausschließliche Domäne der Wissenschaftsphilosophie und galten als der sozialwissenschaftlichen Analyse unzugänglich. Merton wies der Wissenschaftssoziologie einen entsprechenden, auf die Analyse der Organisation der Wissenschaft beschränkten Platz zu. Das rationalistische Wissenschaftsverständnis, auf dem diese Arbeitsteilung beruhte, ist jedoch mit der von Thomas Kuhn und Paul Feyerabend eingeleiteten Wende verabschiedet. Kuhns These, wonach das Verhalten von Wissenschaftlern von Paradigmen und somit von intellektuellen Traditionen gesteuert sei, verlagerte das Problem der Erklärung des Verhaltens von Wissenschaftlern gleichsam auf eine Ebene ›unterhalb‹ derjenigen des Mertonschen Ethos. Sie etablierte damit intellektuelle Traditionen – in der Sprache der Soziologen – als kognitive Normen und eröffnete eine neue

Perspektive: die soziologische Analyse wissenschaftlicher Praxis bei gleichzeitiger Vermeidung der rationalistischen Implikationen der Mertonschen Normen, vornehmlich in den Kategorien der Politik und des Rechts (King 1974, S. 41, 63 f.).[18] Die Diskussion um die Gleichsetzung des Mertonschen Ethos mit einer spezifischen Epistemologie kann jedoch inzwischen als überholt gelten.

Die zuerst genannte Kritik ist insofern ernster zu nehmen, als sie die Normen zu dem tatsächlichen Verhalten von Wissenschaftlern in Beziehung setzt, sie also in der Weise *empirisch* versteht, daß sie auch als *historisch entstandene und institutionalisierte Verhaltensorientierungen* gesehen werden können, wie dies oben vertreten wurde. Es geht aber auch in diesem Punkt nicht um eine fachinterne Diskussion darüber, welche Interpretationen gerechtfertigt sind und welche nicht.[19] Es ist nur festzuhalten, daß Mertons Beschreibung des wissenschaftlichen Ethos hinsichtlich seiner das Verhalten von Wissenschaftlern motivierenden und determinierenden Wirkung viel unbestimmter ist, als es die Kritiken unterstellen. Es handelt sich um eine vage und vorsichtig gehaltene Konstruktion, die sich aus unterschiedlichen Elementen zusammensetzt: 1. sozialpsychologischen Einstellungsmustern, die sich zum Beispiel in (internalisierten und nicht unbedingt expressiven) Reaktionen auf Normverstöße äußern, in dem Bewußtsein, daß die eigenen Handlungen oder die anderer einen Kodex verletzen; 2. sozialstrukturellen Sanktionsmustern, das heißt in der Wissenschaft institutionalisierten Mechanismen der positiven und negativen

18 King zeigt, klarer als andere Kritiker, die methodologischen Differenzen zwischen Mertons Ethos und Kuhns Paradigmen als handlungsleitenden Orientierungen auf. Kuhns *Struktur wissenschaftlicher Revolutionen* löste die fundamentale Neuorientierung der Wissenschaftssoziologie aus. Aus der Rückschau ist allerdings zu bezweifeln, daß sich die Erwartungen in eine ›Erklärung‹ der wissenschaftlichen Entwicklung mit Hilfe des Kuhnschen Ansatzes tatsächlich erfüllt haben.

19 Als nur *ein* Beispiel für typische Mißverständnisse sei erwähnt: Die Norm der *Rationalität* (die Merton nicht nennt) beziehe sich auf Regeln und sei nicht selbst eine Regel. Sie werde deshalb auch nirgendwo gelehrt (Barnes, Dolby 1972, S. 268 f.). Die Autoren hätten sich fragen müssen, wie es denn möglich ist, daß ungeachtet dieser Abwesenheit von Kursen zur ›Rationalität‹ offenbar ein weitverbreitetes, wenn auch nicht in allen Einzelheiten unumstrittenes Verständnis darüber herrscht, welche Handlungen als rational und welche als irrational gelten.

Sanktionierung bestimmter Verhaltensweisen, zum Beispiel der negativen Sanktionierung des Plagiats oder der positiven Sanktionierung des freien Informationsaustauschs durch die Zuschreibung von Reputation. Hierzu gehören auch die fortwährend wiederholten öffentlichen Rituale und selbstverstärkenden Deklamationen der entsprechenden Werte und Vorschriften.[20]

Man wird kaum die Tragweite und Fruchtbarkeit von Mertons Verdichtung der verstreuten und heterogenen historischen und soziologischen Evidenzen zum ›Ethos‹ begreifen, wenn man konkretes Verhalten von Wissenschaftlern beobachtet, um sodann festzustellen, daß es sich nicht an die ›Normen‹ hält. Den interessanteren Zugang zu der Frage nach der Geltung des Ethos hat Merton selbst gewiesen: 1. die Analyse scheinbarer Paradoxien im Verhalten von Wissenschaftlern und die daraus entstehenden psychischen und sozialen Konflikte (Merton [1969] 1973); 2. die typischen Ursachen von Angriffen auf die Wissenschaft bzw. Konflikten mit ihrer gesellschaftlichen Umwelt (Merton [1938] 1957).

1. Zum einen geht Merton dem Phänomen einer merkwürdigen *Ambivalenz* bei Wissenschaftlern nach, die sie gegenüber Prioritätsstreitigkeiten zeigen. Dem Interesse an Priorität bei wissenschaftlichen Entdeckungen und der damit verbundenen Anerkennung steht eine Ambivalenz gegenüber diesem Interesse entgegen, die Merton auf das institutionelle Bescheidenheitsgebot (Uneigennützigkeit) und den Primat der Erweiterung des Wissens – etwa in Gestalt des für die Wissenschaft geltenden Imperativs der Originalität – zurückführt. Wiederum findet sich hier die Verknüpfung soziologischer Elemente mit (sozial-)psychologischen Mechanismen, die die Institution abstützen: Das Bedürfnis nach Anerkennung wird vom einzelnen Wissenschaftler als solches empfunden, steht aber nicht etwa im Widerspruch zu seinem Engagement für die Forschung, sondern wird allererst durch die Institution erzeugt. Es ist also nicht eine Frage idiosynkratischer individueller Eitelkeit, wenngleich diese

20 Steven Shapin weist völlig zu Recht auf den komplexen eklektischen, zum Teil paretoschen methodischen Unterbau von Mertons Analyse hin, die weder materialistisch noch idealistisch, teils psychologisch, teils sozialstrukturell ist. Deshalb kann sie auch nicht durch historische oder soziologische Argumente widerlegt werden, die zu belegen suchen, ›daß es nicht so war‹ (Shapin 1988, S. 602, 604).

für die Varianten verantwortlich sein mag.»Kontinuierliche Bewertung von geleisteter Arbeit und Anerkennung von guter Arbeit bilden einen der *Mechanismen*, die die Welt der Wissenschaft zusammenhalten« (Merton [1973] 1985 b, S. 132).[21]
Schon hier reagiert Merton auf Veränderungen der sozialpsychologischen Muster, die durch institutionelle Veränderungen bewirkt werden: Die Beobachtung der zunehmenden Mehrfachautorenschaft von wissenschaftlichen Artikeln und die daraus geschlossene größere Bedeutung kooperativer Organisationsformen der Forschung, die vor allem in den Naturwissenschaften inzwischen sehr weit entwickelt sind, führt ihn zu der Schlußfolgerung, daß sich die Wissenschaftler heute mehr mit der Frage der Wiedererkennbarkeit ihrer Arbeit in einem Forschungsteam als mit der Prioritätssicherung beschäftigen. Er hält das »Ausmaß des Interesses an wissenschaftlichen Prioritätsfragen« nicht für eine historische Konstante und nimmt demgegenüber an, daß es mit der Organisationsform wissenschaftlicher Arbeit variiert (ebd., S. 142 f.).
In einer sehr viel systematischeren Analyse des erheblich verschärften Konkurrenzkampfs in der Wissenschaft – Merton reagiert auf die Veröffentlichung von James D. Watsons *Double Helix*[22] – faßt er die Veränderungen in der Wissenschaft ins Auge und attestiert der Auffassung eine »gewisse Plausibilität«, daß sich die Moral der Wissenschaft und das Verhalten der Wissenschaftler in der jüngsten Vergangenheit geändert haben müßten, da alle »grundlegenden demographischen, sozialen, ökonomischen, politischen und organisatorischen Parameter der Wissenschaft dramatisch neue Werte angenommen haben« (Merton 1973 [1969], S. 327 f.). Jeder Soziologe, so Merton, würde geneigt sein, festzustellen, daß es unter diesen veränderten Bedingungen ein neues Ethos der Wissenschaft, einen neuen Satz von Werten und institutionell geprägten Motiven, geben müsse. Er führt die inzwischen allseits beschworenen Phänomene an: die frühe Veröffentlichung von Ergebnissen und Model-

---

21 Merton liefert eine Vielzahl autobiographischer Zeugnisse zum Beleg seiner These.
22 Watson (1968) war zusammen mit Francis Crick der Entdecker der Doppel-Helix-Struktur der DNS und beschrieb in seinem sehr persönlich gehaltenen Buch den Konkurrenzkampf der Forscher im Wettlauf um die Priorität.

len, bevor die Theorie bestätigt ist, auf Kosten vorsichtigerer Konkurrenten; die intensivierte Rivalität aufgrund erhöhter Spezialisierung und den damit scheinbar einhergehenden Zynismus, die Amoralität und die Desillusionierung der Wissenschaftler. Aber, so fragt Merton, ist die intensive Konkurrenz um Entdeckung wirklich in signifikanter Weise spezifisch für die neue Ära der Wissenschaft? Seine Antwort: Behauptungen dieser Art fehlt die historische Perspektive, andernfalls würden sie die Parallelen zu früheren Episoden sehen. An der Sorge um frühe Veröffentlichung zur Sicherung der Priorität habe sich nichts geändert. Die öffentliche Diskussion um Watsons Buch verweise vielmehr auf ein »instruktives Paradoxon«, daß nämlich die Aufmerksamkeit für die im Vergleich zu den entsprechenden Auseinandersetzungen zwischen den Wissenschaftlern des 17. Jahrhunderts moderate Darstellung des Prioritätenkampfs vielmehr ein Beleg für die »anspruchsvollere« öffentliche Geltung und die eher stärkere Verbindlichkeit des Ethos sei (ebd., S. 328, 333, 338). In der Diskussion selbst sieht er die Bestätigung und nicht etwa die Widerlegung der in die Institution der Wissenschaft eingebauten Ambivalenz, die Sorge, daß ein Übermaß an externen Belohnungen – Ruhm, Geld, Position – das ursprüngliche Motiv, die Erweiterung des Wissens, ersetzen kann (ebd., S. 338). Die oben erwähnte Diskussion über die spektakulären Betrugsfälle und die daraufhin öffentlich verkündeten ›Ehrenkodizes‹ der Forschung sind eine klare Bestätigung dieser Einschätzung (vgl. auch das 6. Kapitel).

2. Der zweite Zugang Mertons, die Geltung des Ethos zu dokumentieren, ist seine Analyse der Konflikte zwischen der Wissenschaft und ihrer gesellschaftlichen Umwelt. Zwei Arten von Bedingungen sieht er als Quellen einer »Feindschaft« gegenüber der Wissenschaft: zum einen den Konflikt von Ergebnissen oder Methoden der Wissenschaft mit wichtigen Werten, zum anderen die Unverträglichkeit zwischen den im wissenschaftlichen Ethos verkörperten Haltungen (»sentiments«) und denen anderer Institutionen (Merton [1938] 1957, S. 537).[23] Der

---

23 Mertons Aufsatz »Science and the Social Order« entstand neben »Science and Democratic Social Structure« unter dem Eindruck der direkten Einflußnahme der Politik auf die Wissenschaft im nationalsozialistischen Deutschland. Vgl. zum Entstehungskontext und zur Rezeption: Mendelsohn (1989); Hollinger (1983).

in totalitären politischen Ordnungen am deutlichsten sichtbare Konflikt besteht in der Inkompatibilität zwischen dem wissenschaftlichen Ethos und dem politischen Code, der irrelevante Kriterien wie Rasse oder politische Überzeugungen für verbindlich erklärt. Die institutionalisierten Normen der Wissenschaft wurden unter diesem Code üblicherweise als ›liberalistisch‹, ›kosmopolitisch‹ oder ›bürgerlich‹ diskreditiert. Merton hatte hier die totalitären Ideologien der dreißiger und vierziger Jahre im Auge. Seine Analyse könnte heute auf die Geltungsbereiche der religiösen Fundamentalismen übertragen werden.

Komplexer ist die Wirkung utilitaristischer Ansprüche an die Wissenschaft. Ursprünglich als Abwehr gegen Ansprüche der Kirche, der Wirtschaft oder des Staates etabliert, ist die Orientierung am Selbstzweck der Forschung geeignet, die soziale Wertschätzung, das heißt die Legitimität der Wissenschaft, zu gefährden. Die Konflikte entstehen sowohl aufgrund nicht erfüllter Erwartungen an die Nützlichkeit wissenschaftlicher Erkenntnisse als auch aufgrund der Ablehnung der Verantwortung seitens der Wissenschaft für deren negative Folgen. Aus dieser Perspektive, so Merton, »hat das Prinzip der reinen Wissenschaft und der Uneigennützigkeit dazu beigetragen, die eigene Grabinschrift vorzubereiten« (ebd, S. 545). Diese Diagnose, die sich auf die mit der akademischen Wissenschaft institutionalisierte *Distanz zur Gesellschaft* bezieht, erweist sich erst jetzt als weitsichtig, da der Gesellschaftsvertrag der Alimentierung der ›freien Forschung‹ unter die Legitimationszwänge der Marktorientierung und staatlicher Budgetkürzungen geraten ist.

Einen anderen offensichtlichen Konflikt sah Merton in der Ablehnung des organisierten Skeptizismus, der sich prinzipiell auch auf die Infragestellung politischer Autorität, religiöser Symbole und anderer institutionalisierter Werte richtet. Es besteht zwar keine *logische* Beziehung zwischen der (wissenschaftlichen) Frage nach dem Ursprung und der Funktion bestimmter Werte, aber der psychologische Effekt ist der der Infragestellung und Delegitimierung. Die bedingungslose wissenschaftliche Analyse droht, aus dieser Perspektive, die in anderen Institutionen etablierten Werte mit ihren Loyalitätsgeboten und vor kritischer Prüfung ausgesparten ›heiligen Bereichen‹ zu destabilisieren. Die Verbote bzw. der Widerstand der Kirche gegenüber wissenschaftlicher Textkritik sind für Merton ein ebenso untrügliches Zeichen für die Geltung des Ethos wie die Aktionen totalitärer Regime, den öffentlichen Widerstand gegen die Wissenschaft zu organisieren (ebd., S. 547 f.).

Dieser Typus von Feindseligkeit und Kritik an der Wissenschaft ist nicht auf die historische Vergangenheit und auf autokratische und totalitäre Gesellschaftsordnungen beschränkt. Auch in liberal-demokratischen Kontexten, deren Grundlage das universalistische Ethos bildet, kommt es zu den gleichen Konflikten mit der Wissenschaft, wenngleich in weniger radikaler Form. Die Ansprüche der Wissenschaft auf Objektivität, Neutralität und Rationalität werden in Frage gestellt, indem die Bedeutung partikularistischer Kriterien für die Beurteilung der Wissenschaftler hervorgehoben wird. Während Wissenschaftler in totalitären, faschistischen oder kommunistischen Systemen als Angehörige delegitimierter sozialer Gruppen (Juden, Bourgeoisie) diskreditiert werden, verläuft die Relativierung in liberalen Demokratien über Verweise auf die Bedeutung subjektiver psychologischer Faktoren, das heißt die behauptete Unmöglichkeit, wissenschaftliche Erkenntnis von der subjektiven oder der lokal spezifischen Welt der Individuen zu trennen (Ezrahi 1980, S. 53). Das steht nicht etwa im Gegensatz dazu, daß das Ethos der Wissenschaft ein »zentraler Teil des ›Satzes kultureller Normen‹« ist, der für liberale Gesellschaften verhaltensorientierend ist (ebd., S. 54). Auch hier gilt wieder, daß die Selbstbezüglichkeit – in Gestalt der wissenschaftlichen (historischen, soziologischen und philosophischen) Erforschung der Wissenschaft selbst seit den sechziger Jahren – nicht zuletzt aufgrund der von ihr ausgehenden psychologischen Wirkung zur grundsätzlicheren Kritik am wissenschaftlichen Ethos geworden ist.

Mertons Formulierung des wissenschaftlichen Ethos als eine Beschreibung der Spezifik der Institution der akademischen Wissenschaft bewährt sich demnach auf zweierlei Weise. Zum einen fokussiert sie die *Auswirkungen struktureller Veränderungen* der Wissenschaft auf die institutionellen Mechanismen, die über die Steuerung des Verhaltens von Wissenschaftlern *sozial gesichertes* Wissen als emergentes Ergebnis hervorbringen. Zum anderen fokussiert sie die *Konflikte*, die zwischen der Wissenschaft und anderen Institutionen entstehen und ausgetragen werden. Die Feststellung, daß Wissenschaftler sich statistisch nicht gemäß den Normen des Ethos verhalten, bleibt soziologisch vordergründig und erfaßt nicht die Frage ihrer fortdauernden Geltung, es sei denn, die beobachteten Verhaltens*muster* (gesetzt, es handelt sich um solche) ließen sich als Manifestationen eines neuen institutionellen Arrangements erweisen.

Zunächst kann das wissenschaftliche Ethos als eine soziologische Beschreibung derjenigen Normen der wissenschaftlichen Kommunikation gelten, die die Erzeugung ›wahren‹ Wissens garantieren soll. Es ist das soziale Arrangement, das der sozialen ›Fiktion‹ der Produktion ›wahren‹ Wissens, einer objektivistischen Vorstellung von wissenschaftlichem Wissen, entspricht. Das gilt unabhängig von philosophischen Erörterungen darüber, ob ›wahres‹ Wissen möglich ist oder nicht. Es ist prinzipiell denkbar, daß es auch andere soziale Arrangements geben mag, die das leisten könnten. Würde aber umgekehrt die Vorstellung ›wahren‹ Wissens aufgegeben, würde das Ethos ganz offensichtlich seinen Sinn verlieren.

Vor diesem Hintergrund ist in der öffentlichen Propagierung des Ethos auch nicht die bloße Bekräftigung einer Ideologie zu sehen (wenngleich sie das in weiterem Sinn auch sein mag), die keine Rückschlüsse auf das faktische Verhalten der Wissenschaftler zuläßt. Tatsächlich verweisen öffentliche Deklarationen von Verhaltenskodizes, wie zum Beispiel die Verkündung des zu Beginn dieses Kapitels zitierten »Ehrenkodex«, auf eine Krisensituation: in diesem Fall auf den Umstand, daß die Publizität eines eklatanten Betrugsfalls eine ebenso eklatante Bedrohung des Vertrauens in die Institution darstellt. Nach *innen* wird das Vertrauen in die sachorientierte (und das heißt ›gerechte‹) Funktionsweise des Gutachterverfahrens bedroht; nach *außen*, gegenüber der Öffentlichkeit, die in demokratischen Gesellschaften über die Zuweisung von Ressourcen entscheidet, wird das Vertrauen in die selbstregulativen Mechanismen der Wissenschaft bedroht, auf dem der ›soziale Vertrag‹ zwischen der Gesellschaft und der Wissenschaft beruht: Budgetierung ohne direkte Steuerung (Guston, Keniston 1994; vgl. unten, 7. Kapitel).

Es ist sicher kein Zufall, daß Mertons Formulierung des wissenschaftlichen Ethos nur eine von mehreren war, die in den späten dreißiger und frühen vierziger Jahren in Reaktion auf den Faschismus in Europa formuliert wurden. Mark A. Mays *Moral Code of Scientists*, C. H. Waddingtons *The Scientific Attitude* und John Deweys *Scientific Morale* enthielten ungeachtet aller Differenzen im Detail ähnliche Beschreibungen der Elemente des wissenschaftlichen Ethos, und sie waren gleichermaßen gegen die Bedrohung der Demokratie und der Wissenschaft durch den Faschismus gerichtet.[24] Diese Thematisierungen des wissenschaftlichen Ethos unter dem Eindruck der faschistischen und totalitären Bedrohung haben sich letztlich als voreilig herausgestellt. Der Faschismus hat sich gegenüber der Wissenschaft als vergänglich erwiesen, und die Wissenschaft ist aus dieser Krise eher gestärkt hervorgegangen. In Vannevar Bushs *Science, The Endless Frontier* wurde noch vor dem endgültigen Ende des Zweiten Weltkriegs der neue Gesellschaftsvertrag für die Wissenschaft verkündet, dessen Kernstück die verstärkte staatliche Förderung der als »grundlegend« (»basic«) und »rein« (»pure«) bezeichneten Forschung im Vertrauen auf den letztlichen Nutzen des gewonnenen Wissens bildete (Bush [1945] 1960, S. 18 f.). Dieses Prinzip stellte das Gegenbild zum sozialistischen Planungsmodell dar und hatte als Reflex der Freiheitsvorstellungen der westlichen Demokratien während der gesamten Dauer des kalten Krieges Bestand. Obwohl das Ethos der Wissenschaft in Bushs Konzept für die Förderung der (amerikanischen) Wissenschaft gar keine Rolle spielt, steht es zweifellos in derselben Tradition von Vorstellungen darüber, wie diese Wissenschaft intern organisiert ist und in welcher Beziehung sie zu ihrer gesellschaftlichen Umwelt steht.

Nachdem die Bedrohung des Ethos durch den Faschismus und die diktatorischen Regime nicht mehr gilt und auch der kalte Krieg beendet ist, stellt sich die Frage nach anderen möglichen Ursachen, die eine Veränderung der Wissenschaft bewirken. Beobachter, die wie Yaron Ezrahi einen inneren Zusammenhang zwischen den liberal-demokratischen Werten und dem wissenschaftlichen Ethos sehen und sie dem Kernbestand der »kulturellen Normen« zurechnen, sehen die wirklich gravierenden Krisensymptome in der Relativierung der Wissen-

---

24 David Hollinger (1983) gibt eine Analyse des (ideen)geschichtlichen und politischen Kontexts von Mertons Ethos ebenso wie der Vorläufer. Vgl. ebd. die Literaturhinweise.

schaft und ihres Ethos, die ihren Anfang in den frühen sechziger Jahren hatte. Ezrahi diagnostiziert einen Wandel der Legitimationsform öffentlichen Handelns: An die Stelle der Kohärenz als *Ideal* öffentlichen Handelns, so seine These, trete eine Politik des symbolischen Gleichgewichts. Nunmehr werde öffentliches Handeln durch unmittelbare Reaktion auf die Erwartungen und Interessen heterogener Öffentlichkeiten legitimiert; die symbolischen Aspekte von Handeln gewönnen eine größere Bedeutung, während diese ihre instrumentelle und funktionale Kohärenz zunehmend verlören (Ezrahi 1990, S. 283). Die liberal-demokratischen Gesellschaften des ausgehenden 20. Jahrhunderts sind Ezrahi zufolge von einem tiefgreifenden Wertewandel betroffen. Im Kontext eines ethischen Relativismus und kognitiven Skeptizismus kommt es zu einer Umwertung. Kohärenz wird mit Autorität, inakzeptabler Machtausübung und unhaltbaren Wissensansprüchen identifiziert, Inkohärenz demgegenüber mit Bescheidenheit, Respekt vor Subjektivität und Diversität und der Tolerierung unterschiedlicher Vorstellungen von Realität. Es gibt in diesem Klima keine privilegierte Sprache, keine privilegierten Visionen. Gegenüber dem Demokratisierungsprogramm der Aufklärung, das die Dezentralisierung auf dem gleichberechtigten Zugang zu Wissen und Wahrheit begründete, basiere die Demokratisierung des ausgehenden 20. Jahrhunderts auf irreduziblen Unsicherheiten, die die Ansprüche auf Wissen und Autorität aller konkurrierenden Handelnden schwächten. Die pessimistischen Theorien des Wissens und der normative Pluralismus, so Ezrahi, untergraben eine vormals wirksame Verteidigungslinie klassischer liberal-demokratischer Werte (ebd., S. 284, 287, 289).

Inzwischen erleben wir diese Epoche des zu Ende gegangenen Jahrhunderts als *Postmoderne*. Ezrahi kontrastiert zur Charakterisierung des Wertewandels das Ethos der Wissenschaft mit den Werten der ›Gegenkultur‹ wie Persönlichkeit (»personality«), Authentizität und Kreativität ohne Standards und verweist auf die Ironie, daß die so bekämpfte Wissenschaft einstmals die Menschen von der Autorität der Vergangenheit, der Autorität des Transzendentalen und der Autorität des Dogmas befreien sollte.[25] Der Radikalismus der sechziger Jahre hat Ez-

25 Die Wissenschaft eröffnete die kulturelle Strategie der Entpersonalisierung von Autorität durch die Wirkungsweise einer sich selbst regulieren-

rahi zufolge seinen Niederschlag in Schriften gefunden, deren kumulativer Effekt darin bestand, den Verdacht zu nähren, daß sich die tatsächliche Praxis der Wissenschaft weit von ihrem Ethos entfernt habe. Die Wissenschaftskritik dieser Zeit hatte vor allem auch eine epistemologische Implikation: An die Stelle der bis dahin geltenden Überzeugung, daß die Wissenschaft ein von universalistischen Normen geprägtes Unternehmen sei, das objektives Wissen durch die Abstraktion von ihren Trägern erzeugt, ist die Individualisierung der Erkenntnis und der Wahrnehmung der ›Realität‹ getreten (Ezrahi 1980, S. 54 f.).

Während Ezrahi die frühen Anzeichen der Veränderungen identifiziert und mit dem Blick auf die Kopplung zwischen den liberal-demokratischen Werten der westlichen Gesellschaften und dem Ethos der Wissenschaft deren Tragweite sowohl für die Gesellschaft als auch für die Wissenschaft aufweist, geht der amerikanische Wissenschaftshistoriker Paul Forman auf die systematischen Gründe und die Folgen dieser Entwicklung innerhalb der Wissenschaft ein.

Forman sieht die Veränderungen der Wissenschaft im weiteren Kontext der Praxis der *Kulturträger* und *Kulturerzeuger*, die in seinen Augen die Ursache für die Ausbreitung der *Postmoderne* als Ideologie der Intellektuellen ist. Sie manifestiert sich in der Praxis der Wissensproduktion, die ihm zufolge durch drei maßgebliche Veränderungen bestimmt wird:

1. Die *Überproduktion* aller kulturellen Güter, aber insbesondere *des Wissens*. Postmodernismus, verstanden als eine Bekräftigung des Pluralismus und einer Pluralität von Wertestandards, ist die ideologische Reaktion auf die Überproduktion, die unter einem modernistischen Interpretationsschema nur noch mit Verzweiflung wahrgenommen werden kann. Forman bezieht sich hier auf die bekannten Diagnosen der für Wissenschaftler abnehmenden Wahrscheinlichkeit, in der Flut der Publikationen überhaupt wahrgenommen zu werden.

2. Damit geht eine *Instrumentalisierung des Wissens* einher, die sich nach Forman in einer qualitativen Transformation äußert: Technische Mittel werden zu Zielen, wissenschaftliche

den Gemeinschaft, die universal gültige Standards entwickelt. Sie war die Antwort auf das Problem, eine Ordnung zu schaffen, die weder den Fesseln des Jenseits noch der Willkür des weltlichen Herrschers ausgeliefert war (Ezrahi 1980, S. 56).

Praxis wird von Instrumenten dominiert, der abstrakte Theoretiker wird aus dem wissenschaftlichen Rampenlicht gedrängt. Die Wertschätzung *reiner* Forschung gilt nicht mehr. Es herrscht ein »Ethos der Produktion als Zweck an sich« (Forman 1997, S. 187). Das Ethos des Instrumentalismus – »Der Zweck heiligt die Mittel« –, der nach Forman die »spätmoderne/postmoderne Wissensgesellschaft« beherrscht, hat auch »erhebliche Auswirkungen auf unser Theoretisieren über die Natur wissenschaftlichen Wissens« (ebd.). Im Zentrum steht hier die Kuhns *Struktur wissenschaftlicher Revolutionen* zugeschriebene Abkehr von einem desinteressierten, einheitlichen Positivismus zugunsten einer Ansicht wissenschaftlichen Wissens als *konstruiert*. Kuhns These der *Inkommensurabilität*, in Formans Augen eine philosophische Widerspiegelung des Instrumentalismus, hat die Gleichrangigkeit (weil unvergleichbarer) alternativer, konkurrierender wissenschaftlicher Theorien legitimiert.[26] Die behauptete Inkommensurabilität liefert zugleich die (strategische) Entschuldigung dafür, daß angesichts der Überproduktion der wissenschaftlichen Literatur ihr größter Teil ignoriert wird.

3. Die relative Beliebigkeit bzw. Unverbundenheit inkommensurabler Wissensbestände ist die Grundlage einer affirmativen Vorstellung von *Wissen als ›interessengebunden‹* (»bound« und »interested«), die im krassen Gegensatz zu der klassischen und der modernen Wissenschaftskonzeption steht. Forman sieht das wichtigste Unterscheidungskriterium zwischen postmoderner und moderner Wissenschaft darin, daß die postmoderne Wissenschaft beginnt, wenn die Produktion interessengebundenen Wissens vorbehaltlos akzeptiert wird (ebd., S. 188). Äußere Anzeichen sind die Interessenbindung der Wissensproduktion an kapitalbesitzende Institutionen und die zunehmende Akzeptanz von Geheimhaltung. Die verbreitete Beschäftigung mit Risiko hängt indirekt mit dieser Entwicklung zusammen. Die Abhängigkeit von Institutionen und Experten, die in modernen und postmodernen Gesellschaften unentrinnbar ist, wird dann problematisch, wenn die Gründe für das Ver-

---

26 Zumindest für die Geistes- und Sozialwissenschaften läßt sich diese These auch empirisch bestätigen. Für die Naturwissenschaften fällt der Nachweis des Einflusses von Kuhn nicht so eindeutig aus (vgl. Maasen, Weingart 2000).

trauen in sie erodieren. Genau diese Erosion des Vertrauens schreitet in dem Maß voran, in dem die Interessengebundenheit der individuellen Experten und Institutionen offenkundig wird, von deren Wissensproduktion und -anwendung die postmoderne Gesellschaft abhängt (ebd., S. 194).

Formans Analyse läßt sich dahingehend ergänzen, daß Postmodernismus die kulturelle Widerspiegelung einer fundamentalen Veränderung der Ressourcenbasis der Wissenschaft ist: die Umstellung von der staatlichen (oder kirchlichen, wie im Fall einiger amerikanischer Universitäten) Remuneration auf die Finanzierung über den Markt. Diese Umstellung ist wiederum ein Nachvollzug der gesellschaftlichen Demokratisierung, deren moderne Form der Markt verkörpert.[27] Mit Blick auf die Wissenschaft artikuliert der Markt die Nachfrage nach Wissen, gleich durch wen.

›Markt‹ steht hier für im weitesten Sinn nachfragegebundene Förderung von Wissensproduktion. Das heißt, die Steuerung der Wissensproduktion erfolgt (der Tendenz nach) nicht mehr durch den kollektiven Kommunikationsprozeß autonomer, an der Entdeckung von Grundlagentheorien orientierter Forscher, sondern durch die an unterschiedlichen Stellen in der Gesellschaft auftretende Nachfrage nach speziellem, zumeist für pragmatische Aufgaben und Probleme relevant erscheinendem Wissen.

Damit verbindet sich eine Veränderung der Vorstellung von der Autonomie der Wissenschaft, die die bisherige Grundlage des ›Gesellschaftsvertrags‹ für die Wissenschaft war. Die (wie auch immer fiktive) Autonomie des einzelnen Forschers, seinen Interessen nachzugehen, konstituierte *sozial* die Gemeinschaft der miteinander kommunizierenden Gelehrten und *sachlich* die theoriegeleitete Wissensentwicklung. Dieser Typus der in erster Linie an sich selbst orientierten und sich selbst reproduzierenden (›Grundlagen‹-)Forschung wird durch Ressourcenzuwendungen ohne Bedingungen gefördert. Zentrales Kennzeichen dieses Arrangements der *akademischen Wissensordnung* ist die

---

27 Zwar werden die Universitäten, die nach wie vor neben der Lehre den größten Teil der Forschung durchführen, in Europa weiterhin überwiegend vom Staat finanziert. Diese Finanzierung gehorcht aber zunehmend Kriterien des Marktes, denen sich die Politik weitgehend unterworfen hat.

beinahe paradox erscheinende Verknüpfung *institutioneller Distanz* zwischen der Wissensproduktion und der Verwendung des Wissens einerseits und einem weitreichenden gesellschaftlichen *Vertrauen* in die Funktionsweise des Wissenschaftssystems und den letztlichen Nutzen des produzierten Wissens andererseits. Wenn dieses Arrangement dem Markt Platz macht, ergibt sich daraus eine andere, kurzfristigere Form des Ressourcenflusses, eine Bindung der Wissensproduktion an andere als interne ›akademische‹ Interessen, eine Abkehr von Theorieentwicklung und deren langfristige Steuerungswirkung. Die vormals bestehende Distanz zwischen der Wissenschaft und anderen gesellschaftlichen Teilsystemen wird tendenziell aufgehoben, das Vertrauen graduell durch eine engere Kontrolle ersetzt. Diese Kontrolle wird nicht etwa durch eine all- oder zumindest besserwissende Bürokratie ausgeübt, sondern zum einen durch die (staatlichen und privaten) Förderorganisationen, die die Mittelvergabe für die Forschung an vorweg formulierte Ziele binden.[28] Zum anderen realisiert sie sich über die Evaluierungsverfahren, mit denen die Pflicht der Wissenschaft zur öffentlichen Rechenschaftslegung institutionell verankert wird (vgl. dazu das 6. Kapitel).Wahrscheinlich, so steht zu erwarten, ergeben sich daraus auch Folgen für das Ethos der Wissenschaft und darüber hinaus für die Vorstellung von gesichertem »wahren« Wissen.

Ezrahi und Forman haben die Frage nach dem Zusammenhang zwischen den Veränderungen des Wissenschaftssystems und der politischen Ordnung, wenngleich aus unterschiedlichen Perspektiven, in ähnlicher Weise beantwortet. Während Ezrahi die Entwicklung aus der Perspektive der politischen

---

28 Die Wissenschaftler sind an der Formulierung von Förderprogrammen in aller Regel beteiligt. Die ›Kontrolle‹ realisiert sich aber über den Zwang, die jeweiligen Forschungen in Programme einzubinden, die gesellschaftlich Legitimität erzeugen. War die Förderung der Grundlagenforschung zuvor frei von diesem Zwang und lag die Verhandlungszone zwischen Wissenschaft und Gesellschaft damit bei der Bemessung der Höhe der Zuwendungen, so hat sie sich nunmehr auf die inhaltliche Prioritätensetzung verlagert. Dies ist ein untrüglicher Indikator für die engere Kopplung. Wenngleich in diesen Prozessen sicher viele Formelkompromisse zwischen den Förderern und der Wissenschaft geschlossen werden, bleibt dieses Arrangement auf längere Sicht wahrscheinlich nicht ohne Rückwirkungen auf die inhaltliche Orientierung der Forschung.

Ordnung sieht und die Rückwirkungen der Veränderungen der Wissensordnung auf diese im Blick hat, betrachtet Forman die Entwicklung aus der Perspektive der Wissenschaft und sieht diese als Folge sowohl der internen Veränderungen als auch der der politischen Ordnung.

Man muß sich den kulturpessimistischen Diagnosen beider Autoren nicht anschließen und kann doch die analytische Frage ernst nehmen, die in ihnen enthalten ist. Vor dem Hintergrund der historischen Genese der modernen Wissensordnung, die mit der akademischen Wissenschaft identifiziert werden kann, auf der einen und den Legitimationsformen demokratischer Herrschaft auf der anderen Seite stellt sich die Frage, ob spezifische Veränderungen der Wissensordnung Auswirkungen auf ebendiese Herrschaftsform haben werden. Entsprechend der zuvor behaupteten Wechselseitigkeit der Beziehung läßt sich die Frage auch umkehren: Haben spezifische Veränderungen der gesellschaftlichen Ordnung Auswirkungen auf die Wissensordnung? Weder die Institutionen der Wissenschaft noch gar das Wissen selbst bleiben über die Zeit mit sich selbst identisch. Die Suche nach Veränderungen der Wissensordnung kann demzufolge nur dann den Bereich des Trivialen verlassen, wenn sie solche ausfindig macht, die sich auf der Ebene der *sozialen* Mechanismen der Erzeugung und Verbreitung von Wissen vollziehen. Wenn die Grundannahmen der Universalität von Wissen, die Öffentlichkeit und der allgemeine Zugang zu ›wahrem‹ Wissen, die Unvoreingenommenheit seiner Urheber und die gemeinschaftliche Kritik, aus welchen Gründen auch immer, außer Kraft gesetzt werden, sind dies Indizien für einen nicht-trivialen Wandel der Wissensordnung, dessen Auswirkungen sehr wahrscheinlich nicht auf die Wissenschaft beschränkt bleiben, sondern auch die gesellschaftliche Ordnung mit erfassen werden.

Formans Analyse berührt sehr viel direkter als die Analysen der *neuen Wissensproduktion (Modus 2)* und der *postmodern science* die zentralen Elemente des Ethos der Wissenschaft, ohne dies an irgendeiner Stelle explizit zu machen. Seine Abgrenzungen zwischen moderner und postmoderner Wissenschaft entlang dem Ethos der Wissenschaft (in der von Merton und anderen beschriebenen Form) verleihen diesem den Status eines Satzes von Indikatoren, an deren Veränderung sich die säkularen sozialen und epistemischen Veränderungen des Wissenschaftssystems ablesen lassen. Die Behauptung fundamentaler Veränderungen dieses Systems (Formans eigene eingeschlossen) unterliegt einer schweren Beweislast angesichts einer über dreihundert Jahre währenden Entwicklung der sozialen Mechanismen, die die Grundlage der Produktion gesicherten Wissens im modernen Verständnis geliefert haben. Die Schwierigkeit besteht darin, Oberflächenphänomene und kurzfristige Entwicklungen von nachhaltigen und grundsätzlichen Veränderungen zu unterscheiden, die die sozialen Formen der Erkenntnis und ihrer Absicherung – das heißt die *Möglichkeiten zu wissen* – betreffen. Insofern das Ethos der Wissenschaft ein Kondensat jener sozialen Mechanismen, eine verdichtete, idealtypische Beschreibung der Institution Wissenschaft darstellt, ist es methodisch gesehen ein akzeptabler Kandidat für diese Aufgabe.

Im folgenden gehe ich den Veränderungen des Zusammenhangs zwischen der fortschreitenden Demokratisierung der Gesellschaft und den Veränderungen der Wissenschaft nach. Ich teile also die Hypothese Mertons, daß es einen Zusammenhang zwischen sozialer bzw. politischer Ordnung und der Ordnung des Wissens gibt, nicht aber die Diagnosen Ezrahis, Formans, Gibbons und anderer. Sie bilden vielmehr zu überprüfende Behauptungen. Dabei werde ich die Perspektive der Wissenschaft einnehmen und das Hauptaugenmerk auf deren Veränderungen richten. Der Gegenstand meiner Untersuchung werden die *engen Kopplungen* des Wissenschaftssystems mit der Politik, der Wirtschaft und den Medien sein. Deren Auswirkungen, speziell die Veränderungen des wissenschaftlichen Ethos, stellvertretend für andere organisatorische Veränderungen des Wissenschaftssystems, sind dabei ein wichtiger Indikator entsprechend der zuvor entwickelten These, daß das Ethos die soziale Organisation der Kommunikation gesicherten Wissens beschreibt.

3. Wachstum, Differenzierung, Expansion und Identitätswandel der Wissenschaft[1]

Die Wissenschaft wächst am schnellsten

Die Wissenschaft ist wahrscheinlich das am schnellsten wachsende Teilsystem der Gesellschaft. Ihr Wachstum übertrifft das Wachstum der Bevölkerung bei weitem. Grob gerechnet hat jede Verdoppelung der Bevölkerung mindestens drei Verdoppelungen der Zahl der Wissenschaftler hervorgebracht (de Solla Price 1971, S. 14). Der amerikanische Wissenschaftshistoriker Derek de Solla Price sah infolgedessen bereits für die Jahrtausendwende einen Übergang zu einer geringeren Wachstumsrate voraus, da die absurde Konsequenz weiteren exponentiellen Wachstums undenkbar sei: daß dann nämlich zwei Wissenschaftler auf jeden Mann, Frau und Hund in der Bevölkerung kämen (ebd., S. 19). Dieses Wachstum ist für sich genommen ein erstaunliches Phänomen. Es ist gleichbedeutend damit, daß moderne Gesellschaften den größten Anteil ihrer Ressourcen seit über 300 Jahren in die auf Erkenntnisgewinn spezialisierte Institution, die Wissenschaft, investieren. Mit diesem Wachstum und seiner Extrapolation in die Zukunft verbinden sich zum einen Endzeitvorstellungen wie die eines ›Endes der Wissenschaft‹ (de Solla Price 1963). Zum anderen wird ebendieses Wachstum als der zentrale Faktor einer revolutionären Umstrukturierung der Gesellschaft, der Transformation der Industriegesellschaft zur *Wissensgesellschaft*, gesehen (Bell 1973). Das Wachstum der Wissenschaft hat also gleichermaßen Visionen des Niedergangs und einer verheißungsvollen Zukunft inspiriert. De Solla Price' Extrapolationen, die sich – zur Jahrtausendwende – als übertrieben erwiesen haben, sind gleichwohl Grund zur Besorgnis angesichts der zentralen Relevanz eines gesunden und kontinuierlich wachsenden Wissenschaftssystems für die Zukunft der Wissensgesellschaft. Extrapolationen leiden jedoch unter zwei Arten von

---

1 Für die Hilfe bei der Beschaffung von Material danke ich Martin Lüttig und Matthias Winterhager.

Vereinfachungen: der Annahme einer linearen Entwicklung und der Annahme der Selbstidentität der Untersuchungseinheiten. De Solla Price war sich selbstverständlich der Absurdität seiner Extrapolationen bewußt, aber ihm fehlte die Vorstellungskraft, wie die Zukunft der Wissenschaft aussehen würde. Infolgedessen wählten er und andere, von denselben Prämissen ausgehende Beobachter die pessimistische Option und prognostizierten Stagnation und Rückschritt. Tatsächlich waren de Solla Price' Berechnungen des Wissenschaftswachstums im großen und ganzen korrekt, und sie sind seither vielfach bestätigt worden. Aber wir sind jetzt in der Lage, zu sehen, daß sich die Wissenschaft ungeachtet ihres fortschreitenden Wachstums selbst verändert. Das ist für sich genommen nicht überraschend. Das Wachstum ist Teil dieses Wandels. Aber Wachstum erzeugt interne Veränderungen des Systems, ebenso wie es eine Veränderung seiner Grenzen und damit seiner Identität hervorbringt. Identität bezieht sich hier auf die Eigenschaften der Institution und seiner Grenzen, von innen wie von außen betrachtet. Die Betrachtung des Wachstums der Wissenschaft liefert infolgedessen einen Schlüssel für das Verständnis der sich verändernden Rolle der Wissenschaft und ihres zunehmenden Einflusses auf die Gesellschaft. Eine derartige Wachstumsdynamik muß tiefgreifende Folgen sowohl für die Gesellschaften als auch für die Wissenschaft selbst haben. Jede Institution, die sich ungefähr alle 15 Jahre verdoppelt, ist einem fortwährenden rasanten Wandel unterworfen. Alle Analysen der Wissenschaft und ihres Verhältnisses zu den anderen gesellschaftlichen Teilsystemen – wie Wirtschaft, Politik, Recht und Medien – müssen auf diese unvergleichliche Wachstumsdynamik zurückgehen, auf ihre Ursachen und ihre Folgen. Es kann auch nicht angenommen werden, daß es sich dabei um eine unilineare Beziehung handelt. Das Wachstum der Wissenschaft hat nicht nur Auswirkungen auf die Gesellschaft, sondern diese haben Rückwirkungen auf die Wissenschaft selbst.

Der Begriff der Wissenschaft schließt hier die Sozial- und Geisteswissenschaften ein und bezieht sich mithin auf die gesamte Welt der akademischen Wissensproduktion, die in den Universitäten als ihrer Kerninstitution organisiert ist (aber eben nicht nur in ihnen). Auch hier ist die Rede von ›der‹ Wissenschaft im Grunde eine unzulässige Vereinfachung, die die großen Unterschiede verdeckt, die zwischen den ›drei Kulturen‹, gar zwischen den unterschiedlichen Disziplinen innerhalb jeder der Wissenschaftskulturen bestehen. Ich werde dennoch im folgenden aus pragmatischen Gründen diese Vereinfachung beibehalten, außer wenn differenzierte Daten zur Verfügung stehen.

Die rein quantitative Zunahme (in der Regel gemessen in der Zahl der Wissenschaftler oder der Veröffentlichungen) wird oft als zentraler Indikator für die Entstehung der Wissensgesellschaft betrachtet (zum Beispiel Bell 1973). Das ist jedoch viel zu unspezifisch, um die wirkliche Bedeutung der Expansion des Wissenschaftssystems zu erfassen. Sie wird vielmehr erst dann erkennbar, wenn man die vielen Dimensionen des Wachstums erkundet, nach den Ursachen und den Folgen auf verschiedenen Ebenen fragt. In diesem Kapitel soll zunächst im ersten Abschnitt das Wachstum der Wissenschaft in seinen verschiedenen Dimensionen beschrieben werden, um damit die Grundlage für die weiteren Untersuchungen zu legen. Da das Wissenschaftssystem ein Kommunikationssystem ist, muß sich die Analyse auf die Kommunikationsprozesse und deren soziale Strukturen richten. Deshalb wird im darauf folgenden Abschnitt der Zusammenhang zwischen dem Wachstum und den internen Differenzierungsprozessen untersucht, der sich in erster Linie über das wechselseitige Verhältnis zwischen Wissensproduktion (bzw. -kommunikation) und Rezeption erschließt. Es geht dabei um die sich ändernden Produktionsbedingungen und die sich daraus ergebenden Bedingungen der Rezeption. Gegenstand des vierten Abschnitts sind, darauf aufbauend, die Rückwirkungen der sich aus den materiellen Einschränkungen der Kommunikation ergebenden Selektionsbedingungen auf das Prinzip der Öffentlichkeit der wissenschaftlichen Kommunikation, auf den allgemeinen Zugang zu Wissen und auf die internen Kontrollmechanismen der Wissenschaft. Im letzten Abschnitt werden schließlich die Grenzen des Wachstums und die Folgen der inzwischen erkennbaren Verlangsamung (wenn nicht gar des Endes) des Wachstums untersucht. Der Fokus richtet sich hier auf die *institutionelle Identität der Wissenschaft* als die zentrale Variable, deren Veränderungen wichtiger sind als das quantitative Wachstum an sich. Dies ist zugleich auch die Ausgangsposition für alle weiteren Kapitel, denn es wird angenommen, daß sich die grundlegenden Veränderungen der Rolle der Wissenschaft in der Gesellschaft und ihres Verhältnisses zu anderen sozialen Teilsystemen ganz wesentlich aus ihrer Wachstumsdynamik ergeben.

Exponentielles Wachstum und sein Ende

»Die Masse der auf die Erziehungswissenschaft sich beziehenden Schriften ist so groß, daß fast jeder neue Zuwachs zu derselben als überflüssig, wenn nicht gar als bedenklich erscheinen dürfte.« Diese typische und beispielhafte Reaktion auf die überbordende Wissensproduktion, die sich nicht nur im Hinblick auf die Erziehungswissenschaften, sondern auch in allen anderen Disziplinen findet, stammt nicht, wie anzunehmen, aus den letzten zehn Jahren, sondern aus dem Jahr 1839 (Pfarrer Weingart 1839, S. 2830). Sie bestätigt eine Diagnose de Solla Price', wonach das exponentielle Wachstum der Wissenschaftler bereits seit dem 18. Jahrhundert andauert und sich daraus für jede Generation von Wissenschaftlern eine *Unmittelbarkeit* (›immediacy‹) der Wahrnehmung der Literatur sowie der Zahl der Autoren ergibt.

De Solla Price hatte 1963 in einem kleinen populärwissenschaftlichen Buch, *Little Science, Big Science,* überraschende und alarmierende Analysen und Prognosen zur Entwicklung der Wissenschaft präsentiert (de Solla Price 1963). Das Buch blieb jedoch, außer von einer kleinen Gruppe von Experten, offenbar unbeachtet. Andernfalls würde der weitverbreitete Eindruck, das ungestüme Wachstum der Wissenschaft sei ein rezentes Phänomen, ebenso wie die Flut der Literatur, deren nunmehr kein Wissenschaftler mehr Herr werde, nicht aufrechterhalten werden können. De Solla Price' Kalkulationen enthielten eine Reihe von Ergebnissen, die für das Verständnis der besonderen Rolle der Wissenschaft als sozialen Systems überaus wichtig sind:
- Das Wachstum der Wissenschaft übertrifft, wie schon oben erwähnt, das Wachstum der Bevölkerung bei weitem. De Solla Price errechnete eine etwa dreifach schnellere Verdoppelungsrate (de Solla Price 1971, S. 14).
- 80 bis 90 Prozent der modernen Wissenschaft sind – eine Folge des exponentiellen Wachstums – zeitgenössisch, das heißt:

80 bis 90 Prozent aller Wissenschaftler, die jemals gelebt haben, leben im Augenblick. Da dieses Wachstum bereits über einen langen Zeitraum hinweg, mindestens seit dem 18. Jahrhundert andauert, ist die Wahrnehmung der zeitlichen Unmittelbarkeit der Wissenschaft fast so alt wie diese selbst. Wissenschaftler haben sich schon immer in einer Welle der Literatur ertrinken sehen. Der Grundsatz, daß mehr als 80 Prozent der gesamten Wissenschaft zeitgenössisch sind, läßt es also *nicht* zu, die Veränderungen des gegenwärtigen Wissenschaftssystems auf dessen Wachstum *allein* zurückzuführen (ebd., S. 16).

– Bei einer Verdoppelungsrate von etwa 15 Jahren ist die Wissenschaft seit ihren Anfängen im 17. Jahrhundert um rund fünf Größenordnungen gewachsen. Wenn das Wachstum an die Kapazitätsgrenzen des jeweils beobachteten Systems stößt, kommt es entweder zum Zusammenbruch oder zu einer Neudefinition der konstitutiven Variablen. Bevor jedoch im letzten Abschnitt diese Kapazitätsgrenzen und die mit ihrem Erreichen eintretenden Krisenerscheinungen thematisiert werden, geht es zunächst einmal um die Beschreibung der Wachstumsmuster und verschiedener Struktureffekte.

De Solla Price kam in seiner Betrachtung des Gesamtwachstums der Wissenschaft zu dem Ergebnis, daß diese exponentiell zunimmt. Das ist selbstverständlich eine vereinfachte Idealisierung der tatsächlichen Entwicklung, die sich von Disziplin zu Disziplin, von Land zu Land und hinsichtlich historischer Phasen unterscheidet. Seine Berechnungen waren überschlägig. Sie sind aber durch zahlreiche Einzeluntersuchungen präzisiert worden, ohne im Grundsatz falsifiziert worden zu sein. Mit diesem Vorbehalt läßt sich, in aller Kürze, das Wachstum in den folgenden, miteinander verbundenen Dimensionen beschreiben.

Das Produkt der Wissenschaftler sind die Ergebnisse ihrer Forschungen, die sie, zumindest wenn sie an einer Universität oder einem unabhängigen Forschungsinstitut und nicht in der Industrie oder der Militärforschung arbeiten, publizieren. Deshalb ist das Wachstum der Wissenschaft unter dem Gesichtspunkt des Wissenszuwachses, aber auch im Hinblick auf den Umfang der involvierten Kommunikationsprozesse, annäherungsweise in *Publikationen* meßbar.

De Solla Price hat errechnet, daß sich in den vergangenen zwei Jahrhunderten im Gesamtbereich der Naturwissenschaften die Anzahl der publizierten Artikel alle 10 bis 15 Jahre verdoppelt hat. Diese Rate hat sich in vielen Forschungsgebieten nach dem Zweiten Weltkrieg noch beschleunigt. Für verschiedene Einzelwissenschaften ergeben sich allerdings unterschiedliche Wachstumsraten. Für die Geowissenschaften wird eine Verdoppelungsrate von etwa acht Jahren veranschlagt, in der Astronomie hingegen nur von 18 Jahren. Das Wachstum der Mathematik zwischen 1870 und 1994 liegt bei einer Verdoppelung jeweils nach 20 Jahren, in der Zeit nach dem Zweiten Weltkrieg ist diese Rate auf zehn Jahre angestiegen. Inzwischen hat sich das Wachstum verlangsamt und liegt wieder bei einer 20jährigen Verdoppelung (Odlyzko 1995, S. 4).

Die Gesetzmäßigkeit des exponentiellen Wachstums gilt jedoch nicht nur für Publikationen, sondern auch für die Zahl der Wissenschaftler/-innen. Die bislang umfangreichste Enquête zur Entwicklung der Geisteswissenschaften (ohne Sozialwissenschaften: Soziologie, Psychologie, Ökonomie) in der Bundesrepublik (ohne ehemalige DDR) ergab für den Zeitraum zwischen 1954 und 1984/87 ein Gesamtwachstum dieses Wissenschaftsbereichs um das Siebenfache. Dieses exponentielle Wachstum gilt sowohl für die Professorenstellen als auch für die Stellen des wissenschaftlichen Personals insgesamt. Allerdings schwächt sich hier die Wachstumsrate in den achtziger Jahren deutlich ab (Weingart u. a. 1991, S. 77 f.). Der Anteil der Geisteswissenschaften am gesamten Wissenschaftssystem geht in dem betrachteten Zeitraum merklich zurück (um etwa sechs Prozent von 14,8 Prozent auf 8,9 Prozent), das heißt, daß das Wachstum der Geisteswissenschaften noch deutlich hinter dem der übrigen Wissenschaften zurückbleibt (ebd., S. 94 f.). Eine entsprechende Entwicklung läßt sich für die Aufwendungen nachweisen. Der Anteil der Fördermittel, der auf die Geisteswissenschaften entfällt, entspricht etwa ihrem Anteil am Gesamtsystem. Dasselbe läßt sich für das Wachstum der Publikationen sagen: Es entspricht ungefähr dem des wissenschaftlichen Personals und weist ungeachtet der Unterschiede zwischen einzelnen Disziplinen ebenfalls eine Zunahme um ca. den Faktor sieben bis acht über einen Zeitraum von drei Jahrzehnten (1954-1984) auf.[2]

[2] Die genaueren Zahlen sind in der Studie enthalten. Sie schwanken zwi-

Zwischen der Zahl der Publikationen und der Zahl der Wissenschaftler besteht ein offenkundiger Zusammenhang, denn trotz aller individuellen Variabilität gibt es Grenzen, innerhalb deren die Kapazität, zu publizieren, schwankt. Der Zusammenhang wird jedoch von einigen weiteren Faktoren beeinflußt. De Solla Price hat überschlägig geschätzt, daß von 100 publizierenden Wissenschaftlern in einem Jahr 33 Neulinge sind. Entsprechend dem Lotkaschen Gesetz setzt jedoch nur eine wesentlich kleinere Zahl ihre Publikationstätigkeit an der Forschungsfront über einen längeren Zeitraum fort.[3] Diese ›Demographie‹ der Wissenschaft ähnelt derjenigen von sich entwickelnden Gesellschaften, in denen sowohl die Geburten- als auch die Sterberate hoch und der Anteil der Kinder an der Bevölkerung groß ist. Die Dynamik dieses Prozesses wird durch die (analog gesprochen) ›Netto-Geburtenrate‹ derjenigen Personen bestimmt, die für die Forschung qualifiziert sind.

Die Zahl der *Dissertationen* liefert einen Eindruck von der Entwicklung des wissenschaftlichen Nachwuches, insofern die Erlangung des Doktorgrades üblicherweise die Eintrittsqualifikation für eine wissenschaftliche Karriere darstellt. Auch hier muß allerdings mit einem gewissen Prozentsatz von Personen gerechnet werden, die letztlich doch nicht in die Forschung gehen und/oder später nicht publizieren. Beispielhaft kann eine Untersuchung der Promotionen in den USA für den Zeitraum von 1880 bis 1984 herangezogen werden. Hier zeigt sich wiederum das vertraute Muster des exponentiellen Wachstums, lediglich unterbrochen in den Jahren 1945 bis 1949. Der leichte Rückgang wird durch den sprunghaften Anstieg 1950 bis 1954 ausgeglichen. Erst 1975 bis 1984 ist eine Trendwende erkennbar. Erwähnenswert ist vielleicht noch, daß die Zahl aller Promotionen über den gesamten Zeitraum hinweg um einen Faktor von 1000 bis 1100 zugenommen hat, die Zahl der Promotionen in den ›harten‹ Disziplinen (Biologie, Chemie, Geologie, Mathe-

---

schen den untersuchten Gebieten Germanistik, Anglistik und Geschichte vor allem auch in Abhängigkeit von den verwendeten Datenbanken und deren Erfassungsgraden. Wirklich exakte Zahlen gibt es für keinen der Indikatoren.

3 Lotkas Gesetz besagt, daß unter 100 Autoren, die in einem gegebenen Zeitraum nur einen Artikel publizieren, 25 zwei, 11 drei usw. veröffentlichen.

matik, Physik) hingegen nur um den Faktor 500 bis 600. Die Promotionen in den Geisteswissenschaften stiegen überproportional an, so daß sich ihr Anteil von 70 auf 85 Prozent erhöht hat (Wood 1988).[4]

Die naheliegende Vermutung einer linearen Beziehung zwischen der Zahl der Publikationen und der Zahl der Wissenschaftler muß aus institutionellen Gründen dahingehend berichtigt werden, daß nur ein bestimmter Prozentsatz aller Wissenschaftler wirklich publiziert. Während die größere Zahl der Forscher in der Industrie beschäftigt ist (ca. 70 Prozent), aber aufgrund der konkurrenzbedingten Geheimhaltung oder der anwendungsorientierten Forschungsarbeit zu einem geringeren Anteil publiziert (ca. 10 Prozent), kommt der weitaus größte Anteil der wissenschaftlichen Publikationen aus den Universitäten und anderen Forschungseinrichtungen (ca. 80 Prozent).[5]

Neben der Beziehung zwischen dem Volumen der Publikationen und der Zahl der Wissenschaftler besteht ein weiterer Zusammenhang zwischen dem wissenschaftlichen Personal und den *Ausgaben für die Forschung*, das heißt eine Proportionalität zwischen den Bruttoausgaben für F&E (gemessen als Prozentsatz des BIP) und dem F&E-Personal. Auch diese einfache Relation muß insofern differenziert werden, als zumindest für die Naturwissenschaften zu gelten scheint, daß die Ausgaben pro Outputeinheit überproportional steigen, bedingt durch die Verfeinerung und Differenzierung der Fragestellungen und Meßmethoden.[6] Die Entwicklung der Finanzierung der exponentiell wachsenden Wissenschaft ist nicht nur als Indikator für das Wachstum interessant, sondern vor allem auch als *Indikator für die öffentliche Akzeptanz der Wissenschaft* und für den *Legitimationsbedarf seitens der Wissenschaft*. Die Ausgaben für die

---

4 Die Gesamtzahl fällt von 179 495 auf 174 504 Promotionen.
5 Da es hier nicht um die Frage der Meßgenauigkeit von Indikatoren geht, bleibt die entsprechende Diskussion unerwähnt (vgl. Gilbert 1978; Weingart, Winterhager 1984).
6 Rescher spricht vom ›Planckschen Prinzip‹ des wachsenden Aufwands. Danach erfordern erstrangige Forschungsergebnisse einen erhöhten Einsatz in Gestalt kooperierender und arbeitsteilig verfahrender Wissenschaftler und entsprechend teurer Instrumente. Die Kosteneskalation bedingt nicht nur einen Wandel in der Struktur wissenschaftlicher Arbeit, sondern sie ist auch Vorzeichen für die unabwendbare Verlangsamung des Wachstums (Rescher 1982, Kap. V und S. 87, 95).

Universitäten und Forschungseinrichtungen sind öffentliche Investitionen in das System der Wissensproduktion und der Ausbildung des kontinuierlich erforderlichen Nachwuchses. Diese Investitionen bedürfen der politischen Legitimierung. Je stärker die Konkurrenz mit anderen gesellschaftlichen Zielsetzungen, desto schwieriger ist die Legitimierung der Ausgaben für Forschung und Lehre. Dies gilt um so mehr, als in vielen scheinbar esoterischen Bereichen der Grundlagenforschung deren allgemeine Nützlichkeit für eine breitere Öffentlichkeit schwer oder gar nicht erkennbar ist. Die finanziellen Ressourcen und die zu ihrer Bewilligung erforderliche politische Legitimierung stellen folglich Grenzen des exponentiellen Wachstums der Wissenschaft dar.

Die Ausgaben des Deutschen Reichs bzw. der Bundesrepublik für die Wissenschaft stiegen zwischen 1875 und 1935 zunächst mit einem fünf- bis 35prozentigen Zuwachs im Fünfjahresintervall an.[7] In der Zeit von 1950 bis 1975 beschleunigte sich dieses Wachstum der Wissenschaftsausgaben noch deutlich (Lundgreen u. a. 1986, S. 242 f.).

Eine bessere Vergleichbarkeit und vor allem auch eine bessere Einschätzung ihres Legitimationsbedarfs ergibt sich über die Berechnung der Wissenschaftsausgaben als Anteil am Bruttoinlandsprodukt (BIP). Dieser Prozentsatz hat sich in der Bundesrepublik in 25 Jahren (von 1963 bis 1989) fast verdoppelt. In den USA entwickelte sich der Anteil der Wissenschaftsausgaben am BIP zwischen 1929 und 1965 um rund das 15fache.[8] Hier tritt allerdings schon die inzwischen auch in anderen Ländern zu beobachtende Stagnation des Wachstums auf: Der Anteil stabilisiert sich zwischen 1985 und 1989 bei ungefähr 2,8 Prozent (DiTroccio 1994, S. 92; OECD 1984 a; 1990).[9] 2,8 Prozent des

---

7 Längere Zeitreihen von Wissenschaftsausgaben sind allerdings fehlerbehaftet, weil die Daten fehlen und/oder weil die Berechnungsgrundlagen sich in der Zeit verändern. Ungeachtet dieser Ungenauigkeiten sind sie jedoch ein aussagekräftiger Indikator einer umfassenderen Entwicklung.

8 Von 1,5 Prozent 1963 auf 2,85 Prozent 1989; für die USA von 0,2 Prozent 1929 über 0,7 Prozent 1940 auf 3,1 Prozent 1965 (OECD 1984a; 1990). Die *National Science Foundation* sieht inzwischen einen leichten Rückgang des F&E/BIP-Indikators für alle G7-Länder auf etwa 2,3 Prozent (NSF 1998, S. 4-37 ff.).

9 Die entsprechenden Zahlen der amerikanischen *National Science Foundation* unterscheiden sich etwas von den genannten, aber nicht grundsätz-

Bruttoinlandsprodukts scheint eine für die modernen Massendemokratien magische Grenze zu sein, über die hinaus die Wissenschaftsausgaben bisher nicht nachhaltig hinausgegangen sind. Die in Vannevar Bushs einprägsamem Motto *Science, the Endless Frontier* verheißene ›offene Grenze‹, der das exponentielle Wachstum der Zeit nach dem Zweiten Weltkrieg entsprach, droht sich aufgrund materieller Beschränkungen zu schließen.

Die Zunahme der finanziellen Aufwendungen für Lehre und Forschung legt die Vermutung nahe, daß die *Zahl der wissenschaftlichen Organisationen*, das heißt der Universitäten und Forschungseinrichtungen, ähnliche Wachstumsmuster aufweist. Hier ist allerdings die absolute Zahl gering und die Vergleichbarkeit eingeschränkt. Eine Berechnung der Zahl der zum jeweiligen Zeitpunkt koexistierenden Universitäten ergibt, soweit dies nachvollziehbar ist, ebenfalls eine exponentielle Wachstumskurve, die spätestens seit dem 17. Jahrhundert ungefähr der der Bevölkerungsentwicklung folgt (Wagner 1985, S. 83). Einen besonderen Wachstumsschub hat es vor allem nach dem Zweiten Weltkrieg gegeben. Im Zeitraum zwischen den sechziger und achtziger Jahren des vergangenen Jahrhunderts haben die Aufwendungen für F&E ihren Höhepunkt erreicht. Dies ist auch die Phase der in allen Industrieländern sich vollziehenden Öffnung der Hochschulausbildung für breitere Bevölkerungsschichten und der damit einhergehenden Gründungswelle neuer Universitäten. Es kann kaum ein Zweifel bestehen, daß diese Expansion nicht nur auf die ökonomische Modernisierung zurückzuführen ist, sondern ein Reflex auf die Demokratisierung der westlichen Industriegesellschaften ist. Die Rede von der *Massenuniversität* indiziert den Funktionswandel der Hochschulen von Ausbildungsstätten für den wissenschaftlichen Nachwuchs, die Professionen und den höheren Staatsdienst zu Bildungseinrichtungen für mehr als ein Drittel der

lich. Danach hat der Anteil aller F&E-Ausgaben der USA zu keinem Zeitpunkt 3,1 Prozent des BIP erreicht, sondern 2,7 Prozent 1991. Für die Bundesrepublik war der höchste Wert 2,9 Prozent Ende der achtziger Jahre. Die Zahlen variieren je nachdem, ob die Ausgaben für militärische Forschung hinzugerechnet werden oder nicht. Alle Zahlen beziehen sich auf die F&E-Gesamtausgaben, das heißt also auch auf die der Industrie, für die das Legitimitätsargument so nicht gilt (NSF 1998, S. 4-37 ff.).

jeweiligen Alterskohorte und damit für Berufe aller Art. Die akademische Bildung hat damit weitgehend ihre Funktion als Allokationsmechanismus von sozialem Status verloren.

Die Betrachtung der Universitäten läßt einen weiteren Bereich des Wachstums der Wissenschaft vollkommen außer acht, der nicht systematisch quantitativ erfaßt ist. Neben den Universitäten ist eine unübersehbare Zahl von Forschungseinrichtungen entstanden. Alle westlichen Industrienationen haben seit der Mitte des 19. Jahrhunderts damit begonnen, die sich ausweitenden staatlichen Regulierungsfunktionen durch Forschung zu begründen, und in diesem Zuge staatliche Forschungsinstitute errichtet (Lundgreen u. a. 1986). Nach dem Ende des Zweiten Weltkriegs wurden die staatlich finanzierten »Großforschungseinrichtungen« errichtet, die – nach dem Vorbild des amerikanischen ›Manhattan Project‹ zum Bau der Atombombe – vor allem für die Entwicklung der zivilen Kernenergie ausgelegt waren. Darüber hinaus sind seither unzählige öffentlich finanzierte und private Forschungseinrichtungen entstanden, deren institutionelle Vielfalt sich der statistischen Erfassung zunehmend entzieht. Sie sind Ausdruck des Umstands, daß die Wissenschaft als Form der Wissensproduktion in alle Bereiche der Gesellschaft diffundiert.

Als letztes Beispiel mag der Fall der Chemie angeführt werden, an dem die prinzipielle Grenzenlosigkeit des Wachstums der Wissenschaft sinnfällig wird. Schummer hat als Indikator die Zahl der chemischen Substanzen und damit ein vorgeblich präziseres, weil direktes Maß eines tatsächlichen *Wissenszuwachses* gewählt.[10] Für diesen Indikator stellt er im Schnitt einen jährlichen Zuwachs von 5,5 Prozent seit 1800 fest; das entspricht einer Verdoppelung rund alle 13 Jahre. Während der vergangenen zwei Jahrzehnte entspricht die Entwicklung nahezu exakt der exponentiellen Wachstumskurve ohne jedes Anzeichen einer Sättigung. Im Unterschied zu anderen Disziplinen ist das Wachstum durch Kriege nicht wesentlich beeinträchtigt worden. Es kommt zu zeitlichen Verschiebungen, die aber wie-

---

10 Dieses Verfahren ist nur für Wissenschaften möglich und plausibel, die ähnlich kodifizierte kumulative Klassifikationssysteme als Forschungsaufgabe haben. Außerdem ist fraglich, ob die Datenerhebung denselben Exaktheitsgrad erreicht wie im Fall der Veröffentlichungen (Schummer 1997).

der aufgeholt werden. Für Schummer ist dies der Grund zu der Behauptung, daß das Wachstum nicht durch externe Ressourcen bestimmt wird, sondern durch wissenschaftsinterne methodologische Bedingungen (Schummer 1997, S. 116 ff.). Die Behauptung ist in dieser Form unhaltbar, weil im Grundsatz gilt, daß das Wissenschaftssystem nicht ohne Ressourcenallokation von außen operieren kann. Für den Teil, der nicht, wie die Industrieforschung, direkt an den Markt gebunden ist und sich über die Vermarktung der Wissensprodukte finanziert, ist dieser Zusammenhang unaufhebbar, und infolgedessen ist auch die Proportionalität von Wachstum der Publikationen, Wachstum des Personals (mit den genannten Abschlägen) und Wachstum der monetären Aufwendungen gegeben. Eine Einschränkung der Fördermittel für die Wissenschaft muß notwendig zu deren Kontraktion führen, also zu einem Ende des Wachstums. Das gilt auch für die Chemiker. Tatsächlich stellen einige Beobachter bereits eine Abschwächung des exponentiellen Wachstums fest. Die in großen Referatezeitschriften (*Physical Abstracts*, *Chemical Abstracts* und *Biological Abstracts*) erfaßten Publikationen zeigen schon keinen exponentiellen Anstieg mehr (Marx, Gramm o.J.).

Die Untersuchung der Chemie illustriert jedoch, daß der Forschungsprozeß im Prinzip unbegrenzt und ohne interne Stopregeln ist. Entgegen der intuitiven Vorstellung, daß die Erforschung der Naturgesetze irgendwann an ihr Ende kommen müsse, gilt das Gegenteil: Neue Erkenntnisse generieren neue Fragen. Im Falle der Chemie ergibt sich das exponentielle Wachstum aus den methodischen Ansätzen selbst. Der kombinatorische Ansatz, dem gemäß bekannte Substanzen zur Gewinnung neuer Substanzen miteinander kombiniert werden, liefert (bei Begrenzung auf jeweils ein Paar) rein rechnerisch einen exponentiellen Zuwachs.[11] Wenn der Zusammenhang in anderen Disziplinen auch nicht so einfach ist, gilt das Prinzip auch dort: Je mehr Ressourcen die Wissenschaft erhält, je mehr Wissenschaftler aufgrund dessen ausgebildet und in der Forschung beschäftigt werden, desto mehr Erkenntnisse produzie-

---

11 Schummer nennt zwei weitere Ansätze, den analogischen und den Feedback-Ansatz, die jedoch beide nicht dieselbe Einfachheit aufweisen wie der kombinatorische, der hier für den Mechanismus exemplarisch ist (vgl. Schummer 1997, S. 119 ff.).

ren sie, und um so mehr neue Forschungsfragen werden aufgeworfen. Hinsichtlich der zu erforschenden Probleme sind die *frontiers* der Wissenschaft tatsächlich *endless*, um Vannevar Bushs Slogan zu paraphrasieren. Der Prozeß trägt sich selbst, beschleunigt sich gar, vorausgesetzt, er wird durch Ressourcen von außen am Leben gehalten. Genau dieser Umstand hat das ungeheure Wachstum über die vergangenen 350 Jahre bewirkt.

Produktion, Rezeption und Differenzierung

Das exponentielle Wachstum der Wissenschaft hat tiefgreifende Folgen sowohl für die Wissenschaft selbst, das heißt für ihre sozialen Strukturen, für ihre Organisationen, für ihre Kommunikationsprozesse und für die Regeln, die sie bestimmen, als auch für ihre Umwelt, das heißt für die Gesellschaften, in denen sie institutionalisiert ist und die sie fördern. Durch die nähere Betrachtung der Mechanismen, die die interne Differenzierung bewirken, werden die Auswirkungen des Wachstums in ihrer Tragweite verständlich.

Ausgangspunkt dieser Betrachtungen ist der *Kommunikationsprozeß* in der Wissenschaft. Auf der einen Seite ist es die *Produktion* von *Wissen* bzw. von *Erkenntnissen*, auf der anderen Seite die *Rezeption* dieses Wissens, also dessen Verarbeitung, Überprüfung, Kritik und damit seine Weiterentwicklung. Die Produktion von Wissen und die Rezeption bzw. Verarbeitung dieses Wissens sind aufeinander bezogen. Wissen, das nicht rezipiert wird, geht wieder verloren, und umgekehrt: Nur solches Wissen, das rezipiert wird, bleibt erhalten und wird weiterentwickelt. Das *Verhältnis* von Wissensproduktion und Wissensrezeption ist also grundlegend für die Entwicklung der Wissenschaft. Für dieses Verhältnis gilt, daß sowohl die Produktions- als auch die Rezeptionskapazität jedes einzelnen Wissenschaftlers innerhalb bestimmter Schwankungsgrenzen unveränderbar und aufeinander bezogen sind. Es kann innerhalb eines gegebenen Zeitraums nur eine bestimmte Anzahl von Artikeln geschrieben und eine entsprechende Anzahl gelesen werden. Aufgrund dessen kann also unterstellt werden, daß zwischen Produktion und Rezeption ein Gleichgewicht bestehen muß.

Das bedeutet auch, daß sich das Gesamtvolumen der Veröffentlichungen in einem proportionalen Verhältnis zur Gesamtzahl der Wissenschaftler entwickeln muß. Die entscheidende Frage ist nunmehr, ob sich aufgrund des exponentiellen Wachstums der Wissenschaft das *Verhältnis von Wissensproduzenten zu Wissensrezipienten* in irgendeiner für den Kommunikationsprozeß relevanten Weise nachhaltig geändert hat. Dies ist zugleich die Frage nach den für den Kommunikationsprozeß relevanten Strukturen. Die oben bereits zitierte und gängige These der immer weiter zunehmenden und nicht mehr zu bewältigenden Literaturflut deutet nämlich darauf hin, daß das für den Kommunikationsprozeß unterstellte Verhältnis durch das Wachstum gestört ist. Um die Frage zu beantworten, ob dies wirklich der Fall ist, gilt es, die spezifischen Produkte und die Formen ihrer Verarbeitung näher zu betrachten, ebenso wie mögliche Verschiebungen auf je einer der beiden Seiten. Ergeben sich daraus Störungen des Produktions-/Rezeptions-Gleichgewichts?

Das zentrale *Produkt* naturwissenschaftlicher Forschung ist der *Artikel in der Fachzeitschrift*. Die Publikationsformen haben sich zwar im Verlauf der Geschichte der modernen Wissenschaft verändert, ihre Funktion hat sich zum Teil gewandelt. Seit Beginn des 19. Jahrhunderts jedoch ist der Artikel die im Prinzip gleich gebliebene Form der wissenschaftlichen Veröffentlichung. In den Geisteswissenschaften war lange Zeit die Monographie vorherrschend, inzwischen gewinnt aber auch hier der Artikel als typische Publikationsform an Boden (Weingart u. a. 1991, S. 284 f.). Erkenntnisse, die nicht in Artikeln oder irgendeiner anderen Form publiziert sind, existieren für die wissenschaftliche Gemeinschaft nicht, und das bedeutet, daß das in ihnen enthaltene Wissen nicht zertifiziert ist. Das *Monopol auf Wahrheit* der institutionalisierten Wissenschaft setzt eben voraus, daß die in den Publikationen enthaltenen Erkenntnisse in der Gemeinschaft umlaufen. Anders gesagt: Was nicht rezipiert wird, wird vom System nicht gesehen.

Die Publikations*formen* haben sich also seit langer Zeit kaum geändert, wohl aber das Volumen der Publikationen, mit Folgen für die Rezeption und damit für das erwähnte Gleichgewicht. Das Wachstum der Anzahl der Zeitschriften ist erwartungsgemäß ebenfalls exponentiell, aber die Wachstumsrate ist geringer als die der Publikationen und des wissenschaftlichen Personals. Während de Solla Price noch eine Verdoppelungszeit von 15 Jahren unterstellt hat, die sich aber auf die Gründungen neuer Zeitschriften ohne Einstellungen alter bezieht, errechnen Carpenter und Narin für die Natur- und Ingenieurwissenschaften die sehr viel längere Verdoppelungszeit von 57 Jahren für den Zeitraum von 1919 bis 1973 (Carpenter, Narin 1980, S. 59). 1830 gab es ungefähr 300 wissenschaftliche Zeitschriften. Gegenwärtig wird ihre Zahl auf zwischen 40 000 und 100 000 auf der ganzen Welt geschätzt.[12] An der Form der Zeitschriften läßt sich eine Veränderung im Verhältnis von Produktion und Rezeption feststellen. Spätestens 1830 war der Zeitpunkt erreicht, zu dem Wissenschaftler nicht mehr all das Wissen rezipieren konnten, das für ihre Arbeit relevant war (Garfield 1987, S. 4). Zu diesem Zeitpunkt waren noch rund die Hälfte der Zeitschriften allgemeinen Themen der Wissenschaft gewidmet. Be-

---

[12] Die Schätzungen der Zahl wissenschaftlicher Zeitschriften sind interessanterweise ungenau und widersprüchlich. Die von Price in den sechziger Jahren aufgestellte Schätzung von 100 000 für den damaligen Zeitpunkt berücksichtigte nicht die Anzahl der Journale, die ihr Erscheinen eingestellt haben. Bernal gibt dieselbe Zahl an (Bernal 1961, S. 860, und 1970, S. 1168), die in beiden Auflagen unverändert bleibt, obgleich sich die Zahl der Wissenschaftler im selben Zeitraum signifikant erhöht hat. Für die zwischen 1900 und 1960 erschienenen Journale wird eine »Sterblichkeit« von etwa 33 Prozent angenommen. Nur 40 Prozent der Einträge repräsentieren aktuelle Titel. Der Rest sind Doppelpublikationen oder »world list ghosts« (Barr 1967, S. 111). Für die Jahre 1950-1960 ist nach Gottschalk und Desmond (1963) kaum ein Anwachsen der Journale festzustellen. Neugründungen und Einstellungen halten sich ungefähr die Waage. Die Zunahme der Artikel erfolgt über die Erhöhung des Umfangs und über das häufigere Erscheinen der Zeitschriften. Kronick (1976) hat eine Untersuchung über die Anfänge der wissenschaftlichen Journale für den Zeitraum 1665-1790 vorgenommen. Sowohl Barr als auch Carpenter und Narin schätzen für 1965, daß rund 25 000 Zeitschriften in den Naturwissenschaften einschließlich der Psychologie, aber ausschließlich der Sozial- und Geisteswissenschaften erschienen (Carpenter, Narin 1980). Die von Gottschalk und Desmond für 1961 errechnete Zahl von 35 000 wird als zu hoch kritisiert, weil diese Schätzung sowohl Grenzgebiete als auch nicht mehr erscheinende Zeitschriften mit einbezieht (ebd., S. 61 f.). Marx und Gramm (o. J.) liegen mit ihrer Schätzung von 100 000 am oberen Ende, Grötschel, Lügger (1995, S. 5) mit 150- bis 400 000 aber noch weit darüber. Sie zitieren eine Prognose, der zufolge zu Beginn des 21. Jahrhunderts 1 Million erreicht wird.

reits 50 Jahre später war es nur noch wenig mehr als ein Drittel. In dieser Zeit hatte die Entstehung der Disziplinen und die Spezialisierung eingesetzt (Gascoigne 1985, S. 133).

Die oben getroffene Annahme, daß sowohl die Produktionskapazität als auch die Rezeptionskapazität von Wissenschaftlern (innerhalb bestimmter Schwankungsbreiten) weitgehend unveränderbar sind, muß an dieser Stelle qualifiziert werden. Auf der *Seite der Rezeption* war die erste Reaktion auf das Wachstum der Zahl der *Zeitschriften* (und damit auf die Zahl der in ihnen enthaltenen Artikel) die Gründung von ›Abstract‹-Journalen. Das geschah zu dem Zeitpunkt, als es ungefähr dreihundert wissenschaftliche Zeitschriften gab. Mit den ›abstracts‹, das heißt kurzen Zusammenfassungen der längeren Originalartikel, wurde die *Rezeptionskapazität* der Wissenschaftler erheblich erhöht. Die Entwicklung der ›Abstract‹-Journale folgt selbstverständlich der Entwicklung der Zeitschriften linear, das heißt ungefähr ein ›Abstract‹-Journal für 300 Zeitschriften (Garfield 1987, S. 4; de Solla Price 1975, S. 215 f.). Inzwischen gibt es ›Abstracts-of-abstracts‹-Journale, also eine nochmalige Reduzierung der zu rezipierenden Informationsmenge.

Die Gründung von ›Abstract‹-Journalen könnte den Eindruck erwecken, als zielte die individuelle Rezeption der wissenschaftlichen Informationen jeweils auf deren Gesamtheit. Das ist aber, wie die Entwicklung der wissenschaftlichen Fachzeitschriften zeigt, schon spätestens seit Beginn des 19. Jahrhunderts nicht mehr der Fall. Die verbreitete Rede von der »Flut der Literatur« vermittelt ebenfalls den Eindruck, als sehe sich jeder einzelne Wissenschaftler einer ständig wachsenden Menge an Literatur gegenüber, deren er nicht mehr Herr werden kann, die das System der Qualitätskontrolle überfordert und damit dem Betrug Vorschub leistet und die Verbreitung wichtiger Erkenntnisse verzerrt (Broad 1988, C1, C11, zit. in Garfield 1988, S. 5; Garfield 1991, S. 2).[13]

---

13 Es muß erwähnt werden, daß es erhebliche Produktivitätsunterschiede – gemessen in der Zahl der publizierten Artikel – zwischen den verschiedenen Disziplinen gibt. Diese Unterschiede ergeben sich zum einen aus den unterschiedlichen Publikations*kulturen*, die am ausgeprägtesten zwischen den Natur- und Geisteswissenschaften sind und unter anderem auf den verschiedenartigen Sprachstilen und Zeichensystemen beruhen. Zum anderen ergeben sie sich aus den unterschiedlichen Methoden der

Die ›Abstract‹-Journale sind allerdings tatsächlich ein Indiz dafür, daß die Produktion wissenschaftlicher Literatur so wahrgenommen wird, als würde sie die Rezeptionskapazität ständig überfordern. Die entscheidende Frage ist deshalb, wie die *Seite der Rezeption* auf die Produktion und insbesondere auf Produktivitätssteigerungen reagiert. Es ist davon auszugehen, daß sich die Rezeptionskapazität nur beschränkt erhöhen läßt: durch Kurse im Schnell-Lesen vielleicht, durch schneller zu erfassende bildhafte Darstellungen usw. Das alles ändert nichts an ihrer grundsätzlichen Beschränkung, die ihrerseits die Produktion neuer Erkenntnisse bestimmt. Ein Ansatz ist, nach der durchschnittlichen Zahl der Leser eines beliebigen wissenschaftlichen Artikels zu fragen. Dabei wird ein beunruhigendes Paradox erkennbar. Die Schätzungen für »ernsthafte Leser auf technischen Gebieten« liegen bei unter 20. Die Zahl derer, die einen Artikel nur überfliegen, wird auf höchstens ein paar Hundert geschätzt (Odlyzko 1994, S. 5). Diese Schätzungen sind nicht verläßlich, aber die genauen Zahlen sind auch unerheblich, weil sie keinen großen Veränderungen unterliegen. Das ergibt sich aus einer einfachen arithmetischen Beziehung: Wenn ein Wissenschaftler x Artikel liest und y Artikel schreibt, wird bei einer unverändert bleibenden Zahl von Wissenschaftlern der durchschnittliche Artikel von x/y Forschern gelesen, unabhängig davon, wie groß die Gesamtgruppe der Wissenschaftler ist (ebd.).

Nimmt man einmal an, daß ein einigermaßen fleißiger Soziologe 120 Artikel im Jahr liest und drei Artikel publiziert, dann wird der durchschnittliche Artikel in der Soziologie von 40 Fachkollegen gelesen. Handelt es sich um einen jungen Soziologen, der (bzw. eine junge Soziologin, die) sich um eine der immer knapper werdenden Stellen in der Wissenschaft bemüht

Datengewinnung. Disziplinen, in denen die Datengewinnung zum Teil mittels automatisierter Analyseprozesse erfolgt, wie zum Beispiel in der Genomforschung, werden einen höheren ›Output‹ an Artikeln aufweisen als solche, in denen die Datengewinnung über aufwendige Befragungsaktionen erfolgt, wie zum Beispiel in der Soziologie. Über den Einsatz entsprechender Methoden, sofern sie überhaupt verfügbar und anwendbar sind, lassen sich die bis dahin üblichen Produktivitätszahlen sicher erhöhen. Eine Erhöhung der Produktivität in diesem Sinn erhöht den Druck auf die Rezeption.

und seine (ihre) Aussichten durch den Vorweis einer beeindruckenden Publikationsliste erhöhen will, so wird er (sie) vielleicht noch mehr Zeit am Schreibtisch verbringen, eventuell auch kürzere Artikel schreiben, indem er (sie) in kleineren Teilabschnitten über ein Forschungsprojekt berichtet. (In den Naturwissenschaften wird diese inzwischen verbreitete Taktik als die ›kleinste publizierbare Einheit‹ bezeichnet.) Statt drei publiziert er (sie) jetzt fünf Artikel, hat aber nicht mehr so viel Zeit zum Lesen und bringt es nur noch auf 100 Artikel. Die widersinnige Folge ist: Er (sie) wird nur noch von 20 Kollegen gelesen. Dieser Effekt tritt auch dann ein, wenn der gesteigerte ›Output‹ durch den Einsatz von Technik zur Erhebung von Daten und die Rationalisierung des Schreibens, etwa mit Hilfe des Computers, keine Lesezeit verschlingt. Dennoch führt der Produktivitätszuwachs zu einem Aufmerksamkeitsverlust: 20 gegenüber 50 Kollegen lesen, in diesem Rechenbeispiel, den durchschnittlichen Artikel. Der paradoxe Effekt ist offenkundig: Die *gesteigerte Produktivität* führt zu einer *Abnahme der Aufmerksamkeit* für jeden einzelnen Artikel.

Es gibt zwei Mechanismen, mit denen das Kommunikationssystem Wissenschaft nach innen auf zunehmendes Wachstum reagieren kann: erstens mit der Strukturierung bzw. Hierarchisierung von Aufmerksamkeit und zweitens mit Innendifferenzierung, das heißt Spezialisierung.

1. Die *selektive Aufmerksamkeit* ist das strukturierende Prinzip in der wissenschaftlichen Kommunikation. Ein Teil der gesamten Publikationsmenge bleibt ganz einfach unbeachtet. Die »Flut der Literatur« trifft die Wissenschaft also nicht wie eine Flutwelle, die sich gleichmäßig über alle Wissenschaftler ergießt. Insofern ist die häufig gebrauchte Metapher irreführend.[14]

Das Zitat ist der eindeutigste Indikator dafür, daß eine wissenschaftliche Publikation nicht nur gelesen, sondern die in ihr enthaltene Information weiterverarbeitet, das heißt zum identifizierbaren Gegenstand der wissenschaftlichen Kommunika-

---

14 Die einzige Organisation der Wissenschaft, die tatsächlich voll von der Welle erfaßt wird, ist die Bibliothek, die den Anspruch erhebt, die Literatur in allen Wissensgebieten vollständig zu erfassen. Zu der Unmöglichkeit dieses Anspruchs und der voraussichtlichen Entwicklung siehe den nächsten Abschnitt.

tion wird. Publikationen, die überhaupt nicht zitiert werden, sind de facto für den Kommunikationsprozeß verloren, wenngleich auch die Chance erhalten bleibt, daß sie irgendwann einmal ›entdeckt‹ werden.[15] Da das erfahrungsgemäß nur selten vorkommt – mehr als die Hälfte (!) aller Artikel wird *niemals* zitiert (Garfield 1989, S. 7) –, bleibt die Beobachtung gültig, die als 80/20 Regel gehandelt wird: Rund 80 Prozent aller Zitate entfallen auf nur 20 Prozent aller Artikel.[16] Diese Beobachtung belegt, daß die *Wahrnehmung* der Literatur, und das heißt die Aufmerksamkeit in der wissenschaftlichen Kommunikation, *hochgradig selektiv* ist.[17]

Die Folgen dieser Selektivität auf das Forschungs- und Publikationsverhalten der Wissenschaftler sind so gut wie vollkommen unbekannt und bislang nur Gegenstand der Spekulation. Die verbreitete Annahme, daß die vermeintliche Literaturflut als solche die Forscher verwirre, das Qualitätssicherungssystem der Wissenschaft überfordere und den Betrug fördere, zieht die Selektivität der Wahrnehmung nicht in Betracht und muß des-

---

15 Allerdings bestehen zwischen den Gebieten Unterschiede hinsichtlich des durchschnittlichen Zeitraums bis zur Erreichung eines jährlichen Maximums an Zitationen. Die Zeiträume reichen von wenigen Jahren bis zu mehr als einem Jahrzehnt.
16 21 Prozent der 4400 (das heißt: 900) Zeitschriften, die 1988 in den *SCI* aufgenommen waren, erhielten 83 Prozent der 8 Millionen Zitate, die im selben Jahr für die *Journal Citation Reports* verarbeitet wurden. Das *Institute for Scientific Information (ISI)* begründet mit dieser Regel, daß im Grunde 500 Fachzeitschriften ausreichen würden, um die wichtigsten wissenschaftlichen Publikationen zu erfassen (Garfield 1990, S. 6).
17 Die summarischen Berechnungen sollen natürlich nicht verdecken, daß sich Disziplinen bzw. Spezialgebiete nach der durchschnittlichen Publikationshäufigkeit und der durchschnittlichen Zahl der Zitierungen in einem Artikel unterscheiden. Außerdem hat der Umfang und die Erscheinungshäufigkeit der Zeitschriften einen Einfluß auf ihre Sichtbarkeit. Die sogenannten *Life-sciences* liegen hinsichtlich ihrer Produktivität und Zitierhäufigkeit an der Spitze. Infolgedessen sind ihre Zeitschriften auch die häufigst zitierten. Vergleiche zwischen Disziplinen, die diese Unterschiede der Publikations- und Zitierkulturen kompensieren sollen, werden mittels des ›Impact‹-Faktors von Zeitschriften gezogen, das heißt durch den Bezug der Zahl der Zitate auf die Zahl der Artikel innerhalb eines bestimmten Zeitraums. Inzwischen ist der ›Impact‹-Faktor zu einer wenngleich umstrittenen Orientierungsmarke für die publizierenden Wissenschaftler geworden, weil er zugleich als Bewertungsinstrument eingesetzt wird (vgl. dazu unten, 6. Kapitel).

halb als falsch verworfen werden (Broad 1988). Die Frage muß sich vielmehr auf die Wahrnehmung der Selektivität selbst richten, das heißt auf die motivationalen Folgen für den einzelnen Wissenschaftler, an einem Unternehmen teilzunehmen, in dem es außerordentlich schwer ist, in die höheren Ränge aufzusteigen, nicht nur aufgrund der zahlenmäßigen Konkurrenz und der Unterschiede der Ausstattung, sondern vor allem wegen der nur zum Teil über die wissenschaftseigenen Qualitätskriterien erklärbaren Aufmerksamkeitsdifferenzen. Es sind grundsätzlich zwei Reaktionen möglich: die Steigerung des Konkurrenzverhaltens und der demotivierte Rückzug in den postmodernen Beliebigkeitszynismus, den Forman prognostiziert (Forman 1997).[18]

2. Der zweite Mechanismus, mit dem die Wissenschaft auf das Wachstum der Literatur reagiert, ist die Innendifferenzierung bzw. Spezialisierung. Sie kann als Resultat eines strategischen Verhaltens gedeutet werden, das sich sowohl an Märkten als auch in Organisationen beobachten läßt: Nimmt die Zahl der Konkurrenten und damit auch die Intensität der Konkurrenz unter ihnen zu, dann steigt der Anreiz für die Differenzierung über die Suche nach ›Nischen‹ und/oder die Spezialisierung und Verengung des Forschungs- und Lehrbereichs. Spezialisierung erfolgt nicht in thematisch kontingenter Weise, sondern wird durch die bestehenden intellektuellen Ausgangsstrukturen, also durch die Struktur der Disziplinen, ihrer Gegenstandsbereiche und Forschungsfragen gesteuert. Spezialisierung ist nur dann

---

18 Vgl. den letzten Abschnitt des vorangegangenen Kapitels. In diesem Zusammenhang verdient ein indirekt damit verbundenes Phänomen erwähnt zu werden: die Selektivität der Wahrnehmung aufgrund der Sprache. Publikationen, die nicht in englischer Sprache verfaßt sind, haben eine erheblich geringere Chance, wahrgenommen zu werden. Diese Vorherrschaft des Englischen als *lingua franca* der Wissenschaft schlägt sich auch in dem überproportional hohen Anteil englischsprachiger Publikationen und solcher aus den angelsächsischen Ländern in der Datenbank des *SCI/SSCI* nieder. Die naturwissenschaftlichen Disziplinen anderer Sprachräume sind deshalb dazu übergegangen, in Englisch zu publizieren. In den Kultur- bzw. Geisteswissenschaften, in denen die Sprache ein wichtiges Element der Repräsentation darstellt, wird demgegenüber der Verlust der Sprachenvielfalt beklagt. Diese Klagen würden einen Indikator für die Selektivität qua Sprache liefern, wenn sie systematisch erfaßbar wären.

eine erfolgreiche Strategie zur Erlangung von Aufmerksamkeit, wenn sie die Verbindung zu den etablierten Feldern nicht verliert. Allerdings ist die Funktionsweise dieses Mechanismus auch abhängig von der Attraktivität der Alternativen, die ihrerseits wiederum unter anderem von den verfügbaren Ressourcen abhängt (vgl. Whitley 1984, S. 109). Das erklärt, warum praktisch hochgradig relevante Forschungsgebiete wie die Biochemie, die sehr viel öffentliche Gelder erhalten, eine wesentlich größere Zahl von Forschern anziehen und zugleich hochkompetitiv sind.

In der bereits zitierten Untersuchung über die Geisteswissenschaften in der Bundesrepublik ist am Beispiel der Entwicklung der *Anglistik* nachvollziehbar, wie das Wachstum der Anzahl der Forscher und der von ihnen produzierten Publikationen zu *Differenzierungen* führen muß.[19] 1954 publizierten 24 Anglistik-Professoren zwölf Bücher und eine noch kleinere Zahl von Artikeln. Diese Literatur konnte leicht von allen Professoren und wissenschaftlichen Mitarbeitern gelesen werden. Dreißig Jahre später veröffentlichten die 300 Professoren der Anglistik ca. 60 Bücher und 600 Artikel, eine für den einzelnen Anglisten schon längst nicht mehr realistisch zu bewältigende Menge an Lesestoff. Die interne Spezialisierung des Fachs ist die unausweichliche Folge.

Damit verändert sich auch die Bedeutung der Bezeichnung des Fachs Anglistik für die einzelnen Mitglieder. »Die Fachbezeichnung als Bezugsrahmen für die Identifikation und Orientierung muß, das ergibt sich als Vermutung aus der Betrachtung des Zusammenhangs von personellem und publizistischem Wachstum, abstrakter geworden und durch interne, enger gezogene Begrenzungen ersetzt worden sein« (Weingart u. a. 1991, S. 288). Das Gebiet, das Mitte der fünfziger Jahre noch als eine Disziplin überschaubar war, ist innerhalb von dreißig Jahren zu einem Großfach geworden. Die Mitglieder, die sich ihm zurechnen, können sich ebensowenig noch persönlich wahrnehmen, wie sie die im gesamten Fach produzierte Literatur überschauen können. Die Implikation ist, daß sich die Rezeption der gesam-

---

19 Ich wähle hier das Beispiel einer Geisteswissenschaft, für die detaillierte Daten verfügbar sind. Wachstum und Differenzierung sind in den naturwissenschaftlichen Disziplinen aber eher noch stärker ausgebildet.

ten innerhalb der disziplinären Grenzen produzierten Literatur auf kleinere Sektoren beschränken, das heißt also spezialisieren muß, und daß auch die sozialen Bezüge sich gegenüber der ›Gesamtmitgliedschaft‹ der Disziplin (wie sie zum Beispiel in der Zugehörigkeit zur Fachgesellschaft noch besteht) selektiv verhalten müssen. Im Prinzip wäre zwar denkbar, daß sich die dermaßen erzwungenen Selektivitäten der Wahrnehmung über das Gesamtgebiet zufällig und damit gleich verteilen. Tatsächlich kommt es jedoch zu thematischen Strukturierungen, eben zu Spezialisierungen und damit zu Ausdifferenzierungen von Teilgebieten, die zu Kommunikationsunterbrechungen und schließlich zur Ausbildung von gegenstandsspezifischen Spezialterminologien führen.

Dieser *Verlust der Einheit* des Faches läßt sich auch noch an einem anderen Indikator illustrieren: der Konzentration von Artikeln in Zeitschriften. Je größer die Zahl der Zeitschriften, in denen die Wissenschaftler eines Faches veröffentlichen, und je geringer der Anteil jeder einzelnen Zeitschrift am gesamten Publikationsvolumen des Faches, desto diversifizierter und, so der Schluß, spezialisierter die Kommunikation. Wiederum läßt sich als das paradigmatische Beispiel die Anglistik heranziehen: 1954 erschienen zehn Artikel der Professoren im Fach in sechs Zeitschriften, die Hälfte davon in einer Zeitschrift, *Anglia*. Die restliche Hälfte verteilte sich zu gleichen Teilen auf fünf weitere Zeitschriften. 1984 konnte *Anglia* gerade noch rund zwölf Prozent aller Artikel für sich gewinnen. Die 314 Artikel der Anglistik erschienen in insgesamt 135 Journalen. Derselbe Diversifizierungsprozeß läßt sich für die anderen untersuchten Disziplinen ebenfalls nachweisen, wenngleich auch nicht in dieser krassen Ausprägung (ebd., S. 293 ff.).[20]

20 Ein weiterer Indikator für die Differenzierung ist die Entwicklung der wissenschaftlichen Gesellschaften. Da es sich um soziale Mitgliederorganisationen handelt, bilden sie die Differenzierungsmuster der Publikationsentwicklung nur sehr schwerfällig ab. Früher war die Gründung von Zeitschriften eine vornehme Aufgabe der Fachgesellschaften. Inzwischen werden viele Zeitschriften unabhängig von den Gesellschaften gegründet. Für die Bundesrepublik läßt sich ein Rückgang der Neugründungen in den achtziger Jahren beobachten, von 25 in den siebziger Jahren auf 12 in den Achtzigern. Allerdings verdecken diese Zahlen eine mögliche Innendifferenzierung der bestehenden Gesellschaften (Wissenschaftsrat 1992, S. 56, Tab. 1.116).

Das wechselseitige Zusammenspiel von wachstumsbedingter zunehmender Produktion von Publikationen und einer relativ konstanten Rezeptionskapazität der individuellen Wissenschaftler vor dem Hintergrund jeweils zu einem bestimmten Zeitpunkt definierter Gebiete (Disziplinen, Spezialgebiete) ist der entscheidende Mechanismus für die Differenzierungsdynamik der Wissenschaft. Dieser Zusammenhang besagt, daß die Beziehung zwischen der Zahl der Produzenten von Artikeln und der Zahl der Leser ungefähr gleich bleiben muß. Das heißt, die Größe von Spezialgebieten, gemessen in der Zahl der in ihm tätigen Wissenschaftler, wird sich immer wieder innerhalb eines Schwankungsintervalls einpendeln.[21] Wenn also, wie daraus folgt, das Wachstum der Wissenschaft gleichbedeutend mit ihrer Spezialisierung und Innendifferenzierung ist, dann stellt sich die Frage, ob es infrastrukturelle und regulative Grenzen gibt, die dieses Wachstum nicht überschreiten kann, und/oder ob sich angesichts einer unbegrenzten Differenzierung die Identität der Wissenschaft als Institution (und damit unser Begriff von ihr) ändern muß. Diese beiden Möglichkeiten sollen in den folgenden Abschnitten untersucht werden.

Wachstum, Öffentlichkeit der Kommunikation und Qualitätskontrolle

Die provokativ erscheinende These des Kommunikationswissenschaftlers Garfield, wonach die »Flut wissenschaftlicher Literatur ein Mythos« sei, ist im Hinblick auf die Selektivität der Wahrnehmung und die daraus resultierende Spezialisierung gerechtfertigt (Garfield 1991). Sie läßt jedoch die Probleme außer acht, die sich aus dem Gesamteffekt dieser Entwicklung erge-

---

21 Es ist allerdings zu berücksichtigen, daß Spezialgebiete, bevor sie ihre relativ formale Organisationsform erreichen, mehrere Stadien der Entwicklung durchlaufen, die durch Wachstum und zunehmend komplexe Kommunikationsbeziehungen charakterisiert sind (Mullins [1972] 1974; vgl. auch Griffith, Mullins [1972] 1974). Außerdem unterscheiden sie sich, wie oben erwähnt, in ihrer Größe je nach der Attraktivität des Gebietes, der Geschwindigkeit ihrer Entwicklung und der zur Verfügung stehenden Ressourcen.

ben. Der von de Solla Price rechnerisch begründete Eindruck der *Unmittelbarkeit* (»immediacy«), der spätestens seit Beginn des 19. Jahrhunderts die bekannte Dauerüberforderung der Wissenschaftler in der Bewältigung der jeweils neuen Literatur konstituierte, wird mit entsprechend selektiver Wahrnehmung und Spezialisierung beantwortet. Dennoch gerät das System als Ganzes in einer bestimmten Hinsicht in einen krisenhaften Zustand. Die Anzeichen dafür sind die Diskussionen über die ›Krise des wissenschaftlichen Kommunikationssystems‹, über die ›Krise der klassischen Zeitschrift‹, über die ›Zukunft der wissenschaftlichen Bibliothek‹ und die Reaktionen der Wissenschaftler im Hinblick auf die neuen elektronischen Medien zur Publikation und Archivierung wissenschaftlicher Arbeiten (Grötschel, Lügger 1995; Odlyzko 1997; Holden 1987; Stix 1995).

Die solcherart diagnostizierte Krise hat zwei Aspekte: 1. Die wissenschaftlichen Bibliotheken stoßen aufgrund des absoluten Wachstums der Zahl der Fachzeitschriften mit ihrem Anspruch an *wirtschaftliche* und *infrastrukturelle* Grenzen, alle Literatur vertreten zu haben. Die Hyperspezialisierung manifestiert sich vor allem in der Gründung immer weiterer Zeitschriften mit kleinen Leserschaften und dementsprechend unökonomischen Auflagen. Die rasant steigenden Kosten der Zeitschriften können von den Bibliotheken nicht mehr aufgebracht werden, so daß sie zunehmend selektiv in ihren Beständen werden. Damit wird im Prinzip das Öffentlichkeitsgebot der Wissenschaft bedroht. 2. Die neue Computer- und Informationstechnologie eröffnet in dieser Situation Alternativen sowohl hinsichtlich der Archivierung als auch der Publikationsgeschwindigkeit, die eine Lösung der wachstumsinduzierten Probleme versprechen, ohne daß eine Begrenzung des Kommunikationsvolumens erforderlich erscheint. Aber: Die mögliche Lösung des Problems der Kapazität und Distribution durch die elektronischen Medien eröffnet als ein weiteres Problem die Sicherung der Qualitätskontrolle durch ›peer review‹. Dieses Problem hat bislang den Übergang von der klassischen Papier- zur elektronischen Publikation verzögert.

Wenn es zu fundamentalen Veränderungen des Wissenschaftssystems aufgrund seines Wachstums kommt, so sind sie in der Kontrolle über ›das Erscheinen von Wahrheit‹ zu erwarten, das heißt in den Mechanismen der Selbstregulierung der Wissenschaft und ihrer Abgrenzung.[22] Die Einrichtung der Wissenschaft, die von der ›Flut der Literatur‹ voll getroffen wird, ist die *Universitätsbibliothek* mit ihrem Anspruch, einen umfassenden Bestand zu besitzen. Die Reaktion auf die Literaturflut ist bereits in vollem Gang und in der erwartbaren Richtung; sie lautet: Selektivität.[23] Die Rechnungen sind einfach und unausweichlich. Bei einer Verdoppelung der naturwissenschaftlichen Literatur alle zehn Jahre und aller wissenschaftlichen Literatur etwa alle 15 bis 16 Jahre müssen auch die entsprechenden Archivspeicher im selben Rhythmus verdoppelt, vervierfacht usw. werden. Die Grenzen dieses Wachstums sind, wenn nicht schon erreicht, so doch absehbar nah, im Hinblick auf die erforderlichen finanziellen Mittel, die Zahl der Bibliothekskräfte und den erforderlichen Platz. »Damit kommt das Paradigma, ›alles zu besitzen‹, um es direkt zur Verfügung zu haben, zu einem Ende. Den Bibliotekaren ist dieser Umstand wohl bewußt. Sie sprechen davon, »daß der Nachweis von Literatur, die anderswo gesammelt wird, immer wichtiger und eine ihrer Hauptaufgaben sein wird« (Grötschel, Lügger 1995, S. 7).

Die Bibliotheken bzw. die sie bezahlenden öffentlichen Organe sind bereits dazu übergegangen, die Präsenz von Zeitschriften einzuschränken und an deren Stelle Leih- und Zustelldienste zu errichten, die die knappen Ressourcen zwischen einer ganzen Reihe von Bibliotheken aufzuteilen erlauben. Dieser Zwang zur Selektivität wird von einem Circulus vitiosus zwischen Bibliotheken und Verlagen angetrieben und weiter verschärft: In dem Maß, in dem die Bibliotheken ihre Abonnements kürzen, reagieren die Verlage mit Preiserhöhungen.[24] Die Dramatik die-

---

22 Im nächsten Abschnitt werde ich die analoge Erwartung im Hinblick auf die Identität der Wissenschaft diskutieren.
23 Die analoge Reaktion erfaßt auch die ersten Universitäten als ganze und damit das Konzept der Einheit der Wissenschaft. Dazu mehr im folgenden Abschnitt.
24 1987 etwa wurde von Preiserhöhungen zwischen 10 und 61 Prozent innerhalb eines Jahres berichtet. Im selben Jahr reduzierten große amerikanische Universitäten wie Harvard und Stanford ihre Zeitschriftenlisten um bis zu 15 Prozent. Zwischen 1985 und 1993 haben sich die Preise für Abonnements durchschnittlich mehr als verdoppelt.

DRITTES KAPITEL

ser Entwicklung wird noch zusätzlich dadurch angeheizt, daß die *Zahl* der Zeitschriften aufgrund der Hyperspezialisierung rapide ansteigt, so vor allem in den besonders aktiven Bereichen, wie zum Beispiel Informatik und Molekularbiologie, und daß in einigen Bereichen auch der *Umfang* der Zeitschriften zunimmt (Holden 1987, S. 908 f.; Stix 1995, S. 35). Radikal denkende Beobachter sehen voraus, daß die traditionelle wissenschaftliche Zeitschrift in 10 bis 20 Jahren verschwindet.»Neue Zeitschriften entstehen andauernd, aber Bibliotheken kaufen sie nicht, sie stellen sogar die Abonnements der alten ein« (Odlyzko 1994, S. 2 f.). Diese Form der Selektivität führt allerdings nicht wie die der Rezeption zur Ausdifferenzierung neuer Forschungsgebiete, sondern – indem sie den institutionellen Rahmen der Universitätsbibliothek sprengt – im Prinzip zur Bedrohung des Öffentlichkeitsgebots wissenschaftlicher Kommunikation, mindestens aber zu deren Behinderung und Partialisierung.

Die erste organisatorische Reaktion ist die Spezialisierung der Bibliotheken, die in Bibliotheksverbünden (in den USA die *Distributed National Library*) aufgefangen wird. Zeitschriften und Bücher werden zwischen ihnen elektronisch oder als Papierkopie verschickt. Der Mikrobiologe Joshua Lederberg (Nobelpreis 1958) hat die Entwicklung mit der ironischen Vision auf die Spitze getrieben, daß letztlich nur noch eine Einrichtung eine Publikation erwerben müßte, die von allen anderen per elektronischer oder postalischer Dokumentenlieferung bezogen werden könnte. Es gäbe nur ein einziges Exemplar einer Zeitschrift, zu einem Abonnementpreis von einer Million Dollar (Stix 1995, S. 35). Die sogenannten Document-delivery-Systeme sind jedoch nur eine temporäre Antwort auf die ›Krise der Bibliotheken‹. Sie verschaffen ihnen eine Atempause, sind jedoch nach Einschätzung kritischer Beobachter keine endgültige Lösung des Problems, solange die Liefersysteme am Ende der Publikationskette ansetzen und dem Paradigma des »papierorientierten Publizierens« verhaftet bleiben. Die Kosten für das erste Exemplar einer Zeitschrift oder eines Buches sind, wie Lederbergs Bild beinhaltet, nicht grundsätzlich reduzierbar; die realen Gesamtkosten der Dokumentenlieferung übersteigen die Kosten des gedruckten Exemplars »manchmal um ein vielfaches«; die Qualität der gelieferten Dokumente ist oft minderwertig und ihre Weiterverwendbarkeit und Archivierbarkeit häufig eingeschränkt oder unmöglich (Grötschel, Lügger 1995, S. 8, 3).

Angesichts dessen wird der Ruf nach einer Umstellung des gesamten wissenschaftlichen Publikationswesens auf elektronische Datenträger immer stärker. Den Beleg für die Richtigkeit ihrer Diagnosen und die Legitimität ihrer Forderungen sehen die Vertreter dieser Position in dem wachsenden Zulauf, den die ersten elektronischen Zeitschriften erhalten. Odlyzko rechnet damit, daß die elektronischen Zeitschriften zwischen 2000 und 2010 die Bedeutung der traditionellen gedruckten Journale überholt haben werden (Odlyzko 1994, S. 17).

Einen Ausblick auf die Zukunft der elektronischen Zeitschrift liefert seit 1991 das elektronische ›Bulletin Board‹ des Physikers Paul Ginsparg. Es handelt sich um ein elektronisches Hinterlegungs- und Verteilersystem für *preprints*. Physiker aus aller Welt können eigene unveröffentlichte Artikel und Forschungsnotizen bei Ginsparg auf dem Server hinterlegen und auch die Arbeiten anderer suchen und sich zuschicken lassen. Ginspargs ›Board‹ ist seither zu der zentralen Informationsbörse im Bereich der theoretischen Hochenergiephysik geworden und hat seinen Gründer dazu veranlaßt, ›Bulletin Boards‹ für Dutzende weiterer Spezialgebiete der Physik einzurichten.[25]

Die Vorteile dieses Systems gegenüber der klassischen Zeitschrift scheinen überwältigend: Die Kosten des (elektronischen) Archivierungsplatzes sinken bislang noch immer weiter (im Gegensatz zu denen des Drucks und der Archivierung von Papier), die Herstellungs- und Distributionszeiten sind um Größenordnungen kürzer, und der weltweite schnelle Zugang über das Internet hat zudem einen Demokratisierungseffekt gehabt, insofern *preprints* nicht mehr nur in einem kleinen Kreis von Insidern verteilt werden, sondern auch Wissenschaftlern in Ländern der Dritten Welt zugänglich sind. Tatsächlich handelt es sich aber bislang lediglich um eine Übertragung der gedruckten Form in die elektronische Form, die dem Paradigma des klassischen Artikels verhaftet bleibt. Die technischen Möglichkeiten gehen weit darüber hinaus. Ginsparg denkt bereits an die

---

25 1993 berichtete die Zeitschrift *Science*, daß Ginspargs ›Bulletin Boards‹ 8000 Abonnenten hatten und 600 *preprints* im Monat zugeschickt bekamen. Achtzehn Monate später waren es bereits 20 000 Abonnenten und 1000 *preprints* im Monat (Taubes 1993 b; 1994).

Versendung interaktiver Artikel, in denen Gleichungen ›online‹ von Lesern gelöst und die Kommentare von ›Reviewern‹ mit dem ›Mouseclick‹ aufgerufen werden können (Taubes 1993 b, S. 1248).²⁶

So vielversprechend die neuen Technologien als Lösung der Krise der Zeitschrift sein mögen, so deutlich erkennbar sind die Probleme, die ihnen noch anhaften. Ein Problem ist die Sicherung der Qualität, das heißt der *peer review*, ein zweites ist die Sicherung des Copyright, also der *intellektuellen Eigentumsrechte*. Beide Probleme berühren zentrale Funktionsmechanismen des wissenschaftlichen Kommunikationssystems, deren nachhaltige Veränderung oder Aufhebung weitreichende Folgen für das gesamte Wissenschaftssystem haben müßten. Selbst radikale Befürworter elektronischer Journale wie Stevan Harnad, der die Zukunft ebenfalls in einer neuen Form des *interaktiven Publizierens* (»scholarly skywriting«) sieht und das kommunikative Potential der elektronischen Netze für revolutionär hält, gesteht ein, daß das ›Net‹ nur in einem Sektor traditional bleiben muß: in der »Validierung wissenschaftlicher Ideen und Entdeckungen durch *peer review*« (Harnad 1996, S. 105). Harnad weist sicher zu Recht darauf hin, daß es keine *wesentlichen* Unterschiede zwischen den elektronischen und den Papiermedien im Hinblick auf die *peer review* gibt. Demgegenüber biete das Netz die Möglichkeit einer ausgeglicheneren Verteilung der Lasten des Begutachtungsprozesses, indem zum Beispiel Gutachter über elektronische Literatursurveys, Zitationsanalysen oder ›Calls for Reviewers‹ in entsprechenden ›Bulletin Boards‹ gesucht werden. Dieses Szenario, in Verbindung mit Harnads Vision, daß das elektronische Publizieren in seiner Geschwindigkeit zwischen der papiervermittelten Interaktion und dem mündlichen Dialog liegen wird, verweist auf eine aberma-

---

26 Die Einschätzungen der Zukunftsperspektiven des *electronic publishing* variieren, wobei insbesondere die Verlage aus naheliegenden Gründen eine skeptische, die Naturwissenschaftler eine optimistische Haltung einnehmen. Ein Übersichtsbericht der OECD kommt zu der Einschätzung, daß das Modell der Hochenergiephysik nicht von anderen Disziplinen übernommen werden wird und auch die auf »wenige Tage« reduzierte Versendung und Zugänglichkeit eines elektronisch versendeten Artikels kaum wahrscheinlich ist. An der grundsätzlichen Zeitersparnis zweifelt der Bericht allerdings ebensowenig (OECD 1989).

lige Steigerung des gesamten Kommunikationsvolumens um Größenordnungen (ebd., S. 106). Sie gilt als Voraussetzung der antizipierten Demokratisierung, die unter anderem auch mit Blick auf die Überwindung von geographischen Distanzen und die dadurch erhoffte Dezentralisierung vorausgesagt wird (OECD 1998, S. 23).

Die Steigerung der Kommunikationsmöglichkeiten wird wiederum den gleichen Strukturierungen über die Begrenzungen der Rezeption, die Bildung von Reputationshierarchien und die Bildung von sozialen Netzwerken unterliegen. Das analoge Argument gilt für die Selektivität der Qualitätskontrolle. Die höhere Verarbeitungskapazität, die die elektronischen Medien mit sich bringen, wird eine größere Zahl von Wissenschaftlern in den Kommunikationsprozeß einbeziehen, sie wird möglicherweise die bisherige Struktur von Zentrum und Peripherie aufweichen, sie wird damit die Öffentlichkeit bzw. die Demokratisierung der Kommunikation befördern. Zugleich wird sie damit aber auch den Druck auf die selektiven Mechanismen, insbesondere auf die Qualitätssicherung, erhöhen. Die elektronische Zukunft des wissenschaftlichen Publizierens mag zwar die infrastrukturellen Grenzen des wissenschaftlichen Kommunikationssystems ein weiteres Mal ›nach vorn‹ verschieben und weiteres Wachstum ermöglichen. Aber gerade deshalb wird sie aller Wahrscheinlichkeit nach dazu beitragen, daß sich die institutionellen Grenzen und damit die Identität der Wissenschaft verändern.

Wachstum, Differenzierung, Spezialisierung und institutionelle Identität der Wissenschaft

Der zuvor konstatierte Zusammenhang zwischen quantitativem Wachstum und Differenzierung signalisiert bereits, daß die Vorstellung von einer mit sich selbst identisch bleibenden Institution Wissenschaft irreführend ist. Die globalen quantitativen Wachstumsmaße verdecken in mehr als nur einer Hinsicht die differentiellen Entwicklungen zwischen Disziplinen, Forschungsbereichen und -organisationen, Kulturen und Ländern (Ziman 1994, S. 81). Vor allem aber suggerieren sie, daß *Wissenschaft* immer dasselbe meint. Das quantitative Gesamtwachstum der Wissenschaft hat offensichtlich Konsequenzen sowohl auf der Ebene der Inhalte des produzierten Wissens (zum Beispiel der Gegenstände der Forschung, der Methoden ihrer Analyse) als auch auf der Ebene der sozialen Organisation (zum Beispiel der Abgrenzungen der Disziplinen, der Spezialgebiete). De Solla Price' Diagnose, daß das exponentielle Wachstum an eine Grenze geraten muß, bleibt zwar im Prinzip richtig. Sie sagt jedoch nichts darüber aus, welche Form das Erreichen dieser Grenze annehmen wird.

Es gibt durchaus historische Erfahrungen mit Übergangsperioden, in denen sich bestehende Organisationsformen der Wissenschaft verändert haben, weil sie an ihre eigenen Grenzen gestoßen sind. Der Übergang vom System der Wissenschaftsklassifikationen des 16. bis 18. Jahrhunderts zu dem der Disziplinen des 19. und 20. Jahrhunderts ist ein erstes historisches Beispiel dafür, daß das System auf eine kommunikative Überlastung, das heißt Wachstum, mit einer Umstellung der Erkenntnisziele und ihrer sozialen Organisation antwortet. Die Klassifikationstechniken der beschreibenden Naturgeschichte etwa gerieten spätestens am Ende des 18. und zu Beginn des 19. Jahrhunderts an ihre Grenzen. Die Wachstumskrise, ausgelöst durch den »Erfahrungsdruck« der Klassifikationssysteme, zwang schließlich zur Umstellung auf Verzeitlichungstechniken, das heißt entwicklungsgeschichtliches Denken als eine neue Systematisierungsform. Die ›Naturgeschichte‹ wurde zur ›Geschichte der Natur‹ (Lepenies 1976, S. 16 ff., 52 ff.).[27] Disziplinen im heutigen Verständnis des Begriffs kannte die Wissenschaft des 18. Jahrhunderts noch nicht. Die Einteilungen der Wissensgebiete waren Ordnungsschemata, Orte der »Ablagerung des gesicherten Wissens«, noch nicht »Focus der aktualen Anstrengung einer durch gemeinsame Problemstellungen zusammengehaltenen disziplinären Gemeinschaft« (Stichweh 1984, S. 12). Das gegenüber den bedeutungslosen Disziplinen wichtigere Ordnungsprinzip waren die Hierarchien der Wissensgebiete, in der deutschen Wissenschaft des 18. Jahrhunderts die von Christian Wolff nach den Methoden der Wissensgewin-

---

27 Lepenies' *Ende der Naturgeschichte* (1976) enthält eine Fülle von Detailbeschreibungen dieses Prozesses aus verschiedenen Wissensgebieten und liefert damit das für den hier gemeinten Prozeß einschlägige Anschauungsmaterial.

nung getroffene Unterscheidung zwischen Historie, Philosophie und Mathematik. Die Auflösung dieser Ordnung erfolgte über die Konstituierung einer eigenen Empirie in der Naturlehre durch die Experimentalphysik, die Spezifizierung des Gegenstandsbezugs und der Problemstellung sowie durch den Verzicht auf vollständige Beschreibung, an deren Stelle die potentiell universelle Verfügung über wissenschaftliche Methoden trat. *Wachstum, Ausdifferenzierung* der Wissenschaft als Institution aus einer nicht-wissenschaftlichen Umwelt und *Innendifferenzierung* der Wissenschaft in eine Mehrzahl spezialisierter Disziplinen greifen ineinander. Die Entstehung der Disziplinen im modernen Sinn, das heißt die Innendifferenzierung, war am Übergang vom 18. zum 19. Jahrhundert die Treibkraft der Ausdifferenzierung und die Reaktion des Systems auf die inhärent erzeugten wachstumsbedingten Überlastungen des wissenschaftlichen Kommunikationssystems (ebd., S. 28 f., 40).

Eine Stoßrichtung der Innendifferenzierung weist auf stärkere Abstraktion, auf die »Tieferlegung der postulierten Strukturen des Gegenstandes« (ebd., S. 47 f.). Das geschieht unter anderem durch Mathematisierung. Die tiefgreifende Folge dieses Prozesses besteht darin, daß die Wissenschaft immer weniger unmittelbares Tatsachen- und Erfahrungswissen aus ihrer Umwelt übernimmt und kategorisiert, sondern dieses Wissen zunehmend unter eigenen Gesichtspunkten rekonstruiert und reorganisiert. Die Wissenschaft als Erfahrungs- und Lernform setzt zwischen die unmittelbare alltagsweltliche Erfahrung und die eigene Verarbeitung immer mehr Vermittlungsebenen, das heißt Begriffe, Instrumente, Theorien, so daß sie ihre Empirie in zunehmendem Maße *konstruiert*.

Die zweite Stoßrichtung der Innendifferenzierung, mit der ersten unmittelbar verbunden, besteht in der Ausweitung wissenschaftlicher Erkenntnisweisen auf immer neue Gegenstandsbereiche. Die den Anfang jeder disziplinären Entwicklung charakterisierende »Konkretheit des Gegenstandsbezugs« wird durch »disziplinkonstituierende Problemstellungen« ersetzt, die ihrerseits »expansiv auf immer neue Gegenstände angewandt werden« (ebd., S. 47-49). Diese selbstreferentielle Vermehrung der Gegenstände und ihrer wissenschaftlichen Analyse ist der Mechanismus der *Spezialisierung*, der für die Wissenschaft zugleich eine zentrifugale Kraft darstellt. Je abstrakter und damit generalisierbarer die Methoden und Instrumente des Erkenntnisgewinns der Wissenschaften sind, desto effektiver ist der Zugriff auf neue Gegenstände und Phänomene, desto zahlreicher auch die Verknüpfungsmöglichkeiten zu bereits etablierten Disziplinen und ihren Phänomenbereichen.[28] Der wachstumsgetriebene Prozeß der Spezialisierung der Wissenschaft kann infolgedessen auch als der Motor der ubiquitären *Verwissenschaftlichung* gesehen werden. Solange die Wissenschaft wächst, werden Abstraktion der Erkenntnisweise und Expansion der Gegenstandsbereiche als interdependente Mechanismen wirksam bleiben.

Innendifferenzierung der Wissenschaft und Verwissenschaftlichung der Gesellschaft als ›Außenwirkung‹ der Wissenschaft in ihre gesellschaftliche Umwelt hinein verändern die Identität der Wissenschaft gegenüber ihrer im frühen 19. Jahrhundert gefundenen Form fortlaufend weiter. Die Innendifferenzierung führt zum *Verlust der Einheitsvorstellung* der Wissenschaft; der Prozeß der Verwissenschaftlichung hat die *Expansion ihrer institutionellen* Grenzen zur Folge und damit die *neuartige Kopplung mit anderen gesellschaftlichen Funktionssystemen.*

In einem kurzen Vergleich der Wissenschaftsauffassungen der Akademien in Frankreich, England und Deutschland Ende des 18. Jahrhunderts stellt Daston fest, daß nirgendwo das Streben nach der Einheit der Wissenschaft stärker war als in Deutschland und daß nirgendwo dieses Einheitsstreben stärker mit der Einheit der Akademie in Verbindung gebracht wurde als an der Königlich Preußischen Akademie der Wissenschaften zu Berlin. Hier wurde vor allem in der zweiten Hälfte des 19. Jahrhunderts Leibniz als »die Ein-Mann-Verkörperung der Einheit der Wissenschaften und zugleich als Hüter der reinen gegenüber der angewandten Wissenschaft« beschworen und zugleich – so Theodor Mommsen 1895 – der Verlust des »einen Meisters« der Wissenschaft beklagt, der sich am Werk der vielen »Gesellen« erfreuen könne (Daston 1997, S. 18, 5). In ähnlicher Weise dia-

---

28 Ein besonders eindrucksvolles Beispiel liefert hier die Geschichte der Molekularbiologie, die aus der systematischen Anwendung physikalischer Methoden auf das Problem der Erklärung des Lebens und der Vererbung hervorging. Vgl. Cairns u. a. (1966) sowie Mullins ([1972] 1974), der die Beziehung zwischen intellektuellen und sozialen Prozessen in der Herausbildung von Spezialgebieten untersucht.

gnostizierte sein Akademiekollege Emil du Bois-Reymond schon 1882 die Arbeitsteilung unter den Wissenschaftlern und das durch sie erreichte Entwicklungstempo der Wissenschaft: »Auf hohen Ruhm verzichtend bringen tausend emsige Arbeiter täglich zahllose Einzelheiten hervor, unbekümmert um innere und äußere Vollendung, nur bemüht, einen Augenblick die Aufmerksamkeit auf sich zu lenken und den besten Preis für ihre Waare zu erschwingen.« Die Folge dieser Entwicklung: »Der Strom der Erkenntniss spaltet sich in immer zahlreichere, immer unbedeutendere Rinnsale« (du Bois-Reymond 1886, S. 450). Hermann von Helmholtz hatte die gleichen Beobachtungen schon zwanzig Jahre zuvor getroffen: »Wer soll noch das Ganze übersehen, wer die Fäden des Zusammenhanges in der Hand behalten und sich zurecht finden? Die natürliche Folge tritt zunächst darin hervor, daß jeder einzelne Forscher ein immer kleiner werdendes Gebiet zu seiner eigenen Arbeitsstätte zu wählen gezwungen ist und nur unvollständige Kenntnisse von den Nachbargebieten sich bewahren kann« (Helmholtz 1896, S. 162). Die Spezialisierungsdynamik kommt in ihrer Konsequenz in einer Äußerung des Philologen August Boeckh zum Ausdruck, der 1855 erklärte, ›kein Problem sei zu klein, um nicht einer ernsthaften wissenschaftlichen Untersuchung würdig zu sein‹ (zit. in Daston 1997, S. 20).

Auf der Handlungsebene spiegelte sich die Spezialisierung in disziplinäre Forschungsgebiete in einem Umbruch der Rollenorientierungen der Wissenschaftler wider. Im Kontext der klassifikatorischen und hierarchisch gegliederten Wissenschaftslandschaft war der Professor des 18. Jahrhunderts ein *Gelehrter,* der Lehrbücher und Kompendien schrieb und im Verlauf seiner Karriere mehrere Wissensgebiete aufzunehmen bestrebt war. Im Kontext der entstandenen Disziplinen des 19. Jahrhunderts hatte sich der Primat der *Originalität* und der Entdeckung des Neuen durchgesetzt. Die arbeitsteilige Struktur der Forschung, die Vielzahl der hochspezialisierten »Gesellen« und der angesichts ihrer spezialisierten Tätigkeit vielfach beklagte Verlust der alle Wissenschaft umfassenden Kommunikation, wie sie die Akademie noch anstrebte, ließen die Figur des Universalgenies wie die eines Leibniz zu einer historisch vergangenen Rolle werden. Das Universalgenie war nicht nur aus kommunikatorischen Gründen, sondern vor allem auch (wissenschafts-)sozialstrukturell undenkbar geworden. An die Stelle der wenigen herausragenden ›Heroen‹ der Wissenschaftsgeschichte trat das Heer der Arbeiter, ein Ausdruck der Demokratisierung, der Einebnung der Statusdifferenzen und der gesellschaftlichen Sichtbarkeit.

Die Akademie als die die Einheit der Wissenschaft repräsentierende Institution war angesichts dessen organisatorisch überfordert. Die Spezialisierung dokumentierte sich in der Gründung einer Vielzahl von disziplinären und subdisziplinären Fachgesellschaften – 1887 zählte der Sekretär der Berliner Akademie, Hermann Diels, 892 gelehrte Gesellschaften in Deutschland –, die die Vorherrschaft der Akademien unterliefen, wenngleich oder gerade weil auch sie nach dem Modell der Akademie arbeiteten. Faktisch wanderte die Forschung aus der Akademie aus und fand eine neue Heimat in den Universitäten, die für die Aufnahme der Forschung in einer Vielfalt spezialisierter Fächer ohnehin geeignet waren. Nicht nur verlagerte sich die Forschung an andere Orte, sondern die spezialisierten und schnelleren Fachzeitschriften der Gesellschaften schränkten auch die Bedeutung der Akademiepublikationen ein.[29]

Dieser Wandel der Identität der Wissenschaft – von der einheitlichen Wissenschaft der Akademie und ihrer universalgelehrten Mitglieder zu der disziplinär arbeitsteilig organisierten universitären Forschung der Spezialisten –, der in den nostalgischen zeitgenössischen Äußerungen im letzten Drittel des 19. Jahrhunderts zum Ausdruck kommt, hat einen bis heute vernehmbaren Nachhall. Die Versuche, in der zersplitterten Disziplinenlandschaft eine Einheit zu finden und deren Integrationskraft wirksam werden zu lassen, sind seit jener Zeit ununterbrochen fortgesetzt worden. Du Bois-Reymond hatte synthetisierende Prinzipien benannt, die die diversifizierten Teilgebiete miteinander verknüpften, etwa die Erhaltung der Energie oder die Evolution (Daston 1997, S. 22). Ende der dreißiger Jahre des vergangenen Jahrhunderts bildete sich die ›Unity-of-Science‹-Bewegung um Rudolf Carnap, Otto Neurath, Bertrand Russell, Niels Bohr und John Dewey, die explizit an die Tradition der französischen *Encyclopédie* anschloß und

---

29 1900 gab es in Deutschland für die Naturwissenschaften und Mathematik bereits 1258 Zeitschriften (Stichweh 1984, S. 69, 73; Daston 1997, S. 19).

der Überzeugung anhing, daß das »Mosaik der empirischen Wissenschaft« mit Hilfe des logischen Empirismus wieder zusammengefügt werden könne (Neurath u. a. [1970] 1938). Dieser Einigungsversuch war auch noch die Grundlage des frühen Interdisziplinaritätsdiskurses, der Ende der sechziger Jahre einen ersten Höhepunkt erreichte. Auch hier richtete sich die Klage gegen die Departementalisierung und Spezialisierung der Wissenschaft, gegen eine Struktur, die den praktischen Problemen der Gesellschaft angeblich nicht entsprach und statt dessen mehr Probleme schaffe als löse (Jantsch 1972). Seit Mitte der achtziger Jahre gilt die Realität der disziplinären Spezialisierung wohl als unumkehrbar. Zumindest kamen die Autoren des Bandes *Interdisciplinarity Revisited* zu der Auffassung, das Konzept der Interdisziplinarität habe seine Schlagkraft verloren. Die Departments und Fakultäten der Universitäten als deren wichtigste organisatorische Einheiten hätten nicht nur überlebt, sondern noch an Stärke zugenommen (Levin, Lind 1985, S. 9).

Seither ist die Vorstellung von Interdisziplinarität als einem (reduktionistisch begründeten) Versprechen einer in ferner Zeit zu erreichenden (Wieder-)Vereinigung der Disziplinen ersetzt worden durch die programmatische Beschwörung der Interdisziplinarität als einer innovationversprechenden Forschungsorganisation, die typischerweise einer ›erstarrten‹ Disziplinarität gegenübergestellt wird. Das Versprechen, durch die Verknüpfungen der Vielfalt der Disziplinen werde die Innovativität der Wissenschaft erhalten, löst den zunächst paradox erscheinenden Widerspruch zur fortschreitenden Spezialisierung auf. Die Vermutung ist, daß es sich um eine »Übergangssemantik« (Luhmann) handelt. »In dem Augenblick, in dem die Heterogenität des Wissenschaftsbetriebs sowohl innerhalb der Wissenschaft zur vorherrschenden Erfahrung als auch von außen gesehen zur vorherrschenden Wahrnehmung wird, wird die unausweichliche Transformation der überkommenen Wissensordnung in spezifischer Weise verarbeitet: durch den (vergeblichen!) Versuch, die überkommene alte mit der noch nicht gefundenen neuen Ordnung zu vermitteln« (Weingart 1997 b, S. 596).[30]

30 Zur genaueren Beschreibung der verschiedenen Facetten des Interdisziplinaritätsdiskurses, seiner Metaphorik und seiner organisatorischen Entsprechungen siehe Weingart (1997 a). Eine umfassende Darstellung in programmatischer Absicht bietet Klein (1996).

DRITTES KAPITEL

Die potentielle längerfristige Brisanz dieser Entwicklung liegt auf der Hand. Die Umstellung von der integrativen Einheitsvorstellung der Wissenschaft auf die schwächere Version, wonach die Einheit der heterogenen Disziplinen nur noch in ihrer kooperativen Verbindung gesehen wird, trägt sicher der bereits erreichten Diversifizierung der disziplinären Kulturen Rechnung.[31] Noch umspannt die Orientierung an der *universitären* Wissenschaft alle Disziplinen, weil die Universität *noch* die *Leitinstitution* der Wissenschaft ist. Ein Wandel der *institutionellen* Identität der Wissenschaft – ähnlich grundlegend dem zu Beginn des 19. Jahrhunderts – kündigt sich an, wenn die Universitäten nicht mehr alle Disziplinen vertreten können und beginnen werden, sich untereinander zu spezialisieren.[32] Helmholtz stellte die gleiche Überlegung bereits vor dem Hintergrund der Spezialisierung in die vier Fakultäten an: »Da nun die Sache so liegt, da sich die Wissenschaften in unendlich viele Äste und Zweige gespalten haben, da lebhaft gefühlte Gegensätze zwischen ihnen entwickelt sind, da kein Einzelner mehr das Ganze oder auch nur einen erheblichen Teil des Ganzen umfassen kann, hat es noch einen Sinn, sie alle an denselben Anstalten zusammenzuhalten? Ist die Vereinigung der vier Fakultäten zu einer Universität nur ein Rest des Mittelalters?« (Helmholtz 1896, S. 166).

Ein Szenario der zukünftigen Entwicklung einer sich weiter spezialisierenden Wissenschaft sieht also so aus, daß sich verschiedene Wissenschaftszweige, zum Beispiel die Geisteswissenschaften, Sozialwissenschaften, Bio- und medizinischen Wissenschaften auch institutionell so weit verselbständigen, daß es keine gemeinsame, auf Wissenschaft als umfassende Institution ausgerichtete Orientierung mehr geben wird. Eine derarti-

31 Eine systematische Analyse der unterschiedlichen disziplinären ›Kulturen‹ und der sich aus ihnen ergebenden Organisationsformen liefert Whitley (1984).
32 Sieht man von den Gründungen der Technischen Hochschulen zu Beginn des 20. Jahrhunderts ab, weil diese oft nachträglich zu Volluniversitäten ausgebaut wurden, dann hat die Spezialisierung schon mit der Welle der Neugründungen in den sechziger und siebziger Jahren begonnen und wird unter dem Druck der Budgetkürzungen wahrscheinlich auch auf die etablierten Universitäten übergreifen. Zu den verschiedenen ›Transformationen‹ der Universität im 18., 19. und 20. Jahrhundert siehe Wittrock (1993).

ge Differenzierung würde sehr wahrscheinlich auch die ohnehin schon stark differierenden epistemologischen Vorstellungen ebenfalls weiter auseinandertreiben (Galison, Stump 1996). Parallel zur inneren Differenzierung der Wissenschaft und von ihr angetrieben verläuft der Wandel der ›äußeren‹ Identität. Die innere Differenzierung der Wissenschaft ist gleichbedeutend mit ihrer *Expansion*, das heißt der Unterwerfung immer neuer Erfahrungsbereiche unter den analytischen Zugriff der Wissenschaft. Die Ausdifferenzierung in Disziplinen, Subdisziplinen und hochspezialisierte Forschungsgebiete ist nicht nur die immer kleinteiligere Parzellierung eines einmal abgesteckten Wissensterritoriums. Es ist auch die Ausdehnung des wissenschaftlichen Blicks auf vordem außerhalb seiner Reichweite liegende Erfahrungsbereiche. Teilweise steht diese Entwicklung im unmittelbaren Zusammenhang mit den Professionalisierungsbestrebungen bestimmter Berufe, das heißt ihrer Akademisierung. Aber auch unabhängig davon oder ihr vorangehend werden Handlungs- und Erfahrungsbereiche *verwissenschaftlicht*. Ein besonders einschlägiges Beispiel ist der gesamte Komplex der individuellen Verhaltenssteuerung von der Steuerung des Ernährungsverhaltens durch ernährungswissenschaftliche Informationen über die Steuerung des Reproduktionsverhaltens durch vererbungswissenschaftliche Informationen bis zur Steuerung des sozialen Verhaltens und der individuellen Psyche durch psychologische Informationen und verwissenschaftlichte Therapeutisierungstechniken (Weingart 1983; Maasen 1998). Im Gefolge dieser speziellen Entwicklung sind eine Fülle von Forschungsgebieten entstanden – Ernährungswissenschaften, Humangenetik, Sexualforschung und -therapie, Epidemiologie, um die wichtigsten zu nennen. Aufgrund der unmittelbaren Beziehung dieser Gebiete zu Fragen der menschlichen Gesundheit und ethischer Wertbezüge läßt sich die Grenze zwischen ›reiner‹ Wissenschaft und gesellschaftlichen Werten nicht mehr eindeutig ziehen.

Ein zweiter illustrativer Bereich ist der der Umweltwissenschaften, der sich von der ursprünglich naturwissenschaftlichen Ökologie auf die sozialwissenschaftliche Risikoforschung bis hin zur Umweltpsychologie ausgeweitet hat. Das hervorstechende Merkmal dieses weitgespannten Forschungsbereichs ist ebenfalls die unausweichliche politische, ökonomische und soziale Bewertung, die in die Konzipierung von Forschungsgegenständen und die Einschätzung von Ergebnissen eingeht. Die Umweltwissenschaften gelten als paradigmatisch für einen neuen Typus von Wissenschaft, der sich durch Politiknähe, Legitimationssensibilität und Wissensabhängigkeit auszeichnet und nicht zufällig mit Bezeichnungen wie »post-normal science« gekennzeichnet wird (vgl. oben, 1. Kapitel). Unabhängig davon, welchen Grad an Verallgemeinerbarkeit die entsprechenden Diagnosen zur Veränderung der Wissenschaft tatsächlich beanspruchen können, lassen die Beobachtungen den Schluß zu, daß es sich bei den neuartigen Forschungsfeldern um Beispiele einer fortschreitenden *Verwissenschaftlichung* gesellschaftlicher Bereiche handelt (Weingart 1997c).

Die Verwissenschaftlichung hat, wie die Spezialisierung, ebenfalls Rückwirkungen auf die Identität der Wissenschaft. Wissenschaftliches Wissen wird für praktisch alle gesellschaftlichen Bereiche zu einem wichtigen, zunehmend unentbehrlichen Instrument der Problembewältigung und Handlungsfähigkeit. Das meinte bereits die – der zu Ende gehenden Epoche der Industriegesellschaft verhaftete – Rede von der ›Wissenschaft als unmittelbarer Produktivkraft‹ (Richta u.a. 1968; Stehr 1994, S. 214 ff.). Derselbe Sachverhalt wird auch in der neueren Semantik der ›Wissenschaft als Ware‹ (›Science as a Commodity‹) widergespiegelt, und seit neuestem schlägt er sich in den Formulierungen von der ›Informations‹- oder präziser noch der ›Wissensgesellschaft‹ nieder (Gibbons, Wittrock 1985; Stehr 1994). Immer werden damit die stärkeren Verflechtungen bzw. die *engeren Koppelungen* zwischen der Wissenschaft und den anderen gesellschaftlichen Funktionsbereichen angesprochen. In dem Maß, in dem wissenschaftliches Wissen eine ubiquitäre Nützlichkeit gewinnt und dementsprechend breit Verwendung findet, schlagen die Erwartungen an diese Nützlichkeit auch ›nach innen‹ durch: Die Wissensproduktion orientiert sich am Markt, an der Politik, an den Medien. Im Sinne dieser Wechselseitigkeit der Erwartungen bedeutet *Verwissenschaftlichung* der *Gesellschaft* eben zugleich immer auch *Ökonomisierung, Politisierung* und *Medialisierung* der *Wissenschaft* (vgl. oben, 1. Kapitel).

Das Wachstum der Wissenschaft muß, so läßt sich die beschriebene Entwicklung jetzt zusammenfassen, in mehrere strukturverändernde Prozesse differenziert werden, wenn man ein angemessenes Verständnis der Auswirkungen des Wachstums auf die Veränderungen der Identität der Wissenschaft als Institution gewinnen will.

Die fortschreitende *Spezialisierung* und die damit einhergehende Differenzierung der Gegenstandsbereiche, Methoden, Spezialsprachen und Forschungskulturen führt zu einem *Verlust der inneren Einheit* der Wissenschaft. Dieser Verlust der Einheit hat seine kritische Schwelle in der organisatorischen Einheit der Universität als derjenigen Organisation, die die Verschiedenheit der Disziplinen noch als institutionelle Klammer repräsentiert und in sich aufnimmt. Wenn Universitäten sich in größerem Umfang zu spezialisieren beginnen, wird das voraussichtlich das endgültige Ende der Vorstellung von einer Einheit der Wissenschaft sein.

Die durch die Spezialisierung vorangetriebene *Expansion* der Wissenschaft hat eine *Verschiebung der institutionellen Grenzen* zur Folge. Die Demarkationslinie der Wissenschaft wird weiter ›nach außen‹ verlagert in Bereiche, die vordem als außerhalb der wissenschaftlichen Beobachtung und Reflexion liegend galten: Politik und Wirtschaft werden verwissenschaftlicht, Ethik, Moral und soziale Werte werden Gegenstand wissenschaftlicher Diskurse. Aus der Perspektive der klassischen Wissenschaft des 19. Jahrhunderts handelt es sich um »transscience«, wie der Physiker Alvin Weinberg es formuliert hat, um Gegenstände, die der wissenschaftlichen Analyse nicht zugänglich sind (vgl. oben, 2. Kapitel). Damit verwischt sich die ohnehin schon immer eher künstlich gezogene Grenze zwischen reiner und angewandter Forschung, deren diskursive Behauptung seit Beginn des 19. Jahrhunderts der Legitimierung der Autonomie der Wissenschaft diente. In dem Maß, in dem die Plausibilität dieses Topos schwindet, wird auch der *soziale Kontrakt*, der der Gründung der modernen Wissenschaft zugrunde lag und seither die gesellschaftlichen Ressourcenzuweisungen an sie legitimiert hat, neu formuliert werden müssen (Guston, Kenniston 1994).

Die zum Teil furchterregenden, zum Teil absurden Prognosen de Solla Price', wonach kurz nach der Jahrtausendwende alle Bürger der Gesellschaft und ihre Hunde Wissenschaftler sein würden, haben zwar die Aufmerksamkeit auf die offenkundigen

Grenzen des exponentiellen Wachstums der Wissenschaft gelenkt. Sie haben aber die flexible Identität der Wissenschaft als Institution außer acht gelassen und beruhen vielmehr, wie fast alle Prognosen zum Wachstum der wissenschaftlichen Literatur und zu den Grenzen der Verarbeitbarkeit, auf monolithischen und ahistorischen Definitionen von Wissenschaft.[33] Dessen ungeachtet kann kein Zweifel darüber bestehen, daß die Veränderungen der Identität der Wissenschaft, die zuvor analysiert wurden, Folgen eines bislang nahezu ungebrochenen Wachstums sind.[34] Wachstum und Identitätsveränderung gehen Hand in Hand. Das Wachstum der Wissenschaft ist die Kraft, die für die grundlegenden emergenten Veränderungen der Wissenschaft in der Gesellschaft verantwortlich ist. Der genaueren Analyse dreier besonders markanter Veränderungen sind die folgenden Kapitel gewidmet: den *engen Kopplungen* der Wissenschaft mit der Politik, der Wirtschaft und den Medien.

33 Von problematischen Daten und mangelnden Differenzierungen einmal ganz abgesehen (Ziman 1994, S. 67 ff.).
34 Der andere Aspekt dieser Dynamik, wie nämlich das System auf die sich ankündigenden, zum Teil schon wirksamen und unvermeidlichen Einschränkungen der Ressourcen, also auf den ›steady state‹ reagiert, wird dadurch nicht ignoriert, aber relativiert (vgl. Ziman 1994).

4. Wissenschaftliche Expertise und politische Entscheidung

Paradoxien der Kopplung von Wissenschaft und Politik

Eine verlorene Illusion

Am Abend des 28. März 1979 eröffnete Walter Cronkite die Abendnachrichten des Senders CBS mit der Bemerkung, daß es der ›chaotischste Tag in der Geschichte der Nachrichtenmedien‹ (»most confused day in the history of news media«) sei. Er fuhr fort, die einander widersprechenden Informationen vom Unglück im Three-Mile-Island-Kernreaktor in Harrisburg, Pennsylvania, zu präsentieren. Die Konfusion sollte mehrere Tage anhalten, und drei Wochen später schrieb das Nachrichtenmagazin *Newsweek*, eines der ersten Opfer des Nuklearunfalls sei die wissenschaftliche Glaubwürdigkeit gewesen.

Sieben Jahre später wurde durch ein sehr viel schwereres Unglück im ukrainischen Tschernobyl faktisch der politische Ausstieg aus der Kernkrafttechnologie besiegelt. In der Bundesrepublik, die durch eine aufgrund wechselnder Winde das ganze Land überziehende radioaktive Wolke besonders betroffen war, vollzog sich ein ähnliches Schauspiel wie zuvor in den USA. Experten und Politiker traten ebenso engagiert wie kontroversenfreudig in den von den Medien inszenierten Debatten auf. Ihren Höhepunkt erreichten die Bemühungen um das Vertrauen der Zuschauer im demonstrativen Verzehr von Salat durch einen Politiker. Dieser Verzweiflungsakt vor einem bundesweiten Fernsehpublikum galt dem vergeblichen Versuch, durch die traditionellerweise den Wissenschaftlern des 19. Jahrhunderts vorbehaltene ›Demonstration am eigenen Körper‹ die Zuschauer davon zu überzeugen, daß der Caesium-Niederschlag das Gemüse unberührt gelassen habe.

Three Mile Island und Tschernobyl wurden zu Symbolen nicht nur der Verletzlichkeit der Kernkrafttechnologie, sondern mehr noch des Verlusts der auf verläßlichem Wissen und einstimmiger Expertise gründenden wissenschaftlichen Autorität

sowie der Glaubwürdigkeit der sich auf diese Autorität stützenden Politiker (Weingart 1979). Obwohl die öffentlichen Debatten über die Kernkraft bereits seit einiger Zeit im Gang waren, wurde der tiefgreifende Einfluß, den sie auf das Verhältnis von Wissenschaft und Politik hatten, der Öffentlichkeit erst bewußt, als die Auseinandersetzungen zwischen den Experten und den Politikern von den Medien verbreitet wurden. Mehrere Dinge wurden sichtbar, die den herkömmlichen Vorstellungen von wissenschaftlicher Expertise und ihrem Verhältnis zur Politik widersprachen:
- Experten waren offensichtlich in *politische* Kontroversen verwickelt, exemplifiziert durch ihre widersprüchlichen Aussagen in öffentlichen Anhörungen. Damit war das Bild der Wissenschaft als einer Instanz, die verläßliches, von Willkür und Interessen freies Wissen liefern konnte, zerstört.
- Durch die Zuordnung der Experten zu den konfligierenden Interessenpositionen war die politisch legitimierende Funktion wissenschaftlichen Wissens demonstriert. Das galt aber zugleich auch für deren Kehrseite, die de-legitimierende Funktion dieses Wissens in der politischen Arena, die in der Furcht zum Ausdruck kam, daß die Veröffentlichung entsprechender Informationen zur Mobilisierung der Öffentlichkeit gegen starke wirtschaftliche und politische Interessen beitragen könnte.
- Der Verlust der Wissenschaft als neutraler Instanz gegenüber dem Politischen bedeutete eine Einschränkung des Raums des Unpolitischen.

In den Reaktionen auf die beiden Unfälle seitens der Politiker und der Wissenschaftler spiegelten sich die fest institutionalisierten Konzepte von Wissenschaft und Politik sowie der Verbindung zwischen ihnen wider. Diese Vorstellungen erwiesen sich nunmehr als eine durch die Ereignisse von Three Mile Island und Tschernobyl zerstörte Illusion.

Zum Zeitpunkt dieser Unglücke waren Wissenschaftler als Gäste in den Korridoren der politischen Macht längst zu einem vertrauten Anblick geworden. Kaum jemand fragte sich, ob dies schon immer so gewesen sei, und wahrscheinlich erinnerten sich noch viel weniger Leute daran, daß die Verbindung von Wissenschaft und Politik vor wenig mehr als drei Jahrzehnten ambivalent gesehen wurde: einerseits als Gewähr für eine rationale und auf unparteiisches Wissen sich stützende Politik der ›besten Lösungen‹ im Interesse des Gemeinwohls, andererseits als eine *liaison dangéreuse*, als eine Bedrohung des demokratischen Systems durch den keiner öffentlichen Kontrolle unterliegenden und somit illegitimen politischen Einfluß wissenschaftlicher Experten.

Innerhalb der relativ kurzen Zeitspanne von etwa fünfzig Jahren sind wir Zeugen der Etablierung eines großen wissenschaftlichen Beratungsapparats in den Regierungen, ihren Verwaltungsapparaten und den Parlamenten geworden. Eine Vielzahl von Beratungsgremien, Stäben, Kommissionen, ad hoc berufenen Experten und erteilten Forschungsaufträgen dienen dazu, das für politische Entscheidungen erforderliche Wissen bereitzustellen, Entscheidungen durch den Verweis auf wissenschaftliches Wissen abzusichern oder auch gegenüber der Öffentlichkeit zu demonstrieren, daß sie sich in Übereinstimmung mit wissenschaftlichem Wissen befinden.[1] Die auftragsgesteuerte Wissensproduktion ist zu einer der zentralen Aktivitäten von Regierungen geworden und findet auf all ihren Ebenen statt, von der Regierungsspitze bis hin zu den untergeordneten Abteilungen in den Ministerien sowie in den Ausschüssen der Parlamente (Peters, Barker 1993, S. 7).[2] Dabei greift die Politik entweder direkt auf die Wissenschaft zu – in Gestalt von Forschungsaufträgen oder wissenschaftlichen Beratern –, oder sie schafft sich eine eigene Forschungskapazität in Gestalt von Forschungsinstituten, die in der Regel den Aufgabenbereichen der Ministerien zugeordnet sind (Ressortforschung). Eine weitere Variante des indirekten Zugriffs sieht so aus, daß die Politik Nichtregierungsorganisationen (NGOs) per Gesetz mit der Produktion von Wissen beauftragt (so zum Beispiel im Umweltbereich). Die Art und Weise der Verwendung von Wissen im politischen Entscheidungsprozeß variiert mit den unter-

---

1 Murswieck gibt einen Überblick über den quantitativen Umfang des wissenschaftlichen Beratungsapparats in Deutschland (Murswieck 1994; 1993). Fallbeispiele von Institutionen und der Art der Politikberatung in europäischen Ländern liefern Peters und Barker (1993); speziell zur Beratung der Regierungen in den westlichen Industrienationen siehe Plowden (1987).
2 1996/97 gab die britische Regierung mehr als ein Viertel ihres F&E-Budgets für die wissenschaftliche ›Unterstützung der Politik‹ aus (OST 1998).

schiedlichen politischen Systemen und Kulturen und innerhalb der Regierungssysteme von Organisation zu Organisation, abhängig von deren unterschiedlichen Informationsbedürfnissen (ebd., S. 3).[3] Ungeachtet all dieser Unterschiede lassen sich jedoch übergreifende Muster des Verhältnisses von Wissenschaft und Politik erkennen. Um diese geht es im folgenden. Dabei konzentriere ich mich auf die Verwendung *wissenschaftlichen* Wissens, das für Entscheidungsprobleme mit wissenschaftlichem Gehalt eingesetzt wird: sei es zur Lösung dieser Probleme, sei es zur Legitimierung der entsprechenden politischen Entscheidungen. In der Realität sind wissenschaftlich begründete von politisch begründeten Entscheidungen und dementsprechend wissenschaftliche Beratung von politischer Beratung nicht immer klar unterscheidbar. Das Interesse gilt jedoch vorrangig solchen Beratungsprozessen, in denen wissenschaftliches Wissen gefragt ist und folglich dessen Vertreter in Gestalt von Wissenschaftlern als Experten auftreten und sich zu Problemen äußern, die einen wissenschaftlichen Gehalt haben.[4]

Diese Abgrenzung unterliegt ihrerseits einem Wandel, insofern sich die Zahl der Politikfelder erhöht hat, und diese werden unter dem Druck, effektive und legitimierbare Entscheidungen zu treffen (oder auch nicht zu treffen), der systematischen Analyse unterzogen. Genau dieser Prozeß ist gemeint, wenn von Verwissenschaftlichung der Politik die Rede ist.

Die Expansion der Politikbereiche und ihre Verwissenschaftlichung hat zu einer Komplexität des Verhältnisses von Wissenschaft und Politik geführt, die wiederum das Bild von Wissenschaft grundlegend verändert hat. Die Nachfrage der Politik nach wissenschaftlichem Wissen folgt nicht der Logik der disziplinären Gegenstandsbereiche; sie wird möglicherweise auch an

---

3 Die Verwendung von Wissen für politische Entscheidungen ist, zumindest für eine kurze Zeit, gar zu einem eigenen Forschungsgebiet geworden (Leeuw 1993, Dunn, Holzner 1988).
4 Die Unterscheidung gilt vor allem mit Blick auf die institutionalisierte, etwa vom Bundeskanzleramt angeforderte Politikberatung *(policy advice)*, die letztlich innerhalb des politischen Systems stattfindet und die hier interessierende Thematik der Beziehung zwischen Wissenschaft und Politik gar nicht aufkommen läßt (vgl. Mayntz 1987). In der Literatur zur Politikberatung spielt diese Unterscheidung keine besondere Rolle, weil es dort vorrangig um Prozesse des Informationsflusses im Regierungsapparat allgemein geht.

die ›falschen‹ Disziplinen gerichtet. Infolgedessen bleiben Fragen unbeantwortet, oder sie werden von Experten mit Informationen beantwortet, die diesen Fragen durch die Selektion der für einschlägig gehaltenen Wissensbestände eine bestimmte Interpretation verleiht, ohne daß dies der nachfragenden Politik unbedingt bewußt sein muß. Es macht einen Unterschied, ob die Umweltproblematik als individuelles Verhaltensproblem oder als Problem des Wirtschaftssystems gesehen wird. Die Wahl der für zuständig gehaltenen Experten und damit ihrer Disziplinen ist auch eine Vorentscheidung über die möglichen Antworten. Die Wissenschaft ist in diesem Prozeß keine fixe Größe (Cozzens, Woodhouse 1995). Die Veränderungen in den Konzeptionen und Wahrnehmungen der Wissenschaft und wissenschaftlicher Politikberatung spiegeln den Prozeß wider, der zunächst untersucht werden soll.

Das besondere Interesse gilt einer Reihe von Paradoxien, die sich aus Veränderungen im Verhältnis von Wissenschaft und Politik ergeben. Eine *erste Paradoxie* ist die folgende: In dem Maß, wie wissenschaftliche Expertise im politischen Apparat zu einem allgegenwärtigen Merkmal des Systems geworden ist, sind die ursprünglichen Besorgnisse über den illegitimen Einfluß der Experten beinahe vollkommen verschwunden. Was ist aus den Sorgen über die demokratische Legitimation der Experten geworden? Die These lautet, daß der eingetretene grundlegende Wandel in der *Demokratisierung* des Expertenwissens zu sehen ist, das heißt in der zumindest im Prinzip gegebenen allgemeinen Zugänglichkeit und im faktischen Zugriff auf wissenschaftliche Expertise seitens aller Gruppen des politischen Spektrums, Regierung, Opposition und sozialer Bewegungen. Diese Demokratisierung des Expertenwissens, die Herausbildung einer *Gegenexpertise*, ist gleichbedeutend mit der Politisierung der wissenschaftlichen Politikberatung. Weil die offenkundige Differenz zwischen Experten und ihre Zurechenbarkeit zu politischen Positionen die Ausdehnung des Politischen auf den Bereich des vermeintlich neutralen Wissens signalisiert, sind die Befürchtungen beruhigt worden, daß wissenschaftliche Experten das demokratische Mandat unterminierten (van den Daele 1996).[5] Die Politisierung wissenschaftlichen Wissens in

---

[5] Das soll selbstverständlich nicht heißen, daß das Problem der demokratischen Legitimierung völlig verschwunden wäre. Es bleibt ein grund-

der politischen Arena hat den Niedergang der Autorität der wissenschaftlichen Experten zur Folge, die den Befürchtungen vor einem illegitimen Einfluß eine gewisse Berechtigung verliehen haben mag. Dieser Autoritätsverfall der wissenschaftlichen Experten spiegelt sich in der allgemeinen Demokratisierung der Gesellschaft wider, in der privilegiertes Wissen nicht mehr als Kriterium des sozialen Status gilt.

Hieraus entsteht eine *zweite Paradoxie*: Die legitimatorische Funktion (autoritativen) wissenschaftlichen Wissens für die Politik und die allgemeine Verfügbarkeit dieses Wissens hat zu einer Konkurrenz um Expertise geführt. Diese Verwissenschaftlichung der Politik hat jedoch die überraschende Folge, daß politische Entscheidungen nicht etwa, wie erwartet, rationaler, eindeutiger, konsensueller und mit größerer Sicherheit getroffen werden können, sondern daß im Gegenteil die Kontroversen um sie intensiver und ihre mangelnde Wissensfundierung und ihre Risiken dadurch offenbar werden.

Daran schließt sich die Beobachtung einer *dritten Paradoxie* an: Trotz des offensichtlichen Autoritätsverlusts der Experten und ihres Wertes für die Legitimierung von Politik und ungeachtet der unerfüllten Erwartungen zunehmender Rationalisierung bleibt das geltende Arrangement unverändert bestehen. Die Politik versucht immer wieder von neuem, durch Hierarchisierung der Expertise sicheren Halt in eindeutigem wissenschaftlichen Wissen zu gewinnen.

Die zentrale These dieses Kapitels lautet, daß diese Paradoxien die Folge einer immer enger werdenden Kopplung zwischen Wissenschaft und Politik sind. Mit der Kopplung wird die Wechselseitigkeit zweier Prozesse beschrieben: der Verwissenschaftlichung der Politik und der Politisierung der Wissenschaft. Die innere Klammer besteht in dem gegenläufigen Bezug der Problemlösungs- und Legitimationsfunktionen der Wissenschaft für die Politik einerseits und der Ressourcenabhängigkeit der Wissenschaft von der Politik andererseits.

legendes Spannungsverhältnis zwischen politischer Macht und ihrer Legitimierung auf der einen und wissenschaftlichem Wissen auf der anderen Seite. Dies wird unmittelbar evident an dem fortdauernden Interesse von Regierungen, wissenschaftliche Beratungsergebnisse vertraulich zu halten, wenn diese als Bedrohung der Autonomie politischer Entscheidung betrachtet werden (Roqueplo 1995, S. 177).

Im folgenden Abschnitt wird der Wechsel von früheren zu rezenteren Modellen der Rolle wissenschaftlicher Expertise in der Politik rekonstruiert. Die eingetretenen Veränderungen sind zum Teil solche der Beobachtungskategorien (zum Beispiel des Wissenschaftsbegriffs), zum Teil aber durch die Verallgemeinerung wissenschaftlicher Politikberatung und die damit einhergehende Verwissenschaftlichung der Politik bedingt. Sie liefern die Folie für die Analyse von Entwicklungen wie insbesondere die Inflationierung wissenschaftlicher Expertise und deren Folgen. Abschließend werden einige Beobachtungen zur rezenten Ausprägung der Kopplung von Wissenschaft und Politik angefügt.

Modelle wissenschaftlicher Expertise im politischen Prozeß

Privilegiertes Wissen und die Bedrohung demokratischer Legitimierung

In den Jahren unmittelbar nach dem Zweiten Weltkrieg, als sich in den USA das Militär und die Wissenschaftlergemeinde nach ihrer erfolgreichen Zusammenarbeit im Manhattan-Projekt wieder trennten, begannen Wissenschaftler und Politiker über die künftigen Ziele einer Wissenschaftspolitik und über mögliche Formen einer wissenschaftlichen Beratung des Präsidenten nachzudenken. 1947 nahm Präsident Truman den Steelman Report entgegen, der die Gründung eines *Interdepartmental Committee on Scientific Research and Development* (ICSRD) zur laufenden Beobachtung der Bundesausgaben für Forschung sowie die Schaffung eines Wissenschaftsberaters im Weißen Haus empfahl. Schon in diesem Bericht war die Dualität der Funktionen erkennbar, die später als *policy for science* und *science for policy* (etwa: Wissenschaftspolitik und wissenschaftliche Politikberatung) bezeichnet werden sollte. Truman folgte dem Rat zum Teil und schuf das ICSRD, das nie größere Bedeutung erlangte, aber er weigerte sich, einen Wissenschaftsberater im Weißen Haus zu etablieren. Erst 1951 berief er ein *Science Advisory Committee* (SAC), das »unabhängige Beratung« vor allem im Hinblick auf militärische Aufgaben und Zielsetzungen der damit befaßten Bundesbehörden geben sollte (Penick u. a. 1965, S. 182). Wissenschaftliche Politikberatung wurde von den Politikern nur in Verbindung mit dem Militär für relevant gehalten. Infolgedessen wurde das SAC organisatorisch im Rahmen des *Office of Defense Mobilization* (ODM) angesiedelt. Das illustriert die enge Verbindung der frühen Institutionalisierung der Wissenschaft in der Politik mit dem kalten Krieg. 1957 ernannte Präsident Eisenhower als Reaktion auf den Start des russischen Satelliten *Sputnik* James R. Killian zum *Special Assistant for Science and Technology* und löste das SAC aus dem ODM. Als *President's Science Advisory Committee* (PSAC) war es nun als Teil des Präsidialamtes direkt dem Präsidenten verantwortlich.

Die Schaffung dieser Beratungsstruktur im US-Regierungssystem wurde zum Modell für ähnliche Arrangements in anderen Ländern und eröffnete eine neue Ära in der Beziehung zwischen Wissenschaft und Politik, die schließlich beide nachhaltig verändern sollte. Die ersten Anzeichen dieses Wandels stellten sich schnell ein. Die Wissenschaft erlangte nicht nur direkten Zugang zum Zentrum der Macht und damit einen bis dahin für sie unbekannten Einfluß. Sie war auch fraglos die wichtigste Ressource für die Entwicklung moderner Militärtechnologie und für die Sicherung nationalen Wohlstands, so daß ihre Forderungen auf Zuweisung öffentlicher Mittel bei minimaler Rechenschaftspflicht unabweisbar erschienen. Präsident Eisenhower, der die Wissenschaft selbst ins Weiße Haus geholt hatte, brachte in seiner Abschiedsrede vor dem Kongreß die verbreiteten Befürchtungen mit seiner berühmten Warnung zum Ausdruck, daß die »öffentliche Politik des Landes zum Gefangenen einer wissenschaftlich-technologischen Elite« werde (*New York Times* vom 22. 1. 1961, S. 4E).

Mit seinem Alarmruf bestimmte er die Agenda eines Diskurses über die Gefahren wissenschaftlicher Expertise in der Regierung, der über mehr als ein Jahrzehnt andauern sollte. Eine Vielzahl von Publikationen kam auf den Markt, die die Wissenschaft in ihrer neuen Rolle mit Begriffen wie »wissenschaftliche Machtelite«, »neue Priesterschaft«, »wissenschaftlicher Stand«, »neue Mandarine« und andere mehr charakterisierten (Price 1967, Gilpin, Wright 1965, Lapp 1965, Lakoff 1966). Der amerikanische Politikwissenschaftler Don K. Price sah die Wissenschaft in einer neuen Rolle, die einem »*establishment*« sehr nahe kam, das heißt »Institutionen, die durch Steuermittel gefördert werden, aber weitgehend auf Treu und Glauben, ohne direkte Verantwortung gegenüber politischer Kontrolle« (Price 1967, S. 12).

Die diesen Schriften gemeinsame Besorgnis war auch in C. P. Snows Darstellung der Rivalität zwischen den beiden Beratern Churchills, Tizard und Lindemann, während der Kriegsjahre in der britischen Regierung zu finden. Snow war tief beunruhigt über das Phänomen, das er »geschlossene Politik« (»closed politics«) nannte. Er hielt es nicht für unwahrscheinlich, daß alle Länder der »Gnade wissenschaftlicher Vertreter« (»scientific salesmen«) anheimfallen würden. Die Beziehung zwischen Lindemann und Churchill kennzeichnete er als »Hofpolitik«, die dem wissenschaftlichen Berater »mehr direkte Macht gegeben [habe] als jemals einem Wissenschaftler zuvor in der Geschichte« (Snow 1961, S. 57, 63). Price ging nicht ganz so weit, vertrat jedoch gleichwohl die Ansicht, daß die »wissenschaftliche Revolution unsere geläufigen Vorstellungen davon, wie Politiken initiiert und angenommen werden und wie Politiker sie kontrollieren und für sie verantwortlich gemacht werden können«, umgestoßen habe. Seiner Auffassung nach hatte der Einfluß des wissenschaftlichen Standes zugenommen; er wurde »in Gestalt von Beratung ausgeübt, nicht als legales Recht«, und er konnte nur als »Teil der ungeschriebenen Verfassung« beschrieben werden (Price 1967, S. 17, 170).

Die Debatte spiegelte die Neuartigkeit der Rolle der Wissenschaft in der Politik wider, was in Price' Bezeichnung »wissenschaftliche Revolution« plastisch zum Ausdruck kommt. Die Erfahrungsbasis war noch schmal und die Beunruhigung entsprechend groß. Aber offensichtlich beruhte sie auf einer Reihe von Annahmen über die wahre Natur der Wissenschaft und ihrer Rolle im politischen Prozeß. Alle Besorgnisse richteten sich in erster Linie auf das Mißverhältnis zwischen dem tatsächlichen Einfluß wissenschaftlichen Wissens auf politische Entscheidungen (der als erheblich wahrgenommen wurde) und der gleichzeitig fehlenden öffentlichen Legitimierung der Wissenschaftsberater. Die Bedrohungen wurden in verschiedener Weise gesehen: C. P. Snow fürchtete den unberechtigten Einfluß einzelner Personen in geheimer Politik, Don Price sah mehr

Grund zur Sorge darin, daß Entscheidungen mit einem wissenschaftlichen und/oder technischen Gehalt so populär sein würden, daß die Wissenschaftler die Gelegenheit hätten, für bestimmte Programme zu werben und technische Wunder zu versprechen, um finanzielle Mittel für die Grundlagenforschung zu erhalten (ebd., S. 81). Es ist erwähnenswert, daß er sowohl einen Interessenkonflikt in der Beraterrolle als auch eine Invasion der Wissenschaft in den Bereich der Politikformulierung in der Regierung voraussah. Die Wissenschaft lasse sich nicht auf die bloße Bereitstellung der Mittel für die Erreichung von Zielen einschränken, die zuvor an anderer Stelle festgelegt worden seien. Price fürchtete am meisten, daß die Wissenschaftler die unvermeidliche Verquickung für ihre eigenen Interessen nutzen würden – eine nicht unbegründete Befürchtung (ebd., S. 181, 262, 277; Weingart 1970).

Eine weitere Annahme, die den Befürchtungen zugrunde lag, war die Überzeugung, daß der Einfluß der wissenschaftlichen Berater nicht nur auf ihrem Zugang zu den Zentren der Macht beruhe, sondern auch auf dem überlegenen Wissen, über das sie verfügten. Angesichts der Probleme, denen sich die Politiker gegenübersahen, bestand die Furcht darin, nicht über die ausreichende Kompetenz zu verfügen und sich auf die Wissenschaftler verlassen zu müssen. Die Reaktionen auf dieses Problem waren allerdings nicht einheitlich. Gegenüber jenen, die eine Erosion der Prinzipien der repräsentativen Demokratie fürchteten, begrüßten andere das ›Ende der Ideologie‹ oder gar jeder Politik überhaupt (Bell 1960; Lane 1966; Schelsky 1965). Diese Auffassung war jedoch insofern zu der zuvor genannten komplementär, als die grundlegende Diagnose hinsichtlich der Rolle wissenschaftlichen Wissens beidemal sehr ähnlich ist und dessen Bewertung mit Bezug auf das Schicksal der Politik lediglich umgekehrt wurde. Der gesamte Diskurs wurde unter der Bezeichnung »Technokratiedebatte« geführt, und die Thematik blieb durch die sechziger und bis in die siebziger Jahre hinein auf der politiktheoretischen und sozialwissenschaftlichen Agenda.

Jürgen Habermas erinnerte seine Leser daran, daß die Debatte eigentlich zwei große Traditionen im politischen Denken widerspiegelte (Habermas 1966). Die zunehmende Abhängigkeit öffentlicher Bürokratien und der Politik von spezialisiertem Wissen war bereits von Max Weber als die Rationalisierung moderner Staaten analysiert worden. Der Einfluß wissenschaftlichen Wissens stellte ein zweites Stadium des Rationalisierungsprozesses dar. Aber Weber, in der Tradition von Hobbes, und nach ihm Carl Schmitt bestanden auf einer klaren Trennung zwischen Spezialwissen (Fachwissen) und politischer Praxis, zwischen der Funktion des Experten (Sachverständigen) und des Politikers. Während die Wahl der Mittel rationalisiert werden konnte, verblieb die Wahl zwischen Werten und Zielen unausweichlich irrational.

Dieses dezisionistische Modell der Beziehung zwischen politischer Macht und (wissenschaftlichem) Wissen, das auf der Annahme einer klaren Trennung zwischen Wissen und Werten beruht, schien jedoch gerade durch die zunehmende Verwissenschaftlichung der Politik in Frage gestellt zu werden. Diese ließ ihrerseits nicht nur die Legitimität irrationaler Entscheidungen problematisch erscheinen, sondern versprach auch das Spektrum an Optionen auf eine objektiv festgelegte, einzig beste Lösung zu reduzieren. Daraus folgt das technokratische Modell, dessen Tradition auf Bacon zurückverfolgt werden kann. Ihm zufolge werden die Politiker völlig abhängig von den Experten; Politik wird durch eine wissenschaftlich rationale Verwaltung ersetzt. Die zentrale und problematische Annahme dieses Modells ist selbstverständlich die Vorstellung einer quasi-natürlichen, in eine Richtung weisenden wissenschaftlichen und technischen Entwicklung und einer eindimensionalen Rationalität wissenschaftlichen Wissens (Habermas 1966).

Beide Modelle zusammengenommen stellen die beiden Seiten des Legitimationsdilemmas dar, in dem sich Politiker und ihre Experten in den modernen Massendemokratien befinden: Dezisionistische Entscheidungen leiden tendenziell unter einem Legitimationsdefizit aufgrund der ihnen inhärenten Rationalitätslücke. Technokratische Entscheidungen leiden tendenziell unter einem Legitimationsdefizit aufgrund des Mangels an öffentlicher Zustimmung. Wenn jedoch die technokratische Vorstellung der Trennung von ›Wahrheit‹ und Macht nicht aufrechtzuerhalten ist und das demokratische bzw. dezisionistische Modell gänzlich ohne die Unterstützung der Wissenschaft über keine ausreichende Legitimität verfügt, dann bedarf es offensichtlich einer neuen Konzeptualisierung des Verhältnisses von Wissenschaft und Politik.⁶ Die zeitgenössischen Demokratien operieren, stärker als alle anderen politischen Systeme vor ihnen, auf der Grundlage *zweier* »Legitimationskreise öffentlicher Entscheidungen« (Roqueplo 1995, S. 176).⁷ Entscheidungen müssen *rational* im Licht vorhandenen wissenschaftlichen Wissens sein, und sie müssen von Repräsentanten *delegierter* Macht getroffen werden. Die legitimierende Autorität für die erste ist die Wissenschaft, die die Experten in die Regierung bringt, für die zweite ist es die öffentliche Zustimmung, die in der Regel in Wahlen gewonnen wird.

In Habermas' *pragmatistischem Modell*, das er als Antwort auf das Legitimationsdilemma konzipiert, ist die strikte Trennung zwischen Politikern und Experten durch eine Beziehung wechselseitiger Kritik ersetzt. Habermas entwickelte die Vorstellung eines iterativen Kommunikationsprozesses zwischen beiden Seiten, in dem die Entwicklung neuer Technologien durch die Interpretation von bestehenden Wertsystemen gesteuert wird und in dem gleichzeitig die in den Wertsystemen enthaltenen Interessen im Licht der technischen Möglichkeiten und der strategischen Mittel ihrer Befriedigung kontrolliert werden. So werden sie zum Teil akzeptiert, zum Teil zurückgewiesen, reformuliert und kritisch auf ihren ideologischen Charakter hin geprüft (Habermas 1966, S. 134). Ungeachtet der idealistischen Elemente dieses Modells kam Habermas damit einer realistischen Beschreibung des Beratungsprozesses am nächsten.⁸ Sein Modell fängt noch am ehesten den iterativen

---

6 Jasanoff unterscheidet zwischen dem ›demokratischen‹ und dem ›technokratischen‹ Modell. Demnach erwächst die Legitimität im demokratischen Modell aus der Beteiligung der Öffentlichkeit. Der dezisionistische Aspekt wird jedoch nur verschleiert, insofern Entscheidungen von – wenngleich repräsentativen – politischen Führern getroffen werden müssen. Insofern gibt es keinen Unterschied zwischen dem dezisionistischen und dem demokratischen Modell (Jasanoff 1990 b, S. 15).

7 Ezrahi zeigt, daß dieses Muster schon bei Machiavelli angelegt ist, der dem Fürsten zu einem Leben in einem dualen Universum rät. In Staatsangelegenheiten muß er sich auf das Wissen hinsichtlich der wahrscheinlichen Gründe für Stabilität und Bedrohung des Staates stützen. Die Zustimmung seiner Untertanen muß er durch sein öffentliches Auftreten und seine Repräsentationen sichern (Ezrahi 1999).

8 Habermas stand damit keineswegs allein, und Price war nicht so naiv, daß er das ›einfache Modell‹ als gegeben angenommen hätte: Er erwähnt, daß

Prozeß von Problemdefinition, Übersetzung der Probleme in Forschungsfragen, deren Re-Definition vor dem Hintergrund vorhandenen Wissens und der Übersetzung neuen Wissens in politische Entscheidungen ein.

Da die Aufmerksamkeit auf die neuen institutionellen Arrangements wissenschaftlicher Beratung in Regierungen gerichtet war, schaute zunächst niemand in die andere Richtung. Wissenschaftliche Expertise wurde als Bedrohung der repräsentativen Demokratie betrachtet oder als Lösung ihrer Defizite begrüßt. Aber die Folgen, die eine derart weitgehende Integration der Wissenschaft in den politischen Prozeß auf die *Wissenschaft selbst* haben würde, erschienen nicht als Problem (Weingart 1982). Die Wissenschaft erschien unveränderlich und die *scientific community* als homogene soziale Gruppe. Die Vereinfachungen, die den Modellen inhärent waren, wurden durch politikwissenschaftliche und wissenschaftsphilosophische Theorien begünstigt (Hoppe 1999). Seither ist, befördert durch neue Erkenntnisse der Wissenschaftsforschung und der Politikwissenschaft, jedoch ein neues Bild entstanden, das den zuvor diskutierten Problemen, das heißt den Problemen der Legitimität der Experten sowie der politischen Verantwortlichkeit der Politiker, eine überraschende Wendung gegeben hat.

Privilegiertes Wissen als politische Ressource –
Das rekursive Modell wissenschaftlicher Politikberatung

Ungeachtet aller Kritik dominieren die beiden linearen Modelle noch immer die Wahrnehmungen des Beratungsprozesses unter Politikern und Beratern gleichermaßen (Boehmer-Christiansen 1995, S. 199; Woodhouse, Niesma 1995). Dabei halten wenigstens drei grundlegende Annahmen, die sowohl dem technokratischen als auch dem dezisionistischen Modell folgen, empirischer Überprüfung nicht stand: 1. die der linearen Sequenz von

> der Prozeß der verantwortlichen Politik »ein Prozeß der Interaktion zwischen Wissenschaftlern, professionellen Führern, Administratoren und Politikern ist; zwar bleibt die ultimative Verantwortung bei den Politikern, aber die Initiative liegt eher bei anderen, einschließlich der Wissenschaftler innerhalb oder außerhalb der Regierung« (Price 1967, S. 67 f.). Dieser Punkt wird später noch bedeutsam.

politischer Problemdefinition, wissenschaftlicher Beratung und politischer Entscheidung; 2. die der Wertfreiheit wissenschaftlichen Wissens; und 3. die der politischen Neutralität wissenschaftlicher Experten.

Die folgende Überprüfung dieser Annahmen legt es nahe, die Beziehung von Wissenschaft und Politik als eine rekursive Kopplung zu modellieren. Sie ist Resultat zweier interdependenter Prozesse: der *Verwissenschaftlichung von Politik* und der *Politisierung der Wissenschaft* (Weingart 1983).

1. Detaillierte Untersuchungen von Entscheidungsprozessen zeigen *erstens*, daß ›politische Programmtätigkeit und instrumentelle Hilfeleistung‹ miteinander verzahnt sind (Murswieck 1994, S. 114). Wissenschaftler sind an der Formulierung der ihnen gestellten Probleme beteiligt bzw. nehmen, je nach der Art der Probleme, in unterschiedlicher Weise Einfluß auf deren Konzipierung. Im Bereich »ordnungspolitischer Entwürfe der Gestaltung gesellschaftlicher Verhältnisse«, in dem die politischen Akteure ihre alleinige Kompetenz beanspruchen, wird der Einfluß der wissenschaftlichen Berater zwar für gering erachtet.[9] Doch schon am Beginn der Abfolge ›Problemwahrnehmung – Beratung durch Experten – politische Entscheidung‹ spielen nicht nur Interessen und Werte, sondern spielt auch *Wissen* eine entscheidende Rolle. Ein Indikator der Verwissenschaftlichung ist darin zu sehen, daß viele der Probleme, die auf die politische Agenda gelangen, allererst von der Wissenschaft wahrgenommen werden. Das inzwischen ubiquitäre Problem des Umweltschutzes wurde Gegenstand des politischen Diskurses, als wissenschaftliche Untersuchungen die Akkumulation des Pflanzenschutzmittels DDT in der Nahrungskette auf-

---

9 Murswieck unterscheidet mit Blick auf die Rolle der Wissenschaft in der Politik zwischen Programmtätigkeiten und Durchsetzungstätigkeiten und kommt zu dem Schluß, daß etwas mehr als ein Viertel der Beratungsgremien im deutschen Regierungssystem dem ersten Bereich zuzuordnen sind. Nach ihrer Anzahl zu urteilen, seien »Gremien, die am ehesten [...] der Vorstellung unabhängiger, wissenschaftlicher Politikberatung« entsprechen, »anscheinend nicht der Normalfall«. Damit sind Gremien gemeint, die ausschließlich mit akademischen Wissenschaftlern besetzt sind (Murswieck 1994, S. 112). Wie immer verläßlich die Einschätzung mit Blick auf Politik insgesamt ist – im hier angesprochenen Bereich der wissenschaftsbezogenen Probleme gelten sicher etwas andere Bedingungen.

gewiesen hatten (van den Daele, Krohn, Weingart 1979, S. 21). Das Problem der Zerstörung der Ozonschicht wurde erst zum Gegenstand internationaler Verhandlungen und Verträge, nachdem Wissenschaftler die Hypothese aufgestellt hatten, wonach Fluorkohlenwasserstoffe dabei eine entscheidende Rolle spielen (Grundmann 1997).[10] Dasselbe gilt für eine Vielzahl anderer Probleme. Tatsächlich wird der Risikodiskurs, der seit Mitte der siebziger Jahre mit den Schlüsseltechnologien verbunden ist, zum größten Teil durch Forschung über die möglichen Gefahren vor dem Hintergrund gesteigerter Sicherheitserwartungen angetrieben (Wiedemann 1993, S. 57; Weingart 1991, S. 14).

Hinsichtlich der amerikanischen Beratungspraxis im Rahmen der Regulierungsbehörden hat Jasanoff in ähnlicher Weise gezeigt, daß politische Zielformulierung und Vollzugsberatung faktisch ineinander verwoben sind. Sie sieht das zentrale Moment des von ihr als ›regulatory science‹ genannten Beratungsprozesses in der politischen Aushandlung regulativer Normen. Die Vermischung von Wissenschaft und Politik führt aber nicht etwa zur Aufhebung der Grenze zwischen ihnen, sondern zu deren Bekräftigung. Die Grenzziehung (›boundary work‹), die in dem Prozeß selbst thematisiert wird, verleiht den erreichten Ergebnissen nachträglich Legitimität und bestätigt die ›unabhängige‹ und ›distanzierte‹ Rolle der Berater (Jasanoff 1990 b, S. 236).

Mit anderen Worten: In dem Maße, in dem die Wissenschaft stärker in das Regierungshandeln einbezogen wird, spielt sie eine wachsende Rolle in der Definition von Problemen, zu deren Lösung sie sodann um Rat gefragt wird, wenn diese Probleme auf die politische Tagesordnung gelangt sind (vgl. Boehmer-Christiansen 1995, S. 201). Die Wissenschaft ist ein Akteur unter vielen anderen im politischen System und an der Gestaltung der politischen Agenda beteiligt, sei es als interessierte Partei, sei es, weil andere Akteure an den Erklärungen der Wissenschaft interessiert sind, wie zum Beispiel die Medien. Die Annahme einer linearen Beziehung zwischen Politik und Wissenschaft entspricht immer weniger den Bedingungen moderner Gesellschaften, wenn sie überhaupt jemals angemessen war.

---

10 Der Artikel, der die Debatte ausgelöst hatte, war Molina, Rowland (1974).

VIERTES KAPITEL

2. Die *zweite* Annahme der Beratungsmodelle ist die der Wertfreiheit wissenschaftlichen Wissens; sie unterstellt, daß wissenschaftliche Fakten und politische Werte klar voneinander getrennt werden können. Es gibt eine offenkundige Verbindung zwischen dem positivistischen Wissenschaftskonzept und dem dezisionistischen Modell wissenschaftlicher Politikberatung. Nach dieser Auffassung wird »gesichertes« Wissen für die Wahl von Mitteln zur Erreichung zuvor und unabhängig gesetzter Ziele in Anschlag gebracht. Deshalb richteten sich auch die früheren Diskussionen über die Rolle der Wissenschaft in der Politik vorwiegend auf die instrumentelle Funktion, das heißt ihre Fähigkeit, verläßliche Antworten auf Probleme zu geben.[11] Aber gerade diese Nützlichkeit wissenschaftlicher Expertise macht sie zu einer inhärent erwünschten Ware im politischen Geschäft. In dem Augenblick, in dem wissenschaftliche Experten wegen ihrer instrumentellen Rolle in die Kabinette der Politik aufgenommen wurden, übernahmen sie unweigerlich zugleich eine potentiell legitimatorische Rolle.

Selbstverständlich sind weder das Phänomen selbst noch die Einsicht in das ambivalente Verhältnis von Wissen und Macht neu. Die legitimatorische Rolle der Wissenschaft in der Politik bezeichnet jedoch zumindest hinsichtlich der Breite des Wissens und des Volumens des Zugriffs eine Entwicklung, die in systematischer Form erst durch die Entstehung moderner Massendemokratien mit ihren besonderen Legitimationserfordernissen *und* durch die damit verbundene allgemeine Anerkennung des instrumentellen Werts wissenschaftlichen Wissens entstanden ist. Dementsprechend werden eine *Vielzahl von Funktionen* wissenschaftlicher Expertise unterschieden, zum Beispiel Legitimierung, Überzeugung, Verzögerung oder Vermeidung von Entscheidungen, Rechtfertigung unpopulärer Entscheidungen, Schlichtung von Disputen und Klärung kon-

---

[11] Renn unterscheidet ›aufklärende‹, ›pragmatische oder instrumentelle‹, ›interpretierende‹ und ›katalytische‹ Funktionen, die aber alle unter das fallen, was ich ›instrumentell‹ nenne. Er bemerkt aber auch, daß Politiker »den Rat der Experten überbetonen, weil es ihnen die Legitimation für ihre Entscheidungen und die Möglichkeit gibt, die Experten als Sündenbock zu benutzen« (Renn 1995, S. 147, 149). Murswieck unterscheidet zwischen ›informativer‹ und ›strategischer‹ Funktion, die ebenfalls beide unter die ›instrumentelle‹ Funktion fallen (Murswieck 1993, S. 90).

fligierender Interessen (Boehmer-Christiansen 1995, S. 197; Renn 1995; van den Daele 1996). Mit diesen unterschiedlichen Funktionen werden im Grunde nur Varianten des komplexen Verhältnisses zwischen Experten und Politikern an der Schnittstelle zwischen den beiden Systemen mit ihren divergierenden Operationslogiken beschrieben. Auf einer höheren Abstraktionsebene können all diese Funktionen jedoch unter zwei grundlegende subsumiert werden: die instrumentelle und die legitimatorische. Angesichts der Komplexität des Verhältnisses und der »faktischen Vermischung von Wissenschaft und Politik im Regierungshandeln« ist dies allerdings eine analytische Unterscheidung (Murswieck 1994, S. 104).

Die legitimatorische Funktion steht vor allem in Debatten über Probleme mit stark wissenschaftlich-technischem Inhalt im Vordergrund. Die ausgedehnte Diskussion über die Sicherheit und Wirtschaftlichkeit der Kernenergie hat der Öffentlichkeit zum erstenmal vor Augen geführt, daß wissenschaftliche Experten zur Unterstützung partikularer Positionen und Interessen von Regierung und Industrie rekrutiert worden waren. Zugleich wurde damit erkennbar, daß die Meinungsverschiedenheiten unter den Experten entlang der Konfliktlinie der Kontrahenten in dieser Debatte verliefen. Außerdem wurde die Öffentlichkeit Zeuge spezialisierter akademischer Diskussionen und Versuche spezialisierter Beweisführungen mit dem Ziel, hochgradig politisierte Entscheidungen zu legitimieren. Sie wurde damit Zeuge des Umstands, daß wissenschaftliches Wissen unsicher und unter den Experten umstritten sein kann. Die USA führten diese Entwicklung an, aber sie vollzog sich auch in Europa, so vor allem in Deutschland bei der Entstehung der ›grünen Bewegung‹ und schließlich der Gründung der ›Grünen‹ als politischer Partei.[12] Seither hat eine Vielzahl wissenschaftlich-technischer Probleme die Aufmerksamkeit der Öffentlichkeit auf sich gezogen: die Sicherheit der Rekombinationsforschung (Gentechnik), die ethischen Implikationen der Reproduktionstechniken, die Anwendungen der Biotechnologie in der Landwirtschaft (genmanipulierte Nahrungsmittel), die ethi-

---

12 Eine der frühesten Studien in den USA ist Nelkin (1971); eine detaillierte Analyse der österreichischen Kernenergiediskussion liefert Nowotny (1979); zu Deutschland siehe Kitschelt (1980).

schen, politischen und wirtschaftlichen Implikationen der Sequenzierung des menschlichen Genoms, die Zerstörung der Ozonschicht, die Auswirkungen der CO_2-Emissionen auf das Klima, die Übertragbarkeit von BSE auf den Menschen, die potentiellen Gefahren des Elektrosmogs und viele andere weniger sichtbare und dramatische Probleme. In all diesen Kontroversen ist es üblich geworden, daß die widerstreitenden Parteien innerhalb von Parlament und Regierung oder anderer Gruppen wissenschaftliche Experten engagieren, um ein Wissen zu präsentieren, das ihre jeweilige Position stützt.[13]

Wenn wissenschaftliches Wissen *verschiedene* politische Positionen und Entscheidungen legitimieren kann, dann wird die Vorstellung schwer aufrechtzuerhalten sein, daß es sich bei seinen Erkenntnissen um eindimensionale, ›harte‹ und objektive Wahrheit handelt, die sich nur auf eine bestimmte Lösung beziehen läßt. Wissenschaftliches Wissen läßt sich offenbar nicht so eindeutig von Werturteilen trennen, wie es das dezisionistische und das technokratische Modell der Beratung unterstellen. Die Beziehung zwischen Wissen und Entscheiden ist sehr viel komplexer. Sie wirft Fragen der Art und Weise auf, wie Probleme gestellt werden, welches Wissen für ihre Lösung in Anschlag gebracht werden kann, welchen Grad an Verläßlichkeit, das heißt auch welchen Grad an Zustimmungsfähigkeit dieses Wissen hat, welchen Interpretationsspielraum dieses Wissen erlaubt, wie viele Antworten auf das gestellte Problem es zuläßt und in welcher Beziehung das Wissen zu gesellschaftlichen Werten und politischen Interessen, das heißt zu dem jeweiligen Bedeutungskontext, steht.[14]

13 Ein extremes Beispiel eklatanter legitimatorischer Instrumentalisierung der Wissenschaft und speziell des offenen Disputs der Experten an der Forschungsfront kann in dem Versuch der amerikanischen Industrie gesehen werden, mit Millionen Dollar wissenschaftliche Experten anzuwerben, die bereit waren, die vorherrschende These eines anthropogenen Klimawandels mit wissenschaftlichen Argumenten zu unterminieren (*New York Times* vom 28. 4. 1998). Ein anderes krasses, aber keineswegs ungewöhnliches Beispiel der rein ›symbolischen‹ Verwendung wissenschaftlicher Expertise im Zusammenhang mit der Einführung des Privatfernsehens in der Bundesrepublik liefert Hoffmann-Riem (1993).

14 Peters und Barker heben hervor, daß die Schwierigkeit, Fakten von Meinungen zu unterscheiden, unter anderem auch damit zusammenhängt, daß reine Fakten für politische Entscheidungsprozesse nutzlos sind (Pe-

An dieser Stelle ist einem möglichen Mißverständnis vorzubeugen. Die behauptete Schwierigkeit, Wissen von Werturteilen zu trennen, die nicht zuletzt mit der doppelten Funktionalität des Wissens in Entscheidungskontexten begründet wurde, ergibt sich nicht aus einer prinzipiellen Ununterscheidbarkeit oder zunehmenden Entdifferenzierung. Eine solche Behauptung wäre gleichbedeutend mit derjenigen, wissenschaftliches Wissen sei kategorial nicht von anderem Wissen zu unterscheiden. Diese Auffassung einer prinzipiellen Wertgeladenheit wissenschaftlichen Wissens oder einer zunehmenden Verwischung der Grenzen zwischen Politik und Wissenschaft ist analytisch irreführend. Sie wird zwar von technikkritischen sozialen Bewegungen mit der pauschalen These von der Interessenbindung allen Wissens unablässig vertreten, aber zugleich durch ihre eigene Praxis widerlegt: Die ›Professionalisierung der Kritik‹ durch die Berufung auf Gegenexpertise und ihre Institutionalisierung in eigenen Wissensagenturen belegt *auch* die Bedeutung der Grenze (van den Daele 1996, S. 298). Im übrigen zeigen detaillierte Analysen diskursiver Kommunikationsprozesse, die bei »runden Tischen«, auf »Foren«, »Konsenskonferenzen« und ähnlich organisierten Dialogen zwischen Experten, Gegenexperten, Entscheidungsträgern und anderen interessierten Parteien hergestellt werden, daß Tatsachenbehauptungen sehr wohl von Wertungen unterschieden werden. Der Eindruck, wissenschaftliches (›objektives‹) Wissen und Wertungen fielen zusammen, entsteht durch die Art und Weise, auf die im öffentlichen Diskurs Faktisches und Normatives auf komplexe Weise miteinander verbunden wird und ineinander verwoben ist (ebd., S. 307). Hinzu kommt schließlich, daß die Unsicherheit über wissenschaftliches Wissen, das heißt der Grad, zu dem Konsens über bestimmte Tatsachenbehauptungen oder empirische Evidenzen besteht, zugleich auch darüber entscheidet, wieviel Spielraum dafür vorhanden ist, sie mit Bezug auf Wertungen zu bestreiten. In der Regel ist der Konsens in den Naturwissenschaften höher als in den Sozialwissenschaften. Naturwissenschaftliches Wissen ist folglich vergleichsweise weniger anfällig

ters, Barker 1993, S. 4). Der eigentliche Punkt ist aber wohl, daß im normativen politischen Geschäft ›Fakten‹ immer unter normativ geprägten Relevanzgesichtspunkten interpretiert werden.

für wertbedingte Interpretationen, aber keineswegs frei davon. Es geht also nicht um einen Gegensatz zwischen wertfreiem und interessengebundenem Wissen, sondern um ein Kontinuum unterschiedlicher Interpretationsspielräume, und diese ändern sich möglicherweise noch im Zeitverlauf.

Wissenschaftssoziologen betonen den sozial ›konstruierten‹ Charakter wissenschaftlichen Wissens, seine kontextuellen Ursprünge, seine interpretative Flexibilität und folglich seine ›Relativität‹ als Gründe dafür, daß wissenschaftliche Kontroversen politischer Natur sind (Knorr-Cetina 1981). Sie sind dies jedoch nur in bestimmten politischen Kontexten und unter Umständen in gegensätzlicher Weise. Wenn Wissen mit (politischen) ›Interessen‹ in Verbindung gebracht werden kann, wird es mal als unterstützend, mal als widersprechend oder zuweilen sogar als gefährlich bewertet. Wissen gerät im politischen Kontext unweigerlich unter diese bewertenden Urteile, sobald es in die öffentliche Arena gelangt. Diese unentrinnbare Kontextbindung wissenschaftlichen Wissens ist der Kern der Politisierung von Wissenschaft.[15]

3. Der *dritten* in den dezisionistischen und technokratischen Modellen implizierten Annahme zufolge bleiben die Wissenschaftler im Beratungsprozeß desinteressiert und vermitteln objektives Wissen in reiner Form. Diese Annahme ist so offenkundig ein Mythos, daß sie kaum der Widerlegung bedürfte. Obgleich selbst Politikern und Verwaltungsangehörigen dieser Sachverhalt bekannt ist, wird er von ihnen nur selten anerkannt.[16] Sowenig Wissen sich dem Bedeutungskontext entziehen kann, in dem es interpretiert wird, können sich wissenschaftliche Experten diesen Kontexten entziehen, in denen sie Wissensbehauptungen vertreten. Ein Indiz für das Unbehagen

---

15 Murswieck zitiert einen Politiker mit den Worten: »Ich erwarte von den Wissenschaftlern Konzepte, von denen ich mir dasjenige auswählen kann, welches auf der Linie der FDP liegt« (Murswieck 1994, S. 105). Die häufigste Erfahrung wissenschaftlicher Berater oder gar ganzer Beratungskommissionen dürfte hingegen die sein, daß ihre Ratschläge schlicht unbeachtet bleiben.

16 Siehe Jasanoff (1990b, S. 230f.) und die dort zitierte Literatur. Boehmer-Christiansen erklärt, daß »the model underlying much of expert advice in Europe is […] naive, rationalist and far too linear« (Boehmer-Christiansen 1995, S. 199).

an der Vermischung von Wissensbehauptungen und interessierten Meinungen sind die vielfältigen und offenbar häufiger werdenden Rituale der ›Eigentlichkeit‹: ›runde Tische‹, Kamingespräche und ähnliche Arrangements, in denen vorgeblich unter Ausschluß der Öffentlichkeit (und der eigenen Klientel) über kontroverse Sachfragen miteinander diskutiert werden kann, ohne daß die Diskussion durch politische Rüksichtnahmen belastet wird. So wird versucht, das immer präsente ›Publikum‹ auszuschließen und zu den ›wahren‹ Meinungen vorzustoßen. Allgemein lassen sich zwei Typen von Interessenbindungen der Wissenschaftler unterscheiden, die den politischen bzw. wissenschaftspolitischen Beratungsrollen entsprechen: Entweder setzen sie sich aufgrund politischer Präferenzen für eine politische Position in einer Kontroverse ein, oder sie vertreten die Interessen der Disziplin bzw. des Forschungsgebietes, der bzw. dem sie selbst zugehören.

Ein frühes Beispiel dafür, daß Wissenschaftler sich für eine politische Option einsetzten und damit in Opposition zur offiziellen Regierungspolitik (und zu deren wissenschaftlichen Beratern!) gerieten, der sie als Forscher (und damit im weiteren Sinn als Berater) dienten, war die Bewegung der amerikanischen Atomwissenschaftler um Leo Szilard, Harold Urey und James Franck, die sich unmittelbar nach Kriegsende für eine internationale Kontrolle der Nuklearwaffen einsetzten. Die daran beteiligten Wissenschaftler handelten aus politischer bzw. moralischer Überzeugung. Sie scheiterten allerdings an ihrer politischen Naivität (Shils 1987).

Die Ozon-Debatte kann als ein rezenteres Beispiel für viele stehen. Unmittelbar nach der Veröffentlichung der Molina-Rowland-Hypothese bildeten sich zwei Koalitionen. Die eine favorisierte die schnelle Regulierung der Verwendung von Fluorkohlenwasserstoffen (Wissenschaftler, Umweltschützer, Konsumentengruppen, Politiker), eine andere lehnte eine derartige Regulierung ab (FCKW-Produzenten und Konsumenten, Lobbys der chemischen Industrie, Wissenschaftler und Politiker). Den Kern der Befürworter der Regulierung bildeten die wenigen Wissenschaftler, die die entscheidenden Berichte publiziert hatten. Sie wurden die Sprecher und Aktivisten im Sinne ihrer eigenen Überzeugungen, noch bevor sie ihre Hypothese beweisen konnten. Mindestens nach 1986 bezogen auch deutsche Wissenschaftler in den Medien offen Stellung zugunsten einer Regulierung. Ihre Gegner unter den Wissenschaftlern waren keine homogene Gruppe; die Interessen, aufgrund deren sie gegen rasches politisches Handeln im Hinblick auf FCKWs eintraten, waren unterschiedlich. Einige spielten die Gefahren herunter, um zusätzliche Forschungsgelder zur weiteren Untersuchung des Problems zu erhalten, andere standen im Dienst der FCKW-Produzenten. Zu dem Zeitpunkt, als die Kontroverse begann, war ihre Position mit wissenschaftlichen Daten ebensowenig zu begründen wie die ihrer Gegner. Die Ozon-Debatte demonstrierte die Rolle der Wissenschaftler als politischer Akteure, unabhängig von den Unterschieden in den politischen Systemen oder den Motiven und Interessen, die Beobachter ihnen zuschreiben mochten.

Eine unausweichliche Folge der *Politisierung* wissenschaftlicher Berater ist der Umstand, daß ihre Positionen in einer Kontroverse von außen als politisch und nicht durch verfügbares Wissen determiniert wahrgenommen werden. Das geschieht selbst dann, wenn sie selbst keine bestimmten Interessen verfolgen. Da der Berater in einen Entscheidungsprozeß eingebunden ist, nimmt er unweigerlich eine *politische* Rolle ein. »Wissenschaftliches Wissen wird in die Expertenbeurteilung transformiert, indem es in den Entscheidungs*prozeß* eingeschrieben wird. Aber diese ›Inskription‹ führt den Wissenschaftler sofort dazu, wenigstens im Fall wissenschaftlich und politisch komplexer Fragen, Meinungen oder Überzeugungen zu äußern, die, wie auch immer wissenschaftlich begründet, nicht mit Wissen im strengen, allgemein mit diesem Wort verbundenen Sinn identifiziert werden können« (Roqueplo 1995, S. 176, meine Hervorhebung). Es ist ein *systematisches* Charakteristikum der Kopplung von Wissen und Entscheidung und nicht etwa Folge des idiosynkratischen Verhaltens einzelner, daß wissenschaftliche Berater Expertise anbieten und Empfehlungen aussprechen, die durch das entsprechende Wissen nicht gedeckt sind.

Die Spiegelung dieses Umstands und ein weiterer Aspekt der Politisierung ist die Art und Weise, in der Experten in ihre Beraterrollen rekrutiert werden. Die öffentlichen Kontroversen verweisen am deutlichsten auf die legitimatorische Funktion der Wissenschaft in der Politik. Sie haben Edward Shils zu dem Kommentar veranlaßt: »Berater werden allzuoft gewählt, nicht weil Parlamentarier und Regierungsbeamte ihren Rat wollen, sondern weil sie offenbar die autoritative Unterstützung für die Politik haben wollen, die sie vertreten. Es ist offensichtlich, daß sie, indem sie diesen Versuchungen erliegen, sich in einer betrügerischen Übereinstimmung mit den Wissenschaftlern befinden, die ihr Prestige ausnutzen, welches sie aufgrund von Objektivität und Neutralität erlangt haben« (Shils 1987, S. 201). Diese Beobachtung wird in einem korporatistisch orientierten politischen System wie dem der Bundesrepublik besonders deutlich. Die Auswahl der Wissenschaftler in die Enquête-Kommissionen des Bundestags erfolgt auf der Grundlage des jeweils geltenden Parteienproporzes und wird selbstverständlich von den Parteien vorgenommen. In den Kommissionen sitzen sie zusammen mit den Parlamentariern, was sie in die Kompromisse einbindet, die politisch gefunden werden. Die Gefahr besteht darin, daß der Rat der Wissenschaftler politisch verwässert wird. Im Unterschied zum deutschen System, in dem die Ministerialbürokratie einen großen Spielraum in der Einrichtung von Beratungsgremien und der Ad-hoc-Wahl von Beratern hat, unterliegen zum Beispiel die amerikanischen Behörden strengeren Restriktionen. Hier ist der Beratungsstil stärker von der Orientierung an der Öffentlichkeit geprägt und hat vorzugsweise konflikthaften Charakter. Auch hier erfolgt aber die Wahl der Berater, so muß man vermuten, in vorgängiger Kenntnis ihrer politisch relevanten Positionen.

Generalisiert man all diese Beobachtungen, dann ergeben sich die Schwierigkeiten der Unterscheidung zwischen wissenschaftlicher Beratung und politischer Entscheidung, zwischen Wissen und Werten: erstens aus der Verflechtung faktischer und normativer *Argumente* in den Diskussionen zwischen Experten und Politikern; zweitens aus der Vermischung der *Rollen* wissenschaftlicher Beratung und politischer Bewertung auf seiten der Experten, eine Vermischung, die von den Entscheidungsträgern oft herausgefordert wird; drittens aus der Einbettung des wissenschaftlichen Wissens in unterschiedliche *Kontexte* von Handlungsrelevanz und Bewertung. Viertens ist das Maß der möglichen Vermengung von Wissen und Werten abhängig vom Grad des *Konsensus* über wissenschaftliches Wissen.

Angesichts dessen waren ›einfache Modelle‹ der wissenschaftlichen Beratung, das *dezisionistische* oder *demokratische* und das *technokratische* Modell, von Anbeginn unzutreffend. Ihre Annahmen hinsichtlich der Natur wissenschaftlichen Wissens wie auch des Verhaltens der Wissenschaftler im Rahmen der tatsächlichen Funktionsweise wissenschaftlicher Politikberatung waren naiv. Die linearen Konzeptionen der Politikberatung müssen durch *rekursive Modelle* ersetzt werden, in denen die lineare Kette ›Problemwahrnehmung – Expertenrat – politische Entscheidung‹ durch eine rekursive Schleife ersetzt wird: 1. Die Wahrnehmung eines Problems kann sowohl aus der Wissenschaft als auch aus dem Politikbereich kommen. 2. Im politischen Prozeß wird es auf der Grundlage politischer Relevanzkriterien transformiert. 3. Als ein politisches Programm der Förderung weiterer Forschung zur Klärung des ursprünglichen Problems wird es der Wissenschaft zurückgespielt. 4. Die *scientific community* führt ihrerseits die entsprechenden Forschungen durch, deren Ergebnisse die Grundlage für die kontinuierliche Anpassung der ursprünglichen Problemwahrnehmung wird.[17]

Dies ist eine idealisierte Rekonstruktion; das heißt, die verschiedenen Stadien sind in der Beratungspraxis nicht notwendig sauber voneinander getrennt, weder zeitlich noch institutionell. Aber obgleich das Modell aus Analysen von Beratungsprozessen abgeleitet ist, die sich auf wissenschaftspolitische (›policy for science‹) Probleme bezogen, das heißt auf die Formulierung und Implementierung von Förderprogrammen für politikorientierte Forschung, befinden sich die Erkenntnisse in bemerkenswerter Übereinstimmung mit Jasanoffs Untersuchungen des Beratungsprozesses in den amerikanischen Regulierungsbehörden (Jasanoff 1990b, besonders S. 234 ff.). Die rekursive Struktur der Beziehung zwischen Wissenschaft und Politik, die in

---

17 Vgl. zur Rekonstruktion der Frühphasen von vier Forschungsprogrammen in der Bundesrepublik (Umweltforschung, Fusionsforschung, Biotechnologie, Elektronische Datenverarbeitung) und des ›Kriegs gegen den Krebs‹ (›War on Cancer‹) in den USA: van den Daele, Krohn, Weingart (1979); zu einer detaillierten Analyse der Genese des Umweltprogramms der Bundesregierung siehe Küppers, Lundgreen, Weingart (1978); zur Konstituierung eines wissenschaftlichen Problems, des Klimawandels, als politisches Handlungsfeld siehe Engels, Weingart (1998) und zur Kommunikation desselben Problems zwischen Wissenschaft, Politik und Medien und den divergierenden Wahrnehmungen: Weingart, Engels, Pansegrau (2000).

diesen Fallstudien exemplifiziert wird, illustriert augenfällig die *Verwissenschaftlichung der Politik*.

Damit löst sich die *erste Paradoxie* auf: Die ursprünglichen Sorgen in bezug auf die demokratische Legitimität und Verantwortlichkeit der Experten verschwinden, weil der Zugang zu wissenschaftlicher Expertise demokratisiert und die resultierende Beziehung zwischen wissenschaftlicher Beratung und politischer Entscheidung als rekursiv und reziprok wahrgenommen wird. Die Autorität der Experten und die Geschlossenheit ihres Rates werden nicht länger als Bedrohung im Sinne eines unzulässigen Einflusses auf die demokratische Meinungsbildung erfahren. Gerade aus dieser Konstellation erwächst jedoch eine *zweite* Paradoxie.

Von der Gefahrenabwehr zur Risikoprävention – Die enge Kopplung zwischen Wissenschaft und Politik

Die Diskussionen über die frühen Modelle wissenschaftlicher Politikberatung orientierten sich an einer Situation, in der einige wenige, buchstäblich ›hervorragende‹ Wissenschaftler in wenig oder gar nicht formalisierten Verfahren als Ad-hoc-Berater direkten Zugang zur politischen Macht hatten. Gerade die Formalisierung dieses Verhältnisses, wie im amerikanischen Beispiel, brachte das Legitimationsproblem überhaupt ins Bewußtsein. Diese Situation hat sich im Hinblick auf den Umfang und die Bandbreite des für Regierungshandeln in Anspruch genommenen Wissens sowie auf die Systematik des Zugriffs grundlegend gewandelt.

Tatsächlich geht diese Entwicklung auf die Ausweitung der Staatsfunktion von der bloßen Gefahrenabwehr zur Gefahrenvorsorge und Risikoprävention zurück, die parallel zur Wissenschafts- und Technikentwicklung seit Mitte des 19. Jahrhunderts stattfindet. Ausgangspunkt war das (exemplarische) Sicherheitsproblem der Dampfkessel. Die Diskussion um die Sicherheit der Dampfkessel löste die Dynamik der wechselseitigen Bedingung von Sicherheitserwartungen, Ausbildungsanforderungen, Normierung, Qualifikationslizenzierung, Professionalisierung und Selbstregulierung aus, die zum Grundmuster der Verwissenschaftlichung wird. Der preußische Staat wählte den Weg, für den Dampfkesselbau Konstruktionsvorschriften zu formulieren, die Konstruktion selbst jedoch freizugeben. Zugleich wurden die technischen Beamten in die Pflicht genommen, sich laufend über die technischen Fortschritte im Dampfkesselbau zu informieren (Lundgreen 1981, S. 85). Schon darin ist die Rückbindung staatlicher Regulierungsinteressen an die Wissensproduktion angelegt. Diese wird formal institutionalisiert, als in den achtziger Jahren des 19. Jahrhunderts Material- und Berechnungsvorschriften erlassen werden, die nicht mehr von Beamten, sondern technischen Spezialvereinen formuliert wurden, in denen der technische Sachverstand organisiert war. Außerdem blieben die Vorschriften unterhalb der Gesetzesebene und konnten infolgedessen fortlaufend an die technische Entwicklung angepaßt werden. Die Dampfkesselrevision ist insofern Modell für spätere Organisationsformen der staatlichen Regulierung von Technik, die zum einen aus gesellschaftlichen Gestaltungsinteressen (zum Beispiel Gefahrenabwehr, ökonomische Konkurrenzfähigkeit) entspringt, zum anderen an die »anerkannten Regeln der Wissenschaft und Technik« zurückgebunden ist.

Bereits die Sicherheitsregulierungen gingen über die Modellvorstellung des liberalen Rechtsstaats hinaus, der zufolge Gesundheit und Leben nicht gewährleistet werden können, da sie vom Nachweis einer konkret bestehenden Gefahr abhängig sind. Das Sicherheitsbedürfnis verschob sich jedoch immer weiter auf den bloßen Gefahrenverdacht. Inzwischen geht es nicht mehr um den Schutz der klassischen Rechtsgüter Leben, Gesundheit und öffentliche Sicherheit; vielmehr werden an neue Techniken Erwartungen der Umweltverträglichkeit und der Sozialverträglichkeit gerichtet. »Angesichts der unvermeidlichen Erkenntnis- und Prognoseschranken hinsichtlich der Folgen sollen neue Techniken an Meta-Kriterien der Vorsicht, wie Reversibilität, ›Fehlerfreundlichkeit‹, Verzicht auf Großprojekte oder Einbau in sich selbst erhaltende Regelkreise der Natur, kontrolliert werden« (van den Daele 1989, S. 218). Träger dieser Erwartungen ist nicht mehr ein auf die Wahrung der Sicherheitsbedürfnisse der Bevölkerung verpflichteter Staat, sondern Bürgerinitiativen, Umweltgruppen und andere Organisationen

außerhalb des institutionalisierten politischen Systems. Sie sind Bestandteil einer sich neben den politischen Parteien selbst organisierenden Öffentlichkeit, deren Organisationszweck in einigen Fällen (wie dem der Anti-Kernkraftbewegung) nur die Kritik an einer bestimmten Technik ist, deren ›issues‹ sich aber schnell wandeln können. Aufgrund einer intensivierten Medienbeobachtung verfügen sie über ein hohes Mobilisierungspotential und somit über *Veto-Macht*, so daß die *Technikakzeptanz* zu einer festen, wenngleich kaum berechenbaren Größe politischer ebenso wie industrieller Kalküle im Zusammenhang mit der Implementierung großer technischer Projekte geworden ist. Inzwischen hat sich eine breite Risikodiskussion etabliert, die viele Technologien erfaßt hat (DiFabio 1990).
Zwei Konzepte sind im Rahmen der Technikbewertung und -kontrolle bzw. der Technikfolgenabschätzung seit den sechziger bzw. siebziger Jahren Gegenstand der öffentlichen Diskussion und lassen sich als besonders prägnante Beispiele herausgreifen, die die Nachfrage der Politik nach wissenschaftlicher Beratung im Rahmen moderner Risikoprävention begründen: *Umweltverträglichkeit* und *Sozialverträglichkeit*. Die Forderung nach Umweltverträglichkeit ist im Grunde eine Spezifizierung der Technikfolgenabschätzung mit Blick auf die möglichen Folgen einer bestimmten Technik auf die Umwelt. Sie ist in den USA als *environmental impact assessment*, in Deutschland als *Umweltverträglichkeitsprüfung* (UVP) rechtlich verankert. Schon die Betrachtung der Unterschiede zwischen der Technikfolgenabschätzung (TA) und der UVP verweist auf die hier interessierenden Abstufungen inhärenter Wissenserfordernisse, die auf die Art der mit diesen Ansprüchen an Technikentwicklung initiierten Wissensproduktion schließen lassen. Die UVP ist auf konkrete Entscheidungen von Verwaltungen gerichtet und erweitert deren Entscheidungskriterien im Hinblick auf konkrete Projekte, wie zum Beispiel die Errichtung von Anlagen. (Sie ist im übrigen nicht auf ›Technik‹ im engeren Sinn beschränkt.) Obgleich durch die Einschränkung der UVP auf konkrete Maßnahmen und deren Auswirkungen auf die Umwelt der Rahmen der zu untersuchenden Folgen klar abgegrenzt zu sein scheint, besteht schon hier eine »Tendenz zur Selbstüberforderung« (Wahl, zitiert in Bechmann, Jörissen 1992, S. 151). Van den Daele weist darauf hin, daß die notwendige

VIERTES KAPITEL

Präzisierung der ›Einwirkungen auf die Umwelt‹ entweder auf die Verletzung »wünschenswerter Ziele« oder auf die Beeinträchtigung »notwendiger Überlebensbedingungen« abstellen muß. Erhaltung der Umwelt, in der der Mensch noch existieren kann, wäre die als moralisches Minimum von der Natur selbst vorgegebene Norm. Die empirischen Kriterien der Norm müssen wissenschaftlich (von der Ökologie) abgeleitet werden. Auf seiten der Wissenschaft ist es jedoch bislang nicht gelungen, »die Stabilitätsbedingungen von Ökosystemen so weit aufzuklären, daß man die Zulässigkeit von Eingriffen in die Umwelt daran messen könnte« (van den Daele 1993, S. 222 f.). Die in den rechtlich fixierten Entscheidungen wie Bewilligungen, Erlaubnissen, Genehmigungen, Planfeststellungsbeschlüssen usw. geforderten UVPen sind also mit erheblichen Prognoseunsicherheiten hinsichtlich möglicher Folgen behaftet und eröffnen einen ebenso erheblichen Forschungsbedarf. Mehr noch: Sie koppeln das Verwaltungshandeln an den Prozeß der Wissensproduktion in den einschlägigen Disziplinen. Die eine Seite ist die zwingend vorgeschriebene ökologische *(Re-)Orientierung des Verfahrenshandelns* der entsprechenden Behörden, in der auch der Haupterfolg gesehen wird. Die andere Seite ist die *Prozeduralisierung* dieses Handelns, indem nicht mehr der materielle Inhalt der Normen festgeschrieben, sondern der laufenden Wissensentwicklung angepaßt wird.

In der Technikfolgenabschätzung (TA) ist dieser Bezug der abstrakten Forderung nach einer ›Abschätzung der Folgen‹ einer geplanten Technik auf die dazu erforderliche Produktion systematischen Wissens noch deutlicher. Für die TA ist, im Unterschied zur UVP, »das Spektrum der Auswirkungen, die zu identifizieren, zu analysieren und zu bewerten sind, im Prinzip unbegrenzt« (Bechmann/Jörissen 1992, S. 149). Außer den ökologischen Folgen kommen grundsätzlich auch alle denkbaren anderen in Betracht: wirtschaftliche, kulturelle, soziale, politische usw. Die TA richtet sich zudem auf einen unbestimmten Zeithorizont. Da es in erster Linie um nichtintendierte und in der Gegenwart noch nicht unmittelbar absehbare Folgen geht, muß die Prognoseunsicherheit noch ungleich größer sein als im Fall der UVP. Die TA ist notwendigerweise geringer institutionalisiert, dient als Beratungsinstrument, und ihre Ergebnisse haben keine entscheidungsbindende Wirkung. Sie wird als »strategisches Rahmenkonzept« verstanden. Es ist jedoch nicht zufällig, daß die Technikfolgenabschätzung zu einem florierenden Forschungszweig geworden ist, der aufgrund der inhärent interdisziplinären und synoptischen Problemstellung keine vorgängigen Einschränkungen außer der jeweiligen Bezugstechnik hat. TA könnte auch als Technikforschung zweiter Ordnung beschrieben werden: Es geht um die *präventive* soziale, politische, wirtschaftliche und ökologische *Kalibrierung* der Technik. Der vorläufige Endpunkt dieser Entwicklung ist die Forderung nach einer *Sozialverträglichkeit* der Technik: ein Endpunkt insofern, als damit der Horizont möglicher die Technik gestaltender Kriterien auf die gesamte Gesellschaft erweitert wird. Das Konzept der Sozialverträglichkeit ist allerdings nie hinreichend konkretisiert worden, um wirklich technikgestaltende Wirkung entfalten zu können (Bechmann, Gloede 1986; van den Daele 1993). Van den Daele arbeitet in seiner detaillierten und am Vergleich zur Umweltverträglichkeit orientierten Kritik des Konzepts heraus, daß analog der letzteren nicht sinnvollerweise der Bestand der Gesellschaft zum Kriterium erhoben werden kann, sondern allenfalls die Beeinträchtigung oder Beförderung der Qualität der Gesellschaft entsprechend der in ihr geltenden Werte. Sie liefert also keine neuen Bewertungskriterien, sondern ist auf die bereits üblichen verwiesen: »Sicherheit, Frieden, allgemeine Wohlfahrt, soziale Gerechtigkeit, Schutz der Menschenrechte usw.« (ebd., S. 235). Sozialverträglichkeitsprüfungen verweisen somit auf den politischen Prozeß, in dem diese Werte durch Entscheidungen bestätigt oder abgewandelt werden. Sie sind mögliche Foren, in denen die ständige politische Auseinandersetzung um die »richtigen Entscheidungen und die richtigen Kriterien fortgesetzt wird«; ihr möglicher Beitrag zur Rationalisierung von Politik »dürfte in erster Linie darin bestehen, mehr Informationen zu mobilisieren und die Beteiligung der von der Politik Betroffenen zu erhöhen« (ebd.).

Van den Daele sieht in Umwelt- und Sozialverträglichkeitsprüfungen sowie in der Technikfolgenabschätzung »*Informationspolitiken* im Vorfeld materieller Entscheidungen« (ebd., S. 236). Diese Informationspolitiken richten sich an die politische Öffentlichkeit und bedienen die für moderne Massendemokratien charakteristischen Teilhabeansprüche. Tatsächlich ist die »umfassende Beteiligung der Öffentlichkeit« ein zentrales

Postulat dieser Verfahren, auch wenn bislang zumindest in der Bundesrepublik weder der Begriff der Öffentlichkeit hinreichend klar umrissen noch »eine Rückkopplung zwischen Entscheidungsträger und Öffentlichkeit gewährleistet ist« (Bechmann, Jörissen 1992, S. 160).

Hieran wird deutlich, daß die im politischen Diskurs seit den siebziger Jahren virulente »Verträglichkeitsrhetorik« (van den Daele) den zweiten Parameter der Technikentwicklung darstellt. Die Ansprüche an Technik haben sich aus dem enggefaßten Rahmen polizeilicher Gefahrenabwehr, wie sie exemplarisch in den Dampfkesselrevisionen des preußischen Staates vorgenommen wurde, befreit. Sie haben sich zu einem umfassenden Anspruch einer im Prinzip jedem Bürger zugänglichen Teilhabe an der Gestaltung und Implementierung neuer Techniken ausgedehnt. Die Kriterien dieser Gestaltungsansprüche werden dabei zunehmend systematisch überzogen in der Erwartung und mit der unbedachten Konsequenz, daß die Wissenschaft die Antworten bzw. Lösungen für die erhobenen Forderungen liefern kann. Das Wissen über die Auswirkungen neuer Techniken, das liegt in der Logik jeder Innovation, ist jedoch konstitutiv unvollkommen. Der Raum des Nichtwissens wird durch Erwartungen der Risikovermeidung ausgefüllt, die als Zulässigkeitskriterien neuer Techniken deren Gestaltung beeinflussen oder ihre Einführung ganz verhindern. Dieser Raum ist prinzipiell grenzlos. Die hypothetischen Gefahren und Schäden, auf die reagiert werden soll, sind eine Funktion der Sicherheitserwartungen in Kombination mit der Forschung nach möglichen Risiken. Die paradoxe Folge der damit charakterisierten *Kopplung Wissenschaft-Politik* ist die beschleunigte wechselseitige Verstärkung von technischer Entwicklung, politischen Gestaltungsansprüchen und deren wissenschaftlicher Begründung.

Damit ist der die Kopplung zwischen Politik und Wissenschaft treibende Mechanismus im Prinzip in der regulativen Praxis institutionalisiert. Die rechtliche Regulierung von Technik, das heißt die Abwehr von und die Vorsorge vor Gefahren ist von der statischen Definition von Prinzipien und Standards hin zu einer dynamischen Bindung an den jeweils neuesten Stand der Forschung (›Stand von Wissenschaft und Technik‹) ›prozeduralisiert‹ worden. In modernen Gesetzen, wie etwa dem Atomgesetz, fehlen Spezifizierungen der Beschaffenheit einer Anlage. Statt dessen müssen jeweils Standards für jeden Einzelfall herausgearbeitet werden, was zu einer verstärkten Beteiligung von Wissenschaftlern und Technikern führt (Hagenah 1986, S. 107). In allen Fällen, in denen Regulierungsbehörden und in letzter Instanz Gerichte zum Beispiel über die Freigabe neuer Medikamente oder des Betriebs neuer Technologien wie eines Atomkraftwerks zu entscheiden haben, wird die betreffende Entscheidung nicht vorrangig auf normative Kriterien gestützt, die sich aus rechtlichen Vorgaben herleiten und von Richtern interpretiert werden, sondern auf die Erklärungen wissenschaftlicher Experten. Die Verwaltungsgerichte, in deren Zuständigkeiten diese Entscheidungen fallen, haben insofern im Prinzip einen großen Teil der Verantwortung für diese Entscheidungen an die entsprechenden Spezialistengruppen abgetreten, obgleich die tatsächliche Entscheidung bei den Richtern verbleibt. Die zentrale Frage lautet also, wer berechtigt ist, über den »Stand von Wissenschaft und Technik« zu urteilen, und was als solcher gilt, wenn die Urteile im Widerspruch zueinander stehen (ebd.).

Die Entwicklung der Kerntechnik und ihre Implementierung markieren die grundlegenden Veränderungen im Verhältnis von Wissenschaft und Rechtssystem. Die Praxis, wissenschaftliche Experten zu gerichtlichen Verhandlungen hinzuzuziehen, ist erst im Zusammenhang mit der Kerntechnik üblich geworden. Die mit dieser Technologie verbundenen Sicherheitsprobleme sind für die Gerichte zu komplex geworden, um sich durch den bloßen Bezug auf Textbuchliteratur beurteilen zu lassen. Komplexität bezieht sich dabei auf den Sachverhalt, daß die Forschungen über ihre Sicherheit, ihre Gesundheits- und Umweltfolgen, noch nicht abgeschlossen und daß deshalb auch noch keine festen und konsensuellen Standards formuliert worden sind. Das hat zu einer deutlichen Zunahme der Zahl der Experten geführt, die von Behörden und letztlich von den Gerichten angerufen werden.

Wachstum und Entwicklung der institutionellen Struktur der wissenschaftlichen Beratung verdanken sich nicht zuletzt der beschriebenen Verwissenschaftlichungsdynamik.[18] Der Aufbau

---

18 Zur Beratungsstruktur des deutschen Systems vgl. Mayntz (1987).

ressorteigener Forschungseinrichtungen geht auf das 19. Jahrhundert zurück. Diese Einrichtungen stellen heute das größte Potential an wissenschaftlicher Beratung, in aller Regel für das Verwaltungshandeln der Ministerien. Nach dem Ende des Zweiten Weltkriegs sind die Großforschungseinrichtungen dazu gekommen, die in bestimmten Bereichen der Technologieentwicklung (Kernenergie, Computerentwicklung und Informatik, Raumfahrt, Biotechnologie) die erforderlichen Forschungskapazitäten liefern sollten. Hierbei handelt es sich jedoch nicht im engeren Sinn um wissenschaftliche Beratungseinrichtungen. Die wissenschaftliche Beratung im klassischen Verständnis, das heißt ad hoc durch Forschungsaufträge, Gutachten und Anhörungen sowie durch in den Ministerien auf Zeit eingerichtete Beiräte, ist gegenüber den staatseigenen Forschungseinrichtungen personell und finanziell sehr viel weniger umfangreich. Sie ist aber dennoch gewichtig und, im ersten Fall wegen des informellen Charakters der Beratung, auch sehr effektiv. Anfang der neunziger Jahre verfügte die Bundesregierung über nahezu dreihundert Beratungsgremien mit durchschnittlich zehn Mitgliedern.[19] Schon allein der quantitative Umfang der wissenschaftlichen Politikberatung und ihre institutionelle Vielfalt sind ein Zeichen dafür, daß die Verwendung systematischen Wissens zu einem inhärenten Element moderner Regierungssysteme geworden ist.[20]

Im Gefolge der beschriebenen Entwicklung zur staatlichen Gefahrenvorsorge und Risikoprävention ist wiederum eine um-

---

19 Für die Ad-hoc-Beratung wurden zu diesem Zeitpunkt ca. 65 Millionen DM ausgegeben, für die Beratungsgremien demgegenüber nur etwa 16 Millionen DM. Im Vergleich: Die Ressortforschung verfügte 1993 über 54 Einrichtungen mit 6000 Wissenschaftlern und über 9000 nichtwissenschaftlichen Mitarbeitern bei Ausgaben von rund 3 Milliarden DM (Murswieck 1994, S. 109; Bundesbericht Forschung 1993). Für die USA werden 5000 Beratungsgremien in der Bundesverwaltung angegeben (Jasanoff 1990b, S. 46).

20 Ein Problem bei der Abschätzung der quantitativen Seite der Verwissenschaftlichung der Politik besteht in der Schwierigkeit der Abgrenzung. Die für das amerikanische System typische Akquisition wissenschaftlichen Wissens durch die Hinzuziehung von Beratern zu den jeweiligen Problemstellungen findet in Deutschland nicht in demselben Ausmaß statt. Hier wird Sachverstand vor allem innerhalb der Ministerialbürokratie selbst geschaffen.

fangreiche Infrastruktur von Expertenkommissionen (wie zum Beispiel die Reaktorsicherheitskommission, die Strahlenschutzkommission usw.) entstanden, die die Regierung beraten und die Forschung zu diesem Zweck beobachten sollen.[21] Die manifeste Aufgabe dieser Kommissionen besteht darin, sich mit den Risiken der Technologien zu befassen, für deren Abschätzung sie eingerichtet worden sind. Expertise wird mit dieser Zielsetzung instrumentell genutzt. Die latente Funktion ist jedoch, Unsicherheit zu absorbieren, das heißt, Expertise wird zugleich für legitimatorische Zwecke genutzt (Krücken 1997, S. 188).

Die institutionelle ebenso wie die operative Verflechtung von Wissenschaft und Politik hat zu der Rede von der ›Hybridisierung‹ von Wissenschaft und Politik oder der ›Verwischung der Grenzen‹ (›blurring of the boundaries‹) zwischen ihnen geführt. So naheliegend bei oberflächlicher Betrachtung diese Begriffe als Beschreibung sein mögen, führen sie doch insofern in die Irre, als sie die Aufhebung der funktionalen Differenzierung und damit der Grenze zwischen den beiden Teilsystemen suggeriert. Gerade weil die Grenze besteht und zugleich die wechselseitigen Leistungen (Ressourcen gegen Wissen und Legitimation) eine enge Interdependenz schaffen, ist der neue Aspekt des Verhältnisses statt dessen in einer *Kopplung zwischen Wissenschaft und Politik* zu sehen. Diese Kopplung ist dynamisch in dem Sinn, daß sie, von beiden Seiten getrieben, zunehmend *enger* wird. Sie führt, ebenso wie im Verhältnis der Wissenschaft zur Wirtschaft und zu den Medien, zu einem Verlust der Distanz zwischen Wissenschaft und Politik und damit zu paradoxen Entwicklungen.

Die Inflationierung wissenschaftlicher Expertise und die Vergeblichkeit ihrer Kontrolle

Aus der Nähe betrachtet, illustriert das Beispiel der Regulierungspraxis der Verwaltungsgerichte, wie die Verwissenschaftlichung der Politik ihr Gegenteil, die Politisierung der Wissenschaft, buchstäblich produziert. Der seit den siebziger Jahren

---

21 Vgl. Willke (1992) zu der wachsenden Bedeutung dieser wissensbasierten Infrastruktur in der Risikoregulierung.

etablierte Diskurs über Risiko und Unsicherheit bestimmt inzwischen weitgehend den gesamten Komplex der wissenschaftlichen Politikberatung.[22] Der wechselseitige Bezug von Sicherheitserwartungen und fortgesetzter Forschung über die potentiellen Gefahren neuer Technologien zurrt die Kopplung immer fester. Die Forschung konstituiert fortlaufend höhere Erwartungen von Gewißheit, Verläßlichkeit und Sicherheit. Je enger die Wissenschaft in die Politik integriert wird, desto höher werden diese Erwartungen, und so fort. Die Sicherheitserwartungen im Hinblick auf politische Entscheidungen sind nicht hintergehbar, niemand will *keine* Sicherheit für die eigenen Entscheidungen. Sie bilden die Grundkonstante der Kopplung.

Der spezifische Verlust der Distanz zwischen Wissenschaft und Politik, der die Rede von der Verwischung der Grenzen nahelegt, besteht darin, daß sich manifeste und latente Funktion, instrumenteller und legitimatorischer Einsatz wissenschaftlicher Expertise, auf der Ebene der konkreten Beratungsprozesse nicht sauber voneinander trennen lassen. Die legitimatorische Funktion wissenschaftlichen Wissens als politische Ressource begründet tendenziell eine Konkurrenz unter den politischen Akteuren um die jeweils neuesten Forschungsresultate, um die Auseinandersetzungen über die Einführung einer neuen Technologie, die Festlegung einer Autobahntrasse oder die Zulassung eines neuen Arzneimittels möglichst erfolgreich führen zu können, das heißt Entscheidungen dafür oder dagegen möglichst überzeugend zu begründen. Diese Konkurrenz um Wissen und seine Kontrolle vollzieht sich nicht nur zwischen Regierungen und Nichtregierungsorganisationen, sondern auch innerhalb der politischen Administration zwischen ihren verschiedenen Ministerien oder Referaten (Peters, Barker 1993, S. 3). Die Abhängigkeit des Regulierungs- und des Rechtssystems vom Fortschritt der Forschung, wie sie in der Formel ›nach dem Stand von Wissenschaft und Technik‹ kodifiziert ist, dramatisiert die im Grundmechanismus der Verwissenschaftlichung angelegte Dynamik, daß nämlich, wie in der Wissenschaft allgemein, im »Prinzip alle Behauptungen revozierbar

22 Vgl. OST (1997), wo unter Punkt 9 der Bezug zwischen der ›Integration der Wissenschaft in die Politik‹ *(Building Science into Policy)* und der öffentlichen Präsentation und Kommunikation von Risiken als Fokus genannt wird.

sind« (Weingart 1983, S. 228). Der Umstand, daß dieser Prozeß von innen getrieben wird, kann als *Kern der engen Kopplung* von Wissenschaft und Politik gesehen werden. Die solcherart konstituierte Konkurrenz um das neueste und deshalb vermeintlich überzeugendste wissenschaftliche Wissen produziert jedoch systematisch eine paradox erscheinende Konsequenz. Der Tendenz nach treibt nämlich die Rekrutierung von Experten (und das von ihnen repräsentierte Wissen) über den Bereich des konsentierten Wissens hinaus bis an die jeweiligen Forschungsfronten, also dorthin, wo das Wissen noch umstritten, die Behauptungen unsicher und Angriffen gegenüber offen sind, wo die Kontroversen noch andauern.»Politiker müssen in der Lage sein, auf präzises Wissen zugreifen zu können, das so vollständig wie möglich ist und permanent auf den neuesten Stand gebracht und validiert wird«, heißt es einschlägig in einer Erklärung des EU-Kommissars Philippe Busquin (EU-Commission 2000, S. 18). Die inhärente Dynamik dieses Prozesses wird besonders in solchen Politikkontexten noch verstärkt, in denen aufgrund der Art der Probleme die Fakten unsicher, Werte umstritten, die Einsätze hoch und Entscheidungen dringlich sind.[23] Einen illustrativen Beleg liefert Sir Robert May, der Wissenschaftsberater des englischen Premierministers Tony Blair. Er stellte seinen Schlüsselprinzipien (›key principles‹) für die ›Verwendung wissenschaftlicher Beratung in der Politik‹ die Bemerkung voran, die Wissenschaft spiele eine zunehmend einflußreiche Rolle in der Politikformulierung und in regulativen Entscheidungen. Die Prinzipien seien besonders in den Fällen relevant, in denen es eine beachtliche wissenschaftliche Unsicherheit gebe, eine Bandbreite wissenschaftlicher Meinungen bestehe und potentiell erhebliche Implikationen für »sensitive issues involving people's health and safety, animal and plant protection and the environment« absehbar seien (OST 1997, S. 2).[24]

---

23 Sie gilt ungeachtet des Umstands, daß in vielen Fällen der regulativen Routinepraxis tatsächlich ein Konsens über den jeweils relevanten ›Wissensstand‹ besteht und die hier diagnostizierte Dramatik nicht zum Tragen kommt.

24 Während die britische Diskussion maßgeblich durch die Erfahrungen mit dem BSE-Skandal geprägt ist, nennt der Jahresbericht 1999 des OST genetisch modifizierte Nahrungsmittel, die Verwendung von Antibiotika in

VIERTES KAPITEL

Das daraus entstandene *zweite* Paradox liegt darin, daß der intensivierte Rückgriff auf wissenschaftliche Expertise den Grad der Sicherheit auf seiten der Richter, Verwaltungsbeamten und Politiker nicht etwa gesteigert hat, sondern sie im Gegenteil zu Zeugen der fortgesetzten Debatten zwischen den Experten werden ließ, zwischen deren einander widersprechenden Ratschlägen sie nun entscheiden müssen (es sei denn, sie nutzen die Uneinigkeit der Wissenschaftler für ihre eigenen Ziele). Die überzogenen Erwartungen an wissenschaftliches Wissen werden auf die Experten übertragen, die dieses Wissen angeblich repräsentieren. Sie überfordern damit systematisch deren Fähigkeiten vor allem durch die Unterstellung ihrer Einigkeit und Sicherheit. Schlimmer noch, die Kontroversen unter den Experten vollziehen sich unter den Augen der Öffentlichkeit, die von den am Nachrichtenwert der Konflikte orientierten Medien eingehend unterrichtet wird. Die unvermeidbare Enttäuschung wird zum Hauptgrund für das wachsende Mißtrauen gegenüber wissenschaftlicher Expertise. Zugespitzt kann man sagen: Der inhärent inflationäre Rückgriff auf wissenschaftlichen Rat für legitimatorische, aber auch für instrumentelle Zwecke erweist sich letztlich als potentiell selbstzerstörerisch und de-legitimierend.

Das so charakterisierte Paradox der Inflationierung wissenschaftlicher Expertise verweist auf ein weiteres, *drittes* Paradox. Angesichts des allgemein erkannten Autoritätsverlusts wissenschaftlicher Expertise und damit ihrer Funktion als politischer Ressource würde man eine Renaissance des politischen Dezisionismus ebenso wie eine Absage an alle technokratischen Erwartungen vermuten. Obgleich die naiven Technokraten verschwunden sein mögen, hat die Paradoxie des Sicherheitsverlusts trotz intensiviertem Rückgriff auf vermeintlich gesichertes Wissen die Politiker nicht dazu veranlaßt, ihr Vertrauen in die bestehenden Beratungsarrangements aufzugeben. Ebensowenig haben die Wissenschaftler ihre Sicht des Verhältnisses von Wissenschaft und Politik geändert. Die paradoxe Folge ist in der *Stabilität* der Arrangements und der sie stützenden Konzeptionen zu sehen.

der Landwirtschaft und die Sicherheit von Mobiltelefonen als weitere Themen, die die zentrale Rolle *(vital role)* der wissenschaftlichen Beratung für die Politik belegen (OST 1999, S. 1).

WISSENSCHAFTLICHE EXPERTISE UND POLITISCHE ENTSCHEIDUNG

Zwei Phänomene lassen sich beobachten, die sich als Reaktionen auf die Inflationierung der wissenschaftlichen Expertise interpretieren lassen: Eines könnte als *Kontraktion,* als Versuch einer *künstlichen Verknappung wissenschaftlicher Expertise* bezeichnet werden, das andere als *Expansion,* als Versuch der Erlangung von Aufmerksamkeit durch Überziehen der eigenen Definitionsmacht.

Der inflationäre Gebrauch wissenschaftlicher Autorität in öffentlichen Debatten und der daraus folgende Legitimitätsverlust ist von Politikern und Wissenschaftlern gleichermaßen gesehen worden. Die Reaktion darauf sind unterschiedliche Versuche einer Hierarchisierung und damit der Verknappung wissenschaftlicher Expertise mit dem Ziel, die Autorität der Wissenschaft zu rekonstituieren und damit indirekt die Entscheidungsfähigkeit der Politik wiederherzustellen, wo immer diese sich auf Wissenschaft stützt.

Ein frühes Beispiel war das Experiment der Einrichtung eines *Wissenschaftsgerichts (Science Court)* in den USA. Anlaß war die Sorge einer Politisierung der Wissenschaft durch die öffentliche Austragung von Expertenkonflikten und die »Ausweitung der Autorität über die Kompetenzen hinaus«. Der *Science Court* sollte deshalb die Kontroversen den Regeln gerichtlicher Konfliktaustragung unterwerfen, das heißt die unkontrollierte Beteiligung der Öffentlichkeit unterbinden und Entscheidungen durch ein übergeordnetes Experten-Panel herbeiführen (Task Force 1976). Ähnliche Schritte waren die Errichtung hervorgehobener Beratungsgremien, wie zum Beispiel des *Nationalen Technologierats* in der Bundesrepublik. Durch diese Maßnahme bekundet die entsprechende Regierung, daß sie sich in ›letzten Fragen‹ zu Wissenschaft und Technik oder solchen von wissenschaftlichem Gehalt nur noch von einer Gruppe beraten lassen will und anderen kein Gehör schenken wird. Die Gruppe der rekrutierten Experten wird aus der Masse der übrigen herausgehoben und mit einer besonderen institutionellen Identität versehen. Strukturell handelt es sich um die (versuchte) Hierarchisierung wissenschaftlicher Expertise gemäß der ihr von der Politik gewährten Nähe zur Macht.

Ein rezenteres Beispiel illustriert die Persistenz der Erwartung sicheren Wissens trotz der Einsicht, daß Experten den »Boden rein wissenschaftlicher Überlegungen« zwangsläufig verlassen und daß ihre »Ratschläge die Einflüsse ihrer Disziplin, ihres Tätigkeitsfeldes oder ihrer Gemeinschaft« widerspiegeln (EU-Commission 2000, S. 19). Die Europäische Kommission hat ein gemeinsames wissenschaftliches und technisches Referenzsystem für den Bereich der Europäischen Union vorgeschlagen, das frei von politischen und wirtschaftlichen Interessen, öffentlichen Nachforschungen zugänglich und wissenschaftlich anerkannt sein soll (ebd.). Die darin implizierte Vorstellung, politikrelevantes Wissen lasse sich verläßlich bei den in Datenbanken gespeicherten ›Top-ten‹-Experten abrufen, ist ein besonders sinnfälliges Beispiel für die angestrebte Hierarchisierung, weil es zeigt, daß die Sicherheitserwartung wider besseres Wissen aufrechterhalten bzw. organisatorisch weiter gesteigert wird.[25]

Ein anderes Beispiel für die strategische Verknappung von Wissen geht auf eine Koalition von Wissenschaft und Politik zurück: Es ist die Strategie des *Intergovernmental Panel on Climate Change* (IPCC). Dieses Konsortium von Klimaforschungsinstituten und Regierungsvertretern aus der ganzen Welt operiert unter dem Gebot der Vertraulichkeit und dem Zwang zum Konsens, bevor Forschungsergebnisse und Empfehlungen an die Medien weitergegeben werden. Auf diese Weise wird die Erfahrung der Atomenergiedebatte vermieden, als einander widersprechende Experten sich gegenseitig neutralisierten und das Bild einer akademischen Farce vermittelten (Elzinga 1995, S. 228). Hier ist wiederum der Versuch offenkundig, die wissenschaftliche Beratung zu verknappen, um so ihre Autorität und damit ihre Nützlichkeit zu erhöhen und ›unkontrollierbare und riskante Politisierungen zu vermeiden‹.[26] Im Fall des IPCC ist diese Politik sehr erfolgreich. Indem es das Wissen kontrahiert, das in den politischen Prozeß Eingang findet, *kontrolliert* es den Zugang zu Wissen und den delegitimierenden Effekt widersprüchlicher Äußerungen wissenschaftlicher Experten. Das nach außen gebotene Bild ist das einer *einigen* Wis-

---

25 Man darf gespannt sein, wer die Selektion vornehmen und wer die Datenbanken verwalten wird. Den Hinweis auf das EU-Dokument verdanke ich H. Ziegler. Vgl. Ziegler (2000) zu dessen gerechtfertigter Kritik.
26 Krücken spricht im Zusammenhang mit dem IPCC von »*Monopolisierung* wissenschaftlicher Expertise«, womit dasselbe wie hier mit Verknappung gemeint ist (Krücken 1998, S. 178).

senschaft, und Einigkeit signalisiert die Autorität des Objektiven.
Das *Science-Court*-Experiment ist jedoch gescheitert. Ob die übrigen Verknappungsstrategien auf Dauer erfolgreich sein werden, muß ebenfalls mit großer Skepsis betrachtet werden, weil sie der inhärenten Widersprüchlichkeit nicht entrinnen können. Der einmal gewährte Zugang zu wissenschaftlicher Expertise, die Öffentlichkeit wissenschaftlicher Kontroversen, kann nicht autoritativ zurückgenommen werden. Die implizierte Geheimhaltung von Wissen widerspricht zudem sowohl den Werten des demokratischen Politiksystems als auch denen des Wissenschaftssystems. Eine interessante Abweichung von der Strategie der Hierarchisierung bzw. Verknappung verdankt sich wohl auch der Einsicht, daß eine solche Strategie in jedem Fall die Öffentlichkeit einschränkt und gerade deshalb Mißtrauen erzeugt. In Anerkennung des Umstands, daß Experten Meinungen und nicht absolut sichere Erklärungen abgeben und die Regierung nur durch die Wahrnehmung, offen zu sein, Vertrauen erzeugen kann, setzt Sir Robert May – gegen den Widerstand einiger Kabinettskollegen und die Skepsis der Bürokraten – auf die Repräsentation eines »angemessen breiten Spektrums wissenschaftlicher Meinung« und auf die offene Diskussion der wissenschaftlichen Grundlage politischer Vorschläge (OST 1997, S. 3, 6; *Nature* vom 25. 6. 2000, S. 720).[27] Von den Medien wird dieses neue Verständnis wissenschaftlicher Politikberatung immerhin mit den inzwischen geltenden Bedingungen von *Unsicherheit* in Verbindung gebracht (*Nature* vom 25. 6. 2000; *Die Zeit* vom 15. 6. 2000). Die Anerkennung der Unsicherheit und die daraus zu ziehenden Konsequenzen im Hinblick auf den Umgang mit wissenschaftlicher Expertise, zum Beispiel eine systematische Aufmerksamkeit für Prozesse der Vermittlung und das dazu erforderliche Wissen, würde tatsächlich eine Abkehr von der bislang verfolgten Strategie der Hierarchisierung und der linearen Steigerung der Sicherheitserwartungen bedeuten.

Von außen, das heißt von seiten der Politik, ist nicht entscheidbar, welches wissenschaftliche Urteil die höchste Glaub-

---

27 Angesichts der Erfahrungen mit den Risikothemen verwundert es allerdings, daß die Sozialwissenschaften in dem Spektrum nicht vorkommen. Vgl. zur Problematik des ›sozial robusten Wissens‹ unten, 8. Kapitel.

würdigkeit für sich beanspruchen kann, und innerhalb der Wissenschaft sind Hierarchisierungen allenfalls durch die Reputation der involvierten Wissenschaftler und ihrer Institutionen gegeben. Die aber unterliegen der ständigen Gefährdung durch den Fortgang wissenschaftlicher Entwicklung. Das Gespenst eines neuen Paradoxes ist schon in vagen Umrissen erkennbar. Es könnte zu einer Überbietungskonkurrenz bei der Gründung jeweils besonders »hoch angesiedelter« wissenschaftlicher Beratungsgremien kommen, die das zuvor beschriebene Problem auf anderer Ebene wiederholt.

Die *expansive* Strategie ist ebenfalls eine Reaktion auf das Überangebot an Expertise in der Politik. Hier geht es darum, in diesem Überangebot die Aufmerksamkeit zu lenken und zu fokussieren. Es gibt inzwischen deutliche Hinweise darauf, daß bestimmte Wissenschaftsgebiete die Medienaufmerksamkeit – und damit indirekt die Aufmerksamkeit der Politik – dadurch zu erreichen suchen, daß sie ›Katastrophen-Diskurse‹ initiieren.[28]

Die Physiker haben von dieser Strategie viele Jahre lang profitiert, indem sie sowohl die militärische Bedrohung der nuklearen Zerstörung als auch die zivile Bedrohung einer Erschöpfung der Energiequellen postuliert haben. Als letztere ihre Wirkung an die noch größere Furcht vor Nuklearunglücken verlor, suchten sie in einem letzten Versuch das Heil in der Beschwörung der ultimativen Bedrohung durch den Klimawandel aufgrund des Treibhauseffekts.[29] Der Versuch mißlang, da die Furcht vor Kernkraftunglücken wie in Tschernobyl eher zu mobilisieren war als die vor dem abstrakten Klimawandel. Das Thema wurde maßgeblich von den Meteorologen besetzt. Seither sind sie es, die zusammen mit den Klimamodellierern, Atmosphärenchemikern und den Medien diese ultimative globale Bedrohung be-

---

28 Boehmer-Christiansen nennt »Fusion, viele Gesundheitsprobleme, Krebs, Grenzen des Wachstums, Star Wars« als Beispiele außerhalb des Umweltbereichs. »In each case, unsubstantiated promises or threats are made. Global warming is the threat through which Global Change research is funded« (Boehmer-Christiansen 1995, S. 202, 203, Fn. 17).

29 In Deutschland ist diese Beziehung explizit: Die Deutsche Physikalische Gesellschaft (DPG) veröffentlichte (zuerst allein, dann zusammen mit der Deutschen Meteorologischen Gesellschaft) ein Memorandum, in dem sie vor dem Klimawandel warnte, um die Kernenergie zu retten (DPG/DMG 1987; Engels, Weingart 1997).

obachten und interpretieren. Das Muster ist das gleiche wie zuvor: Zunächst indizierten grobe Extrapolationen einen anthropogenen Temperaturanstieg mit der Folge eines beispiellosen Anstiegs des Meeresspiegels und anderer katastrophaler Naturereignisse. Im Lauf der Zeit wurden die Voraussagen moderater, nicht zuletzt aufgrund der großzügigen Förderung der Forschung, die es ihr erlaubt, sich zu differenzieren. Klimaforschung ist zu einem blühenden Forschungsfeld und der Klimawandel zu einem neuen Fokus politischen Handelns geworden, der viele andere Politikbereiche beeinflußt.[30]

Ernsthafte Warnungen vor menschengemachten Bedrohungen, die von der Wissenschaft formuliert werden, finden aufgrund der ihr eigenen Glaubwürdigkeit mit großer Wahrscheinlichkeit hohe Aufmerksamkeit. In dem Maße, in dem der Diskurs immer größerer Risiken und Bedrohungen inflationär zu werden droht, wird jedoch der gegenläufige Effekt erkennbar: Die Glaubwürdigkeit der Wissenschaft wird durch Behauptungen in Frage gestellt, die der Wissenschaft vorwerfen, sie spreche in eigenem Interesse, vertrete eine politische Position aus politischen Motiven.[31] Sind diese Vorwürfe erst einmal als Bestandteil des Diskurses etabliert, ist es sehr schwer, zwischen verläßlichem Wissen und interessengeleiteter Information zu unterscheiden. Die Grenzüberschreitung der Wissenschaft in den Bereich der Politik und der Medien schlägt auf sie zurück, indem sie ihre Sonderstellung als Quelle glaubwürdigen Wissens selbst untergräbt.

30 Das soll nicht heißen, daß die Warnungen nicht ernst zu nehmen wären. Das Problem besteht gerade darin, daß dies außerhalb der Wissenschaft nicht entscheidbar ist. 1996 hat das IPCC erklärt, es gebe mit hoher Wahrscheinlichkeit Anzeichen für einen anthropogenen Klimawandel.
31 Die NASA-Pressekonferenz im Februar 1992 zum Abbau der Ozonschicht über der Arktis und ihr Echo in der Presse sind ein Ereignis, das die erhöhte Verletzbarkeit der Wissenschaft unter den beschriebenen Umständen demonstriert (vgl. Grundmann 1997, S. 392 f.). Im Zusammenhang mit der Waldschadensdebatte ist der Zirkel bereits geschlossen: Der Vorwurf der strategischen Übertreibung wird aus den Reihen der Wissenschaft selbst erhoben. Die Rede ist vom *negativen Kassandra-Syndrom*; das heißt im Unterschied zur griechischen Sage, in der die richtigen Prophezeiungen Kassandras nicht geglaubt werden, daß die vorgeblich falschen Prophezeiungen der Wissenschaftler sofort Glaubwürdigkeit erlangen.

VIERTES KAPITEL

Die institutionelle Realität der engen Kopplung zwischen Wissenschaft und Politik läßt sich nach den vorangegangenen Analysen folgendermaßen zusammenfassen. Grundlage der Beziehung ist der Austausch von Ressourcen für die Wissenschaft gegen gesichertes Wissen für die Politik. Die der Beziehung inhärente Dynamik ist das Ergebnis des Zusammenwirkens mehrerer Mechanismen: Die Steigerung der Ressourcen führt zu einer Zunahme des produzierten Wissens, die prinzipiell ohne Grenzen ist; die (grenzenlose) Produktion von Wissen liefert der Politik instrumentelle Problemlösungen und Legitimation für Entscheidungen, erzeugt aber zugleich auch politische Erwartungen, Bedrohungen der Legitimität und folglich Handlungsimperative. Das meint Verwissenschaftlichung der Politik. Die Nachfrage der Politik nach gesichertem Wissen zur Lösung von Problemen und/oder zur Legitimierung von Entscheidungen führt letztlich zum inflationären Gebrauch von Expertise, indem sie in den Bereich des noch kontroversen, nicht konsentierten Wissens vorstößt. Das ist der Kern der Politisierung der Wissenschaft. Das (Über-)Angebot von Wissen und seine Politisierung bedeuten für die Politik den tendenziellen Verlust einer wichtigen Legitimationsressource, für die Wissenschaft den Verlust von Autorität und Glaubwürdigkeit. Die Medien spielen eine entscheidende Rolle bei der Amplifizierung und damit bei der Strukturierung des öffentlich wahrgenommenen Wissensflusses (Expansion); daraus ergibt sich der Zwang zur Selektion aus den Varianten der Expertise. Innerhalb der Wissenschaft bedeutet diese Selektion die Zusammenführung bzw. Monopolisierung von Expertise (Kontraktion des Wissensangebots). Die Politik kann institutionelle Hierarchien der Expertise einführen (Kontraktion der Wissensnachfrage).

Es ist evident, daß die interagierenden Mechanismen, die die Kopplung zwischen Wissenschaft und Politik ausmachen, nicht zu einem stabilen Gleichgewicht führen können. Vielmehr ist voraussehbar, daß es kein Ende der beschriebenen Spirale von Sicherheitserwartungen, Inflationierung der Expertise, Erzeugung von Kontroversen und Enttäuschung der Sicherheitserwartungen geben wird. Die Distanz zwischen Wissenschaft und Politik wird immer geringer, die Kopplung enger, ohne daß deshalb die Differenz aufhebbar wäre. Hier, wie im Verhältnis zur Wirtschaft und zu den Medien, wird der Verlust der Distanz zu einem Problem der Glaubwürdigkeit der Wissenschaft bzw., aus der Sicht der Gesellschaft, zu einem Problem des Erhalts einer Quelle verläßlichen Wissens. Es gibt keine Alternative zu wissenschaftlicher Expertise, um politische Entscheidungen mit einer instrumentell verläßlicheren Grundlage und damit einer höheren Legitimität zu versehen. Die Verbindung von Wissenschaft und Politik ist deshalb fest institutionalisiert, und es ist nicht wahrscheinlich, daß sie sich grundlegend ändern wird. Die Veränderungen betreffen vielmehr die Grenzziehung zwischen Wissenschaft und Politik, also die Frage, wo und wie die Grenze gezogen wird. Letztlich geht es um den Erhalt der Glaubwürdigkeit der Wissenschaft, um ihre epistemische Autorität in der Gesellschaft. Sie ist ein wertvolles Gut, an dem sowohl die Wissenschaft selbst – zur Sicherung ihrer Autonomie – als auch die Politik – zur Stabilisierung der eigenen Machtausübung durch wissenschaftliche Legitimation – ein Interesse hat.[32]

Anstelle eines Epilogs – Wissenschaft und Politik live

Im Juni 2000 veröffentlichte *Die Zeit* ein Interview mit der für Gesetzgebung und Zulassung im Bereich der Bio- und Gentechnik zuständigen Juristin des Bundesgesundheitsministeriums, Ulrike Riedel, und dem Vorsitzenden der Zentralen Kommission für die Biologische Sicherheit (ZKBS), dem Mikrobiologen Gerd Hobom. Gegenstand war ein Eklat: Die Ministerin hatte entgegen dem Votum der Kommission einer gentechnisch veränderten Maissorte aufgrund ihrer Auffassung nach ungeklärter Langzeitwirkungen die Zulassung verweigert. Einige ausgewählte Passagen des sehr viel längeren Interviews werden hier zitiert. Wiedererkennungseffekte in bezug auf die vorangegangene Analyse der engen Kopplung zwischen Wissenschaft und Politik sind beabsichtigt.

---

32 Gieryn spricht, vor allem aus der Sicht der Wissenschaft und der Versuche der Sicherung ihrer Autonomie und Glaubwürdigkeit, von ›boundary work‹ (Gieryn 1999).

»*Zeit:* [...] traut die Regierung ihren Experten nicht mehr?
Riedel: [...] Wir leben in einer hoch technisierten und pluralistischen Gesellschaft. Bei der Bewertung der Folgen komplizierter Technologien kann es nicht nur ein einziges richtiges wissenschaftliches Ergebnis geben. Die einen Forscher kritisieren heute die anderen Forscher, gerade in der Gentechnik. [...] Übernähmen wir das Expertenvotum immer, würden die Experten allein entscheiden. Das kann aber nicht sein, sie sind nicht gewählt, sie sollen uns beraten.
Zeit: [...] Welchen Experten glauben Sie?
Riedel: Als Grundlage unserer Entscheidung müssen wir die gesamte Bandbreite der wissenschaftlichen Meinungen prüfen und dann zu einem Ergebnis kommen. [...]
Zeit: Welche Risiken hat der Genmais?
Riedel: [...] Ein Gutachten des Freiburger Öko-Instituts warnt vor einem Gentransfer auf andere Organismen. [...]
Hobom: Ich bin überrascht, daß Sie diese Studie hier noch anführen. [...] Sie wissen, wie die ZKBS diese unzulänglichen Laborexperimente beurteilt, die in den Bereich der Irrelevanz gehören. [...] Das heißt nicht, daß sie [die Genübertragung, P. W.] nie vorkommen kann, aber wir können doch eine Obergrenze für die Übertragungswahrscheinlichkeit definieren. [...]
Riedel: [...] Bitte mehr Respekt vor der Arbeit anderer Forscher. [...]
Zeit: Wer definiert, was Stand der Wissenschaft ist? [...]
Hobom: Eine Definitionsmacht gibt es in der Wissenschaft nicht, aber das Auswahlverfahren für die ZKBS-Mitglieder [...] führt die ausgewiesenen Experten in Deutschland zusammen [...] – jemand, der im Öko-Institut ein bißchen den Computer traktiert und irgendwelche Dinge zusammenträgt, die er kaum versteht, und hinterher ein Pamphlet zusammenschustert mit allerhand Datenschrott, der ist damit nicht vergleichbar. [...]
Zeit: Spielt nicht auch Parteipolitik ein Rolle? Muß die grüne Gesundheitsministerin nicht versuchen, ›grüne‹ Überzeugungen umzusetzen – selbst gegen Expertenvoten? [...]
Hobom: [...] Wenn Sie Außenseiter in der Wissenschaft überproportional berücksichtigen, ist das eine politische Entscheidung. [...]
Riedel: [...] Aber es gibt immer wieder Beispiele, die zeigen, daß die etablierte Wissenschaft irrt. Als Sherwood Rowland und Mario Molina 1974 warnten, daß FCKWs die Ozonschicht schädigen könnten, wurden sie lange Zeit ausgelacht – und 1995 bekamen die beiden dafür den Nobelpreis. Daraus kann man die Lehre ziehen, auch abseitig erscheinende Expertenmeinungen ernst zu nehmen.«
(*Die Zeit* vom 15. 6. 2000, S. 42)

5. Von der akademischen Forschung zur Kapitalisierung des Wissens?

Zum Verhältnis von Wissenschaft und Wirtschaft

Ein neues Verhältnis von Universität und Industrie

Anfang März des Jahres 2000 machte die amerikanische ›Biotech‹-Firma *Celera Genomics* Schlagzeilen mit der Ankündigung, das menschliche Genom noch vor dem internationalen Konsortium, dem ›Human Genome Project‹, zu entschlüsseln. Zugleich erhob die Firma den Anspruch auf exklusive Rechte für bis zu fünf Jahren im Austausch gegen die Freigabe der Daten (*Los Angeles Times* vom 6. März 2000, S. A1). Aufgrund dieser Ankündigung, die im übrigen nicht etwa in einer der großen Wissenschaftsjournale wie *Science* oder *Nature* publiziert, sondern zuerst über einen Börsenticker verbreitet worden war, stiegen die Aktienkurse von *Celera Genomics* um 100 Prozent. Kurz darauf, am 14. März, erklärten der amerikanische Präsident Clinton und der englische Premierminister Blair, daß sie die rasche Freigabe der Rohdaten des Genomprojekts befürworteten. Diese Parteinahme für die öffentlich finanzierte akademische Forschung ließ *Celeras* Aktienkurse wieder auf den ursprünglichen Stand zurücksinken. Wiederum wenig mehr als eine Woche später wurde eine Erklärung der Präsidenten der *Royal Society* und der amerikanischen *National Academy of Sciences* veröffentlicht, in der sich diese gegen eine Patentierung von DNS-Sequenzen durch private Firmen oder Universitäten wandten.

Die Diskussion um die Art der Verwertungsrechte auf die »bedeutendste intellektuelle Leistung aller Zeiten« markiert möglicherweise den Übergang zu einem neuen Verhältnis zwischen akademischer und kommerzieller Wissensproduktion (Alberts, Klug 2000, S. 325; Butler 2000, S. 325). Zumindest scheint sie die hierzu seit den achtziger Jahren formulierten Prognosen zu stützen. Danach wird Wissen zur Ware, die Wissenschaft gerät unter das Diktat von Markt und Kapital (Wittrock 1985, Salomon 1985). In der Wissensgesellschaft bzw. einer auf wissenschaftlichem Wissen beruhenden Wirtschaft wird die traditionelle Universität zur »Wissensfabrik«, zu einem Hauptmotor wirtschaftlichen Wachstums. Die Universität entfernt sich immer rascher von ihrer traditionellen Rolle, Hort des Wissens als einer moralischen und kulturellen Kraft – geschützt von der sie umgebenden weltlichen Gesellschaft – zu sein, zu einem zentralen Element des ›nationalen Innovationssystems‹ (David 1997, S. 3, 5; Etzkowitz, Leydesdorff 1997 b, S. 3). Ein neuer ›Gesellschaftsvertrag‹ zwischen der Universität und der Gesellschaft mit wesentlich spezifischeren Konditionen als zuvor werde ausgehandelt. Diese und viele ähnliche Einschätzungen, manche euphorisch, andere bedauernd und warnend, charakterisieren eine fundamentale Veränderung des wissenschaftspolitischen *Diskurses* im allgemeinen und eine Perspektivenverschiebung bezüglich der Rolle der Universität im besonderen. Wieweit diesen diskursiven Verschiebungen tatsächlich neue organisatorische Strukturen oder gar die behaupteten Funktionsveränderungen der Universität entsprechen, ist eine andere Frage. Die amerikanischen Ökonomen Rosenberg und Nelson verweisen zu Recht darauf, daß die Diskussion sehr zeitgebunden ist und etwa der traditionellen Rolle der (amerikanischen) Universität und ihren Entstehungsgründen ebensowenig Aufmerksamkeit schenkt wie der Natur des akademischen Forschungssystems, wie wir es heute kennen; weder den Unterschieden zwischen akademischer und industrieller Forschung noch auch den existierenden Beziehungen zwischen Universitäten und der Industrie (Rosenberg, Nelson 1994, S. 324).

Wenngleich die Diskussion diese Lücken inzwischen zum Teil geschlossen haben mag, ist ihr enger Zeitbezug nach wie vor unübersehbar. Der Grund liegt vermutlich in der politischen Brisanz, die der Gegenstand auch für jene enthält, die als wissenschaftliche Beobachter an der Diskussion beteiligt sind. Es geht schließlich um das Selbstverständnis und die zukünftige gesellschaftliche Einbettung derjenigen Forschung, die sich bislang als »rein«, »grundlagenorientiert« und »zweckfrei« verstanden hat. Aber unabhängig von interessenbedingten Übertreibungen und Modeabhängigkeiten bleibt das unter der Rhetorik verdeckte Problem relevant. Wenn es zutrifft, daß die

ZUR KAPITALISIERUNG DES WISSENS?

Wissenschaft in ein neuartiges Verhältnis zur Wirtschaft tritt, wenn wissenschaftliches Wissen tatsächlich in einem umfassenden gesellschaftlichen Verständnis zur Ware wird, dann würden damit tiefgreifende Veränderungen der sozialen Werte und der institutionellen Grundlagen angezeigt, auf denen das gegenwärtige Wissenschaftssystem beruht. Würde Wissen im umfassenden Sinn zur Ware, so wäre dies gleichbedeutend damit, daß die allgemeine öffentliche Verfügbarkeit aufgegeben und an ihre Stelle Eigentumsrechte an Wissen träten. Eigentumsrechte machen den Handel mit der Ware Wissen erst möglich, sie lassen Geheimhaltung und strategische Verwendung zu. Wo Wissen zur Ware wird, muß sich die Vertrauensbasis des Wissens ändern: Vertrauen wird nur der demonstrierte Nutzen haben. Die Spekulation um ihrer selbst willen hätte keinen Platz mehr, es sei denn, sie würde mit ›venture capital‹ ausgestattet, weil sie einen zukünftigen Ertrag verspricht. Denkbar wäre aber auch eine Spaltung der Wissenskulturen in eine akademische, in der wie bisher die Produktion des Wissens von der Gesellschaft gefördert wird und der Zugang zu ihm frei ist, und eine kommerzialisierte, in der das Wissen aufgrund seines wirtschaftlichen Nutzens mit Eigentumsrechten versehen auf Märkten gehandelt wird. Tatsächlich gibt es diese Spaltung längst. Die ›Kommodifizierung‹ und ›Kapitalisierung‹ wissenschaftlichen Wissens ist nicht grundsätzlich neu. Die Frage lautet, ob den Befürchtungen eine Entwicklung zu einer bedrohlichen oder gar völligen Verwandlung des Wissens zur Ware zugrunde liegt und ob damit die akademische Ordnung der Wissensproduktion nachhaltig verändert wird.

Die hauptsächliche Schwierigkeit besteht darin, die realen Veränderungen und deren Auswirkungen auf die Wissenschaft von der Legitimationsrhetorik zu trennen, die die Diskussion beherrscht. So ist in den sechziger und siebziger Jahren des vergangenen Jahrhunderts viel Tinte über der Frage nach dem Verhältnis von »reiner Forschung« und »Technologie« vergossen worden.[1] Die entsprechenden Untersuchungen dienten dem

---

[1] Zwei zu jener Zeit sehr beachtete Studien, das ›Project Hindsight‹ und das ›Project TRACES‹, gingen der Frage nach, welchen Beitrag die Grundlagenforschung zu maßgeblichen technologischen Entwicklungen geleistet hat (NSF 1969). Gemäß den unterschiedlichen Motiven der Fragestellung kamen sie zu unterschiedlichen Ergebnissen und demonstrierten damit die

FÜNFTES KAPITEL

Nachweis (oder der Widerlegung) der These, daß die Grundlagenforschung trotz erheblicher Kosten und eines nicht von vornherein erkennbaren Nutzens zu wichtigen Technologien geführt habe. Da der Beleg für diese Behauptung ganz entscheidend von der Auswahl der Fälle, von dem betrachteten historischen Zeitraum und von den verfügbaren Daten abhängt, war mit eindeutigen Ergebnissen kaum zu rechnen. Die Diskussion blieb infolgedessen unentschieden. Im Grunde ist die Frage in dieser Form unfruchtbar, und wie später noch erläutert werden wird, beruht sie auf einer überholten Begrifflichkeit.

Im folgenden wird der Fokus auf einen Ausschnitt der Gesamtthematik des Verhältnisses von Wissenschaft und Wirtschaft gerichtet: die Beziehungen zwischen *Universität und Industrie* und deren Veränderungen. Die Universität repräsentiert als Institution die Werte und operativen Prinzipien der akademischen Forschung, weshalb auch zwischen ihr und der Industrie die (Konflikt-)Linie verläuft, an der die unterschiedlichen ›Kulturen‹ von Wissenschaft und Wirtschaft, von zweckfreier und nutzenorientierter Erkenntnis aufeinanderstoßen. Es ist überdies ein Indiz für die Aktualisierung dieses Konflikts, daß das Verhältnis zwischen Universität und Industrie ins Zentrum wissenschaftspolitischer Diskussionen gerückt ist. Will man etwas über die Veränderungen des Wissenschaftssystems wissen, die sich aus den Beziehungen zur Wirtschaft ergeben, dann ist das Verhältnis zwischen Universität und Industrie der ›strategische Ort der Forschung‹. Die interessanten Fragen sind offenkundig:

– Verändert sich das Verhältnis zwischen Universität und Industrie? Wenn ja, was sind die Ursachen der Veränderungen? Gibt es neue Abhängigkeiten und neue Erwartungen zwischen Wissenschaft und Wirtschaft hinsichtlich der Relevanz von Wissen und neue Legitimationsprobleme der öffentlichen Forschungsfinanzierung?

– Welche Folgen haben die Veränderungen für die Universitäten und für die Wirtschaft? Was sind die entscheidenden organisatorischen Veränderungen? Welche Konflikte ergeben sich

Schwierigkeit dieser Art der Forschung. Einen Überblick über die Diskussion sowie die entsprechenden Literaturhinweise finden sich bei Stokes (1997, insbesondere S. 55 f.).

ZUR KAPITALISIERUNG DES WISSENS?

zwischen den unterschiedlichen Orientierungen akademischer und industrieller Forschung und den mit ihnen verbundenen operativen Prinzipien und Werten (wie zum Beispiel Publizität vs. Geheimhaltung des Wissens)? Ergeben sich Folgen für den Wahrheitscharakter und die Verläßlichkeit wissenschaftlichen Wissens?

Schon die oberflächlichste Kenntnis des Verhältnisses von Wissenschaft und Wirtschaft läßt Behauptungen einer plötzlichen und grundlegenden Veränderung tatsächlich als allzu zeitgebunden erscheinen. Die Verbindung gab es seit Entstehung der modernen Universität. Die These, von der hier ausgegangen wird, lautet hingegen, daß diese Verbindung eine Reihe von Veränderungen erfahren hat. Vor allem geht es dabei um die Finanzierung der Forschung. In dem Augenblick, in dem neue, marktorientierte Förderungsregime entstehen, gerät die Universität in eine Legitimationskrise und damit in eine Abhängigkeit unter anderem von der Industrie. Diese ist ihrerseits in eine intensivierte Nachfrageabhängigkeit von der Forschung geraten, weil wissenschaftliches Wissen zu einer immer wichtigeren Voraussetzung für Innovation und damit für Konkurrenzfähigkeit wird, Forschung aber zugleich für die Industrie riskant und teuer ist. Die wechselseitigen Erwartungen richten sich auf das Verhältnis von öffentlicher Finanzierung der Wissensproduktion und privater Aneignung des produzierten Wissens. Die darin begründeten Konflikte werden in der staatlichen Innovations- bzw. Wissenschaftspolitik aufgehoben und in unterschiedlicher Weise gestaltet, insofern diese immer auch Wirtschaftspolitik ist. Ähnlich wie für das Verhältnis der Wissenschaft zur Politik und zu den Medien läßt sich auch im Hinblick auf das Verhältnis zur Wirtschaft von einer *engeren Kopplung* sprechen. Sie wird an den organisatorischen Verschränkungen zwischen Universität und Industrie deutlich. Dabei werden allerdings die vielfältigen historisch gewachsenen Unterschiede in den Strukturen und Funktionen der Universitäten ebenso zu berücksichtigen sein wie die unterschiedlichen Disziplinen und die Industriebranchen, für die die Kopplungen gelten.[2] Entgegen der

---

2 Im Vordergrund der weiteren Betrachtungen werden die Universitäten der USA und Deutschlands stehen, für die die Datenlage am günstigsten ist. Sie repräsentieren zugleich zwei unterschiedliche Typen.

(kritisch zu prüfenden) Behauptung einer Integration der Funktionen von Wirtschaft und Wissenschaft, die vor allem hinsichtlich der Universitäten erhoben wird, betont das Konzept der *engen Kopplung* gerade die Bedeutung der Grenze zwischen den beiden Systemen. Nicht nur bleibt die Grenze erhalten, sondern sie wird durch die Kopplung allererst zum Gegenstand wechselseitiger Konflikte und Reflexionen. Zwei Arten von Indizien dafür, daß es zu einer engen Kopplung kommt, sind für die Analyse von strategischer Bedeutung. Zum einen sind es die wechselseitigen Erwartungen und Orientierungen der Universität und der Industrie aneinander sowie die daraus folgenden organisatorischen Anpassungen; zum anderen sind es die Konflikte, die sich in den Diskussionen zum Beispiel über die Zukunft der Universität und der akademischen Werte niederschlagen und auf die Rückwirkungen verweisen, die sich aus der ›*Ökonomisierung*‹ der akademischen Wissenschaft ergeben.

Im folgenden werden zunächst die Ursachen neuer Abhängigkeiten vor dem Hintergrund der historischen Beziehungen zwischen Universitäten und der Industrie untersucht. Sodann werden die Veränderungen in den Modellvorstellungen des Verhältnisses von Grundlagen- und industrieller Forschung aufgezeigt. Dieser Analyse der Veränderungen auf der Diskursebene folgt eine detaillierte Betrachtung der organisatorischen Veränderungen der Industrieforschung am Beispiel von *Siemens, IBM* und *Schering* sowie neuartiger Transfermechanismen auf seiten der Universitäten. Schließlich werden anhand neuerer Reaktionen zwei traditionelle Konfliktlinien zwischen Universitäten und Industrie betrachtet: die Kontrolle über die Forschungsziele sowie die Garantie von intellektuellen Eigentumsrechten. Der Schlußteil geht sodann noch einmal zusammenfassend auf die Frage nach den Werteänderungen ein, die sich hinter den beobachteten organisatorischen Veränderungen verbergen.

Ursachen einer neuen Abhängigkeit zwischen Universität und Industrie

Die entscheidende Wende im wissenschaftspolitischen Diskurs vollzog sich zu Beginn der achtziger Jahre des vergangenen Jahrhunderts in den USA, als unter dem Einfluß der Deregulierungspolitik des amerikanischen Präsidenten Reagan der bis dahin geltende Konsens in der Wissenschaftspolitik in Frage gestellt wurde. Die Förderung der Wissenschaft war eine Staatsfunktion, ihre Aufgabe war die Finanzierung gemäß der von Vannevar Bush entwickelten Vision, wonach die Grundlagenforschung (die ›endless frontier‹) als Nährboden aller technischen Innovationen sowie der gesellschaftlichen Wohlfahrt zu kultivieren sei. Nunmehr sollte auch die Forschung unter die Bedingungen der Privatisierung, Deregulierung und Kommerzialisierung fallen. Die *National Science Foundation* erweiterte ihre ursprünglich auf die Förderung der Grundlagenforschung beschränkte Aufgabe und bezog nun auch Forschung mit direkt kommerzieller Bedeutung ein. Zugleich wurde das Patentrecht geändert, das es nun kleinen und mittleren Unternehmen sowie Universitäten gestattete, Patente auf Forschungsergebnisse zu erwerben, die Wissenschaftler mit Fördermitteln des Bundes gewonnen hatten. Diese Veränderungen in der Förderpolitik und in der Regulierung der ›intellektuellen Eigentumsrechte‹ (›intellectual property law‹), die Teil einer neuen wirtschafts- und marktorientierten antietatistischen Ideologie waren, zwangen die (amerikanischen) Universitäten zu Reaktionen, um weiterhin den Ressourcenfluß für sich zu sichern. Dies um so mehr, als die amerikanische Wirtschaft in eine Rezession abgerutscht und die Fördermittel für F&E gesunken waren (Slaughter 1993, S. 288). In der Folgezeit änderten sich die Legitimationsmuster der Universitäten grundlegend. Bis dahin hatte Vannevar Bushs Konzept die wissenschaftspolitische Rhetorik beherrscht, wonach die Grundlagenforschung (›pure research‹) eine treibende Kraft des Fortschritts, nur der Erkenntnis verpflichtet, weder durch Politik noch durch die Wirtschaft steuerbar und abgehoben von allen (kurzfristigen) ökonomischen und politischen Interessen sei und deshalb der vorbehaltlosen Förderung durch den Staat bedürfe. Nunmehr wurde die Forschung als Quelle der Hochtechnologie beschrieben, die die Voraussetzung für eine vielfältige Steigerung der Produktivität der Wirtschaft darstelle. Die zentrale Rolle akademischer Forschung im Innovationsprozeß galt jetzt als Schlüssel für wirtschaftliche Prosperität. Die amerikanischen Universitätspräsidenten, an deren Aussagen vor dem Kongreß dieser Wandel des Diskurses ablesbar ist, riefen zu einer Verstärkung der Kontakte mit der Indu-

strie, sogar zu einer ›verstärkten Präsenz der Industrie auf dem Campus‹ und zu einem ›produktiveren und kreativeren Engagement der Industrie in der universitären Forschung‹ auf (Slaughter 1993, S. 291).³
Bei diesen und ähnlichen Äußerungen handelt es sich um *Legitimationsformen* der Finanzierungsmodi für die Wissenschaft, die vor allem auf wechselnde politische Kontexte reagieren. Sie sind zwar, sofern sie nur ausreichend lange Zeit dominant bleiben, nicht ohne institutionelle Folgen, die sich aber erst mit einiger Zeitverzögerung einstellen. Das gilt zumal für die Universität, eine der ältesten und dauerhaftesten Institutionen der Welt. Ein Blick auf die institutionelle Realität läßt aber auch schnell erkennen, daß es eine längere Vorgeschichte der wirtschaftlichen Relevanz der Wissenschaft im allgemeinen und der Beziehungen zwischen Universitäten und Industrie im besonderen gibt, die den Neuigkeitswert der beschworenen Öffnung der Universitäten gegenüber der Industrie etwas einschränkt.

Verbindungen zwischen Universitäten und Industrie in historischer Perspektive

Im Gegensatz zu dem Eindruck, den die aktuelle Diskussion erweckt, ist die Distanz zwischen Universität und Industrie für die amerikanischen Universitäten eine vergleichsweise rezente Entwicklung, und für die deutschen Hochschulen verdeckt sie die lange zurückreichende Tradition enger Verbindungen zur Industrie.

3 Zu den Textnachweisen siehe Slaughter (1993). Besonders interessant ist eine Äußerung des damaligen Präsidenten der Stanford Universität, Kennedy: »Eine Reihe wissenschaftlicher Disziplinen gilt nunmehr als ›bereit‹ für die beschleunigte Anwendung« (ebd., S. 291). In der Bundesrepublik hatten wenige Jahre zuvor Analysen zur ›Finalisierung‹ der Wissenschaft, die im Prinzip genau diesen Sachverhalt konstatierten, zu hysterischen Reaktionen und öffentlicher Schelte der Autoren geführt. Die sogenannte ›Finalisierungsdiskussion‹ hatte einen kleinen wissenschaftspolitischen Skandal ausgelöst, der im nachhinein nur mit der verzögerten Reaktionszeit der deutschen Wissenschaft zu erklären ist. Kennedys Argumentation fand sich bald auch in der Legitimationsrhetorik des Bundesministeriums für Forschung und Technologie wieder (vgl. BMBF 1996, S. 7, 33; BMBF 1998, S. 7, 134).

ZUR KAPITALISIERUNG DES WISSENS?

Deutschland gilt als das erste Land, in dem Wissen ›kapitalisiert‹ wurde. Das heißt, wissenschaftliche und technische Fertigkeiten wurden Gegenstand formaler Ausbildungsprozesse, und die industrielle Innovation wurde durch die systematische Organisation angewandter Forschung innerhalb von Industriefirmen gefördert (Shinn 1998, S. 271). In dem Bemühen, den Rückstand gegenüber England in der Industrialisierung aufzuholen, wurden in den deutschen Ländern Gewerbe- und Polytechnische Schulen gegründet, so daß schon vor der Reichsgründung eine entwickelte Infrastruktur technischer Ausbildung bereitstand. Ab 1877 wurden die Polytechnischen Schulen in Technische Hochschulen umgewandelt, zuerst in Braunschweig und München, 1879 in Berlin und Darmstadt, ein Jahr später in Aachen und Hannover, 1885 folgten Karlsruhe und 1890 schließlich Dresden und Stuttgart. Die Ausbildungsinhalte der THs war eng an den Erfahrungen und den Bedürfnissen der Industrie orientiert, ihre Absolventen gingen in die Industrie, vornehmlich die mechanische, optische, elektrotechnische und chemische. Sie stiegen häufig in das höhere Management ihrer Firmen auf, und es ist bis heute üblich, daß angesehene Industrieforscher, oftmals zugleich Mitglieder der Geschäftsleitungen industrieller Betriebe, als Professoren an die TH berufen werden und auf diese Weise sowohl in der Lehre als auch in der Forschung enge Verbindungen zwischen der Hochschule und der Industrie unterhalten (Abramson u. a. 1997, S. 17).

Mit den Technischen Hochschulen war die Ausbildung von Ingenieuren für die Industrie zwar in einer von den Universitäten unterschiedenen Hochschule etabliert, aber diese Differenzierung war nur von vergleichsweise kurzer Dauer. Ab 1850 begann sich allmählich das der Industrialisierung und technischen Entwicklung angemessene ›moderne‹ Konzept einer an den pragmatisch-utilitaristischen Wissenschaften, Technologien und den modernen Sprachen orientierten Ausbildung durchzusetzen. Das Realgymnasium etablierte sich als Rivale des dem traditionellen humanistischen Bildungsgedanken verpflichteten Gymnasiums und war der wichtigste Rekrutierungsort der Studenten für die THs. 1900 wurden die Realgymnasien und Oberrealschulen formal den Gymnasien gleichgestellt. Zugleich hatten die THs das Promotionsrecht erlangt und waren nunmehr den Universitäten gleichberechtigt. Damit war ein langer Pro-

FÜNFTES KAPITEL

zeß des sozialen Wertewandels zumindest institutionell abgeschlossen: Die ursprüngliche Funktion der (humanistischen) Schul- und Hochschulbildung war die Verleihung eines höheren sozialen Status. Die während fast des gesamten 19. Jahrhunderts gesellschaftlich geringgeschätzte, praxisnähere und an der modernen Welt der Industrie orientierte Ausbildung gewann diese Funktion erst nach der Jahrhundertwende.

Das lange Ringen der Ingenieure um die soziale Anerkennung ihres Berufsstandes und ihrer Ausbildungsinstitutionen, insbesondere um die Parität an Prestige mit den Akademikern und ihrer Universität, hatte zu einer Übernahme der universitären Standards in Lehre und Forschung geführt. In der Lehre waren die Zugangsanforderungen angehoben sowie die Curricula theoretisch an Mathematik und den Naturwissenschaften ausgerichtet worden; in der Forschung gab es ebenfalls eine Tendenz zur Theoretisierung, zum Beispiel des Maschinenbaus. In den letzten beiden Jahrzehnten des 19. Jahrhunderts hatte die auch als ›Akademisierung‹ zu interpretierende wachsende Distanz zwischen der Industrie und der Ingenieurausbildung zu Kritik seitens der Industrieingenieure und Manager geführt, die ihrerseits Reformen in Lehre und Forschung an den THs auslöste (König 1993, S. 70 f.).

Das Kernstück dieser Reformen war die Errichtung eigener Labors, die zwar zunächst für die Zwecke der Lehre eingerichtet worden waren, sich aber zugleich als wichtig für die Forschung erwiesen und es den THs ermöglichten, dem Humboldtschen Ideal der Einheit von Forschung und Lehre zu entsprechen. Die Labors waren das organisatorische Instrument, um Theorie und Praxis miteinander zu verbinden und eine spezifische Methodologie für die Ingenieurdisziplinen zu entwickeln, die die technischen Erfahrungen der Industrie ebenso wie die Kenntnis der Naturgesetze zur Basis der Deduktion technischer Regeln macht und systematisches Experimentieren mit industriell genutzten Maschinen vorsieht. Waren die Professoren an den THs bis zur Jahrhundertwende vor allem Lehrer, deren Beziehung zur Industrie in Beraterfunktionen oder auch in der Leitung von Forschungen innerhalb der Firmen bestand, so intensivierten sich diese Verbindungen aufgrund der hochschuleigenen Forschungstätigkeit zu Kooperationsbeziehungen. Erfahrung in der Industrie wurde gar zu einem Berufungskriterium in den Ingenieurswissenschaften (ebd., S. 76 f.). Die Einrichtung der Labors hatte schließlich einen weiteren Spezialisierungs- und Differenzierungsprozeß zur Folge, in dessen Verlauf die angewandte Forschung in die Industrielabors oder auch in staatliche Forschungseinrichtungen ausgelagert wurde (Radkau 1989, S. 155 f.; Keck 1993, S. 126 f.).

Die Ausdifferenzierung einer eigenständigen Ingenieurausbildung bei deren gleichzeitiger Orientierung an der akademischen Wissenschaft der etablierten Universitäten spiegelte nicht nur die sozialstrukturelle Dominanz der humanistischen Bildungseliten wider, sondern auch das enge Verhältnis von wissenschaftlicher Forschung und technischer Entwicklung. Das galt freilich nur für die beiden paradigmatischen Fälle, die chemische und die elektrotechnische Industrie.

Die amerikanischen Universitäten waren von Anbeginn sehr viel enger auf die Berufsausbildung hin orientiert, und dementsprechend war auch ihre Forschung praktischer ausgerichtet, als das für die europäischen Universitäten des 19. Jahrhunderts galt. Die Gründung der *Land Grant Colleges* nach dem Erlaß des Morrill Act 1862 unterstrich diese Orientierung durch die explizite Zielsetzung, daß die auf der Grundlage dieses Gesetzes gegründeten Hochschulen der Förderung der Landwirtschaft und des Ingenieurwesens dienen sollten, und zwar unter der Kontrolle der Einzelstaaten, möglichst eng auf die lokalen Industrien bezogen. Die daraus resultierenden engen Verbindungen zwischen den Hochschulen und der Industrie führten zu einer Vielfalt von praxisbezogenen Spezialisierungen in Forschung und Lehre.

Die *Land Grant Colleges*, die sich in der Folgezeit zu (den von den Einzelstaaten geförderten) Universitäten entwickelten, wandten sich bald der Chemie und Elektrotechnik zu und schufen nach der Jahrhundertwende neue Ausbildungsgänge in technischen und angewandten Disziplinen. Im Ergebnis war die Ingenieurausbildung damit in die Eliteinstitutionen integriert und die Voraussetzung für enge Verbindungen zur Industrie geschaffen. Tatsächlich gab die Industrie die in den neunziger Jahren des 19. Jahrhunderts gegründeten ›Firmen-Schulen‹, die der Ausbildung des eigenen technischen Personals dienen sollten, wieder auf. Statt dessen setzte sich in der Industrie die Überzeugung durch, daß nicht nur die Ingenieurausbildung besser in

FÜNFTES KAPITEL

den Colleges und Universitäten aufgehoben sei, sondern auch deren Forschungskapazität eine Ergänzung der firmeneigenen Forschungslaboratorien sein könne (Shinn 1998, S. 282). Obgleich die ›Ausgründung‹ von Firmen durch Wissenschaftler aus Universitäten heraus und die Kooperation mit den Forschungslaboratorien der Universitäten erst nach dem Zweiten Weltkrieg zu einem häufigeren Muster wird, bieten Stanford und die Federal Company in Palo Alto ein Beispiel, das bis in die Zeit vor dem Ersten Weltkrieg zurückreicht (Rosenberg, Nelson 1994, S. 328).

Die Rolle der Universitäten als Motor der technischen Innovation wurde in den letzten beiden Jahrzehnten des 19. Jahrhunderts erkennbar, als das MIT und die Cornell University Ausbildungsgänge für Elektroingenieure innerhalb der Physik-Departments einrichteten. Es handelte sich um eine wissenschaftsbasierte Disziplin, und die Universitäten übernahmen die Führung in der Etablierung sowohl der Disziplin als auch der Entwicklung des Berufs der Elektroingenieure. Das gleiche gilt für die Verfahrenslehre (›chemical engineering‹), die Zusammenführung von Chemie und Ingenieurwesen zur Entwicklung von Verfahrenstechnologien, die die Basis für die Entwicklung der chemischen Industrie darstellte. In den zwanziger und dreißiger Jahren des vergangenen Jahrhunderts folgte die Luftfahrttechnik und in den vierziger Jahren die Verbindung der gerade entstehenden ›Computer Science‹ mit den Ingenieuren als weitere Beispiele einer wissenschaftsbasierten Forschung und Ausbildung, deren Entwicklung die enge Zusammenarbeit zwischen Universitäten und Industrie beinhaltete und einen überzeugenden Beleg für den Beitrag der Universitäten zur technischen Innovation und wirtschaftlichen Entwicklung des Landes darstellte (Rosenberg, Nelson 1994, S. 328 ff.).

In dieser Entwicklung spielten einige wenige Universitäten, allen voran das MIT, Stanford, Cornell und das *California Institute of Technology* die führende Rolle. (Das amerikanische Universitätssystem ist zu heterogen für verallgemeinernde Charakterisierungen.) Die *erste* maßgebliche strukturelle Veränderung wird von Beobachtern jedoch in der Institutionalisierung der ingenieurwissenschaftlichen und angewandten Disziplinen als anerkannter Bereiche der akademischen Lehre und Forschung gesehen. Mit ihr wurde das Modell der kulturell und religiös orientierten Colleges der Vorbürgerkriegszeit gegen Ende des 19. Jahrhunderts verdrängt und den Universitäten nahezu das Monopol in der Ausbildung von Wissenschaftlern, Ingenieuren und Managern für die Industrie sowie in der staatlich geförderten Forschung verschafft (ebd., S. 338; Donovan 1993).

Die *zweite* grundlegende Veränderung des amerikanischen Universitätssystems erfolgte nach Ende des Zweiten Weltkriegs und bestand in dem massiven Engagement der Bundesregierung in der Finanzierung der Forschung gemäß den von Vannevar Bush formulierten Prinzipien. Die Folgen waren zum einen die Verlagerung der Forschungsprioritäten von den lokal geprägten Problemen der jeweiligen Industrien zu den nationalen Aufgaben der Gesundheit und Verteidigung, zum anderen eine Orientierung der Forschung hin zu Grundlagenproblemen. Bushs explizite Forderung, der Staat müsse die Grundlagenforschung fördern, ließ sie zur legitimen Funktion der Universitäten werden und schuf zusammen mit der Arbeitsteilung zwischen universitärer (Grundlagenforschung) und industrieller Forschung (Produkt- und Verfahrensentwicklung) genau die Distanz zwischen diesen Bereichen, um deren Überwindung es nunmehr geht (Bush [1945] 1969, S. 18f.).

Dieses ohnehin schon komplexe Bild des Vergleichs zwischen Deutschland und den USA würde noch differenzierter, nähme man das Beispiel Frankreichs hinzu. Hier waren die traditionellen im 18. Jahrhundert gegründeten *Grandes Écoles* Ausbildungsstätten für Ingenieure im Staatsdienst. Die industrieorientierte Ausbildung von Technikern wurde im frühen 19. Jahrhundert von den *Écoles des Arts et Métiers* geleistet, die jedoch selbst keine Forschung betrieben. Die zwischen 1875 und 1900 neu belebten *Facultés des Sciences* führten für kurze Zeit zu intensiven Verbindungen zwischen Universitäten und Industrie, wurden aber vor Ausbruch des Ersten Weltkriegs wieder bedeutungslos. Die neuen *Grandes Écoles*, die zwischen 1880 und 1914 gegründet wurden, entsprachen den deutschen Technischen Hochschulen und nahmen fortan eine Vorrangstellung in der Forschung ein. Sie verbanden akademische und industrielle Zielsetzungen. Auf sie gehen die wesentlichen industriellen technischen Innovationen in der Elektrotechnik, der synthetischen Chemie, der Aeronautik und anderen Bereichen nach 1945 zurück. Die französische Industrie war demgegenüber bis

FÜNFTES KAPITEL

in die siebziger Jahre des 20. Jahrhunderts gegenüber der Forschung verschlossen, und nur wenige Firmen besaßen eigene Forschungskapazitäten (Shinn 1998, S. 274 f.).[4]

Die kurzen historischen Rückblicke auf die Entwicklung der Universitäten in Deutschland und den USA (und die Anmerkungen zu Frankreich) belegen, daß die vermeintliche Barriere zwischen den Universitäten und der Industrie nicht so hoch ist, wie häufig unterstellt wird. Wo sie tatsächlich besteht, ist sie ein vergleichsweise rezentes Phänomen. Dabei ist vor allem der Vergleich aufschlußreich. In Deutschland vermittelte die am humanistischen Bildungsideal orientierte Universitätsausbildung sozialen Status auch dann noch, als die Industrialisierung schon weit fortgeschritten war. In den USA, deren Sozialstruktur weit weniger traditional geprägt ist, stieß die Ausbildung in praktischem Wissen nicht auf soziale Geringschätzung, sondern hier war sie es, die wirtschaftlichen Erfolg und damit gesellschaftliche Stellung vermittelte. Daß Deutschland institutionell dennoch eine Vorreiterrolle in der Errichtung einer industrieorientierten Techniker- und Ingenieurausbildung gespielt hat, verdankt es der besonderen Konstellation, daß die die Industrialisierung vorantreibenden Schichten dies mit Unterstützung des Staates und zunächst in einem parallelen Ausbildungssystem vollzogen, sich dabei aber am dominanten System der humanistischen Ausbildung orientierten. Hier galt die institutionelle Barriere zwischen Hochschulen und Industrie, zwischen Grundlagenforschung und angewandter bzw. industrieorientierter Forschung, vor allem für die älteren Universitäten, nicht aber für die Technischen Hochschulen. In den USA, wo es die institutionelle Trennung in der Form zunächst gar nicht gab, wurde sie erst in dem Augenblick errichtet, als sich nach dem Zweiten Weltkrieg die Bundesregierung in der Forschungsförderung engagierte. Selbst hier blieben jedoch Universitäten wie das MIT, dessen Gründungsgeschichte im übrigen durch den Konflikt zwischen akademischer und industriell praktischer Orientierung geprägt war, von dieser Entwicklung weitgehend ausgenommen.

---

4 Shinn vergleicht in seinem Aufsatz sechs Länder und gibt weitere detailliertere Informationen.

ZUR KAPITALISIERUNG DES WISSENS?

Die Nützlichkeit der Wissenschaft und die wechselseitige Abhängigkeit von Universität und Industrie

Die Entwicklung der Verbindungen zwischen Universität und Industrie läßt sich zugleich als eine zunehmende Nützlichkeit wissenschaftlichen Wissens für wirtschaftliche Zwecke lesen, als *Kapitalisierung* des Wissens oder auch als seine Entwicklung zur Produktivkraft (Richta u. a. 1968; Etzkowitz, Webster, 1998). Sie hat ihren Ursprung in der zweiten Hälfte des 19. Jahrhunderts, wo sie ihren institutionellen Niederschlag in den beschriebenen Verbindungen zwischen Universität und Industrie findet. Doch erst in den siebziger Jahren des 20. Jahrhunderts wurde diese Entwicklung politisch anerkannt und zum Gegenstand politischen Handelns. Erst damals begannen die westlichen Industrienationen, ihre nationalen Wirtschafts- und Wissenschaftspolitiken miteinander zu koordinieren, gerade zu einer Zeit, da die unterschiedlichen institutionellen Bereiche ihren höchsten Grad an Selbständigkeit und Trennung voneinander erreicht hatten (Etzkowitz, Leydesdorff 1997a, S. 156). Inzwischen wird der Zusammenhang von Wissenschaft und Wirtschaft im Konzept der ›nationalen Innovationssysteme‹ aufgehoben, in denen den Universitäten eine spezifische Funktion zugeordnet wird (Nelson, Rosenberg 1993).

Ungeachtet der historisch gewachsenen nationalen Unterschiede der Gesellschaftsstrukturen und der Universitätssysteme lassen sich für alle Systeme zwei Sachverhalte feststellen: 1. Es gibt eine mit der Entwicklung der Industrialisierung und der Wissenschaft zunehmend engere Verbindung zwischen Industrie und Universität. 2. Unabhängig davon hat sich eine auf sich selbst bezogene ›akademische‹ Wissenschaftskultur von der Wirtschaft abgelöst, und erst vor dem Hintergrund dieser Differenzierung wird ihre Vermittlung zu einem Problem. Die historische Entwicklung läßt sich bis in die Gegenwart verlängern. Zwischen Universitäten und Industrie besteht eine Beziehung, die einerseits durch institutionelle Trennung, andererseits aber auch durch neuartige wechselseitige Abhängigkeiten geprägt ist. Die Vermittlung zwischen ihnen gewinnt einerseits in dem Maße an Dringlichkeit, wie die Leistungen der Wissenschaft der Wirtschaft als nützlich erscheinen. Sie ist andererseits zunehmend umstritten, weil die Differenzen zwischen den Zielen und den Operationen in beiden Systemen groß sind.

Der Wirtschaft (wie auch dem Staat) geht es in ihrem Verhältnis zur Wissenschaft und speziell zur Universität immer um die *beiden Leistungen* der Universität: 1. die *Ausbildung* von wissenschaftlichem und technischem Personal, also den Wissenstransfer zum Zweck der allgemeinen Qualifizierung und damit der Ermöglichung wertschöpfender Produktion; und 2. um die *Produktion neuen Wissens* und damit die Schaffung der Grundlagen für neue Produkte und Verfahren. Das entspricht den beiden klassischen Funktionen der Universität, *Lehre und Forschung*. Die Nützlichkeit neuen Wissens und qualifizierter Menschen, die es anwenden und in Produkte umsetzen können, läßt sich an deren gesellschaftlicher Bewertung (in Gestalt von Einkommen für Universitätsabschlüsse und von Marktpreisen für wissensbasierte Produkte) ablesen. Diese Wertschätzung indiziert die Erwartungen, die sich seitens der Industrie an die Universitäten richten, ebenso wie die Intensität der Konflikte und Begehrlichkeiten, die um den Zugriff auf Lehre und Forschung entstehen (können). Die Forderung danach, einen solchen Zugriff zu erhalten, wird von der Politik und von der Wirtschaft immer wieder erhoben, weil die Universitäten (zumindest in Europa weitaus überwiegend) aus öffentlichen Mitteln finanziert werden. In der Ausdifferenzierung der Wissenschaft und ihrer öffentlichen Finanzierung ist also der grundlegende Konflikt um den Anspruch auf die Leistungen der Universität – scheinbar paradox – eingebaut: Je unabhängiger die Wissenschaft, desto erfolgreicher und damit auch ›nützlicher‹ ist sie, aber desto stärker sind die Versuche, sie zu kontrollieren und Wissen zu ›kapitalisieren‹.[5]

Welchen Wert und welche Bedeutung die akademische Ausbildung und wissenschaftliches Wissen in den modernen Industriegesellschaften seit Mitte des 19. Jahrhunderts tatsächlich erlangt haben, läßt sich, was die Ausbildung angeht, anhand der Studentenzahlen bzw. des prozentualen Anteils von Hochschulabsolventen eines Jahrgangs summarisch bestimmen. Er

---

5 Um ein mögliches Mißverständnis zu vermeiden: ›Ausdifferenzierung‹ ist hier analytisch zu verstehen und bezieht sich auf die operationale Unabhängigkeit der Wissenschaft, die sie ungeachtet der geschilderten Beziehungen zur Industrie im frühen 19. Jahrhundert erlangt hat.

beträgt in der Spitze 40 Prozent (Kanada) und liegt in den meisten Ländern zwischen 20 und 30 Prozent. Dieser Zulauf zu den Universitäten und ihren Zertifikaten hat zu der bekannten Transformation der Universität von einer elitären Ausbildungsstätte zur Massenuniversität geführt; eine Entwicklung, die zugleich die umfassende Demokratisierung der betreffenden Gesellschaften dokumentiert. Für sie gilt, daß der Erwerb akademischer Qualifikationen nicht mehr an sozialen Status gebunden ist, aber auch keinen Status verleiht außer gegebenenfalls über das in der Regel mit ihm verbundene höhere Einkommen.[6]

Die Entwicklung zur Massenuniversität hat aber für die Universität einen Funktionswandel zur Folge gehabt und neue Abhängigkeiten geschaffen. Als Ausbildungsinstitution ist sie nicht mehr primär für die Reproduktion des wissenschaftlichen Nachwuches (und wie zuvor für die Ausbildung einer staatlichen Beamtenschaft in Schulen und anderen Staatsdiensten) zuständig, sondern sie muß eine sehr viel breiter gefächerte Berufsausbildung leisten als zuvor. Faktisch bedeutet dies für die Universitäten eine Funktionsverschiebung von der wissenschaftsbezogenen zur berufs-, das heißt arbeitsmarktbezogenen Ausbildung. Das erzwingt in den Universitäten eine Orientierung an ihrer wirtschaftlichen Umwelt, auch wenn sie diese (zum Beispiel den Arbeitsmarkt) selbst mit gestalten. Die Dynamik der Fächerentwicklung in der Lehre folgt dementsprechend nicht mehr allein der disziplinenspezifischen Differenzierung, sondern außerdem der – oft unsicheren – Einschätzung von Marktchancen beruflicher Spezialisierungen. Universitäten und speziell die Disziplinen suchen heute aktiv nach praktischen Umsetzungen ihres Wissens und damit nach Beschäftigungschancen ihrer Absolventen.

Eine zweite Konsequenz ist der mit der Expansion einhergegangene enorme Zuwachs an erforderlichen finanziellen Ressourcen und damit eine erheblich gestiegene Abhängigkeit

---

6 Die Entwicklung zur Massenuniversität hat eine gar nicht genau zu ermessende, sich selbst verstärkende Demokratisierung, die Umstellung auf wissensbezogene Leistung als Kriterium der Statuszuweisung sowie einen folgenreichen Wachstumsprozeß der Wissenschaft zur Folge (vgl. 3. Kapitel). Zu zehn (behaupteten) grundlegenden Veränderungen infolge der Entwicklung vgl. Gibbons u. a. (1994, S. 76 ff.).

von öffentlicher Legitimation. Dieser gestiegene Legitimationsdruck zwingt die Universitäten zu Anpassungen sowohl der Legitimationsrhetorik, wie dies die oben zitierte Analyse der Begründungen von amerikanischen Universitätspräsidenten augenfällig gezeigt hat, aber auch zu realen Anpassungen ihrer Operationen zur Sicherung der Ressourcen.

Im Hinblick auf den Wert und die wirtschaftliche Bedeutung der Forschung besteht zwar eine allseits verbreitete Überzeugung, daß die demonstrierten Erfolge der Naturwissenschaften, die Technologie, die durch sie möglich geworden ist, und der wirtschaftliche Reichtum ein Produkt der Forschung sind. Dieser angenommene Zusammenhang läßt sich allerdings nur schwer messen (Rosenberg 1990; Pavitt 1991; Mansfield 1991). Die seitens der Industrie an die Universitäten gerichteten Erwartungen und die Konflikte, die um die Kontrolle der Produktion und der Verwendung wissenschaftlichen Wissens entstehen, sind jedoch ein hinreichend verläßliches Indiz für die faktische Geltung dieser Überzeugung.

Das Problem besteht für die Wirtschaft darin, möglichst kostengünstigen Zugang zu neuem wissenschaftlichen Wissen zu erhalten; und für jeden einzelnen Industriebetrieb gilt zugleich, daß er diesen Zugang möglichst exklusiv haben will, um sich mit Hilfe dieses Wissens Konkurrenzvorteile zu verschaffen. Die traditionelle Lösung für große Industriebetriebe mit entsprechender Kapitalmacht (und nur für diese) war die Errichtung eigener Forschungslabors, in denen die Forschung weitgehend kontrolliert und produktorientiert betrieben und das produzierte Wissen geheimgehalten bzw. patentiert werden kann. Doch die Unterhaltung von Forschungslaboratorien ist extrem teuer und aufgrund der großen Ungewißheit jedes Forschungsprozesses im Hinblick auf zu erwartende Erträge sehr riskant. Der seit Beginn der achtziger Jahre des vergangenen Jahrhunderts zu beobachtende Trend zu sparsamem Management, erhöhten Renditeerwartungen und globalisierenden Märkten und damit einer weltweiten Konkurrenzsituation für Firmen der entsprechenden Größenordnung sowie rasante Entwicklungen der Forschung und die daraus hervorgegangenen neuen Schlüsseltechnologien im Bereich der Molekularbiologie und der Computerwissenschaften haben die Industrie zunächst veranlaßt, ihre Forschungslaboratorien enger an die Unternehmensziele zu binden oder gar ganz zu schließen, um sodann den begehrlichen Blick auf das Forschungspotential der Universitäten zu werfen.

Wie die Verbindung der Industrie zu den Universitäten bzw. THs im 19. und frühen 20. Jahrhundert auf einige Industriezweige beschränkt war, gilt auch das neuerliche Interesse der Industrie an den Einrichtungen akademischer Forschung keinesfalls allgemein für alle Branchen. Empirischen Untersuchungen zufolge sind vor allem die Bereiche Informationstechnologie, Arzneimittel und Instrumente von akademischer (Grundlagen-)Forschung abhängig in dem Sinn, daß ihre Innovationen nicht oder nur mit erheblicher zeitlicher Verzögerung ohne den Beitrag der Grundlagenforschung hätten hervorgebracht werden können (Mansfield 1991, S. 11; vgl. auch Pavitt 1991 a, S. 113).[7] Dieses anhand von Umfragedaten gewonnene Ergebnis wird durch die Analyse von Patenten bestätigt, deren ›Wissenschaftsbasierung‹ an der in den Patentschriften zitierten wissenschaftlichen Literatur ablesbar wird. Auf der Grundlage dieser Untersuchungen kommen Narin und Olivastro zu dem Ergebnis, daß die Beziehung zwischen der Grundlagenforschung und technologischen Innovationen immer enger wird und die Entwicklung immer schneller bis zu dem Punkt voranschreitet, an dem eine Unterscheidung fast unmöglich wird; daß dies aber in erster Linie für die ›High-Tech‹-Bereiche in der Pharmazie und Medizin, in der Chemie, der Biotechnologie sowie in der Computer- und Kommunikationsbranche gilt. Der sich daraus ergebende Schluß lautet, daß die Aufrechterhaltung des industriellen Wachstums in den westlichen Industrienationen ohne die Erhaltung einer starken wissenschaftlichen Kapazität gerade in den Forschungsbereichen undenkbar ist, die diesen modernen Technologien zugrunde liegen (Narin, Olivastro 1992, S. 248 f.).

[7] Die Literatur zum Problem des Beitrags der Grundlagenforschung zur industriellen Innovation ist sehr umfangreich und reicht in die sechziger Jahre des vergangenen Jahrhunderts zurück (Arrow 1962; zur älteren Literatur siehe die Angaben in Pavitt 1991 b). Bis heute bleibt das Problem aus methodischen und datentechnischen Gründen ungelöst. Mansfield weist explizit auf die Schwierigkeiten hin (Mansfield 1991). Hier werden nur einige der neueren Ergebnisse angeführt. Allgemein zum Verhältnis von Grundlagenforschung und angewandter Forschung sowie zur Problematik der Kategorien siehe Stokes (1997).

Rosenberg bestätigt diese Ergebnisse noch aus einer anderen Perspektive. Danach engagiert sich die überwältigende Mehrheit privater Firmen *nicht* in der Finanzierung von Grundlagenforschung. Die industrielle Förderung von Grundlagenforschung ist auf eine sehr kleine Zahl industrieller Sektoren beschränkt, und in ihnen ist es eine Handvoll großer Firmen in den Bereichen Pharmazie, Chemie, elektrische Ausrüstung, Luft- und Raumfahrt und Maschinenbau. Eine Ausnahme von der Regel, daß industrielle Förderung der Grundlagenforschung eine starke Marktposition erfordert, findet sich in den relativ kleinen Firmen in der Biotechnologie (Rosenberg 1990, S. 166, 168).[8]

Schließlich muß noch erwähnt werden, daß der Beitrag des direkten Wissenstransfers aus der Grundlagenforschung in die Industrie nur einen Aspekt der Beziehung darstellt. Ein zweiter ist die Bedeutung der spezifischen Forschungskenntnisse und -fähigkeiten (›research skills‹), die Forscher mitbringen, wenn sie von der Universität in die Industrie wechseln. Eine wesentliche Voraussetzung für den erfolgreichen Wissenstransfer von der universitären in die industrielle Forschung ist eine eigene Forschungskapazität, durch die es allererst möglich ist, Grundlagenwissen zu rezipieren und die entsprechenden Bewertungen und Entscheidungen hinsichtlich seiner Implikationen und weiteren Entwicklung treffen zu können (ebd., S. 171). Umfragen in der Industrie zeigen, daß die Relevanz von Forschungs*fähigkeiten* im Vergleich zu Grundlagenwissen vor allem in der Chemie, der Physik, der Computer Science, den Materialwissenschaften und der Metallurgie besonders häufig genannt wird (Nelson, Levin zitiert in Pavitt 1991a, S. 114).

Alle diese Daten sind Indizien (keine direkten Belege) dafür, daß die Abhängigkeit der Industrie von akademischer Forschung – und das heißt primär: von den Universitäten – in einigen Bereichen zugenommen hat, daß sie sich aber auf die sogenannten ›High-Tech‹-Industrien beschränkt, was kaum über-

---

8 G. Stock verweist darauf, daß die pharmazeutischen Unternehmen lange vor den Biotechnologiefirmen Grundlagenforschung betrieben haben, daß es in unterschiedlichen Branchen – je nach Thema – auch unterschiedliche Entfernungen zwischen Grundlagen- und Anwendungsforschung gibt und daß in der Pharmazie und in der Medizin fast alle Grundlagenforschung anwendungsorientiert ist (persönliche Mitteilung).

rascht, da es sich ja definitionsgemäß um die ›science based industries‹ handelt. Die Diskussion der neuen Verbindungen zwischen Universitäten und Industrie betrifft also einen vergleichsweise kleinen Ausschnitt und ist weder für die Wirtschaft noch für die Universität insgesamt generalisierbar. Als Typus institutioneller Veränderungen sind diese Verbindungen gleichwohl interessant.

Die historisch über 150 Jahre und in unterschiedlichen Formen gewachsenen Beziehungen zwischen Universität und Industrie sind also insofern in eine neue Phase geraten, als *neuartige wechselseitige Abhängigkeiten* zwischen ihnen entstanden sind. Die Universitäten müssen als Massenuniversitäten neue Funktionen in der Ausbildung erfüllen, haben einen erhöhten Ressourcenbedarf, stehen daher unter größerem Legitimationsdruck – und dies vor dem Hintergrund einer veränderten Wissenschaftspolitik, die eine stärkere Nutzenorientierung fordert. Die Erwartungen der Universitäten richten sich in dieser Situation auf die Wirtschaft. Die Industrie sieht sich ihrerseits zumindest in den Branchen, in denen die wissenschaftliche Wissensbasis eine besonders große Rolle spielt, der Wissensfortschritt besonders rasant, die Forschung teuer und mit hoher Unsicherheit behaftet ist, in einer größeren Abhängigkeit von der Wissenschaft als zuvor.[9]

Modelle des Verhältnisses von ›reiner‹ und industrieller Forschung

Aus dieser wechselseitigen Abhängigkeit erwachsen neue Formen der Vermittlung und mit ihnen auch neue Konflikte. Im folgenden geht es darum, diese Formen näher zu beschreiben und herauszuarbeiten, worin sie sich von älteren Vermittlungsformen unterscheiden und in welcher Weise sie, wenn überhaupt, die Operationsweisen der Wissenschaft berühren oder gar verändern. Auch hier sind bislang geltende Modelle, ihre

---

9 In der Management-Literatur wird diese Abhängigkeit so begründet: »Rising global competitiveness, increasing demand for innovations in products and processes, and declining government resources will accelerate UI [University-Industry, P. W.] alliance growth« (Cyert, Goodman 1997, S. 46).

FÜNFTES KAPITEL

Kritik und die derzeit gehandelten Gegenmodelle das Analyseraster, auf das sich die Beschreibung bezieht und das infolgedessen vorausgeschickt wird.

Versuche der Wirtschaft, mehr oder weniger direkten Zugriff auf das Forschungspotential der Universitäten zu erlangen, und umgekehrt Bemühungen der Universitäten, sich den wirtschaftlichen Wert des in ihnen generierten Wissens zunutze zu machen, haben unterschiedliche Formen angenommen. Die früheren Formen gingen von der klaren institutionellen Trennung zwischen Universitäten und Industrie aus und postulierten einen *linearen Wissenstransfer* von akademischer Grundlagenforschung zu industriell angewandter Forschung als Basis von Innovation. Die Unterscheidung von Grundlagen- und angewandter Forschung bezieht sich nicht nur auf unterschiedliche Orientierungen der Forschung (etwa: tieferes Verständnis des Gegenstands vs. Verständnis von Mitteln zur Erreichung eines bestimmten Ziels), sondern auch und vor allem auf die Kontrolle über die Forschungsziele. Grundlagenforschung steht für die autonome Bestimmung der Forschungsziele durch die Wissenschaft selbst, angewandte Forschung für eine Bestimmung der Ziele durch Wirtschaft oder Politik. Da es sich bei der Unterscheidung zugleich um die Kategorien der Forschungsförderung handelt, hatte sie, solange sie anerkannt war, eine eminent politische Bedeutung, insofern sie der Wissenschaft die Unabhängigkeit und Kontrolle über sich selbst auch finanziell garantierte. Mit der zumindest partiellen Aufkündigung dieses zentralen Elements des ›Gesellschaftsvertrags‹ für die Wissenschaft hat die Unterscheidung ihre politische und legitimatorische Funktion verloren.

Die Unterscheidung von Grundlagenforschung und angewandter Forschung hatte immer eine (partielle) reale Entsprechung *und* eine legitimatorische Funktion. Die Kritik an ihr richtet sich unter anderem darauf, daß die Motive der Forschung nicht unbedingt mit dem faktischen Nutzen des generierten Wissens zusammenfallen: Grundlagenorientierte Forschung kann zu nützlichem, industriell verwertbarem Wissen und anwendungsorientierte Forschung kann zu grundlegenden Entdeckungen führen. Außerdem fällt auch der Typus des produzierten Wissens nicht unbedingt mit dem Typus der Institution zusammen: Nützliches Wissen wird *auch* in Universitäten produziert, Grundlagenwissen entsteht *auch* in Industrielabors. Für beide Fälle gibt es zahllose Beispiele aus der Wissenschafts- und Technikgeschichte.[10] Aufgrund dessen ist das lineare Modell des Wissenstransfers (›knowledge flow models‹) in Mißkredit geraten und durch ein iteratives bzw. rekursives Modell ersetzt worden (vgl. Etzkowitz, Webster, Healey 1998, S. 6; Mansfield 1991, S. 12; Etzkowitz, Leydesdorff 1998, S. 205 ff.).[11] Nunmehr geht man davon aus, daß industriell orientierte Forschung Grundlagenwissen und universitäre Grundlagenforschung industriell verwertbares Wissen erzeugen und daß es zu iterativen Beziehungen zwischen beiden kommen kann. Man kann sich vorstellen, daß sich diese Erkenntnis sehr gut eignet, um eine engere Kopplung zwischen Universität und Industrie zu begründen. Aber auch an dieses Modell muß die Frage gerichtet werden, inwieweit es eine *neue* institutionelle Realität widerspiegelt oder ob es nicht vorrangig eine legitimatorische Funktion erfüllt. In Zeiten knapper staatlicher Ressourcen und erhöhten Drucks öffentlicher Rechenschaftspflicht ist es für die Universitäten angezeigt, die wirtschaftliche Nützlichkeit des von ihnen produzierten Wissens zu demonstrieren. Die gerade mit dem linearen Modell verlorengegangene Legitimationskraft der innovativen Funktion der Grundlagenforschung wird also möglicherweise in den neuen Modellen wiederzugewinnen versucht.

Der Verdacht, daß man es hier mit Konjunkturen wissenschafts*politischer* Begrifflichkeiten zu tun hat und weniger mit neuen institutionellen oder gar epistemischen Entwicklungen, wird nicht zuletzt wieder durch den Blick auf historische Vorläufer genährt. Die immer wieder als paradigmatisch für die ›wissenschaftsbasierten Industrien‹ (›science based‹ industries) bezeichneten Fälle der chemischen und der elektrotechnischen Industrien in der zweiten Hälfte des 19. Jahrhunderts sind deshalb mit dieser Begrifflichkeit versehen worden, weil für sie die

---

10 Eine Reihe von Beispielen liefert Rosenberg (1990, S. 169 f.) als Beleg für seine Kritik an der Unterscheidung. Desgleichen Rosenberg und Nelson (1994, S. 332 f.).

11 Etzkowitz und Leydesdorff sprechen gar von der Verabschiedung des linearen Modells, gestehen aber gleichzeitig die fortdauernde Wirkung der Kategorien in der wissenschaftlichen Analyse und in der staatlichen Politikformulierung ein (Etzkowitz, Leydesdorff 1998, S. 207).

vermeintlich rezenten Merkmale – wechselseitiger Austausch und rasche Überführung von Forschungsergebnissen in Produktion – gelten. Es ließe sich mit derselben Berechtigung von ›Industriewissenschaft‹ (›industry based science‹) sprechen (König 1995, S. 283). Stokes stellt seine Argumentation zugunsten einer ›Transformation des Paradigmas‹ (der linearen Beziehung von ›reiner‹ zu angewandter Forschung) explizit in den Kontext der politischen Nachkriegsgeschichte. Er verweist darauf, daß die Kritik an der dichotomen Unterscheidung historisch weit zurückreicht, und gründet sein Modell des zweidimensionalen Quadranten auf Pasteurs Forschungen (Stokes 1997, Kapitel 3 sowie S. 72 f., 88). Vor dem Hintergrund dieser Argumentationen könnte man von einer ›Wiederentdeckung‹ der Modelle der wechselseitigen Beziehungen zwischen Grundlagen- und angewandter Forschung sprechen.

Am weitesten reicht das Modell einer »Triple Helix« der Beziehungen zwischen der akademischen Wissenschaft, der Industrie und dem Staat (Etzkowitz, Leydesdorff 1997a; Etzkowitz, Webster, Healey 1998, S. 5 f.). Weitreichend ist das Modell insofern, als es nicht nur die Errichtung von Verbindungen zwischen den institutionellen Bereichen von Wissenschaft und Wirtschaft, sondern die wechselseitige Übernahme von Funktionen zwischen Universität und Industrie behauptet. Danach übernimmt die Universität ›unternehmerische‹ Aufgaben wie das ›Marketing‹ ihres Wissens und die Errichtung von Firmen, während zugleich Firmen ›akademische‹ Züge annehmen, insofern sie Wissen untereinander austauschen und ihre Angestellten selbst weiter ausbilden. Die Grenzen zwischen öffentlich und privat, Wissenschaft und Technologie, Universität und Industrie seien in Bewegung (Etzkowitz, Leydesdorff 1998, S. 203). Zwar behalte die Universität ihre Grundfunktionen der Forschung und Lehre bei, aber sie gleiche sich in einigen Aspekten der industriellen Firma an. Umgekehrtes gelte für die Firmen, die in ihrem Verhalten einige Züge der Universität annähmen, insofern sie als wissensorientierte Organisationen handeln.[12] Das trifft in relevanter Form allerdings nur für die soge-

---

[12] So zumindest muß die Parallelität zwischen beiden verstanden werden, die für die Seite der Wirtschaft jedoch weniger überzeugend dargestellt wird (Etzkowitz, Webster, Healey 1998, S. 6, 8). Die Autoren schränken

ZUR KAPITALISIERUNG DES WISSENS?

nannten Wissensindustrien (›knowledge industries‹) zu, also die Industrien, die nicht nur wissenschaftsbasiert Produkte und Verfahren herstellen, sondern solche, deren Produkt Wissen selbst ist.[13] Bei dem Versuch, den Charakter der tatsächlich eingetretenen Veränderungen theoretisch zu verstehen, ist die Demarkation zwischen Wirtschaft und Wissenschaft, also auch der reale Kern der Unterscheidung zwischen Grundlagen- und angewandter Forschung, eine wesentliche Bedingung. Die neuen Modelle postulieren nämlich eine *Kapitalisierung des Wissens*, womit sie das Bestehen der Unterscheidung voraussetzen und ein Phänomen beschreiben, das nicht erst seit kurzem zu beobachten ist. In früheren Phasen erfolgte der Transfer von Wissen mehr oder weniger unsystematisch. Eine entscheidende Veränderung ist der Schritt zur wirtschaftlichen Verwertung neuen Wissens durch die Sicherung intellektueller Eigentumsrechte an Wissen, das von Universitäten produziert wurde, in Form von Patenten.[14] Wichtig bei dieser Entwicklung ist, daß sie eine Orientierung der Universität auf den Markt bzw. auf die Wirtschaft hin impliziert und daß damit der Grad der Systematisierung des Wissenstransfers zunimmt.[15]

---

die Geltung des Modells allerdings sofort wieder ein: Das lineare Modell gilt für die Pharmazie, das Spiralenmodell für die Keramik, während keines der beiden auf den Fall der parallelverarbeitenden Computer paßt (ebd., S. 7). Das Modell der ›Triple-Helix‹ ist auch nicht ganz trennscharf gegenüber den Modellen des ›Wissenstransfers‹, denn das wirtschaftliche Verhalten der Universität, das hier zu einem Kriterium der über den ›Transfer‹ hinausgehenden Verbindung gemacht wird, beruht auf dem Technologietransfer, das heißt auf der wirtschaftlichen Verwertung von Wissen.

13 Gibbons u. a. (1994, S. 84f.) geben keine Beispiele. Zu denken ist etwa an Datenbankbetreiber, Softwarehersteller und ähnliche. Die Abgrenzung zu den ›science based industries‹ wird im Zweifelsfall allerdings schwierig werden.

14 Sie wird seit Beginn des Jahrhunderts vor allem in den USA und in England betrieben, spielt aber insgesamt eine untergeordnete Rolle (Etzkowitz, Webster, Healey 1998, S. 11). Etzkowitz (1994) gibt einen ausführlichen Überblick über die Entwicklung der Patente in den USA als Gegenstand universitärer Sicherung intellektueller Eigentumsrechte.

15 Einen umfassenden Überblick über Transfermodelle gibt Bozeman (2000). Dort wird deutlich, daß es keinen einheitlichen Begriff von Transfer gibt.

FÜNFTES KAPITEL

Die als Beispiel für die »Triple-Helix« angeführte Errichtung kommerzieller Organisationsformen *innerhalb* der Universitäten – Auftragsforschungs-, Berater- sowie produktorientierter Firmen zur Generierung von Einkommen aus Forschungsergebnissen, die rezenteste Form der Kapitalisierung von Wissen – geht nun einen Schritt weiter. Die zuvor (oft nur fallweise auftretende) Ausrichtung an der Wirtschaft wird zu einer systematischen Abbildung der wirtschaftlichen (Außen-) Welt innerhalb der Universität fortentwickelt.[16] Umgekehrt entspricht auch der Versuch von Industriefirmen, sich die Infrastruktur von Universitäten zunutze zu machen, der (versuchten) Abbildung der akademischen Umwelt innerhalb von Firmen. Das Besondere an diesem neuerlichen industriellen Interesse ist, daß es sich nicht mehr auf den Wissenstransfer über Personen und Patente beschränkt, sondern auf den direkten Zugang zu der »nahezu unbezahlbaren Infrastruktur der Universität« richtet (Dickson 1984, S. 103).[17] Die industrielle Bindung von universitärer Forschung durch entsprechende Kooperations- und Nutzungsverträge oder gar durch die Errichtung ganzer Laboratorien ist letztlich als Versuch zu verstehen, die Grenzen der Firma in die Universität hinein zu verschieben. Der entscheidende Punkt dessen, was hier mit *enger Kopplung* gemeint ist, besteht in ebendieser wechselseitigen Abbildung der jeweiligen Außenwelten der Organisationen in ihnen selbst als ein Mittel, besser mit ihnen umgehen, sich besser auf sie einstellen zu können. Nur wenn diese Form tatsächlich vorliegt, ist das kritisierte und für tot erklärte lineare Transfermodell wirklich zugunsten dieses komplexeren Modells überwunden.

Die üblich gewordene Rede von der ›Verwischung‹ der Grenzen (›blurring of the boundaries‹) ist zwar metaphorisch verführerisch, aber analytisch diffus. Sie suggeriert die Auflösung der

---

16 Es wird später zu diskutieren sein, wie weit verbreitet und erfolgreich die zuletzt genannte Form wirklich ist.
17 Einer Infrastruktur übrigens, die mit öffentlichen Mitteln finanziert worden ist. Die in den achtziger Jahren des vergangenen Jahrhunderts abgeschlossenen Verträge zwischen Industriebetrieben und führenden amerikanischen Forschungsuniversitäten, auf die noch zurückzukommen sein wird, errangen deshalb große öffentliche Aufmerksamkeit und lösten eine Debatte über die Rolle der Geheimhaltung und die Zukunft der akademischen Werte aus, weil sie diesem neuen Typus entsprachen.

ZUR KAPITALISIERUNG DES WISSENS?

Grenzen bzw. die ›Verschmelzung‹ der Funktionen und damit die Entdifferenzierung, die dann aber doch nicht ganz so radikal gemeint ist. Die Vorbehalte werden aus gutem Grund erhoben. Die Entdifferenzierung ist nämlich ein empirisch nicht zu bestätigender Sachverhalt (vgl. unter anderem Gibbons u. a. 1994, S. 77, 81). Die Geltung des behaupteten neuen Modells ist eine empirische Frage. Es ist aber zu erwarten, daß die Grenzen weiterhin bestehen und durch die neuen Vermittlungsmechanismen eher verstärkt als aufgelöst werden. Der Beleg dafür ist die Thematisierung dieser Demarkationen und der institutionellen Unterschiede, die sie markieren. Sie ist selbst ein Indiz für die angestrebte *enge Kopplung* universitärer und industrieller Forschung, ebenso wie die Begründung beiderseitiger Vorteile und der dafür angemessenen Motive, die Kopplung einzugehen.

1982 stellte das amerikanische National Science Board fest, daß in dem Augenblick, in dem grundlegend neue Ideen gefordert sind und sowohl in den Universitäten als auch in der Industrie Anwendung finden, die institutionellen Demarkationen zwischen ihnen eine neue Bedeutung erhalten. Das Interesse konzentriert sich auf die ›kulturellen Differenzen‹ zwischen Industriefirmen und Universitäten, etwa die unterschiedlichen Ziele (Produktion von Wissen vs. von Produkten), Zeitrahmen (kurzfristig vs. längerfristig), Sprachen (entscheidungsorientiert vs. problemorientiert) und Bezugsgruppen (Cyert, Goodman 1997, S. 47 f.; Geisler, Rubinstein 1989, S. 45 ff.). Diese systemspezifischen Differenzen werden zum Problem (für das Management von Industrie und Universitäten), weil organisatorische Lösungen angestrebt werden, die einen möglichst direkten industriellen Zugriff auf die universitäre Infrastruktur bedeuten.

Es ist beachtenswert, welche organisatorischen Modelle und Sprachregelungen von seiten der Industrie bzw. der Management Sciences für die neuartigen Kooperationen angeboten werden. In den Management Sciences wird eine neue Interdependenz zwischen Industrie und Wissenschaft postuliert und von einem »F&E-Management der dritten Generation« gesprochen. Dies unterscheidet sich von der traditionellen primitiven »Strategie der Hoffnung«, aber auch von dem etwas systematischeren, jedoch unvollkommenen »Projekt-Management«. Das ›F&E-Management der dritten Generation‹ ist ein »kontinuierlicher interaktiver Prozeß«. Er verlangt den »aktiven Dialog«

und eine Partnerschaft zwischen Forschungsmanagern und den Managern der Industrie (Magee 1991, S. XII). Dem entspricht eine Äußerung an anderer Stelle, wonach es zwar das Motiv von Industriefirmen sei, »Zugang zu neuem wissenschaftlichen Wissen, neuen Instrumenten, neuen Methoden neuen Produkten usw. zu erhalten«, daß aber die Verbindungen nur eingegangen werden sollten, wenn beide Seiten sie als »Lernchancen« begriffen, nicht jedoch, um Forschung zu finanzieren oder ein Problem zu lösen, das eine kommerzielle Firma nicht allein lösen kann (Cyert, Goodman 1997, S. 50 f.).

Aus der Sicht der Industrie (hier der *Siemens AG*) wird in ganz ähnlicher Weise argumentiert, daß das »alte Technologietransfer-Modell, das von einer Arbeitsteilung zwischen Ideenfindung durch die Wissenschaft und Ideennutzung durch die Wirtschaft ausgeht, auf die Dauer so nicht mehr funktionieren« könne und daß statt dessen »eine größere Durchlässigkeit der Systeme« gefragt sei, »komplementäre Partnerschaften« (Kuhnert 1997, S. 32, 36).

Indizieren derartige programmatische Erklärungen die Wünsche und Visionen (in diesem Fall der Industrie und der Management Sciences), so bleibt die Frage, welche Typen von Vermittlungsmechanismen zwischen Universitäten und Industrie tatsächlich inzwischen realisiert worden sind, welche Bedeutung sie erlangt haben und wie breit gestreut sie sind.

Ökonomisierung der Wissenschaft oder Akademisierung der Industrie? Organisationsformen der engen Kopplung von akademischer und industrieller Forschung

Es ist sowohl aufgrund der bereits erwähnten kategorialen Probleme, aber auch aufgrund der Datenlage unmöglich, verläßliche Zahlen über das Engagement der Industrie in der Förderung der universitären Forschung zu erhalten.[18] Zwar haben die

---

18 Für die USA wird ein Rückgang des Anteils der Industrie von 7,5 Prozent (1953) auf 2,4 Prozent (1966) genannt, der aber vor allem auf die in dieser Zeit stark gestiegenen Fördermittel des Staates zurückzuführen ist. Zwischen 1970 und 1985 stieg der Anteil wieder auf 5 bis 6 Prozent an.

ZUR KAPITALISIERUNG DES WISSENS?

F&E-Mittel nicht mit dem Wachstum des gesamten Systems mithalten können, aber die Ausgaben für universitäre (Grundlagen-)Forschung in den USA sind dennoch zwischen 1984 und 1994 um jährlich knapp 6 Prozent gestiegen und damit schneller als in jedem anderen Forschungssektor (Abramson u. a. 1997, S. 95 f.).
Für Deutschland wird eine Nettosteigerung der Forschungsmittel für die Universitäten von 21 Prozent zwischen 1980 und 1990 angegeben.[19] Dabei stieg der Anteil der Drittmittel gegenüber der institutionellen Finanzierung an (von 22 auf 26 Prozent) und indiziert die gestiegene Drittmittelabhängigkeit der universitären Forschung (ebd., S. 276). Obgleich diese Daten im Detail wenig verläßlich sind, besteht an der generellen Steigerung der Abhängigkeit kein Zweifel, und sie erklärt hinreichend die größere Bereitschaft der Universitäten, sich auch gegenüber Drittmitteln der Industrie offen zu zeigen. Der Anteil der industriellen Fördermittel an den Drittmitteln betrug 1990 15 Prozent aller externen F&E Mittel der Universitäten. Das entsprach (in bereinigten Werten) einer 80prozentigen Steigerung gegenüber 1980 und einer 115prozentigen Steigerung gegenüber 1970 und bedeutet eine klare Zunahme der Bedeutung industrieller Finanzierung universitärer Forschung. Der Anteil der industriellen Mittel an den gesamten Mitteln der Universitäten einschließlich der institutionellen liegt bei 4,4 Prozent (ebd., S. 278).
In dem gleichen Zeitraum, in dem die staatlichen Mittel für die Universitäten ein geringeres Wachstum und gar einen Stillstand aufwiesen, nahm das Interesse der Industrie an der Universitätsforschung zu. Diese Entwicklung begann in den USA etwa ab 1970 und war dort ausgeprägter als in Europa, nicht zuletzt wegen der größeren Abhängigkeit der amerikanischen Universitäten von privaten Mitteln. Das Interesse der Industrie richtete sich allerdings vor allem auf zwei Bereiche der Hochtechnologie, wo die Grenzen zwischen Grundlagen- und an-

Das bedeutete eine mehrfache Steigerung der absoluten Beträge (Remington 1988, S. 49 f.; NSB 1981, S. 105).
19 Davon entfällt allerdings ein Teil (1990-1991) auf die Integration der Universitäten in den neuen Bundesländern. Insgesamt wird für Deutschland ein ›leichter, aber kontinuierlicher‹ Rückzug des Bundes aus der Wissenschaftsförderung beobachtet (Grupp u. a. 2000, S. 13).

FÜNFTES KAPITEL

gewandter Forschung von vornherein nicht scharf gezogen waren: Mikroelektronik und Biotechnologie. In diesen Bereichen gründeten große Unternehmen Forschungslaboratorien, die Aufmerksamkeit erregten, weil sie *innerhalb* von Universitäten etabliert bzw. ihnen *angegliedert* wurden.[20] 1981 waren es acht umfangreiche Verträge, die den Unternehmen einen privilegierten Zugang zu Grundlagenwissen in den Bereichen der biomedizinischen und molekularbiologischen Forschung verschafften.

Gegenstand der Kooperationsverträge war die Förderung der akademischen Forschung durch Mittel der Industrie mit der Maßgabe, daß die aus der Forschung hervorgehenden Patente im Besitz der Universität bleiben, die Partnerunternehmen aber die ausschließlichen Lizenzrechte erhalten würden. Neu an dieser Form der Kooperation zwischen Universität und Industrie war, daß die Unternehmen mit ihren Forschungslabors und Kooperationsprojekten *in* bzw. in die *unmittelbare Nähe* von Universitäten gegangen waren, um von der universitären Infrastruktur und den im akademischen Kontext stattfindenden Kommunikationen zu profitieren. Diese Strategie fiel zusammen mit der Auslagerung von Forschungskapazitäten ins Ausland (*Hoechst!*), um von den jeweiligen (zumeist amerikanischen) lokalen Forschungskapazitäten an den Universitäten (!) zu profitieren. Vor allem in den relevanten Branchen (Biotechnologie, Pharmazie, Computertechnologie) stellt sich die Frage, ob die neuen Formen industrieller Forschung nicht dem allgemein behaupteten Trend entgegenlaufen: Handelt es sich wirklich um eine *Ökonomisierung* der akademischen Forschung und nicht vielmehr um eine *Akademisierung* der industriellen Forschung? Drei Fallbeispiele sollen näher betrachtet werden.

---

20 Monsanto ging 1975 eine 23-Millionen-Dollar-Allianz mit der Harvard University ein, *Hoechst* schloß 1981 einen spektakulären 50-Millionen-Dollar-Kontrakt mit dem Massachusetts General Hospital, im selben Jahr schloß DuPont einen 6-Millionen-Dollar-Kontrakt mit der Harvard Medical School, MIT und Whitehead folgten (OECD 1984b, S. 46f.).

ZUR KAPITALISIERUNG DES WISSENS?

Drei Fallbeispiele:
Siemens, IBM und Schering

Die *Siemens* AG ist ein Beispiel für Unternehmen in einem ›traditionellen‹ Bereich der Industrieforschung, der Elektrotechnik, das sich allerdings inzwischen auch in der Computertechnologie und der Softwareentwicklung engagiert. Es gehört zu den Vorreitern der Integration von Wissenschaft in die Industrie, verkörpert durch die Figur des Gründers Werner Siemens, der wie Thomas Alvar Edison und Elmer Sperry in den USA zugleich Erfinder bzw. Wissenschaftler und Unternehmer war.[21] Die Gründung industrieeigener Forschungslaboratorien war ein vorgezeichneter Schritt von der stark personenabhängigen und unsystematischen Erfindertätigkeit zur systematischen Wissensproduktion und Sicherung der Ergebnisse für das Unternehmen. Das unternehmenseigene Forschungslabor versprach Konkurrenzvorteile und Unabhängigkeit. Die elektrotechnische Industrie, angeführt von *Siemens* in Deutschland (Mitte des 19. Jahrhunderts), gefolgt von *General Electric* (1902) und *AT&T* (1911) in den USA, institutionalisierte die ›Industrieforschung‹ in Laboratorien, die von den Produktionsstätten getrennt waren. Kennzeichen war ein wissenschaftlich ausgebildetes Personal, das an wissenschaftlich-technischen Aufgaben arbeitete, die im Bezug zum Unternehmen standen. Es ging jedoch um ein ›tieferes Verständnis‹, weshalb die Forschung vom unmittelbaren Tagesgeschäft abgeschirmt war, aber gleichwohl auf die langfristigen Ziele des Unternehmens hin orientiert blieb (Reich 1985, S. 3).[22] Dieser Typus der Industrieforschung ist nur in wenigen Unternehmen tatsächlich verwirklicht – die Paradebeispiele sind (bzw. waren) die Laboratorien der *Bell Telephone* und von *General Electric* – und hat seither verschiedene Entwicklungsphasen durchlaufen.[23]

Die Forschungslabors der großen Elektro- und Telefongesell-

---

21 Zu Edison und Sperry als ›Typen‹, die die Verbindung von Wissenschaft und Unternehmertum in der Zeit der Erfinder personifizierten, vgl. Hughes (1971; 1983).
22 Reich gibt eine kurze, aber aufschlußreiche Beschreibung der ›Forschung in der Industrie‹ (Reich 1985, S. 249 f.).
23 Eine umfassende zweibändige Geschichte der Bell Laboratories ist von diesen selbst erstellt worden (Fagen 1975).

schaften hatten ihre Blütezeit, die sich nicht zuletzt der rapiden Entwicklung der Physik und der Technikentwicklung in ihrem Gefolge verdankte, bis in die sechziger Jahre des 20. Jahrhunderts. Die Nähe zu den theoretischen Fortschritten der Physik und das Vorbild der erfolgreichen Umsetzung theoretischen (physikalischen) Wissens in Technologie, das im ›Manhattan-Projekt‹ realisiert worden war, veranlaßten die Industrie nach dem Zweiten Weltkrieg zu verstärkter Förderung der Forschung. In dieser Zeit war die Forschung in den Labors von *Bell* und *AT&T* vorwiegend langfristig und grundlagenorientiert. Die in dieser Zeit dominierende positive Einschätzung des Nutzens der industrieeigenen Forschung führte bei *Siemens* zu einer Verdoppelung der F&E-Ausgaben innerhalb eines Jahrzehnts (1956-1966). Diese Entwicklung mußte früher oder später den Zwang zur Kostenreduktion und entsprechende Planungsmaßnahmen hervorrufen (Hack 1998, S. 54).

Die interne Reorganisation des Konzerns und seine neuerliche Orientierung auf den Weltmarkt begann in der zweiten Hälfte der sechziger Jahre. Die Konzentration auf Infrastruktureinrichtungen und Investitionsgüter brachte es mit sich, daß *Siemens* Ende der siebziger Jahre die Miniaturisierungsentwicklung in der Mikroelektronik und damit den Umstieg von der Analog- zur Digitaltechnik vor allem im Telekommunikationsbereich zu verpassen drohte. Konzertierte Anstrengungen der europäischen Elektronikkonzerne im Rahmen des ESPRIT-Programms und neue Kooperationen führten auch bei *Siemens* zur Veränderung der Organisationsstrukturen in der Forschung. Die Deregulierung der Telekommunikation und die Öffnung der Weltmärkte zu Beginn der achtziger Jahre stellten den Konzern in neue Konkurrenzverhältnisse, in denen die kleineren Elektronikfirmen des Silicon Valley und der amerikanischen Ostküste eine stärkere Rolle spielten. Wie *AT&T* und *GE* sah sich auch *Siemens* einer neuartigen Unternehmenskultur gegenüber, die aufgrund ihrer offensichtlichen Erfolge zunehmend Modellcharakter annahm. Außerdem veränderten sich die äußeren Rahmenbedingungen zum Teil auf dramatische Weise, so etwa der radikale Preisverfall im Halbleiter- oder im Energiebereich. Der dadurch entstandene Kostendruck konnte auf Dauer nicht allein durch Produktivitätssteigerungen (unter anderem durch Entlassungen mit der Folge weiter steigender Arbeitslosigkeit) ausgeglichen werden und zwang dazu, auf Innovation zu setzen.[24]

Die konzerninterne Umstrukturierung deutet auf eine völlig neue Rolle des Wissens. Der radikale Schritt bestand in der Auflösung der unabhängigen F&E-Abteilung und deren Ersetzung durch untereinander vernetzte »Technologieabteilungen« und »Kerntechnologien«, die von der Zentralabteilung Technik (ZT) koordiniert werden. Sieben Technologie-Abteilungen integrieren Forschung und Entwicklung im Hinblick auf entsprechende Kerntechnologien. Die Zentralabteilung sowie die einzelnen Zentren müssen sich ganz bzw. teilweise (ZT: 50 Prozent) selbst finanzieren, unterliegen infolgedessen einem hohen Erfolgsdruck und direkter (Erfolgs-)Kontrolle. Die (»bedarfs- und kundenorientierte«) Forschungsplanung verbindet eine mittel- und langfristige Innovationsorientierung mit einer mittel- bis kurzfristigen technologischen Planung in einem komplementären Ansatz. In vorgegebenen Innovationsfeldern (Energie, Transport, Information und Kommunikation, Industrie und Umwelt und Gesundheit) werden Visionen bzw. Szenarien entwickelt, um Ideen für zukünftige Produkte und Technologien zu generieren. Diese sind die Grundlage für die Technologieplanung, ausgehend von bestehenden Technologien und ihrer Extrapolation. Die Innovationsszenarien werden in ›interdisziplinär‹ zusammengesetzten Arbeitsgruppen über die Gruppengrenzen aus den verschiedenen Kerntechnologien entwickelt. Die Technologieplanung erfolgt dagegen in den entsprechenden Gruppen. Angesichts dessen ist nachvollziehbar, daß der Leiter der Zentralabteilung Technik die Trennung zwischen »reiner Grundlagenforschung« und »angewandter Forschung« für »längst verwischt« hält und von einer stärker fokussierbaren »anwendungsorientierten Grundlagenforschung« spricht (zitiert nach Hack 1998, S. 101).

Die Entwicklung der Innovationsszenarien in dieser Struktur bilden ein Beispiel für die These, daß Wissensproduktion nicht nur an Universitäten, sondern auch in anderen Organisationen

---

24 Die Darstellung der Forschungsstruktur von *Siemens* folgt, soweit nicht anders zitiert, einem Interview mit dem Leiter der Zentralabteilung Technik, Prof. Weyrich, und Dr. Zorn am 15. 5. 1998 sowie dem zur Verfügung gestellten Informationsmaterial.

wie eben der Industrie stattfindet. Aber nicht dieser Sachverhalt als solcher ist neu, sondern allenfalls die Art und Weise, in der dies geschieht. Aufschlußreich ist dazu die Selbsteinschätzung, die die Forschungsstrategen bei *Siemens* im Hinblick auf die Entwicklung der Kooperation des Konzerns mit den Universitäten haben. Sie unterscheiden ausdrücklich drei Phasen: In einer ersten Phase war die Kooperation wesentlich über persönliche Kontakte zu Professoren organisiert; dieser Kooperationstyp besteht nach wie vor. In der zweiten Phase ging die Industrie strategische Kooperationen mit Universitäten ein – *Siemens* unter anderem mit dem MIT und der Carnegie Mellon University. In der dritten Phase schließlich werden diese Kooperationen unter strikt marktwirtschaftlichen Gesichtspunkten gesehen und entsprechend kontrolliert. Dabei gilt die geographische Nähe zu Universitäten als vorteilhaft und war ein wesentlicher Grund für die Errichtung des Forschungslabors *Siemens Corporate Research Inc.* in Princeton, ebenso wie die Gründung der ›Kompetenzzentren‹ im Bereich der Softwareentwicklung in Indien und Südostasien.

Der Hauptanteil der etwa einhundert Kooperationen besteht mit Max-Planck-Instituten, Instituten der Fraunhofer-Gesellschaft und mit den Hochschulen. Die Forschungsarbeiten von Doktoranden spielen dabei eine ebenso wichtige Rolle wie die Beratung durch Wissenschaftler von den Universitäten. Persönliche Kontakte zwischen den Unterbereichsleitern der Technologieabteilungen und den Hochschulen sind besonders wichtig, weil diese die besten Studenten in den Universitäten kennen. Die internen Veränderungen des Konzerns müssen im Zusammenhang mit seiner Bedeutung und dem bloßen Umfang des Mitarbeiterstabes gesehen werden. Es ist angesichts des enorm gestiegenen Anteils der Hochschulabsolventen evident, daß der Hauptteil des Wissenstransfers zwischen Hochschule und Konzern über die Rekrutierung neuen Personals erfolgt.[25] Die Ko-

---

[25] Vor diesem Hintergrund ist beachtlich, daß ein Unternehmen von der Größe der *Siemens* AG – das nach *IBM* (8,6) mit 8,1 Milliarden DM (1996/97) die zweithöchsten F&E-Ausgaben eines Industriekonzerns in der Welt tätigte – in den vergangenen 30 Jahren einen grundlegenden Wandel seiner Personalstruktur erfahren hat. Der Anteil der Facharbeiter und Arbeiter ist von zwei Dritteln (1962) auf ein Drittel (1996) gesunken, der Anteil der Hochschulabsolventen dagegen auf über 60 Prozent ge-

ZUR KAPITALISIERUNG DES WISSENS?

operationen mit Professoren und Doktoranden spielen innerhalb des Rekrutierungsprozesses insofern eine zusätzliche Rolle, als dabei schon zukünftige Beschäftigungsverhältnisse vorbereitet werden.

Das veränderte Selbstverständnis des Konzerns als eines wissensbasierten Industriebetriebs läßt ihn folglich mit besonderem Interesse auf die *Art des Wissens* und die konzernbezogene Beeinflussung bzw. Kontrolle des Wissenstransfers blicken. Das betrifft zum einen die in der Ingenieurausbildung vermittelten *Qualifikationen*: Nicht mehr (nur) langwierig angeeignetes Fachwissen, sondern »relevantes Wissen für Zusammenhänge« zur Prozeßsteuerung und Vernetzung ist gefragt (Schulmeyer, zitiert in Hack 1998, S. 689). Oder anders: Neben dem technisch-fachlichen Wissen muß die moderne Ingenieurqualifikation zusätzlich übergreifendes nichttechnisches Wissen enthalten. Die »zukunftsorientierte Struktur der Ingenieursausbildung« wird im Konzern so gesehen, daß 30 Prozent auf mathematisch-naturwissenschaftliches Grundlagenwissen entfallen, 30 Prozent auf technisches Grundlagenwissen, 15 Prozent auf übergreifendes nichttechnisches Wissen und 25 Prozent auf anwendungsbezogenes technisches Wissen.[26]

Zum anderen betrifft es den Schutz intellektueller Eigentumsrechte bzw. umgekehrt die Nutzung öffentlichen Wissens. In einem Kontext, in dem der Wissenstransfer zumindest technisch erheblich erleichtert ist und sich prinzipiell über die ganze Welt erstrecken kann, ist die Industrie verstärkt an einer effektiven Sicherung intellektueller Eigentumsrechte interessiert. Sie muß darüber hinaus darauf bedacht sein, daß öffentliche Institutionen wie die staatlich geförderten Universitäten nicht zur Industrie in Konkurrenz treten und den Wettbewerb aufgrund der ganz anderen Kostenstrukturen zum Nachteil der Industrie verzerren. Infolgedessen wendet sich die Industrie entschieden *gegen* eine unternehmerische Tätigkeit der Universitäten. (Diese Erwägungen gelten für die Industrie insgesamt, nicht nur für die elektrotechnische.)

---

stiegen. Rund 1600 Mitarbeiter arbeiteten 1998 in der Forschung und Entwicklung. *Siemens* stellt jedes Jahr rund 3000 Naturwissenschaftler und Ingenieure ein. In diesen Zahlen dokumentiert sich die Entwicklung zu einem *wissensbasierten Industrieunternehmen*.

26 Laut einer internen Vortragsfolie.

FÜNFTES KAPITEL

Als Fazit läßt sich für den Fall *Siemens* festhalten, daß die Kopplung zur universitären Forschung aufgrund der Innovationsstrategie des Konzerns insofern tatsächlich enger geworden ist, als die *Beobachtung* der Wissensproduktion systematischer und im globalen Maßstab erfolgt. Das Unternehmen sichert sich neues Wissen durch globale Akquisition in Gestalt der Kompetenzzentren. Obgleich die disziplinäre Ausbildung der Ingenieure weiterhin maßgebend bleibt (ein erheblicher Anteil von mathematisch-technischem Grundlagenwissen gilt nach wie vor als unerläßlich), werden zusätzliche, übergreifende Qualifikationen erfordert. Neues, auf die Innovationsstrategien des Unternehmens ausgerichtetes Wissen wird intern produziert, wobei die Fokussierung auf die Bedarfsfelder – und das heißt: die Kontrolle – durch die direkte ökonomische Erfolgskontrolle gesichert wird.

Gewisse Parallelen zu dieser Entwicklung lassen sich auch bei *IBM* beobachten.[27] Die Forschungsabteilung von *IBM* (Research Division) mit ihren acht über die Welt verstreuten Labors ist direkt der Konzernspitze unterstellt. Darin dokumentiert sich die Bedeutung der Forschung für *IBM*, aber auch die Reaktion der neuen Konzernführung seit 1993 auf die Erfahrungen von *AT&T* mit ihren *Bell Laboratories*. Die Forschungslaboratorien hatten sich zu weit von den Zielen der Firma entfernt, so daß nunmehr eine engere Anbindung an die Konzernziele garantiert werden sollte. Diese Neuorientierung betrifft auch die wissenschaftlichen Zentren in verschiedenen europäischen Städten, die ursprünglich die Funktion des ›tapping knowledge‹ hatten, um neuen und für den Konzern relevanten Problemen auf die Spur zu kommen. Die Research Division hat eine ähnliche Entwicklung durchlaufen wie die Forschung bei *Siemens*. In den siebziger Jahren wurde sie noch zu 100 Prozent von innen finanziert; in den achtziger Jahren wurden Gemeinschaftsprojekte in verschiedenen Organisationen geschaffen; die neunziger Jahre sind durch die direkte Kooperation mit den Kunden geprägt. Die Forschung ist also enger an die Produktentwicklung gerückt, was auch darin seinen Ausdruck findet, daß die

---

27 Die Angaben zu *IBM* wurden in Interviews mit dem Leiter des Züricher Forschungslabors, Prof. Kummerle, und einer Reihe von Mitarbeitern am 14. 5. 1998 erhoben.

ZUR KAPITALISIERUNG DES WISSENS?

Orientierung nicht mehr auf wissenschaftliche Disziplinen gerichtet ist, sondern auf die vier »strategischen Forschungsgebiete«: »Services and Solutions«, »Systems and Software«, »Storage« und »Systems Technology and Science«.
Es überrascht deshalb auch nicht, daß der Anteil der Grundlagenforschung zurückgegangen ist. Vor allem bedingt durch die *IBM*-Krise hat die systematische Verfolgung der akademischen Entwicklung gelitten. Gerade deshalb ist es für die Forschungsabteilung um so wichtiger, die akademische Welt besonders sorgfältig zu beobachten und Kooperationen mit ihr zu entwickeln. Sie erfolgt in der üblichen Form, über Pre- und Postdocs sowie Gastwissenschaftler, wo immer dies von wechselseitigem Nutzen ist. Man weiß bei *IBM*, wo an welchen Universitäten die interessanten Institute sind. Informelle Kontakte spielen nach wie vor eine große Rolle.
Die stärkere Anwendungs- und Produktorientierung der Forschung bei *IBM* hat nach Einschätzung verschiedener Beobachter den Charakter der Kooperationen verändert. Noch vor eineinhalb Jahrzehnten gab es ein großzügig bemessenes Budget zur Finanzierung von Kooperationen mit den Hochschulen. Jetzt muß diese Kooperation aus den Mitteln der Research Division selbst bezahlt werden. Infolgedessen sprechen Mitarbeiter von einer stärker nach innen orientierten Kultur (›inward-looking culture‹), in der zum Beispiel das (akademische) Publizieren nicht mehr, wie zuvor, das Maß des Erfolges ist. Gleichwohl besteht auch eine Mobilität zwischen der Research Division und Universitäten. Das typische Muster ist die Rekrutierung junger Wissenschaftler (vor allem auf der Assistentenebene) von den Universitäten, die dann später als Mitarbeiter der Research Division Rufe auf Universitätsprofessuren erhalten. Der Umstand, daß die Leute nicht von der Universität zurückkommen, wird von manchen als ein Problem gesehen. Diese Einschätzungen, ebenso wie die der akademischen Kultur innerhalb der Research Division, unterscheiden sich auch von Abteilung zu Abteilung in Abhängigkeit von deren Techniknähe.
Die pharmazeutische Industrie stellt einen weiteren, in gewisser Weise besonderen Fall dar. Sie ist traditionellerweise sehr stark forschungsorientiert und gibt den allergrößten Anteil für Grundlagenforschung in eigenen Labors aus. Nur 2 Prozent der Gesamtausgaben für F&E der amerikanischen pharmazeuti-

FÜNFTES KAPITEL

schen Industrie wurden Anfang der achtziger Jahre an die Universitäten gegeben. Demgegenüber waren die Ausgaben für klinische Tests an Universitäten zehnmal höher als für die Grundlagenforschung. Für diesen Industriezweig nimmt das Interesse an der Kooperation mit den Universitäten seit einiger Zeit deshalb zu, weil die Kosten für die Entwicklung eines neuen Medikaments (einschließlich seiner Zulassung ca. 500 Millionen US-Dollar pro Medikament) ständig steigen und zugleich die Entwicklung der Forschung (insbesondere der Molekulargenetik) besonders relevant ist. Wegen der hohen Kapitalaufwendungen für die Forschung und wegen der potentiellen Kostensenkungen durch die Zusammenlegung von Forschungslabors kommt es im Pharmasektor auch zu großen Unternehmensfusionen. (Peters 1984, S. 36 f.). Diese für die Pharmaforschung spezifischen Bedingungen haben zu einer größeren Zahl von Kooperationen mit Universitäten geführt, die, wie das Beispiel *Hoechst/ MGH*, als eine Auslagerung eines Industrieforschungslabors an die Universität interpretiert werden können.[28]

Auch bei der *Schering AG* läßt sich, ähnlich wie bei *Siemens* und *IBM*, zu Beginn der neunziger Jahre eine stärkere Orientierung der internen Forschung auf die Ziele des Unternehmens hin feststellen.[29] Zu diesem Zeitpunkt hatte die deutsche Pharmaindustrie insgesamt ihren Rückstand im Bereich der Biotechnologie gegenüber der amerikanischen Forschung erkannt. Sie reagierte mit dem Kauf der neuen kleinen Biofirmen, um sich deren Know-how zu sichern. Dieses Muster ist seither üblich geworden. *Scherings* Forschungsmanagement unterhält Basisforschungen in den Bereichen Chemie, Genomforschung und Proteine (bis zu 60 Prozent der Primärforschung). Die spezialisierte Indikationenforschung, die die Entwicklung der jeweiligen Arzneimittel begründet, greift auf diese ›Basistechnologien‹ zu. Das Management wählt dabei unter konkurrierenden Pro-

---

[28] Kooperationen mit Universitäten unterhalten unter anderem Bayer mit der Universität Freiburg, *BASF* mit der University of Toronto, *Hoechst* mit Massachusetts General Hospital (MGH), *Schering* mit der FU-Berlin (SFB), der Humboldt-Universität und der TU Berlin, den Universitäten Heidelberg, Leipzig, der University of San Francisco, der University of Shanghai und der Harvard University.

[29] Die Informationen zur *Schering AG* beruhen auf einem Interview mit dem Vorstandsmitglied Prof. Stock am 12. 5. 2000.

jekten aus. Im Rahmen der strategischen Zielsetzung und Ausrichtung in Ergänzung zu den Basistechnologien und zu dem bestehenden Projektportfolio wird nach erfolgversprechenden und zukunftsweisenden Technologien und Lizenzen Ausschau gehalten. Bei entsprechender strategischer Eignung wird dann auch die Akquisition einer Firma in Erwägung gezogen. Aus derartigen Firmen- und Lizenzkäufen resultieren dann neue Projekte. 35 bis 40 Prozent der gesamten F&E des Konzerns werden auf diese Weise »außen« akquiriert. Dem entspricht die mittlerweile häufig vorgebrachte Formulierung, daß das ›Zukunftslabor der Pharmaindustrie nur noch virtuell‹ sein wird.

Die strategische Akquisition von Know-how richtet sich im Fall der *Schering AG* allerdings eher auf die kleinen Biotechnologie-Firmen (die oftmals Ausgründungen aus den Universitäten sind) als auf die Universitäten selbst. Der Konzern unterhält drei Spezialgruppen zur Beobachtung der Forschungsentwicklung in der Welt, je eine in Deutschland, den USA und Japan. Diese Gruppen, organisiert in einem Office of Technology, verfolgen die Entwicklung der Forschung insgesamt sowie fokussiert auf Zielbereiche wie zum Beispiel ›Herzinfarkt‹. Dabei gelten die ›Start-up‹-Firmen als besonders ertragreiche, die Universitäten hingegen als interessante Ziele, bei denen allerdings der Arbeitsaufwand bis zur Auffindung neuer Ideen, die industriell umsetzbar sind, deutlich höher ist.

Anders als in der chemischen und der elektrotechnischen Industrie hat die Kultur der Kooperation zwischen akademischer und industrieller Forschung in der biotechnologischen bzw. pharmazeutischen Industrie noch keine lange Tradition. Biologen oder gar Mediziner, die in die Industrie gingen, galten in ihrer Zunft als gescheiterte Existenzen. Lediglich in der klinischen Prüfung von Medikamenten gibt es eine solche Tradition. In jüngerer Zeit hat sich diese Einschätzung jedoch dahingehend geändert, daß Industrieforscher aus der Pharmaindustrie als gleichwertige Partner auf wissenschaftlichen Kongressen und als Autoren wissenschaftlicher Publikationen gelten. Das wird nicht zuletzt auf das Interesse der Universitätsforscher an den Datenbanken der Industrie und an der Patentierung ihrer eigenen Ergebnisse zurückgeführt. Die Vorbehalte der akademischen Forscher gegenüber Patentierungsverfahren sind zurückgegangen, weil diese inzwischen stark erleichtert worden sind und die wirtschaftlichen Vorteile in den Blick kommen. Soweit die betrachteten Fälle vergleichbar sind, gilt für die Industrieforschung folglich analog zu den Universitäten, daß die Mittelkürzungen eine engere Anbindung der eigenen Forschung an die Unternehmensziele und die Umstellung auf erfolgsabhängige Finanzierung, in manchen Fällen gar die Schließung der Forschungslaboratorien erzwungen haben. Daraus hat sich für die Industrie die Konsequenz ergeben, die Wissensproduktion an den Universitäten systematisch zu beobachten und über Kooperationen für sich zu nutzen. In diesem Sinn kann man in den betrachteten Bereichen (und nur dort) von einer ›Akademisierung‹ der industriellen Forschung sprechen, aber mit derselben Berechtigung auch von einer ›Kommerzialisierung‹ der universitären Forschung.

Universität – Industrie: Vermittlungsmechanismen

Parallel zu den Veränderungen der industriellen Forschungsorganisation zeigt sich die engere Kopplung zwischen Universitäten und Industrie in einer Reihe organisatorischer Vermittlungsmechanismen, die entweder in den Universitäten selbst geschaffen worden sind oder zwischen ihnen und der Industrie.

Eine vergleichende Untersuchung der Technologietransfersysteme in den USA und Deutschland liefert die bislang umfangreichste Datenbasis zur Beschreibung der Beziehungen zwischen Universität und Industrie.[30] Deren Entwicklung ist im übrigen bislang weder quantitativ noch qualitativ gut dokumentiert (Abramson u. a. 1997, S. 123). Die bevorzugten Vermittlungsmechanismen in beiden Ländern unterscheiden sich dahingehend, daß die Beziehungen in Deutschland stärker auf kurzfristige Problemlösungen hin orientiert sind, in den USA stärker auf Grundlagen- bzw. langfristige angewandte Forschung. Außerdem unterscheiden sich die industriellen Orientierungen der Forschungsuniversitäten in beiden Ländern: Die US-Universitäten erlangen ihre Patente vorrangig in der Biotechnologie, Medizintechnologie, Pharmazeutik sowie in der Landwirtschafts- und Nahrungsmitteltechnologie, die deut-

30 Die Darstellung folgt Abramson u. a. (1997), wo nicht anders belegt.

schen Universitäten hingegen im Maschinenbau und in der Chemie.

In beiden Ländern haben sich die Universitäten seit Anfang der achtziger Jahre des vergangenen Jahrhunderts um eine Intensivierung der Kontakte zur Industrie bemüht. Diese Bemühungen haben zur Errichtung von Transferbüros, Lizenzabteilungen, angelagerten Instituten bzw. Forschungszentren, sogenannten ›High-Tech-Inkubatoren‹ und ›Technoparks‹, geführt. Außerdem bestehen in beiden Ländern vielfältige Mechanismen der informellen Kontakte, der Beratung und des Austauschs von Personal. Aber im Hinblick auf alle diese Mechanismen gibt es signifikante Unterschiede zwischen beiden Ländern (ebd., S. 15 ff.). In unserem Zusammenhang sind nur diejenigen Formen von Interesse, die eine wechselseitige Verschränkung von Funktionen oder zumindest enge Kopplungen aufweisen.

Der in den USA übliche *Austausch von Personal* zwischen Universitäten und Industrie findet in dieser Form in Deutschland vor allem aus besoldungsrechtlichen Gründen kaum statt. Das deutsche Analogon ist, wie oben erwähnt, in der langen Tradition der Technischen Hochschulen zu sehen, hochrangige Industrieforscher mit Lehrstühlen zu versehen und auf diese Weise über direkte Kontakte zum Management der jeweiligen Konzerne zu verfügen. Der Austausch von Personal erscheint deshalb außerordentlich wichtig, weil die Transferprozesse – also nicht nur die *Vermittlung* des Wissens von der Universität in die Industrie, sondern dessen *Aneignung* in der letzteren – nur über Personen laufen können (vgl. unter anderem Rosenberg 1990, S. 171).

Ebenso unterschiedlich fallen die Formen der *Forschungskooperationen* zwischen Universitäten und Industrie aus. Die institutionalisierte Form der Kooperation sind in Deutschland die sogenannten An-Institute, die Universitäten angegliedert sind, aber in der Regel die Rechtsform der GmbH haben und damit unabhängig von den rechtlichen Bindungen der Universität, insbesondere ihrer kameralistischen Haushaltsführung, operieren können. Die dadurch mögliche größere Flexibilität hat dennoch offenbar nicht zu einer offeneren Orientierung geführt. Die an den deutschen An-Instituten durchgeführte Forschung gilt als kurzfristig, anwendungs- und problemlösungsorientiert sowie stark auftragsgebunden.

FÜNFTES KAPITEL

In den USA ist demgegenüber die neue Organisationsform der *University-Industry Research Centers* (UIRC) entstanden. Die inzwischen mehr als 1000 UIRC an mehr als 200 Universitäten haben zwar sehr unterschiedliche organisatorische Ausprägungen, aber das gemeinsame Ziel, der Industrie den Zugang zur universitären Forschung zu erleichtern, sie in die Festlegung von Forschungsprogrammen einzubeziehen und auf andere Weise den Technologietransfer zu fördern, im Austausch für die nachhaltige und gezielte Förderung durch die beteiligten Firmen.[31] In der Regel werden die Fördermittel der Industrie durch öffentliche Geldgeber in derselben Höhe ergänzt (›matching funds‹). Ungefähr die Hälfte aller industriellen Förderung akademischer Forschung in den USA wird inzwischen in Form von UIRC abgewickelt. Obgleich sie sich hinsichtlich der Art ihrer Forschung, ihres disziplinären und technologischen Fokus unterscheiden, sind sie insgesamt eher langfristig und grundlagenforschungsorientiert (Abramson u. a. 1997, S. 18, 114f.).

Die Existenz einer Forschungsuniversität mit einem hinreichend hohen Niveau in sämtlichen Forschungsbereichen gilt als Grundvoraussetzung für die erfolgreiche Ansiedlung von Technologiezentren (Smilor u. a. 1993, S. 2). Beinahe dreiviertel der Gründungen von UIRC gehen auf die Initiative von Universitätsforschern zurück. Ihre Hauptfunktion wird bezeichnenderweise in der Förderung technischen und wissenschaftlichen Wissens (also in der Forschung) sowie in der Ausbildung gesehen, sodann in ihrem Beitrag zur Entwicklung neuer Technologien und zum Technologietransfer. Betrachtet man die Technologiebereiche, in denen die UIRC aktiv sind, stehen wiederum die Umwelttechnologien, neue Materialien, Software, Biotechnologie und Biomedizin an der Spitze. Eine ähnliche Konzentration weisen die UIRC auch im Hinblick auf ihre Größe auf: Einige wenige UIRC, wie das *Engineering Research Center in Data Storage Systems* an der Carnegie Mellon University oder das *Center for Integrated Systems* der Stanford University, ha-

---

31 Die Zahlen beziehen sich auf 1990. Mehr als die Hälfte der UIRC wurden seit 1980 errichtet. 1990 gaben die UIRC 2,53 Milliarden Dollar für F&E aus: etwa 40 Prozent für Grundlagenforschung, 40 Prozent für angewandte Forschung und 20 Prozent für Entwicklung (Abramson u. a. 1997, S. 111).

ben Dutzende von Firmen als Sponsoren und arbeiten mit Etats von mehr als 10 Millionen Dollar pro Jahr, während nahezu die Hälfte aller UIRC mit weniger als sechs Firmen kooperieren (Abramson u. a. 1997, S. 115-117). Die amerikanische *National Science Foundation* (NSF), die als Regierungsbehörde ursprünglich den Auftrag hatte, ausschließlich die Grundlagenforschung zu fördern, unterstützt inzwischen die UIRC und die durch sie initiierte kooperative Forschung zwischen Universitäten und Industrie.

Der Erfolg der UIRC ist angesichts der Diversität der Formen und der Aufgaben schwer zu bewerten. 1990 waren sie für 20 Prozent der von Universitäten erworbenen Patente verantwortlich. Die NSF sieht in ihnen einen effektiven Mechanismus der Organisation der Forschungskooperation zwischen Universitäten und Industrie. Allerdings sind die erfolgreichen Gründungen von UIRC auf eine Anzahl bedeutender amerikanischer Forschungsuniversitäten beschränkt, während die große Mehrzahl der Universitäten sich noch immer um funktionierende Lösungen bemüht. Vor allem ist weder klar, welchen tatsächlichen ökonomisch faßbaren Beitrag die Universitäten mit ihrer Forschung geleistet haben, noch wie hoch die Opportunitätskosten der Politik zugunsten der UIRC gegenüber einer Fortsetzung der traditionellen Förderpolitik sind. Sicher ist nur, daß die UIRC der Industrie einen erheblich verbesserten Zugang zu akademischen Forschern mit hochspezialisiertem Wissen geschaffen haben (ebd., S. 122, 124).[32]

Es gibt deshalb erwartungsgemäß auch skeptische Stimmen. Beobachter verweisen auf die unrealistischen Erwartungen auf beiden Seiten und auf die inzwischen gesammelten Erfahrungen. Das betrifft zum einen die Fähigkeit der Wissenschaftler, direkte Beiträge zur industriellen Innovation zu leisten, zum anderen die Möglichkeit, Forschungsergebnisse direkt in die Entwicklung neuer Produkte und Verfahren zu überführen. Ungeachtet ihres Votums für einen noch engeren Dialog halten Rosenberg und Nelson die direkte Übernahme von Aufgaben der Produkt- und Verfahrensentwicklung durch die Universitä-

---

32 Einen umfassenden Überblick über die Veränderungen des australischen universitären Forschungssystems durch die Errichtung von *Cooperative Research Centers* (CRCs) geben Turpin, Garrett-Jones (1999).

ten angesichts einer über lange Zeit entwickelten Arbeitsteilung zwischen Universitäten und Industrie für wenig erfolgversprechend (Rosenberg, Nelson 1994, S. 345). Sie bekräftigen damit nur noch einmal die Nützlichkeit der Unterscheidung zwischen längerfristig orientierter Forschung und kürzerfristig orientierter Problemlösung und Produktentwicklung.

Eine weitere Variante des Transfers betrifft auf amerikanischer Seite die Möglichkeit der *Ausgründung* von oder die Mitarbeit in Firmen (›Start-Up Companies‹). Die ›Start-Up Companies‹ gehen auf eine Initiative des MIT unmittelbar nach Ende des Zweiten Weltkriegs zurück, als dessen Präsident Compton die Risikokapitalfirma *American Research and Development Corporation* (ARD) gründete. ARD wurde mit dem Ziel errichtet, neue technikbasierte Firmen mit Startkapital zu versehen. Der erste größere Erfolg wurde die Gründung von *Digital Equipment Corporation*, so daß ARD in den Folgejahren zum Modell für weitere Risikokapitalfirmen wurde. Sie begründete zugleich die Rolle der »Universität als Risikokapitalist«, die auch, vielleicht allzu enthusiastisch, als »zweite akademische Revolution« charakterisiert wird (Etzkowitz 1990, S. 118f.; Etzkowitz, Webster 1998).[33] Die entscheidende Voraussetzung für das Engagement der amerikanischen Universitäten bei der Gründung von Risikokapitalfirmen ist die (steuerlich bedingte) Verfügbarkeit von Risikokapital in Verbindung mit der für Universitäten, Non-profit-Organisationen und kleine Unternehmen gegebenen Möglichkeit, die Rechte auf Erfindungen auszuwerten, die mit staatlichen Mitteln finanziert wurden.[34] Die rechtliche Voraussetzung dafür wurde 1980 mit dem Bayh-

---

33 In noch stärkerem Maß sind die Universitäten an den Fonds von Risikokapitalfirmen beteiligt und investieren darüber hinaus in ›Start-up‹-Unternehmen – nirgends so aktiv wie im Silicon Valley. Diesen Hinweis verdanke ich Georg Krücken.

34 Es wird geschätzt, daß aufgrund des Gesetzes in den USA mehr als 1900 neue Firmen gegründet und 200 000 Arbeitsplätze geschaffen wurden. Allerdings ist diese Entwicklung auf wenige große Universitäten konzentriert; sechs Universitäten erhalten 56 Prozent aller Erträge aus Patenten an Universitäten (Nelsen 1998, S. 1460; Abramson u. a. 1997, S. 108 f.). Die Auswirkungen des Bayh-Dole Act sind nicht unumstritten. Kritiker sehen das Wachstum in erster Linie durch die Dynamik der Computerwissenschaften und der ›life sciences‹ in den achtziger Jahren ausgelöst (Mowery u. a. 2000).

Dole-Gesetz geschaffen, das als einer der »erfolgreichsten Gesetzgebungsakte für die wirtschaftliche Entwicklung und die Schaffung von Arbeitsplätzen in der jüngeren Geschichte« gilt (Nelsen 1998, S. 1460).

Die nach amerikanischem Muster in Deutschland angestrebten Ausgründungen von Firmen aus den Universitäten heraus verfügen nicht über vergleichbare Rahmenbedingungen und sind infolgedessen von einem vergleichbaren Erfolg weit entfernt. Risikokapital im amerikanischen Sinn steht nicht zur Verfügung bzw. wird erst allmählich in relevantem Umfang verfügbar. Das Verwertungsprivileg von Patenten liegt bei den Professoren. Politische Bestrebungen zu seiner Abschaffung sind bislang erfolglos geblieben (Krücken 2001). Seit einigen Jahren sind an den Universitäten sogenannte Transferstellen eingerichtet worden; ihre wichtigste Aufgabe ist die Beratung bei Existenzgründungen. Der Idee nach sollen sie eine Vermittlungsfunktion einnehmen, das heißt Kontakte zwischen Professoren und kleinen und mittleren Unternehmen herstellen. Außerdem haben sie die Aufgabe der Beratung und Unterstützung von Professoren bei der Anmeldung von Patenten und Lizenzen (Abramson u. a. 1997, S. 300 f.; Reinhard, Schmalholz 1996, S. 16, 18 f.). Die meisten Transferstellen sind als Stabsstellen in den Rektoraten etabliert und unterliegen damit der kameralistischen Haushaltsführung und ihrer Inflexibilität; nur in wenigen Fällen haben sie die Rechtsform der GmbH angenommen (Wolpert 1998). Die von Etzkowitz im Hinblick auf die amerikanischen Universitäten diagnostizierte Entwicklung zur ›unternehmerischen Universität‹ (›entrepreneurial university‹) ist bei deutschen Universitäten nicht erkennbar, ungeachtet des Umstands, daß auch sie eine stärkere Orientierung auf die Transferproblematik und die Kooperation mit der Industrie hin erkennen lassen, als dies traditionell der Fall war.

Im Zusammenhang mit dem Wissenstransfer wird von der neuen, ›dritten Funktion‹ der Universität gesprochen. Das hat seine Berechtigung in den beschriebenen institutionellen Veränderungen. Umfang und Verbreitung dieser Veränderungen sind jedoch nicht gleich verteilt. Die erheblichen Unterschiede *innerhalb* nationaler Universitätssysteme im Hinblick auf ihre (natur- und ingenieurwissenschaftliche) Forschungskapazität, die damit verbundene Anwendungsorientierung und die historisch gewachsenen Verbindungen zur Industrie beschränken diese Entwicklung bisher noch vorwiegend auf die großen amerikanischen Forschungsuniversitäten. Die noch größeren Unterschiede *zwischen* nationalen Universitätssystemen wie dem deutschen und dem amerikanischen liefern die Erklärung dafür, daß die deutschen Universitäten – aufgrund ihres Rechtsstatus und aufgrund des beamtenrechtlichen Status ihrer Professoren – noch weit von einer umfassenden Kommerzialisierung entfernt sind. Dessen ungeachtet ist eine über die historisch bestehenden Verbindungen zwischen Universitäten und Industrie hinausgehende neue Ausrichtung der Universitäten auf die Wirtschaft und auf die wirtschaftliche Verwertbarkeit des Wissens hin unübersehbar. Zumindest diejenigen Universitäten, die als Modellbeispiele einer erfolgreichen Umsetzung ihrer Forschungsergebnisse in kommerzielle Aktivitäten dienen, weisen eine *enge Kopplung* zur Industrie auf (Smilor u. a. 1993, S. 3, 5).

Konfliktlinien zwischen Wissenschaft und Wirtschaft

Das uneinheitliche Bild, das sich hinsichtlich der Beziehung zwischen der Wirtschaft und der Kerninstitution der Wissenschaft, der Universität, sowohl mit Blick auf verschiedene Universitäten als auch auf verschiedene nationale Universitätssysteme ergibt, gebietet Skepsis gegenüber weitreichenden Generalisierungen. Eine hinreichend gesicherte Einschätzung der zukünftigen Entwicklung des Verhältnisses zwischen Wirtschaft und Wissenschaft bzw. zwischen Industrie und Universität läßt sich nicht durch die Beobachtung und Extrapolation heterogener Entwicklungen gewinnen, deren Nachhaltigkeit ungewiß ist und die sich zunehmend als flüchtige Legitimationsmoden im wissenschaftspolitischen Diskurs erweisen. Die Orientierung der Wissensproduktion an ökonomischem (und militärischem) Nutzen war immer *ein* Leitmotiv der Wissenschaftspolitik. Die Schaffung einer breiten Wissensbasis sowie der entsprechenden Qualifikationen als *Voraussetzungen* technischer Innovationen und wirtschaftlichen Wachstums war immer ein *anderes*. Die Gewichtungen haben sich verändert, aber auch die Zahl und Art der Akteure, die Ansprüche an die Wissenschaftspolitik stellen. Unterhalb der Ebene des wissenschaftspolitischen Diskurses und der wechselnden Begrifflichkeiten stellt sich jedoch die Frage, ob es systematische Grenzen gibt, die die Funktionsteilung zwischen der theoretischen Wissensentwicklung (und damit der Erweiterung der Wissensbasis) und der Wissensentwicklung in Anwendungskontexten markieren. Universitäten können nicht zu Konkurrenten von Industriebetrieben in der Entwicklung und Vermarktung von Produkten werden, sowenig wie Industriebetriebe den Universitäten erfolgreich Konkurrenz in der Forschung und in der Ausbildung machen können, es sei denn in spezialisierten Bereichen. Diese Grenzen lassen sich am ehesten anhand der *Konflikte* ausmachen, die zwischen Industrie und Universität bestehen bzw. im Zusammenhang mit den neuen Kooperationsformen neu entstehen. Es sind dies Konflikte zwischen den für jedes der beiden Systeme geltenden operativen Leitvorstellungen.

Auf zwei Konflikte soll eingegangen werden, um zu illustrieren, wo die systematischen Grenzen zu suchen sind: auf die Kontrolle über die Ziele der Forschung sowie die Sicherung intellektueller Eigentumsrechte und die Geheimhaltung, das heißt die Kontrolle über die Kommunikation der Forschungsergebnisse.

Mechanismen der Kontrolle

Die Organisation von Forschung steht mehr als andere Aktivitäten vor einem Dilemma der Kontrolle. Professionelle Normen der Wissenschaft und die organisatorischen Erfordernisse der Kontrolle und Evaluation stehen einander gegenüber. Die akademischen Werte und Normen stehen im Konflikt zu denen, die die Arbeit in industriellen (und staatlichen) Forschungslaboratorien bestimmen. Schon jede oberflächliche Betrachtung vermittelt den Eindruck, daß es sich um »zwei Kulturen« handelt. Für die Industrie geht es also bei der Organisation von Forschung immer um die Steuerung auf die eigenen Ziele hin, um die ›Anpassung‹ der beiden Kulturen und um die Kontrolle des Erfolgs (Kornhauser 1962). Das oben erwähnte Beispiel der Umstrukturierung der *Bell Laboratories* ist ein Beleg dafür, daß die Eigendynamik der Forschung diese von den Zielen des jeweiligen Industriekonzerns fortbewegt.

FÜNFTES KAPITEL

Das Kontrollproblem hat selbst eine Entwicklung vollzogen, die unter anderem vom Organisationsgrad der Forschung, vom Typus der Forschungsarbeit und vom jeweiligen sozialen Prestige der Rollen des akademischen und des industriellen Forschers und schließlich auch von der Situation auf den entsprechenden Arbeitsmärkten abhängt. Als in den sechziger Jahren des vergangenen Jahrhunderts die Organisation der Forschung in der Industrie zum Gegenstand sozialwissenschaftlicher Analysen wurde, geschah dies nicht zuletzt deshalb, weil die Divergenzen zwischen den Kulturen vor dem Hintergrund eines verstärkten Forschungsbedarfs in der Industrie offenkundig wurden. In der Industrie herrschte noch überwiegend ein autokratischer Führungsstil; die Attraktivität der Rolle des Industrieforschers war deutlich niedriger als die des akademischen Forschers. Infolgedessen konnten die Soziologen der Industrie auch nahelegen, ihre Organisationskultur zumindest im Forschungsbereich derjenigen der akademischen Wissenschaft anzunähern (zum Beispiel Cotgrove, Box 1970, S. 167). Diese Parameter haben sich zum Teil erheblich verändert. Der akademische Arbeitsmarkt kontrahiert, die akademische Rolle hat einen Teil ihres sozialen Prestiges verloren, und vor allem hat sich die Organisationskultur der Industrie im Gefolge des allgemeinen Wertewandels in Richtung auf partizipative Strukturen verändert.

Der darin implizierte Wandel im Verhältnis der Industrie zur Wissenschaft wird aus der Sicht des F&E-Managements als Abfolge von »drei Generationen« beschrieben (Saad, Roussel, Tiby 1991, S. 19). Danach war die erste Generation des F&E-Managements in der Industrie durch »Intuition und das technische Know-how der Forscher und Entwickler« bestimmt. In diesem Kontext besaß die Unternehmensleitung »kein eigenes Verständnis der technologischen Ressourcen und Möglichkeiten. Für sie war Forschung und Entwicklung in erster Linie eine Kostenposition im Budget. Die Allokation von Mitteln erfolgte nach Abteilungen, und Ergebnisse wurden in Form von Tätigkeitsberichten vorgelegt.« In der zweiten Generation (siebziger Jahre) gingen die Unternehmen systematischer vor. Die F&E-Ausgaben wurden an die Geschäftsanforderungen gekoppelt. Das F&E-Management ging nunmehr davon aus, daß die Forschungs- und Entwicklungsergebnisse »nicht aus der Arbeit von Abteilungen resultieren, sondern daß Kosten und Nutzen von F&E-Tätigkeiten durch spezifische Vorhaben entstehen, mit denen mehr oder weniger genau definierte Ziele verfolgt werden, so daß ein Controlling im Vergleich zu diesen Zielen durchgeführt werden kann«. Die dritte Generation schließlich beruht auf einem »strategischen Denkprozeß und auf interdisziplinärem Führungsverhalten, die auf gemeinsamen Erkenntnissen aufbauen, so daß alle Verantwortungsträger des Unternehmens gemeinsam bestimmen, welche Zielsetzungen mit welchen Mitteln in der Forschung und Entwicklung verfolgt werden sollen«. Neu ist daran vor allem, daß die Aufgabe des F&E-Managements darin gesehen wird, »*die F&E-Mitarbeiter in die Unternehmenskultur zu integrieren*, um es ihnen zu ermöglichen, sich aus eigener Initiative mit den Unternehmenszielen *zu identifizieren* und *sogar an der Evolution der Unternehmensziele mitzuwirken*« (ebd., S. 19-21, 161, meine Hervorhebungen).

Die Industrie vollzieht damit eine Entwicklung nach, die zuvor schon beim (amerikanischen) Militär beobachtet wurde. Beim Militär stellen sich die Kontrollprobleme noch schärfer, da der Konflikt zwischen professionellen Normen und Kontrollinteressen noch ausgeprägter ist. Ein wichtiger Mechanismus ist die frühe Rekrutierung von vielversprechenden Studenten mit Hilfe großzügiger Stipendien. Ihnen werden Arbeitsstellen *neben* ihrer Position in der Universität angeboten, jedoch ausgestattet mit Instrumenten, die an einer Universität nicht zu finden wären. Durch die besseren Forschungsmöglichkeiten erhalten solche Arbeitsplätze große Attraktivität. Eine wichtige Voraussetzung für den Erfolg dieser ›Verführung‹ ist freilich die Nähe von *Grundlagen*interessen der zivilen Forschung und ihrem ›angewandten‹ militärischen Potential.[35]

Ein zweiter Mechanismus ist die Replikation einer separaten sozialen Gemeinschaft auf der Ebene der professionellen Kommunikation. Voraussetzung dafür, daß diese Gemeinschaft tatsächlich unabhängig von der akademischen bestehen kann, ist

---

[35] Broad schildert den Werdegang des Physikers, Nobelpreisträgers und Erfinders des Röntgenlasers, Peter Hagelstein, der im Laufe der Jahre eher zufällig (»by default«) zum Entwickler von Waffen der dritten Generation wurde (Broad 1985, S. 88, 116, 120).

eine entsprechende Größe und die Verfügung über angemessene Ressourcen. Eine derart unabhängige, durch die Geheimhaltungszwänge der militärischen Forschung bedingte Kommunikationsgemeinschaft kann nicht von einem Forschungslabor allein unterhalten werden, sondern muß weitere, ähnlich strukturierte Institutionen mit einschließen. Zum Teil wird das System auf industrielle Firmen, auf außeruniversitäre und universitäre Institute ausgedehnt (Rilling 1982, S. 957). Das Militär schafft sich auf diese Weise seine eigene Forschungsbasis. Das wichtigste Kontrollinstrument besteht mithin darin, die organisatorische Struktur der akademischen Wissenschaft widerzuspiegeln, ihre wesentlichen Elemente mit einzuschließen, ohne sie selbst zu verändern und mit dieser auf die eigenen Ziele festgelegten Struktur gegebenenfalls auch an die bestehenden Organisationen wie die Universitäten anzukoppeln (Sutton 1984; Weingart 1991, S. 39).

Obgleich die Bedingungen für diesen Kontrollmechanismus in der Industrie aufgrund der Konkurrenz zwischen Firmen nicht ganz so günstig sind, läßt die Beschreibung der dritten Generation des F&E-Managements erkennen, daß sie nach den gleichen Prinzipien operiert. Es werden in der Weise enge Kopplungen hergestellt, daß der akademische Organisationstypus mit seinen professionellen Wertorientierungen weitgehend in der Konzernstruktur repliziert wird. Dadurch wird es möglich, die Forschung an den Unternehmenszielen zu orientieren und diese Verbindung fortdauernd zu überwachen. Auf einen kurzen Nenner gebracht, handelt es sich um Kontrolle durch Integration. Die traditionelle Unterscheidung zwischen ›Grundlagen‹- und ›angewandter‹ Forschung mit ihren Folgeproblemen hinsichtlich des Prestigegefälles und der daraus resultierenden Autonomisierungstendenzen wird abgemildert oder gar hinfällig. Insoweit dieser Modus realisiert wird, wie in der forschungsintensiven Großindustrie (und in der Militärforschung), ist es deshalb auch gerechtfertigt, von einer institutionellen Diversifizierung der Wissensproduktion zu sprechen.

ZUR KAPITALISIERUNG DES WISSENS?

Geheimhaltung und die Sicherung intellektueller Eigentumsrechte

Die zweite Konfliktlinie zwischen Universitäten und Industrie ist die Frage der freien Kommunikation des Wissens bzw. seiner Geheimhaltung. Das Ideal der offenen, allgemein zugänglichen Kommunikation ist so alt wie die Anfänge der Wissenschaft in der Antike. Daneben aber gab es zugleich die religiösen Wissensformen, die ›mysteriös‹, das heißt geheim und esoterisch, waren. Der Erwerb solchen Wissens setzte privilegierten Zugang voraus und versprach Privilegien. Die Spannung zwischen diesen beiden Wissenstypen hat sich im Grundsatz durch das Mittelalter und die Renaissance bis in unsere Zeit erhalten (McMullin 1987, S. 14, 16f.). Auch ihre Zuspitzung in der rezenten Diskussion über die Kapitalisierung und Kommerzialisierung des (wissenschaftlichen) Wissens hat lang zurückliegende historische Vorläufer: Francis Bacon erwog ein Nebeneinander von öffentlicher Anerkennung und monetärer Entlohnung als Anreize für den Forscher (McMullin 1987, S. 20). Sowohl die Diskussion über die Funktion und Auswirkung von Patenten als auch (beinahe) spiegelbildlich die über die Freiheit der Forschung reflektieren das Spannungsverhältnis zwischen Ökonomisierung des Wissens und uneingeschränkter Kommunikation in der Wissenschaft. Diese Diskussionen lassen erkennen, daß es sich hierbei um einen umkämpften institutionellen Konfliktbereich handelt, an dem Veränderungen besonders sensibel registriert werden.

Der Konflikt läßt sich zunächst auf zwei einfache Grundargumente reduzieren. Aus ökonomischer und politischer Perspektive (dies insbesondere in bezug auf das Geheimhaltungsgebot militärischer Forschung) vermag allein die Übertragung von Eigentumsrechten (Patente, Lizenzen) ausreichende ökonomische Anreize für Innovationen zu geben und volkswirtschaftlichen Schaden durch Doppelarbeit zu vermeiden.[36] Aus

---

36 Dem steht allerdings das Argument gegenüber, daß bei Inventionen, die basale Bedürfnisse und mithin das Allgemeinwohl betreffen, zur Gewährleistung sozialer Gerechtigkeit von den profitorientierten Monopolisierungen durch einzelne ausgenommen sein müßten. Dies spräche für einen Verzicht auf Patentierung und Lizenzvergabe (Goldman 1987, S. 24).

der Sicht der akademischen Wissenschaft bergen Patente bzw. die Orientierung der Forschung an einer möglichen kommerziellen Verwertung und an der Patentierbarkeit der Forschungsergebnisse die Gefahr, daß das erzeugte Wissen nicht mehr frei kommuniziert werden kann. Damit wird der Nerv der Wissenschaft getroffen: die ungehinderte Kommunikation, die Sicherung und Lizenzierung des ›richtigen‹, ›wahren‹ Wissens durch den fortlaufenden Austausch unter den Forschern und die darauf beruhende Zuweisung von Reputation. Die Implikationen der ökonomischen Verwertung, Geheimhaltungsinteressen der Industrie und die Zwänge der Patentierung, stehen im Widerspruch zur Wissenschaftsfreiheit. Dem Gebot der freien Kommunikation des Wissens und dem gleichzeitigen Schutz von Eigentumsrechten trägt die Unterscheidung von Entdeckung und Erfindung Rechnung, die die Patentierbarkeit bestimmt. Entdeckung bezieht sich auf Naturgesetze bzw. -phänomene, Erfindung auf deren Anwendung zur Erreichung bestimmter Ziele, die zur Konstruktion von Artefakten bzw. Verfahren führt. Entdeckungen sind grundsätzlich nicht patentierbar, sondern gehen in den allgemeinen Pool des Wissens ein. Erfindungen hingegen sind schutzberechtigt. Diese Unterscheidung enthält allerdings selbst wieder Unschärfen, die in neuerer Zeit insbesondere in der biochemischen Forschung erkennbar geworden sind.

Ganz so einfach ist die Struktur des Konflikts allerdings nicht.[37] Zunächst gilt grundsätzlich, daß Patente die Geheimhaltung gerade verhindern und die Kommunikation des Wissens garantieren sollen, nur mit der Einschränkung, daß deren praktische, kommerzielle Nutzung rechtlich geschützt ist. Allerdings sind die Kosten und der Aufwand des Patentierungsverfahrens in bestimmten Bereichen ein Grund dafür, auf Patentierung zu verzichten und das Know-how geheimzuhalten. Geheimhaltung und die Nutzung eines Vorsprungs sind also in bestimmten Industrien, so vor allem dem Flugzeugbau, der Telekommunikation und in der Computerindustrie, ebenbürtige oder überlegene Instrumente der Innovationsausbeute (Nelson

---

37 Einen interessanten Überblick über verschiedene Formen der »geschlossenen Wissenschaft«, die Auswirkungen unterschiedlicher Formen der »Schließung« und die Rechtfertigungen liefert Chubin (1985).

1989, S. 234). In Industrien, in denen Patientierungen keine besonders große Rolle spielen, kann der informationsoffene Umgang mit Innovationen sogar den Nebeneffekt haben, daß die Reputation der im firmeneigenen Forschungslabor arbeitenden Wissenschaftler und damit der Ruf des Labors insgesamt gesteigert wird. Erfolgreiche Industrielabore wie die von *Siemens* und *IBM* können also durchaus ein Interesse an der Reputation ihrer Wissenschaftler haben, um auf diese Weise gute Nachwuchskräfte anzuziehen. Je weniger das hergebrachte lineare Modell, wonach die Universitäten Grundlagenwissen erzeugen und die Industrie es anwendet, noch gilt und je mehr auch in der Industrie Grundlagenwissen erzeugt wird, um so ausgeprägter wird dieses Interesse in der Industrie sein. Die oben genannten Prinzipien der »dritten Generation« des F&E-Managements implizieren aber ungeachtet des Trends zur Integration der akademischen Kultur in den Betrieb zugleich auch die engere Kontrolle über die Orientierung der Forschung an dessen Zielen.

Der Konflikt zwischen der Kommunikationsfreiheit der akademischen Wissenschaft und ihrer Begrenzung in der Industrie mag vor allem durch die neuere Entwicklung des Verhältnisses zwischen Universitäten und Industrie in vielfältiger Weise gedämpft sein; aufgehoben wird er nicht. Im Kern geht es nicht nur um die Kompatibilität des wissenschaftlichen Ethos und ökonomischer Handlungsorientierungen, das heißt des Profitmotivs, sondern um die *Glaubwürdigkeit* von Wahrheitsbehauptungen und das *Vertrauen*, das in sie gesetzt werden kann. Patente verlangen zum Beispiel die Behauptung von Neuigkeit in einer Weise, die sich zu der in der wissenschaftlichen Kommunikation gebotenen Kontextualisierung wissenschaftlicher Wahrheitsbehauptungen diametral entgegengesetzt verhält. Die Glaubwürdigkeit akademischen Wissens ergibt sich nicht zuletzt durch den Bezug auf Vorläufer und die Einordnung in eine Forschungslinie. Diese Praxis könnte die Patentierbarkeit gerade gefährden, weil das entsprechende Wissen als bekannt erschiene (Packer, Webster 1996, S. 439). Infolgedessen gelten Wissenschaftlern Patente auch nicht als Informationsquelle für ihre Forschungen, sondern eher als Instrumente, die sich strategisch einsetzen lassen, sei es zur Abwehr von Konkurrenten, sei es als Verhandlungsmasse in der eigenen Universität (ebd., S. 444). Dieser strategische Umgang der akademischen Wissenschaftler mit Patenten mag als Zone der Rekombination privater und öffentlicher Wissensformen begriffen werden, innerhalb deren sich neue Praktiken und Formen der ›wissenschaftlichen‹ Kommunikation entwickeln. Die für die Konvergenz zwischen akademischer Wissenschaft, Industrie und Staat ins Spiel gebrachte biologische Metapher der »Dreifach-Helix« legt jedoch einen Grad an Integration dieser institutionellen Sektoren nahe, der davon gar nicht gedeckt wird und die fundamentalen Differenzen kaschiert (Webster, Packer 1997, S. 47f.).

Der Konflikt zwischen den »Kulturen« von Wissenschaft und Ökonomie ist zu Beginn der achtziger Jahre neu aufgebrochen. Wie kam es zu dieser (plötzlichen?) Zuspitzung der öffentlichen Diskussion über Offenheit vs. Geheimhaltung in der Wissenschaft? Die amerikanische Wissenschaftlervereinigung *American Association for the Advancement of Science* (AAAS), die eigens eine Kommission mit der Analyse und Begleitung der Diskussion beauftragt hatte, führte mehrere zusammentreffende Gründe an: der in der vorangegangenen Dekade dramatisch gestiegene intrinsische kommerzielle Wert der Forschung, der ebenfalls gestiegene militärische Wert von Wissenschaft und Technik im Kontext des kalten Kriegs und der aus amerikanischer Sicht mit Hochtechnologie zu begegnenden sowjetischen Bedrohung, der Anstieg der globalen ökonomischen und politischen Konkurrenz, das Schrumpfen der Zeitverzögerung zwischen Grundlagenforschung und ihren Anwendungen sowie schließlich die fiskalischen Beschränkungen der Universität und die zunehmende Knappheit akademischer Stellen (Chalk 1985, S. 30). Der zuerst genannte Grund betraf vor allem die pharmazeutische Industrie und die Molekularbiologie. In diesem Bereich überschritt die Industrie die etablierten institutionellen Grenzen und ging, wie oben beschrieben, in die Universitäten, um dort Forschungslabore zu errichten. Gleichzeitig wurden in den USA und in England die gesetzliche Grundlage dafür geschaffen, daß die Universitäten Lizenzen an die Industrie vergeben können und damit eine vom Staat unabhängige Geldquelle erhalten (Nelson 1989, S. 240; Beier, Ullrich 1982, S. 346). Dies war ein Schritt im Rahmen der staatlichen Industriepolitik, die Universitäten für die industrielle Innovation zu instrumentalisieren, der allerdings in Deutschland in dieser Form nicht nachvollzogen wurde. Dementsprechend hat die Bedeutung der

Universitäten als Orte der Produktion patentierfähiger Inventionen zugenommen. Dennoch muß die Dimension der Entwicklung im ganzen gesehen werden. Nur wenige englische Universitäten haben eine größere Anzahl von Patenten angemeldet, und die Einkünfte aus Lizenzen des größten Teils der Universitäten werden als gering eingeschätzt.[38] Die französische Forschungsorganisation, das Nationale Zentrum für wissenschaftliche Forschung (CNRS), sieht die monetären Gewinnchancen durch universitäre Patentierungen und Lizenzen ebenfalls äußerst skeptisch (Etzkowitz, Webster 1995, S. 484; Webster, Packer 1997, S. 48 f.). Von einer flächendeckenden Ökonomisierung der universitären akademischen Forschung kann also noch keine Rede sein.

Ungeachtet dessen haben die verschiedenen Maßnahmen zur Kontrolle der wissenschaftlichen Kommunikation sensible Reaktionen der Universitäten wie der *scientific community* insgesamt hervorgerufen. Ab 1979 wurden in den USA von der Bundesregierung mit Verweis auf die nationale Sicherheit Beschränkungen verfügt, die den Export »militärisch nützlicher« Technologien kontrollieren sollten und schließlich auf einheimische wissenschaftliche Symposien, universitäre Forschungsprogramme und sogar die Präsentation wissenschaftlicher Artikel ausgedehnt wurden. Die Kontrollen vor der Veröffentlichung wurden auf »breite Bereiche der Forschung und Information – etwa Kryptographie und Kernenergie« und ab 1981 auch auf die bis dahin von diesen Kontrollen ausgenommenen Universitäten ausgeweitet (Ferguson 1983, S. 620; Shattuck 1984, S. 425).

1982 reagierten die Präsidenten der führenden amerikanischen Forschungsuniversitäten ähnlich sensibel auf die Implikationen der bis dahin abgeschlossenen neuartigen Kooperationsverträge mit der Industrie, die den kommerziellen Vertragspartnern privilegierten Zugang zu wissenschaftlichem Grundlagenwissen in den Bereichen der biomedizinischen und

---

38 1979 steuerten sie in den USA noch weniger als ein Prozent zur Gesamtzahl der erteilten Patente bei, zehn Jahre später waren es zwei Prozent (Etzkowitz, Webster 1995, S. 483). Die Universität Cambridge erhielt Mitte der neunziger Jahre 13 Prozent ihrer Einnahmen aus kommerziellen Quellen. Sie bildet aber im englischen Kontext eine ähnliche Ausnahme wie das MIT in den USA.

molekularbiologischen Forschung einräumten. Ihre Reaktionen sind in gewisser Weise ein Indikator dafür, wie der Konflikt zwischen akademischer Wissenschaft und Industrie von seiten der Universitäten eingeschätzt wurde. Dabei ist in Rechnung zu stellen, daß es sich bei den betroffenen Universitäten um solche handelte, die entweder als private Einrichtungen und/oder aufgrund ihrer herausgehobenen Stellung als Forschungsuniversitäten zugleich abhängiger von industrieller Finanzierung wie auch offener für Kooperationen mit der Industrie waren als andere. Die Zwiespältigkeit der Reaktionen, die dabei zum Ausdruck kam, unterstreicht dies.

Einerseits wollten die Universitäten ihr Interesse an einem Dialog mit der Industrie, am Technologietransfer und damit an ihrer Verantwortung für die gesellschaftliche Gesundheit und Produktivität und nicht zuletzt an den von der Industrie zu erwartenden Ressourcen dokumentieren. Ihre größte Sorge galt jedoch andererseits »den Traditionen der offenen Forschung und der schnellen Vermittlung von Forschungsergebnissen, die alle Universitätsforschung einschließlich der industriefinanzierten bestimmen sollten«. Als zentraler Wert galt ihnen die ›offene Kommunikation‹ über laufende Forschung und deren Ergebnisse, die unter den neuen Bedingungen allenfalls im Rahmen der Patentierungsverfahren geringfügig verzögert werden dürfe (Pajaro Dunes 1982, S. 2 f., 6). In anderem Zusammenhang erklärte der damalige Präsident der Harvard-Universität mit der gleichen Zwiespältigkeit, daß zwar einerseits der Technologietransfer ein wichtiger Weg sei, um dringend benötigte Mittel zu erhalten, daß sich die Universitäten aber andererseits Sorge machten, daß die entsprechenden Arrangements die »freie Verbreitung von Wissen behindern«, daß die Studenten in vornehmlich kommerziell motivierte Aktivitäten geschleust und akademische Entscheidungen nicht nach akademischen Kriterien, sondern aus kommerziellen Gründen getroffen würden (Bok, Kennedy 1981, S. 3).[39] Edward E. David, der damalige

---

[39] In gleicher Weise – »Unsere Auffassungen [die der Deutschen und der Amerikaner, P. W.] sind völlig identisch« – äußerte sich der damalige Präsident der Max-Planck-Gesellschaft, Reimar Lüst, zu der Frage: »Gefährdet der Kommerz die Grundlagenforschung?« Im Hinblick auf Kooperationsverträge mit der Industrie hielt er das Recht auf freie Themen-

ZUR KAPITALISIERUNG DES WISSENS?

Präsident von *Exxon Research and Engineering*, hielt einen Kompromiß für unumgänglich, dem zufolge die Forscher zeitliche Verzögerungen ihrer Publikationen akzeptieren müßten, die Industrie ihrerseits auf ein »Mikromanagement« der Forschung verzichten müsse, wenn sie nicht die Kreativität der akademischen Wissenschaft verlieren wolle, die sie gerade gekauft habe (Culliton 1982, S. 962).[40] Vor dem Hintergrund dieser Diskussion kommentierte eine Beobachterin, daß die fortdauernden Widersprüche die tiefe Ambivalenz innerhalb der Wissenschaft hinsichtlich ihrer kognitiven und praktischen Dimensionen widerspiegele. Diese in den Disputen über die Kontrolle der Forschung so offenkundige Ambivalenz deute auf wichtige Veränderungen in der gesellschaftlichen Rolle der Wissenschaft und der Bedeutung der Forschung. Die Auseinandersetzungen seien Teil eines umfassenderen Bemühens, die Beziehungen zwischen Wissenschaft und der Öffentlichkeit, die aus einer anderen Zeit stammten, neu auszuhandeln (Nelkin 1982, S. 708).

Einen weiteren und noch aktuelleren Höhepunkt hat die Diskussion mit der eingangs zitierten Auseinandersetzung zwischen öffentlicher und privater Forschung im Human-Genom-Projekt erreicht. Die ökonomischen Versprechungen der Entschlüsselung des menschlichen Genoms haben die Dimensionen der Computerindustrie erreicht oder gar überflügelt und die Chemie- und Pharmakonzerne im Verbund mit den kleinen ›Start-up‹-Firmen dazu veranlaßt, eine aggressive Patentierungspolitik in diesem Forschungsbereich zu betreiben. Hinter dem Anspruch Craig Venters auf private Nutzung seiner Daten

---

wahl und freie Veröffentlichung für eine unabdingbare Voraussetzung. Zugleich erklärte er die »Abschottung zwischen Grundlagenforschung und angewandter Forschung für falsch und untragbar« (Umschau 1983, S. 24).

40 Soweit eine einzelne Untersuchung die Verallgemeinerung erlaubt, waren die Befürchtungen nicht ganz unberechtigt. Blumenthal u. a. (1986, S. 1365) fanden, daß zwar die Produktivität der (biologischen) Wissenschaftler nicht aufgrund ihrer industriell orientierten Tätigkeit zurückging, daß aber die Richtung der Forschung beeinflußt wurde und die freie und rasche Verbreitung von Forschungsresultaten unter der Geheimhaltung litt. Bei Abwägung der involvierten Zahl von Wissenschaftlern und des Volumens der beobachteten Effekte schienen ihnen allerdings die monetären und legitimatorischen Vorteile eines entsprechenden Engagements der Universitäten zu überwiegen.

und der Zurückweisung durch Präsident Clinton und Premierminister Blair, hinter der Forderung der Präsidenten der Wissenschaftsakademien nach uneingeschränkter Veröffentlichung der Daten steht nicht nur der Widerspruch zwischen wirtschaftlichen und öffentlichen Interessen an der Form der Nutzung des Wissens. Der Konflikt signalisiert darüber hinaus einen Fortschritt der Kommerzialisierung des Wissens.

Nirgendwo wird dies deutlicher als an der Aufweichung der patentrechtlichen Grenze zwischen Entdeckung und Erfindung. Das amerikanische *Patent and Trademark Office* (PTO) ist in seiner Patentvergabepolitik sehr viel großzügiger als das europäische oder das deutsche Patentamt und vergibt Patente für die chemischen Verbindungen, die einzelnen Genen zugrunde liegen, noch bevor deren Funktionen genau bekannt sind. Vermutungen, die sich auf die Beziehungen zu bekannten Krankheiten und damit auf mögliche Medikamente beziehen, reichen oft zur Patentierung aus. Die in der Genomforschung tätigen Firmen haben inzwischen Tausende von Patenten angemeldet. Darunter sind solche, die sich auf das Genom ganzer Ethnien oder auf Teile des Körpers eines Krebskranken beziehen. Auf einem anderen Gebiet wurde ein Patent auf ein Öl des indischen Neem-Baums erteilt, dessen Nutzung eine tiefe Bedeutung und lange zurückreichende Tradition in der indischen Kultur hat. Inzwischen ist von »Biopiraterie« und »Dieben des Wissens« die Rede (*FAZ* vom 11. 5. 2000, S. 51). Das *Europäische Patentamt* hat das 1995 erteilte Patent zurückgezogen, aber die an diesem Fall sinnfällig gewordene internationale Dimension des Konflikts um Wissen, das zum Teil zum generationenübergreifenden Traditionsbestand von Völkern gehört, wirft ein Schlaglicht auf die zu erwartende Entwicklung.[41]

---

41 Die Dimensionen dieser Entwicklung sind an der drastisch gestiegenen Zahl der Patentanwälte in den USA und den parallel dazu gestiegenen Kosten der Patentierung pro Einheit der Forschungsausgaben ablesbar. Die Zahl der Patentanwälte steigt schneller als die Forschung. Als Reformmaßnahme wird deshalb vorgeschlagen, die Standards der Patentierbarkeit zu erhöhen, die Verwendung von Patenten zur Verhinderung von Forschung einzuschränken und die rechtliche Anfechtung von Patenten zu erleichtern (Barton 2000).

ZUR KAPITALISIERUNG DES WISSENS?

Alte Werte, neue Orientierungen

Im Hinblick auf die Kontrolle über die Forschung wie auch über die Kommunikation der Forschungsergebnisse läßt sich die gleiche Uneinheitlichkeit des Strukturwandels der Universitäten (dort, wo er überhaupt stattfindet) und der Einschätzungen der Akteure feststellen. Empirische Untersuchungen über die Verbreitung und die organisatorischen Folgen der Transferaktivitäten der Universitäten enttäuschen übertriebene Hoffnungen auf die »dritte Funktion« der Universitäten und ihre Instrumentalisierung für die Innovationsbedürfnisse der Wirtschaft ebenso, wie sie die schlimmsten Befürchtungen einer fundamentalen Kommerzialisierung der Universitäten und der entsprechenden negativen Folgen für die Wissenschaft nicht bestätigen (Krücken 1999).

Entsprechend widersprüchlich fallen die Einschätzungen aus, ob es sich bei den beobachteten Verhaltensweisen bereits um nachhaltige Veränderungen des wissenschaftlichen Normensets handelt. Eine Deutung lautet, daß die Norm der Uneigennützigkeit durch die der Kapitalisierung des Wissens ersetzt werde bzw. daß diese sich neben derjenigen der Erweiterung des Wissens, als kompatibel mit ihr, etablieren könne (Etzkowitz, Webster 1995, S. 503). Die neue Interpretation der Vereinbarkeit von Normen der Wissenschaft mit denen der Wirtschaft wird als Transformation des Normensystems insgesamt betrachtet (Etzkowitz 1989, S. 27). Etzkowitz spricht von einer »dritten Form normativen Wandels«, einer »Transformation von Normen«, die vor allem darin bestehe, daß die ursprünglich für unvereinbar gehaltene Verknüpfung von wahrheitsorientierter Forschung und deren kommerzieller Verwertung nunmehr für vereinbar gehalten wird. In dem Kontext seien Verhaltensweisen wie die temporäre Zurückhaltung von Forschungsergebnissen bis zu deren Patentierung erlaubt, während traditionelle Werte weiterhin ihre Geltung behielten (ebd., S. 26f.).

Eine andere Deutung lautet, daß die fortschreitende Ökonomisierung und Kommerzialisierung von Wissenschaft das hergebrachte Ethos der Wissenschaft zu einem ideellen und idealtypischen Korrektiv werden lasse und ihm zu einer neuen Bedeutung verhelfen werde (Ziman 1984, S. 87). Ganz offensichtlich beruhen diese unterschiedlichen Einschätzungen auf den jeweils beobachteten Sektoren der Universität und der ihnen zugemessenen Bedeutung für die weitere Entwicklung. Das empirische Bild ist uneinheitlich und lückenhaft.

Die engen Kopplungen von Industrie und Universitäten (und Staat, wie das »Triple-Helix-Modell« unterstellt) sind bislang auf einzelne Maßnahmen (Änderungen des Patentrechts) und spezifische Forschungsbereiche (Molekularbiologie, Informationstechnologie) beschränkt. Ob diese Entwicklungen die Vorboten der Zukunft einer gänzlich neuen Universität sind, ist ungewiß. Eine Paradoxie dieser Kopplungen wird jedoch schon jetzt darin erkennbar, daß gerade diese begrenzten institutionellen Veränderungen mit Pioniercharakter die Sensibilität der *scientific community* im Hinblick auf den zentralen Wert der freien Kommunikation geschärft und offengelegt haben. Die Gefahren des industriellen ›Sponsoring‹ der Universitäten und der Kooperationsverträge in der Forschung werden mit größerer Aufmerksamkeit und Empfindlichkeit diskutiert, als die Euphorie zunächst zuließ: Die industrielle Unterstützung der Forschung kann sich negativ auf die Kritikfähigkeit der Forscher auswirken, wenn die industriellen Interessen berührt sind. Forschungsdaten, die diesen Interessen entgegenstehen, werden nicht publiziert. Unangenehme Fragen werden gar nicht erst gestellt. Die Interessenkonflikte zwischen Industrie und Wissenschaft können zu ganz unterschiedlichen Formen der Verletzung der Norm der ›Wahrhaftigkeit‹ (›disinterestedness‹) führen, von der uneingestandenen Selbstzensur (der Schere im Kopf) bis zu massivem Druck auf die Forscher.[42]

Der Wert der freien Kommunikation ist nicht nur eine vitale Voraussetzung der Wissenschaft, sondern er ist tief in das kulturelle Selbstverständnis demokratischer Gesellschaften eingebet-

---

42 Verletzungen des Neutralitätsgebots werden vor allem aus der Begutachtungstätigkeit für Pharmaka berichtet. In mehreren Untersuchungen sind auffällige Korrelationen zwischen positiven Urteilen und finanziellen Abhängigkeiten der Gutachter von den Herstellerfirmen festgestellt worden. Das Prinzip der Offenlegung derartiger Interessenbindungen *(conflict of interest)* ist selbst in dem so renommierten *New England Journal of Medicine* ins Gerede gekommen. Auffällig ist, daß vor allem die Medien sensibel reagieren und den Ruf nach »unabhängigen Instituten«, »strengen Gutachtern« und »seriösen Medien« erheben (Albrecht 2000; Breuer 1999). Auf weitere Dysfunktionalitäten der neuen Allianz weisen Press und Washburn (2000) hin.

tet (Chalk 1985, S. 30). Hier wie dort ist er die Grundlage für die Herstellung von Vertrauen. Das gilt völlig unabhängig vom tatsächlichen Verhalten der Wissenschaftler, und es gibt auch keine sicheren Indikatoren dafür, ob das Vertrauen gerechtfertigt ist oder nicht.[43] Für die Wissenschaft gilt aber mehr als für alle anderen Institutionen (und zumal die Politik), daß mit der Offenheit der Kommunikation ihre Neutralität und damit ihre Vertrauenswürdigkeit identifiziert wird.[44] Auf ebendieser Zuschreibung beruht die Rolle des ›Experten‹. Das ist ein zusätzlicher Grund für die Industrie, ihre eigenen Forschungen von der institutionalisierten Wissenschaft zertifizieren zu lassen, das heißt, die Nähe der akademischen Wissenschaft zu suchen. Umgekehrt kann es nicht in ihrem Interesse liegen, das unschätzbare Kapital der Glaubwürdigkeit der Wissenschaft aufs Spiel zu setzen.

Die zukünftige Entwicklung des Verhältnisses von Universität und Industrie wird, soviel scheint gewiß, weiterhin durch die umstrittene Grenzziehung zwischen Offenheit der Kommunikation und Geheimhaltung gekennzeichnet sein. Eine Entdifferenzierung von wahrheitsorientierter Wissensproduktion und ökonomischer Profitorientierung ist höchst unwahrscheinlich. Aber aus beiden Perspektiven, der der Wirtschaft ebenso wie der der Wissenschaft, werden sich neue Folgelasten der immer weiter verfeinerten Annäherungs- und Übersetzungsversuche zwischen ihnen ergeben.

---

43 Zur Funktion von Geheimhaltung und Offenheit in verschiedenen Institutionen vgl. Bok (1982).
44 Selbst dort, wo die Industrie im offen erklärten Selbstinteresse wissenschaftliche Forschungsergebnisse in Zweifel zu ziehen sucht, bedient sie sich der Wissenschaft, der Reputation einzelner Forscher und ihrer Institutionen. Wie schon erwähnt, berichtete die *New York Times* vom 28. 4. 1998, daß die interessierte Industrie fünf Millionen Dollar für wissenschaftliche Experten bereitgestellt habe, die die Ergebnisse der Klimaforschung in Zweifel ziehen könnten.

6. Wissenschaft und Medien
Versuchungen öffentlicher Aufmerksamkeit

Die Wissenschaft entdeckt die Medien

Am Rande einer Konferenz berichtete unlängst ein Medienwissenschaftler, vor einiger Zeit habe sich ein bekannter Forscher mit der Frage an ihn gewandt, wie man unter Rückgriff auf die Erkenntnisse der Medienwissenschaften die Medien so manipulieren könne, daß das ihm am Herzen liegende Thema entsprechende Aufmerksamkeit erlangen werde. Der eingeholte Rat war offenbar erfolgreich: Besagter Forscher und sein Thema wurden regelmäßig Gegenstand der Berichterstattung, die öffentliche Aufmerksamkeit hat der eigenen Karriere wie auch seinem Forschungsgebiet genützt, und die Kollegen sprechen mit einer Mischung aus Anerkennung und Verächtlichkeit vom ...- Effekt.

Ein anderes parallel gelagertes Beispiel: Ein holländischer Aids-Forscher gibt die Entdeckung eines Impfstoffs bekannt. Von der Fachwelt gedrängt, seine Entdeckung unter Beweis zu stellen, muß er eingestehen, daß er übertrieben habe. Zur Begründung seines Verhaltens erklärt er, nur mit Übertreibungen der praktizierten Art könne man die gewünschte Aufmerksamkeit und entsprechende Unterstützung in der Öffentlichkeit erlangen (Hagendijk, Meeus 1993).

Diese Beispiele stehen für viele andere; sie werfen ein Schlaglicht auf ein neues Verhältnis zwischen der Wissenschaft und den Medien. Aber was ist daran tatsächlich neu? Was hat sich, wenn überhaupt, wirklich grundlegend verändert? Und warum und mit welchen Folgen für die Wissenschaft?

Das traditionelle Modell der Popularisierung und seine Kritik

Der neuerdings häufigere und zum Teil spektakuläre Gang der Wissenschaftler in die Medien, die Reaktionen darauf und die Auswirkungen auf die Wissenschaft sind nur angemessen zu verstehen, wenn man sich die herkömmliche Rolle der Popularisierung als Vermittlung zwischen Wissenschaft und Öffentlichkeit vergegenwärtigt. Das bislang sowohl in der Wissenschaft als auch in der Öffentlichkeit und in den Medien vorherrschende Verständnis der Aufgaben der Popularisierung ergibt sich aus einer hierarchischen Vorstellung von Wissensformen. Danach ist wissenschaftliches Wissen überlegen und höhergeordnet, populäres Alltagswissen, der sogenannte ›gesunde Menschenverstand‹, nachrangig. Die Wissenschaft hat das Wahrheitsmonopol in der Gesellschaft. Wissenschaft *produziert* ›wahres Wissen‹, die Medien *vermitteln* Informationen, unter anderem über das von der Wissenschaft produzierte Wissen. Die Vermittlung ist notwendig, weil wissenschaftliches Wissen spezialisiert und esoterisch ist. Der Wahrheitsanspruch der Medien ist auf die Angemessenheit der Übermittlung beschränkt. Aus diesem Bild folgt das gängige Modell der ›Popularisierung‹ wissenschaftlichen Wissens, dem zufolge im Wissenschaftssystem wissenschaftliche Wahrheiten produziert werden, die sodann in allgemeinverständlicher Form an die Öffentlichkeit weitergegeben werden. Die Kontrolle über die Angemessenheit der Vermittlung liegt bei der Wissenschaft. Aus ihrer Sicht ist popularisiertes Wissen im besten Fall Vereinfachung, im schlimmsten Fall Verunreinigung (Hilgartner 1990, S. 519 f.; Green 1985).

Dieses ›Aufklärungsmodell‹ der Popularisierung ist noch von der vordemokratischen Gesellschaftsordnung des 19. Jahrhunderts geprägt. Es ist auf eine politische Öffentlichkeit gerichtet, die sich in Gestalt des (Bildungs-)Bürgertums konstituierte. Diese bürgerliche Öffentlichkeit war der hauptsächliche Adressat popularisierender, halbwissenschaftlicher Journale zur Vermittlung des Wissens der sich zunehmend ausdifferenzierenden Wissenschaft (Habermas 1962; Bensaude-Vincent o. J.; Gregory, Miller 1998). Im Verlauf des 20. Jahrhunderts hat sich abermals ein Strukturwandel hin zu einer massendemokratischen Öffentlichkeit vollzogen, die sich in den breit gefächerten und hochdifferenzierten Massenmedien (Zeitungen, Fernsehen) widerspiegelt und von ihnen repräsentiert wird. Dieser Wandel hat in den Vermittlungskonzepten der Wissenschaft noch keinen nachhaltigen Niederschlag gefunden, er wird noch nicht einmal in seiner vollen Tragweite wahrgenommen. Dieses Modell der Popularisierung hat sowohl in der innerwissenschaftlichen Reputationshierarchie als auch in der gesellschaftlichen Prestigeskala seine Entsprechung. In der innerwissenschaftlichen Zuweisung von Reputation wird die Popularisierung geringgeschätzt. Sie gilt als nachrangig, weil sie nicht originell ist. Aber auch in der gesellschaftlichen Prestigeskala steht der Wissenschaftler als der Repräsentant originellen und gesicherten Wissens unangefochten an der Spitze, ungeachtet der geradezu sprichwörtlichen Unzugänglichkeit seiner Sprache und der sich in Verkaufszahlen dokumentierenden Zustimmung zu populären Darstellungen.[1]

Diese Bewertungsdifferenzen im Hinblick auf den Wert des respektiven Wissens und die Formen seiner Diffusion gehen auf den Selbststeuerungsmechanismus der ausdifferenzierten Wissenschaft und das mit ihm institutionalisierte Wahrheitsmonopol zurück. Im Wissenschaftssystem hat die innerwissenschaftliche Zuweisung von Reputation eine wichtige Steuerungsfunktion. Innerhalb des Systems wirkt Reputation als »*Symptom* für Wahrheit« und selegiert den Informationsfluß insofern vor, als durch sie die Chance der Wahrnehmung und damit der Bewertung durch andere Wissenschaftler erhöht wird (Luhmann 1970, S. 237; vgl. unten, 7. Kapitel). Diese Funktion hat Reputation nur dann in verläßlicher Weise, wenn sie innerwissenschaftlich und aufgrund des Urteils von Fachkollegen zustande kommt. Die professionalisierte Wissenschaft zeichnet sich infolgedessen durch einen hohen Grad an ›reputationaler Autonomie‹ aus, das heißt durch die Freiheit, mittels eigener Beurteilungsmechanismen wie die ›peer review‹ über die Vergabe von Reputation aufgrund interner Leistungskriterien zu entscheiden (Whitley 1984, S. 220 ff.). Zugleich bietet die Reputation

---

[1] Die andauernde Gültigkeit dieser Wertungen auch in der allgemein für progressiver gehaltenen amerikanischen Wissenschaftsgemeinde hat noch Mitte der neunziger Jahre eine große Umfrage ergeben (Hartz, Chappell 1997).

nach außen den Anschluß für nichtwissenschaftliche Institutionen (etwa Geldgeber oder wissenschaftlichen Rat suchende Politiker), sich in der für sie sonst unübersehbaren Welt der Wissenschaft zu orientieren.
›Popularisierer‹ haben in diesem Arrangement keine hervorgehobene Funktion. Die Reputation gilt den Innovatoren. Bedenkt man, daß die Vermittlung wissenschaftlichen Wissens nach außen aus der Sicht der Wissenschaft unweigerlich zu Vereinfachungen wenn nicht gar Verfälschungen führen muß, erklärt sich, warum Popularisierungserfolge von ›innen‹ her mit großer Skepsis betrachtet werden. (In den deutschen Geisteswissenschaften geht der Spruch um: Jedes Buch, von dem mehr als vierhundert Exemplare verkauft werden, ist ein Bestseller und kann nicht wissenschaftlich sein.) Die Zustimmung von ›außen‹, der leicht erheischte Massenapplaus, verfälscht unter Umständen das unbequeme und kritische Urteil der Fachkollegenschaft. Wissenschaftlern wird deshalb in ihrer Sozialisation nach wie vor vermittelt, daß allenfalls Ehre aufgrund wissenschaftlicher Leistungen, niemals aber die Zustimmung der öffentlichen Meinung in wissenschaftliche Reputation übersetzt werden kann (Dunwoody, Ryan 1987, S. 26 ff.).

Dieses traditionelle Popularisierungskonzept hat mindestens zwei bemerkenswerte Implikationen, die sich bei näherer Betrachtung als fragwürdig erweisen. Eine Implikation ist die eines passiven und zumeist auch unspezifizierten Publikums. Der Prozeß der Kommunikation wissenschaftlicher Erkenntnisse aus der Wissenschaft in die Öffentlichkeit verläuft nur in eine Richtung. Das Publikum wird als rein rezeptiv wahrgenommen. Es ist von der Produktion und Validierung des Wissens ausgeschlossen und inkompetent, das vermittelte Wissen zu beurteilen (Whitley 1985, S. 4).

Die zweite Implikation dieses asymmetrischen Bildes der Vermittlung zwischen Wissenschaft und Gesellschaft ist die, daß den Vermittlungsinstanzen, das heißt den popularisierend tätigen ›Übersetzern‹, seien es populärwissenschaftliche Autoren oder aber in neuerer Zeit die modernen Medien, keine eigenständige Funktion zugebilligt wird.[2] Mehr noch, es wird in die-

---

[2] Mit der Vorstellung der ›Übersetzung‹ der wissenschaftlichen Spezialsprache in die Alltagssprache wird die Vermittlung auf ein rein linguistisches Problem reduziert, eine lange Zeit übliche Ansicht. Vgl. Bucchi (1996).

sem Bild unterstellt, daß sie keinerlei eigene Selektionskriterien bei der Verarbeitung wissenschaftlichen Wissens haben. Sie sind nur mit dessen Abbildung befaßt, und diese notwendigerweise unzureichend.

Die dem traditionellen Popularisierungskonzept entsprechende Ideologie der Wissenschaftsberichterstattung ist in den Zwischenkriegsjahren in den USA etabliert worden und ist bis heute nicht vollkommen überwunden (Lewenstein 1992). Als 1957 mit dem sowjetischen ›Sputnik‹ der erste Satellit in eine Erdumlaufbahn gebracht worden war, löste dieses Ereignis in den USA einen Schock über den vermeintlichen Rückstand der amerikanischen Wissenschaft aus. Die Reaktion war unter anderem eine großangelegte Medienkampagne, mit der das öffentliche Interesse an Wissenschaft und damit die Zahl der Absolventen in den naturwissenschaftlichen und technischen Fächern sowie die allgemeine Bereitschaft zur Förderung der Forschung erhöht werden sollte. Dieser Kampagne lag die Überzeugung zugrunde, daß es nur eines besseren Verständnisses der Wissenschaft seitens der Öffentlichkeit bedürfe, um eine entsprechend größere Bereitschaft zu ihrer Unterstützung zu erzeugen.

Ende der neunziger Jahre beklagten amerikanische Wissenschaftler und Wissenschaftsjournalisten erneut das Desinteresse der Öffentlichkeit vor allem an der Förderung der Grundlagenforschung sowie den schlechten Ausbildungsstand der Bevölkerung. Wiederum wurde der Ruf nach Aufklärung erhoben, wenngleich inzwischen die Einsicht an Boden gewonnen zu haben scheint, daß ›die Öffentlichkeit‹ sich diesem Ansinnen entzieht (Hartz, Chappell 1997, S. 18 ff.).

Den Medien kommt wiederum die Rolle der Übersetzer und der Propagandisten zu. Sie haben die Erkenntnisse der Wissenschaft in geeigneter Weise, populär und publikumsgerecht, darzustellen. Damit führten sie, aus der Sicht der Wissenschaft, die der Aufklärung zugehörige Tradition der Popularisierung fort. Daraus erklären sich die vielfältigen Ausbildungsprogramme für Wissenschaftsjournalisten, die sich auf die Verbesserung der darstellerischen Qualität und auf die Erhöhung ihres Ausbildungsstandes richten.[3] Entsprechend diesem Arrangement ste-

---

[3] In Deutschland initiierte die Robert Bosch Stiftung 1979 ein Programm zur Förderung des Wissenschaftsjournalismus, in das im Zeitraum von 1980 bis 1995 über vier Millionen DM investiert wurden, ausgehend von

hen die Medien auch unter der kritischen Beobachtung der Wissenschaft, wenn es um die Frage der ›Richtigkeit‹ der Berichterstattung geht (Dunwoody 1982). Diese Sichtweise hat noch immer zu viele Anhänger, um als vollkommen überholt gelten zu können, sowohl unter den Medienexperten als auch unter den Wissenschaftlern und ihren Förderorganisationen (vgl. unter anderem Kepplinger u. a. 1991).

Die Eigenständigkeit der Medien

Es hat lange gedauert, bis Kritik an dieser asymmetrischen Konzeption des Verhältnisses zwischen Wissenschaft und Öffentlichkeit geübt wurde. Zuerst traten Wissenschaftssoziologen für ein differenzierteres Verständnis der Popularisierung ein (Whitley 1985). Inzwischen entsteht in den Medienwissenschaften und seit jüngster Zeit auch in der Mediensoziologie eine neue Betrachtungsweise der Medien, die auf die Bedingungen ihrer Selektivität – und das heißt: auf die Eigenständigkeit der Medien – abstellt und ihr Bild einer bloßen Übermittlungsinstanz als unangemessen erscheinen läßt.

Die Medien haben eine ähnlich stürmische Entwicklung mit ähnlichen Wachstumsraten und internen Differenzierungsprozessen wie die Wissenschaft durchgemacht. Die nicht ganz neue Einsicht, daß die Medien die Realität nicht widerspiegeln, sondern ihrerseits Selektionsentscheidungen treffen, ist nunmehr auch zu der These der Ausdifferenzierung der Medien zu einem Funktionssystem zugespitzt worden (Lippmann 1954, S. 317 ff.; Staab 1990; Luhmann 1996). Die Evidenz für diese These: Die Medien beobachten sich selbst, das heißt, sie kommentieren sich gegenseitig und werden damit selbstbezüglich. Überdies lassen sich spezielle Produktionsbedingungen identifizieren, die wiederum medienspezifische Kriterien der Nachrichtenauswahl bedingen. Daraus ergibt sich eine eigene Medienwirklichkeit, die von den Medien aufgrund des besonderen Umgangs mit

der Erkenntnis, daß »Qualität und Umfang des Wissenschaftsjournalismus in den Medien der Bundesrepublik Deutschland nicht der zunehmenden Bedeutung entsprechen, die der Wissenschaft für unser individuelles und gesellschaftliches Leben zukommt« (Robert Bosch Stiftung 1979, S. 62).

Informationsquellen und im Hinblick auf das jeweils vorgestellte Publikum regelrecht ›konstruiert‹ wird (Dunwoody, Peters 1993; Marcinkowski 1993; Luhmann 1996).

Inzwischen sind die impliziten Kriterien entschlüsselt worden, nach denen Journalisten den ›Nachrichtenwert‹ einer Meldung beurteilen und nach denen sie diese zur Nachricht aufbereiten: Aktualität, Sensation, Personalisierung, Lokalbezug, um die wichtigsten zu nennen. Es ist unmittelbar evident, daß sich diese Kriterien von denen unterscheiden, nach denen die Wissenschaft ihre Informationen kommuniziert. Inzwischen ist weiterhin bekannt, daß die sogenannten ›frames‹, nach denen die Medien Informationen selegieren und verarbeiten – und die die Wissenswelt der Medien strukturieren –, ebenfalls andere sind als etwa die ›Disziplinen‹ innerhalb der Wissenschaft. Im Grunde handelt es sich um zumeist implizite Theorien über das, »was existiert, was geschieht und was wichtig ist« (Dunwoody, Peters 1993, S. 331). Die spezifischen Randbedingungen der Produktion der Medien, das heißt also organisatorische Faktoren, haben Einfluß auf die Art und Weise, in der Nachrichten ausgewählt und verarbeitet werden. Die Zugänglichkeit von Informationen, die Verfügbarkeit der zentralen Ressourcen Zeit, Geld und Kompetenz, die Abhängigkeit von Werbeträgern sowie die Redaktionspolitik haben alle eine Wirkung auf die Informationsverarbeitung und -vermittlung.

Angesichts dessen kann es kaum überraschen, daß die Medien nicht als Überbringer ›realitätsgetreuer‹ Repräsentationen wissenschaftlicher Erkenntnisse oder irgendwelcher anderer Ereignisse fungieren können. Sie konstruieren ihre eigene Realität, genauso wie die Wissenschaft auch. Nur verwenden sie dabei andere Instrumente, andere Zugänge zu der ›Wirklichkeit‹, über die sie zu berichten suchen, und andere Darstellungsweisen. Die häufig zu hörende Klage der Wissenschaft über ›falsche‹ oder ›verzerrte‹ Berichte oder über die vorgeblich ›falsche‹ Auswahl von Nachrichten geht infolgedessen an der Sache vorbei. Es wird aus konstitutiven Gründen keine ›adäquate‹ und die Wissenschaftler befriedigende Darstellung ihrer Forschungen in den Medien geben.

Mit dieser Anerkennung des konstruierten Charakters der in den Medien dargestellten Realität wird die Asymmetrie zwischen Wissenschaft und Medien (und implizit auch die Hierarchie der Wissensformen) partiell in Frage gestellt. Die Medien produzieren offenbar ebenfalls Wissen, zumindest im Sinn der eigenständigen Darstellung von Realität und für das von ihnen adressierte Publikum. Zu dieser medial vermittelten Realität gehört unter anderem auch die Wissenschaft und deren Realitätsbeschreibung.[4] Es ist deshalb auch kein Zufall, daß es genau in diesem Bereich zu schärfster Konkurrenz kommt, zum Konflikt über die Angemessenheit der Darstellung. In dem hierarchischen zweistufigen Popularisierungsmodell liegt die Entscheidung über die Angemessenheit der Darstellung von Wissenschaft bei dieser selbst (Haller 1987). In dem Maße, wie die Medien an Bedeutung gewinnen und die Eigenständigkeit ihrer Verarbeitungsweisen und ihrer Wirkung erfahren wird, verliert die Wissenschaft das Monopol dieser Beurteilungskompetenz. Das abstrakte Wahrheitskriterium der Wissenschaft gilt nicht mehr *allein*, sondern ihm stellen die Medien das Kriterium der Zustimmung des öffentlichen Publikums gegenüber. Der Verläßlichkeit einer Information (zum Beispiel repräsentiert im Ruf einer wissenschaftlichen Zeitschrift) steht ihr Verbreitungsgrad (repräsentiert in der Auflagenhöhe einer Zeitung oder der Zuschauerzahl einer Fernsehsendung) gegenüber. Die Validierungskriterien der Wissenschaft werden zwar nicht ersetzt, aber doch durch zusätzliche ergänzt. Das wird in einer spezifischen Hinsicht besonders deutlich: In der medialen Berichterstattung über Wissenschaft tritt *mediale Prominenz* potentiell in Konkurrenz zu *wissenschaftlicher Reputation*.

Prominenz hat für die Medien eine ähnliche Steuerungsfunktion wie die Reputation für die Wissenschaft (Luhmann 1990, S. 247). Sie ist insofern ein Nachrichtenwert, als sie einen Eigenwert für die Medienkommunikation darstellt, der für die Berichterstattung attraktiv ist. Prominenz ist zugleich, wie die Reputation in der Wissenschaft, ein Produkt der Medien, und als Orientierungsmerkmal ein Indikator ihrer Selbstbezüglichkeit und Autonomie. Birgit Peters spricht deshalb in diesem Zusammenhang von wissenschaftlicher Reputation als »Nominierung« für die Erlangung medialer Prominenz (B. Peters 1996). Insofern orientieren sich die Medien bei der Berichterstattung

---

[4] Zu den Besonderheiten des Wissenschaftsjournalismus siehe H. P. Peters (1994).

an ihrer eigenen inneren Rekonstruktion wissenschaftlicher Reputation. Die mediale Prominenz von Wissenschaftlern ist ein medienspezifisches Konstrukt. Angesichts der Selektivität der Medien, ihrer Selbstreferentialität und ihrer operationalen Eigenständigkeit läßt sich die Annahme des traditionellen Popularisierungskonzepts, der zufolge es zwischen der Wissenschaft und den unterschiedlichen Formen der Kommunikation mit der Öffentlichkeit nur eine hierarchische und unidirektionale Verbindung gibt, nicht länger aufrechterhalten. Es stellt sich somit die Frage, welche Funktion die Medien für die Wissenschaft haben, welche Folgerungen sich aus der veränderten Rolle der Medien für die Formen der Vermittlung ergeben.

Eigenständigkeit der Wissenschaft, Legitimationsbedarf und die Rolle der Medien

Die Eigenständigkeit der Wissenschaft geht der der Medien historisch voraus. Die Ausdifferenzierung der Wissenschaft als eigenständiges soziales System, die Etablierung der sozialen Rolle des Forschers und akademischen Lehrers und die Professionalisierung der damit verbundenen Tätigkeiten erzeugen Grenzen zur übrigen Gesellschaft, zu anderen Sozialsystemen. Diese Grenzen sind unruhig, oft umstritten, sie werden ständig verschoben, der Grenzverlauf ist fortwährend Verhandlungssache (Gieryn 1995). Die Problematik der Grenzziehung wird unter anderem an dem nicht endenden Streit darüber offenkundig, wie unabhängig und autonom die Wissenschaft denn nun wirklich sei, eine Diskussion, die sowohl akademische als auch politische, rechtliche, ethische und literarische Varianten hat. Die Dynamik der Entwicklung der Grenzen und damit des Diskurses über sie wird vor allem durch das rein quantitative Wachstum der Wissenschaft und durch die expansive Diffusion ihrer Konzepte, Methoden und Theorien bestimmt, eben den säkularen Prozeß der Verwissenschaftlichung.

Mit der Grenzziehung stellt sich sogleich die Aufgabe der Repräsentation nach außen. Die Wissenschaft ist ein gesellschaftliches Unternehmen; ihre vollkommene Abschottung und Isolation wäre eine unsinnige Vorstellung. Infolgedessen läßt sich die Entwicklung der ›Kommunikation‹ von Wissenschaft an die Öffentlichkeit – einer Kommunikation, die sich neben derjenigen der Wissenschaftler untereinander etabliert und eine besondere Rolle in der Produktion systematischen Wissens einnimmt – bis zu den Anfängen der modernen Wissenschaft im 17. Jahrhundert zurückverfolgen (Raichvarg 1991). Die Formen der Repräsentation verändern sich erwartungsgemäß im Zeitverlauf, in Abhängigkeit von 1. dem Entwicklungsstand, insbesondere dem Spezialisierungsgrad der Wissenschaft, 2. den Konzeptionen der Forschung und den sich daraus ergebenden Legitimationsmustern für die Ressourcenzuwendungen seitens der Gesellschaft, 3. den Veränderungen der Vorstellungen von Öffentlichkeit und 4. den Veränderungen der Medien.[5] Die Repräsentation und Vermittlung wissenschaftlichen Wissens sowie gegebenenfalls seiner Urheber ist also so alt wie die moderne Wissenschaft selbst. Neu sind jeweils die Formen, und um deren rezente Veränderungen geht es im folgenden.

Die Formen der Repräsentation der Wissenschaft gegenüber der Öffentlichkeit sind von mehr als nur historiographischem Interesse. Vordergründig geht es immer nur um die Verbreitung wissenschaftlichen Wissens, sei es in den Lehrplänen der Schulen, sei es in den populären Darstellungen, die von Wissenschaftlern oder von darauf spezialisierten Autoren verfaßt werden. In dieser hierarchischen, dem Aufklärungsmodell entsprechenden, nur in eine Richtung weisenden Beziehung zwischen der Wissenschaft und ihrem Publikum wird gar nicht erkennbar, daß es auch wechselseitige bzw. Rückkopplungsbeziehungen gibt. Sie ergeben sich aus den Abhängigkeitsbeziehungen der Wissenschaft zu ihrer gesellschaftlichen Umwelt. Daraus ist schon hier die Vermutung abzuleiten, daß das Verhältnis, das die Wissenschaft zur Öffentlichkeit herstellt, nicht ohne Folgen für sie selbst bleiben kann.

Die Wissenschaft ist in mehrfacher Weise abhängig: Als Organisation bedarf sie der Zuweisung von Ressourcen zumindest für diejenigen Bereiche, in denen Forschung und Lehre mit öffentlichen Mitteln instrumentell ausgestattet und personell re-

5 Hier wird den genannten Veränderungen nicht im einzelnen nachgegangen. Erste Annäherungen finden sich in der wachsenden Literatur zur Geschichte der Popularisierung (vgl. unter anderem Raichvarg 1991; Shinn, Whitley 1985).

muneriert werden. Als soziale Institution bedarf sie überdies der Legitimation: sowohl im Hinblick auf die Zuweisung der Ressourcen als auch hinsichtlich der gesellschaftlichen Sicherung ihrer professionellen Sonderrechte, wie das Lizenzierungsmonopol für bestimmte Berufe, das Recht der Selbstkontrolle und Ausnahmeregelungen für die Forschung. Die Ressourcen- und Legitimationsabhängigkeit konstituiert den Konflikt um die ›sozialen‹ Grenzen der Wissenschaft. Während die Wissenschaft zur Expansion tendiert, zum Beispiel durch die Ausweitung der Forschung und damit des gesellschaftlichen Definitions- und Deutungsmonopols gegenüber dem Staat und der Kirche oder des Rechts auf Selbstkontrolle nicht-utilitaristischer Forschung, gerät sie unter Legitimationsdruck, zum Beispiel in Gestalt von ethisch begründeten Verbotsregelungen und politischen Nützlichkeitsforderungen.

Aus dieser Konstellation heraus produziert die Wissenschaft ideologische Rechtfertigungen ihrer Grenzen (Gieryn 1983).[6] Die diskursive Dynamik dieser Rechtfertigungen geht auf zwei interagierende Prozesse zurück: 1. die innerwissenschaftliche Entwicklung, etwa die Gründung neuer Disziplinen oder das Neuarrangement zwischen bestehenden Disziplinen; und 2. die Veränderungen der dominierenden Wertmuster in der Gesellschaft, auf die sich die Rechtfertigungen beziehen. Die ›Abgrenzungsarbeit‹ der Wissenschaft (die in vergleichbarer Weise für alle anderen sozialen Institutionen aufweisbar ist) ist infolgedessen immer zugleich strategisch und reaktiv. Sie richtet sich strategisch auf die Erreichung der jeweiligen Ziele, aber sie muß zugleich auf die Veränderungen der gesellschaftlichen Umwelt reagieren. Eine vollständige Verfügung über die Grenzen gibt es nicht. Der Diskurs über sie ist deshalb unabschließbar bzw. immer nur in Teilbereichen und eine Zeitlang zu beruhigen.

Das Instrumentarium der ›Abgrenzungsarbeit‹ besteht darin, daß, wenn die Situation es erfordert, Verbündete gesucht und in die Auseinandersetzung um den Grenzverlauf involviert werden. Es wird weiter unten an Beispielen gezeigt werden, welche Formen dies je nach der Art des Konflikts annehmen kann. Immer aber handelt es sich um die Involvierung bzw. um den Be-

---

6 Von Gieryn wird dies als ›boundary work‹ (etwa: ›Abgrenzungsarbeit‹) bezeichnet.

zug auf eine ›Öffentlichkeit‹ außerhalb der Wissenschaft selbst. Der Rekurs auf die Öffentlichkeit gehörte schon früh zur Strategie der Wissenschaftler. Im 19. Jahrhundert wurde eine ›allgemeine Öffentlichkeit‹ zum Publikum der Kommunikation wissenschaftlicher Nachrichten. Populärwissenschaftliche Zeitschriften, deren Leserschaft vor allem im ›Bildungsbürgertum‹ zu suchen war, hatten enorme Konjunktur. Wissenschaftler insbesondere sich neu etablierender Disziplinen richteten ihre Bücher außer an ihre Fachkollegen nicht selten auch an interessierte ›Gebildete aller Stände‹. So, wie sich jede innerwissenschaftliche Kommunikation an eine als relevant und interessiert vorgestellte Gemeinschaft richtet, geht auch jede nach außen an die Öffentlichkeit gerichtete Popularisierung von impliziten oder expliziten Vorstellungen darüber aus, welche Interessen diese Öffentlichkeit hat, wie ihr Bildungsstand beschaffen und was ihr zuzumuten ist.

Der Rekurs auf eine außerwissenschaftliche Öffentlichkeit (zum Beispiel im frühen Streit um den Darwinismus oder, in seiner späten Ausprägung, in der primär inneramerikanischen Auseinandersetzung zwischen den Evolutionstheoretikern und den ›Kreationisten‹) dient jedoch nur vordergründig der Aufklärung der Öffentlichkeit (Gieryn 1985). Es handelt sich letztlich um den Versuch, den Konflikt durch allgemeine soziale Zustimmung zu entscheiden und abzuschließen.[7] Obgleich sich die normale Praxis der Kommunikation wissenschaftlichen Wissens in die Öffentlichkeit (Popularisierung) und die Verwicklung der Öffentlichkeit in einen Abgrenzungskonflikt decken können, ist die strategische Indienstnahme der Öffentlichkeit bzw. der Medien durch die Wissenschaft faktisch eine Abweichung von dieser Praxis.[8]

Unter bestimmten Bedingungen wählen Wissenschaftler also den strategischen ›Umweg‹ über die Öffentlichkeit. Bucchi unterscheidet mit Blick auf die historische Entwicklung der Insti-

---

[7] Vgl. etwa zum berühmten Fall des Pasteurschen öffentlichen Experiments Bucchi (1997).
[8] Cloitre und Shinn sprechen in diesem Fall von »deviation«: »cognition is intentionally shifted from one expository genre to another with the idea in mind that the expository standards and criteria of the alternative category are more felicitous for the growth of the idea at hand« (Cloitre, Shinn 1985, S. 55).

tutionalisierung der Wissenschaft drei Krisensituationen, die von der *scientific community* nicht selbst gelöst werden können und deshalb die Indienstnahme der Öffentlichkeit nahelegen: 1. die Konstituierung der Grenzen einer Disziplin, das heißt die Etablierung einer neuen wissenschaftlichen Disziplin als Wissenschaft; 2. die neue Definition und Infragestellung von Disziplinengrenzen innerhalb der Wissenschaft; und 3. die Etablierung eines neuen theoretischen Programms unter der Bedingung starker Kontroversen innerhalb einer Disziplin (Bucchi 1996, S. 382f.). Diese Beobachtung läßt sich verallgemeinern. Es geht um die Mobilisierung von Legitimität im Hinblick auf zwei Typen von Problemen: 1. die Sicherung und gegebenenfalls Expansion der Grenzen gegenüber der gesellschaftlichen Umwelt und 2. die Konfliktregelung im Innern. Auf einen Punkt gebracht: Die Funktion der Instrumentalisierung der Öffentlichkeit für die Wissenschaft ist mithin die Legitimitätsbeschaffung nach außen und nach innen.

Im folgenden gilt das Interesse der Mobilisierung der Öffentlichkeit (bzw. spezieller Gruppen) mit Hilfe der Medien durch die Wissenschaft, insbesondere der Frage, ob sich daran im Verlauf der vergangenen Jahrzehnte grundsätzlich etwas geändert hat und, wenn ja, was und warum. Entstehen neue Formen der ›Wissenschaftskommunikation über die Öffentlichkeit‹, und ergeben sich aus den neuen Formen Rückwirkungen auf die Wissenschaft?

Die ›Medialisierung‹ der Wissenschaft

Es gibt Anlaß zu der Vermutung, daß sich das Verhältnis der Wissenschaft zu den Medien verändert hat. Ein Phänomen, das in jüngerer Zeit häufiger aufgetreten ist und die gewachsene Bedeutung der Medien für die wissenschaftliche Kommunikation indiziert, ist die Instrumentalisierung der Medien durch die Wissenschaft für die Austragung von Prioritätskonflikten und die Mobilisierung öffentlicher Unterstützung. Dies geschieht über die sogenannte ›Vorveröffentlichung‹. Anschauliche Beispiele sind die Prioritätsstreitigkeiten zwischen dem Amerikaner Gallo und dem Franzosen Montaigner um die Entdeckung des Aids-Virus, an der nicht nur die Forscherehre, sondern die millionenschweren Patentrechte für einen präsumtiven Impfstoff hängen. Auf den ähnlich gelagerten Fall der ›kalten Fusion‹ wird später noch eingegangen.

In diesen und anderen spektakulären Fällen hat die zunehmend häufiger geübte Praxis der Vorveröffentlichung in der Presse eine große Rolle gespielt. Hierbei geht es noch nicht um eine Orientierung an den Selektionskriterien der Medien, sondern zumeist nur um deren Instrumentalisierung, um sich die Priorität, aber auch öffentliche Aufmerksamkeit zu sichern. Um einen Zeitvorteil gegenüber der Veröffentlichung in wissenschaftlichen Zeitschriften mit oft langen Zeiträumen zwischen Einreichen und Erscheinen der Artikel zu erzielen, werden mögliche Sanktionen des Wissenschaftssystems in Kauf genommen, wenn die Bedeutung der Ergebnisse für die Gesellschaft und damit die erwartbaren Gewinne als sehr hoch eingeschätzt werden. Daß der Weg über die Massenmedien eine erfolgreiche Strategie im Kampf um Aufmerksamkeit sein kann, haben Phillips u. a. (1991) gezeigt. Ihre Studie belegt, daß sogar die Wahrnehmung wissenschaftlicher Arbeiten *innerhalb* der Wissenschaft von den Massenmedien beeinflußt werden kann.

Die Ursache für diese Form der Instrumentalisierung der Medien wird man also sinnvollerweise nicht in unerklärten Verhaltensänderungen bei den Wissenschaftlern suchen. Eine wichtige Bedingung liegt vielmehr in der Verbindung verschärfter Konkurrenz aufgrund des allgemeinen Wachstums des Wissenschaftssystems und der, allerdings sehr selektiv gegebenen, gesellschaftlichen Relevanz bestimmter Forschungsgebiete.[9]

9 Die Konkurrenz um die Priorität von Entdeckungen ist aufgrund der gestiegenen Zahl der Konkurrenten innerhalb der Wissenschaft stärker geworden, und sie hat sich angesichts des zunehmend kollektiven Charakters der Forschung auch auf Forschungsgruppen und -organisationen verlagert. Robert K. Merton hat gegen die verbreitete Auffassung überzeugend argumentiert, daß die verschärfte Konkurrenz und die Auseinandersetzung um die Priorität bei Entdeckungen zu einer Auflösung des normativen Ethos der Wissenschaft geführt habe. Die eigentlich interessanten Bedingungen, die über die Intensität (und damit die Form) der Konkurrenz entscheiden, sieht er darin, ob Forschungsgebiete »heiß« sind (Merton [1938] 1957). Das aber hängt wiederum davon ab, ob sie vergleichsweise viele originelle Entdeckungen erlauben und/oder ob sie gesellschaftlich (ökonomisch, politisch, ethisch) relevant sind (vgl. auch 2. Kapitel).

SECHSTES KAPITEL

Da die Wissenschaft nicht über die Medien verfügen kann, ist sie bei dem Versuch, sie für ihre Zwecke zu nutzen, darauf angewiesen, ihren Selektionskriterien zu genügen. Der oben erwähnte ›Umweg‹ über die Öffentlichkeit ist heute so gut wie gleichbedeutend mit dem Versuch der medialen Repräsentation. Aus diesem Zusammenhang ergibt sich, daß die Orientierung an den Medien nicht ohne Rückwirkungen auf die Wissenschaft selbst bleibt.

Ein vergleichsweise vordergründiges Beispiel der neuartigen Medienorientierung der Wissenschaft sind die in den neunziger Jahren modernisierten Öffentlichkeitsabteilungen von Universitäten, Forschungsinstituten, Museen, Förderorganisationen und anderen wissenschaftsnahen Organisationen. Sie sind zu ›Public-Relations‹-Abteilungen industriellen Zuschnitts geworden, verwenden die gleichen Techniken und produzieren die gleichen Glanzfolienprospekte. Universitäten schaffen sich mit mehr oder weniger geglücktem Design ein *corporate image*, wie es zuvor nur Großkonzerne für notwendig erachtet haben (Atkinson-Grosjean 1998). Mag das für die in ihrer Aktionsfähigkeit als Unternehmen arg beschränkten deutschen Universitäten noch deplaziert wirken, so macht es für die inzwischen global operierenden amerikanischen und australischen Universitäten schon eher Sinn. Bei ihnen handelt es sich um Unternehmen, die am Bildungsmarkt operieren und miteinander um zahlende Studenten konkurrieren. Ihre Abschlüsse versprechen Karrierechancen und damit höhere Lebenseinkommen. Ihr Produkt ist mithin klar definiert, und es ist kein Zufall, daß die Business Schools als die Kaderschmieden des mittleren und höheren Industriemanagements in dieser Entwicklung die Vorreiterrolle spielen. Wann und ob überhaupt jemals die wirtschaftlich weniger einschlägigen Fächer wie zum Beispiel die Geisteswissenschaften von dieser Entwicklung erfaßt oder ob sie aufgrund des übermächtigen Drucks der Marktfähigkeit deren Opfer werden, läßt sich noch nicht absehen. Jenseits nostalgischer Kulturkritik drängt sich die Frage auf, ob die Wissenschaft als Institution vollkommen unbeeinflußt davon bleiben wird, daß sie sich der Öffentlichkeit mit den Mitteln und in der Symbolsprache kommerzieller Werbung anzupreisen und Akzeptanz zu gewinnen sucht. Die konservativste Vermutung ist, daß sie von der umworbenen Öffentlichkeit auch in den

WISSENSCHAFT UND MEDIEN

Kategorien kommerzieller Werbung wahrgenommen werden wird. Mit Marketingstrategien und ›Imagekosmetik‹ folgt die Wissenschaft einem Modetrend, der die Konkurrenz um Aufmerksamkeit in der Welt des Kommerzes bestimmt. Es wird gar nicht darüber nachgedacht, daß die Produkte dieser Welt und damit auch die Klienten sowie die Strategien der Erzeugung von Glaubwürdigkeit und Überzeugung ganz andere sind als in der Welt der Wissenschaft. So trägt das Konzert von Glanzpapierprospekten, Designerpublikationen und medienträchtigen Konferenzen in erster Linie zu einer abermaligen Erhöhung der Konkurrenz um Aufmerksamkeit bei, die im übrigen nicht mehr zwischen glaubwürdiger Erkenntnis und interessierter Werbung unterscheiden läßt. Dabei wird undifferenziert und sorglos auf eine im Grunde unbekannte Öffentlichkeit mit unbekannten Interessen und Wahrnehmungsrastern hin produziert. Schon die bloße Spiegelung in den Medien gilt als Erfolg.

Ähnliche Motive wie die Selbstdarstellungen der Universitäten und Wissenschaftsorganisationen liegen auch den vielfältigen Programmen zugrunde, die die Verbesserung der Repräsentation der Wissenschaft in den Medien zum Gegenstand haben und in den angelsächsischen Ländern unter der Bezeichnung ›Public Understanding of Science‹ firmieren (Gregory, Miller 1998, Kapitel 1; Weingart, Pansegrau 1999). Hierbei handelte es sich zumindest in den Anfängen der Bewegung um eine Fortsetzung des traditionellen Aufklärungs- und Popularisierungsprogramms. Diese Bewegung muß in Verbindung mit der seit den siebziger Jahren in den westlichen Industrienationen virulent gewordenen Wissenschafts- und Technikkritik gesehen werden, die sich zuerst in den öffentlichen Debatten um die Kernenergie geäußert und sich seither auf eine Reihe weiterer Bereiche der Technik (vor allem die Gentechnik) ausgedehnt hat. Seitens der Wissenschaft ist diese Kritik als allgemeines Akzeptanzproblem wahrgenommen worden.

Die Werbung für Wissenschaft und Technik unter dem Gesichtspunkt der Akzeptanzbeschaffung geht von der nachweislich falschen Annahme aus, daß ein besseres Verständnis wissenschaftlicher Inhalte zu einer höheren Zustimmung führt. Das naive Aufklärungskonzept negiert alle Erfahrungen, die mit Aufklärung und Popularisierung schon gemacht worden sind.

SECHSTES KAPITEL

Höhere Bildung und bessere Informationen führen eben nicht automatisch zu größerer Zustimmung, sondern stärken die Kritikfähigkeit und Bereitschaft, diese zu artikulieren. Tatsächlich erfreut sich die Wissenschaft als Institution jedoch einer ungebrochen hohen Zustimmung (NSF 1999, S. 7-13).[10] Widerstand artikuliert sich hingegen lediglich punktuell gegen bestimmte Forschungslinien und die aus ihnen hervorgehenden Techniken. Außerdem wird dieser Widerstand von spezifischen Gruppen artikuliert, die über einen hohen Organisationsgrad verfügen, programmatisch fokussiert und in der Lage sind, kompetente Gegenexpertise aus den Reihen der Wissenschaft selbst zu mobilisieren. Während die Programme der Akzeptanzbeschaffung eine unspezifische allgemeine Öffentlichkeit mit Aufklärungskampagnen und Ausbildungsprogrammen für Wissenschaftsjournalisten adressieren, bleiben die Aktivistengruppen davon unberührt und unbeeindruckt. Der Versuch der Instrumentalisierung der Medien durch die Wissenschaft mit dem Ziel der Akzeptanzbeschaffung ist geeignet, den Verdacht der interessierten Werbung zu wecken und damit die spezifische Glaubwürdigkeit wissenschaftlicher Neutralität aufs Spiel zu setzen. Er ist ganz sicher dazu verurteilt, die gesteckten Ziele zu verfehlen. Zu dieser ernüchternden Feststellung kommt auch die abschließende Bewertung des umfassendsten deutschen Förderprogramms für den Wissenschaftsjournalismus, freilich nicht ohne die ›Widerspenstigkeit der Öffentlichkeit‹ dafür verantwortlich zu machen und damit uneingestanden den vergangenen Zeiten nachzutrauern, in denen die Wissenschaftler ›ihrer‹ Öffentlichkeit noch sagen konnten, ›wo es langgeht‹.[11] Der ent-

10 Eine Untersuchung des Allensbacher Instituts für demoskopische Forschung hat 1995 im Rahmen seines ›Führungskräfte-Panels‹ (eines Samples von ca. 1000 Führungskräften aus Politik und Wirtschaft) auf die Frage nach den Institutionen mit der größten Glaubwürdigkeit herausgefunden, daß das Max-Planck-*Institut* (!) an dritter Stelle hinter der Deutschen Bundesbank und dem Bundesverfassungsgericht rangierte (Wirsing 1999, S. 15). Dieser merkwürdige Befund hat zu Recht Irritationen in der Max-Planck-*Gesellschaft* erzeugt (Referat für Presse- und Öffentlichkeitsarbeit der MPG, 1998).

11 »Sollen also durch ausgiebige wissenschaftsjournalistische Berichterstattung der publizistischen Medien Wissen, Einstellungen und Verhalten von Individuen zu Forschung, Wissenschaft und Technologie – positiv – beeinflußt werden, dann kann festgehalten werden, daß wesentliche Vor-

scheidende Punkt ist, daß es *die* Öffentlichkeit, die in ihren Interessen homogen ist und wissensbegierig auf die Informationen der Wissenschaft wartet, nicht (mehr) gibt. Infolgedessen müssen an die Stelle der patriarchalischen Formen der Aufklärung ›von oben‹, der massendemokratischen Gesellschaftsordnung entsprechend, neue Formen der Herstellung von Glaubwürdigkeit und der Vermittlung von Wissen treten, will die Wissenschaft ihre besondere Rolle erhalten, privilegiertes Wissen zu produzieren.[12]

Eine andere Form der Rückwirkung der Medienorientierung auf die Wissenschaft reicht in den Bereich der Sprache und der Kommunikation. In einschlägigen Untersuchungen finden sich zahlreiche Hinweise dafür, daß Kriterien und ›frames‹ der Massenmedien in wissenschaftliche Publikationsstrategien inkorporiert werden und damit bis in den Kern der Wissensproduktion wirken (Shinn, Whitley 1985). In einzelnen Fällen ist gezeigt worden, wie die implizite Rhetorik in wissenschaftlichen Arbeiten auf die Akquisition von Ressourcen abzielt und sich dabei auch an externen Interessen orientiert. Green belegt am Beispiel der Mediendiskussion in den USA um das XYY-Chromosom, daß die Grundlagen für die sensationalistische Berichterstattung in den Medien bereits von den Wissenschaftlern selbst gelegt worden ist. Die nachträgliche Kritik von Wissenschaftlern am XYY-Mythos, der durch die Medien geschaffen worden sei, orientiert sich dabei an dem bekannten Muster der Trennung von ›guter‹ Wissenschaft und den ›verfälschenden‹ Medien. Die Rolle der Wissenschaftler selbst wird ausgeblendet (Green 1985).

Derartige Befunde legen ein *Kontinuum* zwischen wissenschaftlicher Kommunikation und Popularisierung nahe. Hilgartner (1990) zeigt am Beispiel der Diskussion um das ernährungsbedingte Krebsrisiko, daß es unmöglich ist, eine Grenze

aussetzungen für die Realisierung eines einseitig gerichteten linearen Modells – gerade in demokratischen Gesellschaften – fehlen« (Göpfert, Schanne 1999, S. 46).

12 Der britische Wissenschaftsberater Robert May erklärte anläßlich einer Tagung der amerikanischen Wissenschaftsgesellschaft AAAS im Jahre 1999: »Wir dürfen nicht mehr nur Weisheiten verteilen, sondern müssen den Austausch verschiedener Meinungen moderieren« (*Die Zeit* vom 4. 2. 1999). Vgl. ganz ähnlich Göpfert, Schanne (1999, S. 39).

zwischen Wissenschaft und Popularisierung zu definieren. Er weist darauf hin, daß die aufgrund der Flexibilität dieser Konstruktion seitens der Wissenschaft verfügbare »epistemische Autorität« und Kontrolle über den öffentlichen Diskurs sehr begrenzt ist (ebd., S. 533 f.) Die nötige Geschlossenheit der beteiligten Wissenschaftler ist oft nicht gegeben. Dorothy Nelkin (1995) liefert ebenfalls Hinweise für einen aktiven und strategischen Umgang der Wissenschaft mit den Möglichkeiten der massenmedialen Darstellung. Sie gibt Beispiele für PR-Aktivitäten von Institutionen und wissenschaftlichen Zeitschriften, die durch gezielte Breitenveröffentlichung wissenschaftlicher Ergebnisse das Image der Institution verbessern oder auch die Bereitschaft zur Unterstützung bestimmter Forschungsrichtungen fördern sollen. Die vielen von Nelkin genannten Fälle illustrieren wiederum, daß dabei auf bewährte ›frames‹ der Massenmedien zurückgegriffen wird. So werden abzuwendende globale Katastrophen, Hoffnungen auf neue Medikamente und Behandlungstechniken oder die Chance, grundlegende Menschheitsprobleme zu lösen, beschworen, die mediale Aufmerksamkeit erringen und im Konkurrenzkampf um knapper werdende Ressourcen als Legitimationsbasis dienen können.

Diese Strategie greift vor allem dort, wo der wissenschaftsinterne Mechanismus der ›peer review‹ an Bedeutung verliert und direktere politische Entscheidungen die Ressourcenzuweisung bestimmen. Nelkin weist darauf hin, daß besonders über Großprojekte nicht mehr innerhalb der traditionellen Systeme der Forschungsförderung entschieden wird und damit externe Kriterien an Bedeutung gewinnen (ebd, S. 147 f.). Sie zeigt, wie sich Wissenschaftler auf die zunehmende Bedeutung der Medien für die Wahrnehmung, Bewertung und Förderung ihrer Arbeit einstellen und Strategien der Informationskontrolle und der Öffentlichkeitsarbeit entwickeln. Dort aber, wo die Notwendigkeit des »Verkaufens« der Ergebnisse wissenschaftlicher Forschung das Kalkül der Forscher mitbestimmt, liegt die Vermutung nahe, daß die Entscheidungen im Forschungsprozeß sich nicht nur an der späteren Verwertbarkeit der Ergebnisse im gesellschaftlichen und politischen Raum orientieren, sondern zunehmend auch an ihrer potentiellen Medienwirksamkeit.

Zahlreiche Indizien für die Medienorientierung zumindest einzelner Wissenschaftler liefert Goodell (1977), die den »visible scientist« als einen neuen, im Medienzeitalter geprägten Typus beschreibt. Dieser sucht die Öffentlichkeit auch und gerade in Kontroversen – selbst wenn dieses Verhalten nicht dem wissenschaftlichen Ethos entspricht –, um öffentliche Reputation zu erlangen. Die Frage, ob die öffentliche Prominenz Einfluß auf die innerwissenschaftliche Reputation und Kommunikationsprozesse hat, beantwortet Goodell allerdings nicht.

Für die Transferierbarkeit wissenschaftlichen Wissens in die Massenmedien, aber auch zu den politischen Eliten werden rhetorische Strukturen des Wissens als bedeutsam angesehen. Aus diesem Erfordernis der Popularisierung ergibt sich die Bedeutung des metaphorischen Repertoires, das für die Legitimationsmuster verwendet wird. Die in den Theorien und komplexen wissenschaftlichen Aussagen angebotenen Metaphern bestimmen den Erfolg der Politisierung des Wissens und des Transfers in die massenmediale Öffentlichkeit. Metaphern kommt in der Repräsentation von Wissenschaft, in der Vermittlung wissenschaftlichen Wissens, deshalb eine besondere Rolle zu, weil die Erklärung und Popularisierung des Komplexen und Unverständlichen besonders auf die Leistung von Metaphern, Analogisierungen und Veranschaulichungen angewiesen ist (Nelkin 1987, S. 10; Nelkin 1995, S. 454). Ihre Leistung besteht gerade in der Verknüpfung des Bekannten mit dem Unbekannten. Metaphern, die aus der Alltagssprache in die Wissenschaftssprache übernommen und wieder in diese zurücktransferiert werden, können zum Vehikel einer enormen Breitenwirkung der damit in der Wissenschaft belegten Konzepte und Theorien führen (vgl. Maasen u. a. 1995; Maasen, Weingart 1995; Maasen, Weingart 2000). Sie haben somit unter anderem die Funktion der Selektion und Kanalisierung wissenschaftlichen Wissens und damit auch der Strukturierung von Wahrnehmung.[13]

13 Das Beispiel des ›Chaos‹-Begriffs ist einschlägig für die jüngste Zeit. Auch hier gilt im Gegensatz zu der Einschätzung von Nelkin, daß die strategische Verfügung über die Wirkung nur begrenzt ist und die Begriffsverwendung schließlich außer Kontrolle geraten kann (Weingart, Maasen 1997). Gleichwohl kann eine ›attraktive‹ Metapher zur Produktion eines ›issue‹ beitragen, indem verschiedene Diskurse (wissenschaftliche, politische, ökonomische) sie benutzen – wenn auch in verschiedener Weise und für unterschiedliche Zwecke. Kontrollverlust ist also kein Hinderungsgrund für die Herstellung *eines* ›issue‹: Die Thematisierungen sind allerdings notwendig heterogen, wenn nicht gar kontrovers.

»Die innere, theorie- und wissensimmanente Metaphorik wird von einer rhetorischen Inszenierungspraxis überformt, die mediengerechte Bilder aus dem Theorie- und Wissensarsenal löst oder erst entwickelt« (Jarren 1996, S. 31). Die Übertragbarkeit dieser Sichtweise auf naturwissenschaftliches Wissen ist wahrscheinlich nicht in allen Fällen unproblematisch. In bestimmten Problembereichen dürfte sich allerdings eine solche Orientierung an politisch relevanten und öffentlichkeitswirksamen Begrifflichkeiten und Metaphern schon in den wissenschaftlichen Publikationen nachweisen lassen. So ergab eine Analyse des wissenschaftlichen Klimadiskurses, daß der Forschungsgegenstand bereits von den Wissenschaftlern selbst zu einem politischen Handlungsfeld vorgeformt wird, indem Verantwortlichkeiten, Handlungsoptionen und Bezüge zum gesellschaftlichen Kontext in die wissenschaftliche Kommunikation eingebaut werden (Weingart, Engels, Pansegrau 1996; Engels, Weingart, 1997). In ähnlicher Weise wurde im Hinblick auf die Entwicklung der Ökologie in den USA gezeigt, daß die Metapher von der »kybernetischen Maschine« eine wichtige Rolle sowohl in der Entwicklung der Disziplin als auch in Politik und Gesellschaft gespielt hat, wo sie ein Umweltbewußtsein prägte, welches die Mobilisierung von Ressourcen für die Umweltwissenschaft erleichterte (Kwa 1987, S. 433).

Alle diese Indizien für ein neues Verhältnis zwischen Wissenschaft und Medien lassen sich zu einem Bild verdichten. Die Kommunikation von Wissenschaft in die Öffentlichkeit ist nicht grundsätzlich neu. Das Neue besteht in Form und Intensität und ergibt sich aus der engeren Beziehung der Wissenschaft zu ihrer gesellschaftlichen Umwelt und der veränderten Rolle der Medien in der Beobachtung dieser Beziehung. Das Phänomen, um das es hier geht, soll als *Wissenschaft-Medien-Kopplung* bezeichnet werden. Daraus läßt sich die These von der *Medialisierung* der Wissenschaft ableiten. Sie besagt, daß im Zuge des enormen Bedeutungszuwachses der Medien bei der Prägung des öffentlichen Bewußtseins, der politischen Meinung und letztlich der Weltwahrnehmung einerseits und der verstärkten Konkurrenz innerhalb der Wissenschaft sowie zwischen ihr und anderen gesellschaftlichen Teilbereichen um knappe Ressourcen und damit um öffentliche Aufmerksamkeit andererseits die Orientierung der Wissenschaft an die Medien zunimmt. Im diskursiven Raum zwischen Wissenschaft und Politik haben die Medien die Funktion der Konstruktion, der Verbreitung und Vermittlung von Themen, die legitimatorisch relevant sind. Unter bestimmten Bedingungen kann die Konvergenz der legitimatorischen Funktion der Medien und der konstruktive Effekt der medienspezifischen Verarbeitung wissenschaftlicher Forschungsergebnisse zur Entstehung großer politisch relevanter Themenkomplexe führen, die der Tendenz zu einer auf die Erlangung von Aufmerksamkeit gerichteten diskursiven *Überbietungsdynamik* folgen. Aus diesen medienträchtigen Themenkomplexen (›issues‹) lassen sich weitreichende Forschungsprogramme ableiten, die zur Grundlage langfristiger Großprojekte werden und aufgrund ihrer politischen Relevanz die Mobilisierung finanzieller Ressourcen im nationalen und supranationalen Maßstab ermöglichen. Die These der *Medialisierung* behauptet also sowohl eine intendierte als auch nichtintendierte, indirekte (Rück-)Wirkung der Orientierung der Wissenschaft an den Medien auf sie selbst. Der mit der *Medialisierung* unterstellte Mechanismus ist die durch die Medien vermittelte und in ihnen repräsentierte Kopplung zwischen der Wissenschaft und ihrer gesellschaftlichen Umwelt, ein für moderne Massendemokratien typisches Phänomen.

In den folgenden Abschnitten werden drei Fälle näher betrachtet, an denen sich Aspekte der Medialisierung demonstrieren lassen; sie liegen jeweils auf unterschiedlichen Ebenen des analytischen Zugangs:
1. Das Phänomen der *Vorveröffentlichung* wissenschaftlicher Ergebnisse in den Medien am Beispiel der ›kalten Fusion‹. Hierbei geht es vor allem um das Verhältnis herkömmlicher wissenschaftlicher Kommunikation und der Kommunikation über die Medien.
2. Die Rolle von Wissenschaftlern als Medienstars und die mögliche *Auswirkung medialer Prominenz auf wissenschaftliche Reputation* im Hinblick auf deren Steuerungsfunktion.
3. Die *Interpenetration wissenschaftlicher, politischer und medialer Diskurse* am Beispiel des ›Klimawandels‹ als ein Fall der aufgrund der Medienorientierung in Gang gesetzten Überbietungsdiskurse, die sich auch als wissenschaftliche Katastrophendiskurse bezeichnen lassen. In diesem Fall geht es um die Rückwirkungen auf die Glaubwürdigkeit der Wissenschaft.

SECHSTES KAPITEL

Priorität, Profit und Presse – Kalte Fusion und die Folgen[14]

Die Geschichte der ›kalten Fusion‹ ist hinreichend oft beschrieben worden und bedarf hier deshalb keiner ausführlichen Wiederholung (Close 1991; Huizenga 1993). Die wichtigste Voraussetzung dafür, daß es zu der Medienaufmerksamkeit für die kalte Fusion kam, war die mit der potentiellen Entdeckung verbundene Erwartung einer energiewirtschaftlichen und -politischen Revolution. Die führenden Industrienationen haben im Verlauf der vergangenen Jahrzehnte Milliarden in die physikalische (heiße) Fusionsforschung investiert. Eine Lösung des Fusionsproblems wird frühestens für 2030 erwartet. Das Versprechen einer billigen (chemischen) kalten Fusion konnte infolgedessen als Sensation gelten und mit weltweiter Aufmerksamkeit rechnen.

Genau dieses Versprechen gaben B. Stanley Pons von der University of Utah und Martin Fleischman von der University of Southampton unmittelbar vor dem Osterwochenende 1989 auf einer Pressekonferenz ab: Sie hätten eine Kernfusion bei Zimmertemperatur und mit wenig mehr als Wasser, Draht und Elektrizität herbeigeführt. Das Nachrichtenmagazin *Newsweek* kommentierte:»It was as if someone had said he'd flown to Mars in a prop plane« (*Newsweek* vom 8. Mai 1989, S. 41). Die Eigenart der Erklärung war, daß sie keinerlei Details des Experiments bekanntgaben. Tatsächlich hatten die beiden Wissenschafter zuvor (am 10. April 1989) in einer nicht dem Begutachtungsprozeß unterliegenden Publikation einen Artikel veröffentlicht, der als ›vorläufige Information‹ tituliert war und ebenfalls keine Einzelheiten enthielt. Ein weiterer Artikel war an die angesehene Zeitschrift *Nature* gesandt worden, wurde jedoch wegen ›mangelnder experimenteller Details‹ (›paucity of experimental details‹) abgelehnt.

Die Presseerklärung löste eine Hysterie sowohl innerhalb der *scientific community* als auch in den Medien aus. Lewenstein hebt hervor, daß es in dieser Situation mangels der sonst üb-

---

[14] Die Untersuchungen zum Fall der kalten Fusion wurden mit Mitteln der DFG durchgeführt, der hier dafür zu danken ist. Die Interviews sowie das bibliometrische Material wurden, soweit nicht anders erwähnt, von Jörg Strate erhoben.

lichen stabilen Kommunikation (über die wissenschaftliche Fachzeitschrift) zu einer Vermengung der verschiedenen Kommunikationsformen und -quellen kam. Wissenschaftler verwendeten ein Videoband der Pressekonferenz, um das Experiment mangels genauer Daten nachstellen zu können. Die Presse diente zum Teil als Informationsquelle bzw. -makler für die Wissenschaftler (Lewenstein 1995, S. 415 f.). Ereignisse und Stimmungen erscheinen aus der Sicht der Presse vielleicht am besten in den Worten von *Newsweek*: »The usually staid world of science has gone mad: at the annual meeting of the American Chemical Society in Dallas [1989, P. W.], Pons was treated like a rock star, mobbed by so many scientists and reporters that he had to change hotels twice. [...] The time-honored convention of publishing a paper and then telling the world has been scuttled. Floating fusion symposiums are being conducted by fax machine. Fusion scientists are talking to reporters so often that the press has become part of the process: the cold-fusion team at MIT got clues to Pons' and Fleischman's experimental setup by watching videotapes of it [...]« (*Newsweek*, 8. Mai 1989, S. 42).

Die besondere Rolle, die die Medien in dieser Phase der Geschichte einnehmen, besteht darin, daß sie Teil der Geschehnisse werden, Informationsquelle und -makler in einem Kommunikationsprozeß, der eigentlich nur der Wissenschaft zugehört. Von den sechs in Deutschland führenden Wissenschaftlern, die an der Kalten-Fusions-Debatte teilgenommen haben, hatten vier ihre ersten Informationen aus den Medien, keiner aus der Fachpresse. Lewenstein charakterisiert diese Situation als *Instabilität* der Information (Lewenstein 1995, S. 417). Die Phase der Instabilität hält eine Zeitlang an (nach Lewensteins Einteilung bis zum Mai 1989) und wird im aktuellen Informationsverhalten der Wissenschaftler widergespiegelt, in der Unsicherheit und Widersprüchlichkeit ihrer Beurteilung der Befunde von Pons und Fleischman sowie in ihrer Einschätzung der Situation hinsichtlich ihrer Folgen für die Wissenschaft.

Die Auffassungen hinsichtlich der Rolle der Medien waren geteilt. Interessant ist, daß dabei die beiden zentralen Aspekte der *Wissenschaft-Medien-Kopplung* angesprochen wurden: erstens die Bedeutung der Amplifikation (erhöht durch die technischen Diffusionsmöglichkeiten) und zweitens die Aus- bzw. Rückwirkungen von Prominenz.

SECHSTES KAPITEL

Zur Bedeutung der Amplifikation: Kritiker warnten davor, daß die Medienhysterie zu ›schlechter Wissenschaft‹ führen werde. Falsche Resultate, die ohne Kontrolle publiziert würden, könnten die Forschungslaboratorien in Sackgassen führen. Die Befürworter sahen positive Auswirkungen darin, daß die Aufmerksamkeit und Aufgeregtheit das Tempo der wissenschaftlichen Debatte und den Austausch von Meinungen und Ergebnissen erhöhe. Außerdem werde die Wissenschaft mit einem ›menschlichen Antlitz‹ gezeigt, so daß möglicherweise das Interesse von Schulkindern an ihr gesteigert werde. Von den sechs interviewten Fusionsforschern waren vier grundsätzlich gegen eine Veröffentlichung in der Presse, die beiden anderen waren ebenfalls im Prinzip dagegen, meinten jedoch, daß in spektakulären Fällen wie dem der kalten Fusion eine Verpflichtung zur Informierung der Öffentlichkeit bestehe (eigene Erhebung).

Wie zu erwarten, stehen sich die Bewahrer des traditionellen, aber langsamen Kommunikationssystems mit dem Kontrollmechanismus der ›peer review‹ und die an einer stärkeren und schnelleren Fokussierung der Aufmerksamkeit interessierten Forscher gegenüber.

Zunächst können einige Grafiken veranschaulichen, welche Muster der Kommunikationsprozeß zur kalten Fusion in den ersten Monaten nach der Pressekonferenz angenommen hat. Sie zeigen 1. die unterschiedlichen Reaktionszeiten der (nichtwissenschaftlichen) Medien im Vergleich zu den Fachzeitschriften; 2. die kurze Aufmerksamkeitsspanne der Medien, die sich in einem plötzlichen Anstieg der Zahl von Artikeln zur kalten Fusion in Zeitungen von März und April und im ebenso raschen Absinken bis zum Juni 1989 dokumentiert. Demgegenüber erreichen die Publikationen in wissenschaftlichen Fachzeitschriften ihren Höhepunkt erst allmählich im September desselben Jahres. 3. Desgleichen zeigen die Kurven, in welchem Umfang die Medien in die Kommunikation über die Kalte Fusion involviert waren. Aus dieser Konzentration der Medienaufmerksamkeit ist zumindest auf den Verbreitungsgrad der Nachrichten über die Ergebnisse von Pons und Fleischman und deren Diskussion in der nichtwissenschaftlichen Öffentlichkeit zu schließen (vgl. Abb. 1).

Ein weiterer Sachverhalt, der die Rolle der Medien erkennen läßt, ist die Intensität der Reaktion in der *scientific community*.

Abb. 1: Zeitungspublikationen versus wissenschaftliche Publikationen

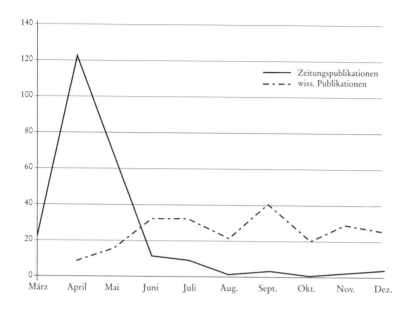

Quellen: Morrison Cold Fusion Archive (für Zeitungspublikationen); INSPEC (für wissenschaftliche Publikationen).
Institut für Wissenschafts- und Technikforschung, Universität Bielefeld.

Lewensteins hypothetischer Vergleich zwischen dem Volumen der elektronischen und der traditionellen Information, die kommuniziert wird, unterstellt wiederum (und erwartungsgemäß) eine schnellere Reaktionszeit der elektronischen Medien (E-Mail, Fax), aber auch das größere Volumen gegenüber der verzögerten und relativ schwächer ausfallenden Reaktion der Fachjournale. Dieses Muster verweist zunächst darauf, daß den Medien sowohl die Funktion der Aufmerksamkeitskonzentration als auch der schnelleren und umfassenderen Verbreitung der Meldungen zukommt.

Lewenstein spricht von ihrer »katalysierenden Rolle bei der Konstruktion von Komplexität« (1995, S. 419). Plausibler Ausdruck dieser Komplexität ist die Unsicherheit der *scientific community* in der Einschätzung der Thesen von Pons und Fleischman. Bedenkt man, daß die Wissenschaftler in der ersten Zeit

SECHSTES KAPITEL

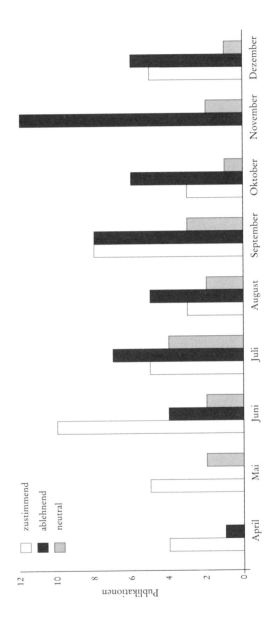

Abb. 2: Publikationen zur ›kalten Fusion‹ im Jahre 1989: zustimmend, ablehnend, neutral

Quelle: INSPEC (CD-ROM-Version). Institut für Wissenschafts- und Technikforschung, Universität Bielefeld.

nach der Pressekonferenz noch nicht einmal über die technischen Details der Versuchsanordnung verfügten, ist die hohe Zahl der zustimmenden Publikationen überraschend.[15] Im Verlauf des Jahres 1989 und noch eindeutiger in den beiden Folgejahren nimmt die Zahl der Befürworter und der Unentschiedenen stetig ab. Die zu beobachtende Polarisierung ist ein Zeichen der Konsolidierung der Positionen aufgrund der inzwischen ermöglichten Replikationen (Abb. 2 und Tabelle).

Eine andere Seite desselben Phänomens besteht, wie in dem oben angeführten *Newsweek*-Zitat formuliert, in dem erheblich erhöhten Risiko der Irreführung einer im Vergleich zu ›normalen Verhältnissen‹ sehr viel größeren Zahl von Laboratorien und der in ihnen arbeitenden Wissenschaftler. Dieser Umstand wurde von einem (ebenfalls in *Newsweek* zitierten) amerikanischen Forscher mit einiger Übertreibung auf den Punkt gebracht: derart viele Forscher seien in die kalte Fusion ›gelockt‹ worden, daß es »probably brought the rest of science to a halt for the last month«.[16] Tatsächlich begaben sich Forschungslaboratorien in aller Welt in den Wettlauf um die Bestätigung oder Widerlegung der Experimente von Pons und Fleischman. Es ist auffallend, daß die direkt oder indirekt beteiligten Wissenschaftler den Fall der ›kalten Fusion‹ als Bestätigung dafür sehen, daß das Kontrollsystem in der Forschung trotz der gewachsenen Rolle der Medien funktioniert. Offenbar haben sie aber die durch den Typus der Information (unvollständige Beschreibung der experimentellen Anordnung in der Presse) sowie die durch deren Geschwindigkeit und Amplifikationswirkung hervorgebrachte Breite der Reaktion und die dadurch bewirkten Kosten gar nicht im Blick oder spielen sie herunter.

Fast alle befragten deutschen Fusionsforscher erklärten, der Aufwand an Ressourcen sei außerordentlich gering gewesen: Material wurde kaum benötigt, die Meßapparaturen waren überall vorhanden. Der personelle Aufwand bei den fünf Grup-

---

15 Erst Mitte 1990 veröffentlichen Pons und Fleischman einen seit Monaten angekündigten Artikel mit den detaillierten Berechnungen des Wärmeüberschusses (Fleischman u. a. 1990). Einer der deutschen Fusionsforscher beschreibt die Situation: »Es ist einem klar, wie die Zelle aussehen muß. Wie dann der Kathodenaufbau aussehen muß, ist Sache der Elektrochemiker – das war ja geheimgehalten. Da probiert man halt aus.«
16 *Newsweek* vom 8. 5. 1989, S. 44; vgl. Lewenstein (1995, S. 422).

SECHSTES KAPITEL

Tabelle: Anzahl der bestätigenden und ablehnenden Publikationen zur ›kalten Fusion‹. Ergebnisse anhand der Abstracts in INSPEC für die Jahre 1989 bis 1991 (in Klammern: Prozentanteile)

Publikationsjahr	1989		1990		1991		Summe	
Bestätigung	91	(40)	29	(16)	9	(6)	129	(24)
Ablehnung	96	(42)	101	(57)	114	(79)	311	(57)
Neutral	38	(17)	30	(17)	7	(5)	75	(14)
Sonstige	3	(1)	17	(10)	14	(10)	34	(6)
Summe	228	(100)	177	(100)	144	(100)	549	(101)

Quelle: INSPEC (CD-ROM-Version); Institution of Electrical Engineers, Hitchin (UK).

pen schwankte diesen Aussagen zufolge zwischen fünf Tagen für drei Wissenschaftler und einem Techniker bis zu etwa einem Monat mit einer Gruppe von etwa zehn Wissenschaftlern und mehreren Technikern. Ein Experte gehörte einer Gruppe von vier Physikern und drei Elektrochemikern an, die etwa zwanzig Monate (!) über die kalte Fusion forschten. Die erforderlichen Mittel seien vom Projektleiter aus anderen Fachbereichen abgezogen worden (eigene Erhebung). Auch anderswo wird der finanzielle Aspekt der Affäre ›kalte Fusion‹ nicht eingehend untersucht. Das Forschungszentrum in Harwell, England, hat angeblich eine halbe Million Dollar und zwei Monate Arbeitszeit mehrerer Dutzend Spezialisten in die Überprüfung der Pons/Fleischman-Ergebnisse investiert.

Würde man Angaben wie diese auf die Gesamtzahl der an den Replikationsversuchen beteiligten Laboratorien in aller Welt hochrechnen, ergäbe sich ein realistisches Gesamtbild davon, welche Auswirkungen die Kombination von Veröffentlichungen in den Medien und Zurückhaltung der entscheidenden Informationen auf die *scientific community* insgesamt hat. Verbreitet ist die Einstellung, daß es sich bei derart hohen wissenschaftlichen und wirtschaftlichen Einsätzen niemand leisten kann, die Chance zu verpassen. Die Kosten, einer falschen Fährte zu folgen, müssen, zumindest aus dieser Sicht, getragen werden.

Der zweite Aspekt der *Wissenschaft-Medien-Kopplung* betrifft die Auswirkungen der durch die Medienaufmerksamkeit erzeugten Prominenz des Themas bzw. der beteiligten Forscher. In der Tat besteht die Gefahr, daß aufgrund dieser Prominenz politische Entscheidungen zur Allokation von Ressourcen getroffen werden, bevor die Ergebnisse ausreichend überprüft worden sind. Am 7. April 1989, zwei Wochen nach der Pressekonferenz, bewilligte der Staat Utah fünf Millionen Dollar für ein neues ›National Cold Fusion Institute‹ im Forschungspark der University of Utah, in dem unter der Beratung durch Pons und Fleischman Experimente vorgenommen wurden. Zu diesem Zeitpunkt war die Diskussion um die Experimente der beiden Forscher noch in vollem Gang und eine Verifikation nicht erfolgt. Ein – aus der Rückschau betrachtet – ähnlich voreiliger Schritt des amerikanischen Kongresses wurde durch die Kritik einiger Wissenschaftler verhindert. Ursprünglich hatte auch unter den Bundespolitikern die Bereitschaft bestanden, eine ungenannte Summe für die Förderung der Kalten-Fusions-Forschung bereitzustellen.

Im Fall der kalten Fusion hatten die Kontrollmechanismen der Wissenschaft also noch einmal funktioniert, wenngleich die Medien aufgrund ihrer Amplifikationswirkung den Preis schon höher schraubten. Insofern war der Fall ein Lehrstück für die Probleme, die sich aus der zunehmend engeren Kopplung von Medien und Wissenschaft für die letztere und für die (Wissenschafts-)Politik in Zukunft stellen können: Wenn der zeitliche Puffer verlorengeht, der bislang noch durch den innerwissenschaftlichen Prozeß der Kritik und Prüfung bestand, gibt es außerhalb keine Instanz mehr, die überlegene Entscheidungskriterien liefern könnte.

SECHSTES KAPITEL

Wissenschaftliche Reputation, mediale Prominenz – Zur Rolle von Wissenschaftlern als Medienstars[17]

Vor diesem Hintergrund gewinnt die Rolle medialer Aufmerksamkeit für Wissenschaftler (und die von ihnen propagierten Themen) eine besondere Relevanz. Wissenschaftliche Reputation und mediale Prominenz verweisen zunächst auf ganz unterschiedliche und unzusammenhängende Zuschreibungsprozesse, deren Produkt sie sind. Sie geraten in einen Zusammenhang, wenn die Medien über Wissenschaft berichten bzw. Wissenschaftler zu Wort kommen lassen. Dies geschieht auf der Bühne öffentlicher Diskurse, in die Politik und Wissenschaft eingebunden sind (unter anderem wenn es um die Legitimierung der Forschungsfinanzierung vor der Öffentlichkeit geht).

Mediale Prominenz muß nicht mit wissenschaftlicher Reputation einhergehen. Sie würde dies überhaupt nur und auch dann nur annäherungsweise, wenn die Medien sich auf die reine Darstellung der Wissenschaft konzentrierten. Wissenschaftliche Reputation ist vielmehr nur eine Bedingung unter mehreren, um in den Medien prominent zu werden (Dunwoody/Ryan 1987). Goodell hat in ihrer Pionierstudie festgestellt, daß die für die Medien üblichen Kriterien hinzukommen müssen, damit einem Wissenschaftler mediale Aufmerksamkeit zuteil wird: eine schillernde Persönlichkeit, Sprachgewandtheit und Selbstdarstellungskunst sowie die Attraktivität des Themas seiner Arbeit im Hinblick auf Probleme und Ängste der Gesellschaft (Goodell 1977).

---

[17] Die Medienanalyse über Wissenschaftler als Medienstars wurde im Rahmen eines Lehrforschungsprojekts an der Fakultät für Soziologie der Universität Bielefeld und mit deren finanzieller Unterstützung durchgeführt. Außer ihr danke ich den Mitveranstaltern Petra Pansegrau und Matthias Winterhager sowie den Studenten, von deren Material und Ideen ich hier profitiere. Überdies muß ich Bruce Lewenstein von der Cornell University dankend erwähnen, mit dem zusammen die Idee zu diesem Projekt geboren wurde. Die Ergebnisse des Projekts sind im Internet zugänglich: *http://www.uni-bielefeld.de/iwt/mw/lf/*.

Die Medien können sich der wissenschaftlichen Reputation als Orientierungskriterium bedienen, um über den impliziten Verweis auf die Kompetenz des Wissenschaftlers und die Glaubwürdigkeit seiner Aussagen zu verweisen. Reputation kann insofern für die Medien eine legitimatorische Funktion in ihrer Berichterstattung über Wissenschaft oder in der Darstellung einer wissensbasierten Auffassung haben. Aber Glaubwürdigkeit bietet keine ausreichende Garantie, um mediale Prominenz zu erlangen (H. P. Peters 1994, S. 174; B. Peters 1994).

Damit wird die *Differenz* zwischen wissenschaftlicher Reputation und medialer Prominenz zum relevanten Forschungsgegenstand. Aus der Perspektive der Wissenschaft, aus der Sicht einzelner Forscher sowie aus derjenigen der Wissenschaftspolitik stellt sich die Frage, in welchem Verhältnis die Steuerungswirkung von Reputation und Prominenz zueinander stehen.

– Aus der Perspektive der Wissenschaft ist es theoretisch möglich, daß die Aufmerksamkeit der Politik auf medienwirksame Wissenschaftler und ihre Themen gelenkt wird, deren Prominenz nicht im Einklang mit ihrer Reputation steht, und daß diese Aufmerksamkeit in Entscheidungen über Ressourcenzuweisungen umgesetzt wird, die nicht den reputationsbedingten Prioritätensetzungen der Forschung entsprechen.
– Aus der Perspektive des einzelnen Wissenschaftlers ist es dementsprechend denkbar, daß der Erfolg, der in den innerwissenschaftlichen Bewertungsprozessen verstellt worden ist, auf dem Weg über die Prominenz in den Medien doch noch erreicht werden kann.
– Aus der Perspektive der Wissenschaftspolitik ergibt sich daraus potentiell das Problem, auf Themen gelenkt zu werden, deren Forschungsstand nicht die Förderung rechtfertigt, die die mediale Aufmerksamkeit nahelegt. Anders gesagt: Die *Wissenschaft-Medien-Kopplung* kann theoretisch sowohl innerhalb der Wissenschaft als auch außerhalb im Bereich der (Wissenschafts-)Politik zu einer Konkurrenz der medialen mit den wissenschaftlichen Relevanz- und Validierungskriterien (im Extremfall sogar zu der Ersetzung der einen durch die anderen) führen. In den modernen Massendemokratien ist eine solche Entwicklung zunehmend wahrscheinlich.

Um zu prüfen, ob es empirische Indizien für diese Vermutung gibt, wurde eine umfassende Untersuchung der Medienberichterstattung über Wissenschaftler in den führenden deutschen Printmedien durchgeführt und durch eine Detailanalyse häufig erwähnter Wissenschaftler ergänzt.[18] Dabei haben sich eine Reihe interessanter Muster feststellen lassen. Zunächst ist festzuhalten, daß ›Medienstars‹ offenbar noch immer ein relativ seltenes Phänomen sind. Der Großteil der erwähnten (zitierten, interviewten oder rezensierten) Wissenschaftler kommt in einem Zeitraum von drei Monaten nur einmal vor. Die Ausnahmen sind nicht überraschend und machen zugleich deutlich, worin sich die ›Stars‹ von der großen Masse ihrer Kollegen unterscheiden: Sie sind Gegenstand einer umfassenderen Debatte. Derartige Debatten sind naturgemäß seltener als die an eindeutig identifizierbare Anlässe gebundene Berichterstattung und über längere Zeiträume hinweg immer wieder behandelte Themen. Bei diesem Typ der Berichterstattung bleiben die Medien im übrigen der Expertenrolle der betreffenden Wissenschaftler eng verhaftet. Selbst die häufiger zu Wort kommenden Wissenschaftler werden nur zu dem Thema befragt, für das sie kompetent sind.

Verbindet man die Art der Themen (wissenschaftliche vs. gesellschaftlich-politische) mit der Art der Präsentation der Wissenschaftler, die sich zu ihnen äußern, dann ergibt sich kein besonderer Zusammenhang, mit einer Ausnahme: Die Wissenschaftler, die als Autoren von Artikeln in den Medien zu Wort kommen, sind zahlenmäßig in weit größerem Ausmaß solche, die sich zu gesellschaftlich-politischen Themen äußern. Die naheliegende Erklärung ist, daß Artikel zu wissenschaftlichen Themen von den Medien als zu speziell und schwer verständlich für den Leser angesehen werden. Das bestätigt indirekt Weßlers These, der zufolge sozialwissenschaftliches Wissen für die Öf-

---

18 Gegenstand der Untersuchung waren die Tageszeitungen *FAZ*, *FR*, *taz*, *NZZ* sowie die Wochenzeitungen *Die Zeit*, *Der Spiegel* und *Focus*. In ihnen wurde zunächst die gesamte Wissenschaftsberichterstattung in der Zeit vom 15. April bis zum 23. Juli 1996 erhoben. In Anlehnung an B. Peters (1994, S. 180 f.) wurde eine Hierarchie der medialen Darstellungsformen angenommen, die ein Indikator für die Prominenz der Person ist, über die berichtet wird. Erhebungen dieser Art sind sehr aufwendig, deshalb bleiben die Zeiträume in der Regel eng begrenzt, was wiederum die Resultate von den Zufällen der Ereignisse abhängig macht und nur bedingt Verallgemeinerungen erlaubt.

fentlichkeit schwerer von Meinungen und Alltagswissen unterscheidbar ist als »hartes« naturwissenschaftliches Wissen. Sozialwissenschaftliches Wissen dient deshalb in den Medien häufig der Unterstützung von Meinungen (Weßler 1995). Daraus ergibt sich eine wichtige Folgerung: Das hohe Interesse der Medien an gesellschaftlich-politischen Themen bietet sozialwissenschaftlichen Generalisten eine vergleichsweise höhere Wahrscheinlichkeit, zu Medienstars zu werden.

Die Erwartung, daß sich in den Medien eine Anzahl leicht zu identifizierender Medienstars finden würden, hat sich nicht bestätigt. Es bedeutet jedoch nicht, daß die Medien nicht etwa persönlichkeitsorientiert über die Wissenschaft berichten. Der Wissenschaftler ist für sie als Fachexperte und als Kommentator zu gesellschaftlich-politischen Themen wichtig. Er bzw. sie ist es auch als Person, erkennbar an dem Raum, der ihnen eingeräumt wird.

Um die Zufälligkeit der Wahl des Erhebungszeitraums auszuschalten und ein genaueres Bild von der medial vermittelten Rolle bekannter Wissenschaftler zu erhalten, wurde in einer zweiten Teiluntersuchung die *Medienpräsenz* von elf ausgewählten Wissenschaftlern über den Zeitraum ihres jeweiligen Erscheinens in den Medien (in der Regel mehrere Jahre) untersucht.[19] Die Ergebnisse der Medienanalyse wurden sodann in eine zeitliche Relation zu den Zitationsprofilen der betreffenden Wissenschaftler gesetzt und die bei dem Vergleich entstehenden Muster vor dem Hintergrund der biographischen Daten sowie der Kontextualisierung bzw. der Ereignisanbindung der Artikel in den Medien interpretiert.[20] Die entscheidende Frage ist, ob sich zwischen Medienpräsenz und wissenschaftlicher Reputation Zusammenhänge feststellen lassen. Die Methode läßt

19 Der Zeitraum war abhängig vom ersten Erscheinen des betreffenden Wissenschaftlers im *Spiegel*-Register, sodann von den Recherchemöglichkeiten der untersuchten Zeitungen: *FAZ* 1980 bis Ende 1996; *Spiegel* 1949 bis 1996; *SZ* 06/1991 bis 11/1996; *taz* 1989 bis 1996; *Die Zeit* 1980 bis 1996. Im Einzelfall können die Zeiträume kürzer ausfallen, weil der betreffende Wissenschaftler erst später genannt wird.
20 Zitationen gelten als der für quantitative Untersuchungen verläßlichste Indikator wissenschaftlicher Reputation (vgl. Weingart, Winterhager 1982). Zitationen werden durch den *Science Citation Index* und den *Social Sciences Citation Index* erfaßt, die weltweit einzigen bibliographischen Datenbanken mit dieser Information.

zwar keine kausalen Schlüsse zu, wohl aber Interpretationen und Plausibilisierungen über Zusammenhänge. Die vergleichende Betrachtung der Medienpräsenz- und Zitationsprofile von neun Wissenschaftlern ergab zwei unterscheidbare Muster:
1. Einem zeitlichen Vorlauf der zunehmenden wissenschaftlichen Reputation folgt eine steigende Medienaufmerksamkeit.
2. Einem zeitlichen Vorlauf der Medienaufmerksamkeit folgt eine zunehmende Reputation in der Wissenschaft.

Innerhalb dieser beiden idealtypischen Muster gibt es zum Teil erhebliche Differenzen, die jedoch an dem grundlegenden Sachverhalt nichts ändern. Das erste Muster entspricht den Erwartungen, die sich an das Verhältnis von Wissenschaft und Medien richten: Wissenschaftler, die in ihrem jeweiligen Fachgebiet durch Leistungen bekannt geworden sind, gewinnen aufgrund ihrer Reputation die Aufmerksamkeit der Medien und werden von ihnen als Experten wahrgenommen. Die Medien übernehmen gleichsam die wissenschaftliche Beurteilung der Person, die auch für sie selbst verbindlich bleibt. Dieses Muster tritt tatsächlich häufiger auf als das zweite. Das zweite Muster läuft im Extremfall dieser Sequenz entgegen. Eine in den Medien erlangte Aufmerksamkeit führt *nachträglich* zu Aufmerksamkeit und Beachtung in der wissenschaftlichen Fachgemeinschaft. Die aus dem zweiten Muster sich ergebende Frage ist, inwieweit die Medien Einfluß auf die wissenschaftliche Reputation der betreffenden Wissenschaftler und damit indirekt auf die Steuerungsmechanismen der Wissenschaft haben.

Der bekannte Atmosphärenchemiker Paul Crutzen fällt eindeutig unter das erste Muster: Bis 1991 für die Medien kaum ein Begriff, ist er in der Wissenschaft längst bekannt und hoch geachtet. Seit 1975 wird er im Schnitt 150mal im Jahr zitiert. Die Medien entdecken ihn mit dem Ausbruch des Golfkriegs. Er wird als Ko-Autor einer Studie über die Auswirkungen eines Atomkriegs auf die Atmosphäre erwähnt, die angesichts der Drohung brennender Ölquellen öffentliche Aufmerksamkeit erlangt. Die Medienpräsenz erreicht ihren Höhepunkt, als er den Nobelpeis erhält.

Ein zweites Beispiel illustriert in deutlicher Form den möglichen Konflikt, der zwischen medialer Prominenz und wissenschaftlicher Reputation entstehen kann. Es ist der Fall des Historikers Daniel Goldhagen, der im Untersuchungszeitraum der einzige Wissenschaftler war, der annähernd die Eigenschaften des Medienstars erfüllt. Er fällt zugleich auch in die Kategorie jener Wissenschaftler, die sich zu gesellschaftlich-politischen Themen geäußert haben, weshalb sein Buch eine stark von Meinungen geprägte Debatte ausgelöst hat. Sein Fall verdient deshalb eine detailliertere Betrachtung.

Karriere eines Medienstars – Daniel Goldhagen zwischen medialer Prominenz und wissenschaftlicher Kritik[21]

Im April 1996 begann die Wochenzeitung *Die Zeit* die Debatte über das Buch des amerikanischen Politologen und Historikers Daniel Goldhagen, *Hitler's Willing Executioners,* das knapp einen Monat zuvor in den USA erschienen war. Die Debatte, die vor allem in der *Süddeutschen Zeitung* und in der *Zeit* sowie etwas weniger intensiv in der *taz*, der *FAZ* und im *Spiegel* geführt wurde, wies mehrere Besonderheiten auf. Einmal war es eine Diskussion in den Medien zwischen den führenden deutschen und ausländischen ›Holocaust‹-Forschern und Zeithistorikern einerseits und Journalisten und Publizisten andererseits. In der Geschichtswissenschaft hingegen wurde Goldhagen bewußt ignoriert: der 41. Deutsche Historikertag nahm offiziell keine Notiz von Goldhagen, er kam auf der Tagesordnung nicht vor. Das kennzeichnet bereits die stark divergierende unterschiedliche Einschätzung Goldhagens seitens der Medien und seitens der Wissenschaft. Während die Historiker Goldhagens Buch mit überwältigender Mehrheit ablehnten, fand es in den Medien überwiegend Zustimmung und vor allem eine mediale Aufmerksamkeit, die Wissenschaftlern in diesem Umfang üblicherweise nicht zuteil wird. Diese Divergenz der Beurteilung zwang die Wissenschaftler geradezu, ihre Einschätzung in den Medien zu verteidigen.

21 Eine ausführliche Dokumentation der Goldhagen-Debatte ist Bestandteil der obengenannten Medienanalyse, auf die sich der folgende Abschnitt unter anderem stützt. Grundlage ist jedoch vor allem Weingart, Pansegrau (1999).

Eine weitere Besonderheit bestand darin, daß sich die Medien in auffälliger Weise selbst wechselseitig kommentierten. Diese Selbstbeobachtung der Medien wurde dadurch begünstigt, daß *Die Zeit*, die die Debatte angestoßen hatte, während ihrer gesamten Dauer als Leitmedium auftrat und daß diese Rolle Gegenstand der Kommentierung wurde. Der intermediale Diskurs deutet darauf hin, daß die Medien sich im vorliegenden Fall aus der Abhängigkeit von der Wissenschaft im Sinn einer reinen Berichterstattung lösten und selbstbezüglich operierten. Dies ist auch die zentrale Voraussetzung dafür, daß man überhaupt die Frage stellen kann, ob die Medien einen indirekten Einfluß auf die Selbststeuerungsmechanismen der Wissenschaft erhalten.

Mit Ausnahme eines Interviews mit Nicholas Lane in der *taz* (11. 5. 1996) und eines Interviews mit Hans Mommsen in der *FAZ* (7. 9. 1996) fand die wissenschaftliche Diskussion so gut wie ausschließlich in der *Zeit* und der *SZ* statt. In 14 Artikeln bezogen namhafte und anerkannte Holocaust-Forscher während der folgenden sieben Monate (bis November 1996) Stellung zu der Arbeit von Goldhagen.[22] Auch wenn die Urteile zum Teil sehr differenziert ausfallen, läßt sich die Kritik der historischen Zunft auf wenige Kriterien zuspitzen.

Die generelle Ablehnung der Arbeit Goldhagens wurde vor allem mit dem Hinweis auf methodisch-empirische Mängel und auf den monokausalen Erklärungs- bzw. Interpretationsansatz begründet. Wichtiger Gegenstand der fachwissenschaftlichen Artikel ist die Kritik, daß Goldhagens Darstellung auf schlechter bzw. ungenügender Auswertung bereits existierender Studien und Sekundärliteratur beruhe und er ein unzureichendes Quellenstudium betrieben habe.

Nahezu alle Autoren kritisierten methodische Mängel und eine neue Form der popularisierenden, oft moralisierenden Geschichtsschreibung. Dennoch weisen sie dem Buch – wenn auch untergeordnet – eine wichtige Funktion im öffentlichen und auch im fachwissenschaftlichen Diskurs zu. Darin ist ein zögernd gegebenes Zugeständnis an das Publikum zu sehen, über dessen Reaktion unter den Wissenschaftlern Erstaunen besteht.

---

22 Bis Januar 1997 waren es insgesamt 16 Artikel.

Gerade diese Wirkung auf das Publikum, die Mittel, mit denen sie erreicht wird, sind für die Medien offenbar das entscheidende Kriterium der positiven Einschätzung des Goldhagen-Buchs. Nach einer anfänglich zögernd abwägenden Reaktion setzt sich in den Medien ein überwiegend positives Urteil durch, offenkundig beflügelt durch die wahrgenommenen Reaktionen auf Goldhagens öffentliche Auftritte. Das Medienurteil läuft darauf hinaus, daß ungeachtet der wissenschaftlichen Kritik an Goldhagens Buch dessen positive Funktion gerade darin besteht, ›den Deutschen‹ die Diskussion über die Judenvernichtung *emotional* nahegebracht zu haben. Die Massenwirksamkeit des Buches ist aus der Sicht der Medien positiv besetzt.

Zwei Kriterien dieser Einschätzung des Goldhagen-Buchs lassen sich klar identifizieren: die *Emotionalität* der Wirkung des Buches und die *Ästhetik* der Darstellung. Aus diesen beiden Kriterien resultiert die journalistische Option für die Zustimmung des Publikums und die dazu entsprechende Kritik an der Esoterik der Historikerzunft. Mehrere typische Zitate illustrieren dies:

»Wo er aber auf das Herz der Gesellschaft zielt, hat er getroffen. […] Der Versuch, die Erfahrung der Amoralität mit solchem anthropologischen oder soziologischen Konservatismus zu verbinden, ist wohl zum Scheitern verurteilt, ein Rückfall in die fünfziger Jahre, wie gesagt wurde. Aber man sieht auch, warum er die Leute bannt« (Speicher, in: *FAZ* vom 7. 9. 1996).

»Man kann über die Ermordung von Menschen nicht ohne Emotionen sprechen – Goldhagen hat da einen Nerv getroffen« (Bauschmid, in: *SZ* vom 11. 9. 1996).

»[…] hat einen Nerv getroffen; statt Verdrängung trat Mit-Fühlen, Mit-Erleben ein. […] Weder der theoretisierende Goldhagen noch die akademische Zunft, die das Feld seit Jahrzehnten beackert, wird dies gerne hören: Das Buch steht in einer Reihe mit *Holocaust* und *Schindlers Liste*. Erst wenn der Schrecken Namen und Gesichter erhält, wenn er faßbar wird, packt er die Menschen an der Seele, wie es Abertausende von Fußnoten nicht schaffen können« (Joffe, in: *SZ* vom 11. 9. 1996).

Die ›Ästhetik‹ der Darstellung, in erster Linie die Personalisierung, die die Wirksamkeit begründet, wird von journalistischer Seite immer wieder als Argument dafür ins Feld geführt, daß mit ihr die Zustimmung des Publikums erreicht wird. Dieses Bild wird durch die negative Beurteilung der Wissenschaft und ihre

SECHSTES KAPITEL

Darstellungsform als ›distanziert‹ und ›herablassend‹ gespiegelt. Es ist unübersehbar, wo die Sympathie der Medien liegt. In einigen Äußerungen wird die Ironisierung der Wissenschaftler gar zum unverhohlenen Antiintellektualismus:

> »Mit seinem Beharren auf der individuellen Verantwortung der Täter spricht Goldhagen die Gefühle der Menschen eher an als Mommsen und Kocka, die nach komplexen Strukturen und Systembedingungen fragen – und dies in einer Sprache, die den Opfern gleichsam noch einmal die Rolle des Objekts zuweist« (Ullrich, in: *Die Zeit* vom 13. 9. 1996).

Bei der Diskussion des Goldhagen-Buchs und seiner wissenschaftlichen Kritik folgen die Medien zwar zum Teil noch der Leitkompetenz der Wissenschaftler. Letztlich kommen sie jedoch zu einer ganz anderen, durch medienspezifische Kriterien begründeten Bewertung.

Die Eigenständigkeit der Medien in diesem Prozeß wird an dem intramedialen Diskurs erkennbar. Im Prinzip könnte dieser Diskurs ohne weiteren Rekurs auf die Wissenschaft fortgeführt werden, da es dabei nicht mehr um die ›historische Richtigkeit‹ der Darstellung geht, sondern um deren Emotionalität, Ästhetik, ihre Wirkung auf das Publikum und vor allem um die ›Angemessenheit‹ der Darstellung und des Urteils im Hinblick auf die politisch-moralische Qualität des Verbrechens. Die Dynamik des Diskurses ergibt sich aus dem Streit der Medien untereinander darüber, wer am wahrhaftigsten gegen jeden Verdacht des Antisemitismus gefeit und am besten geeignet ist, das breitere Publikum auf diesen Weg der moralischen Katharsis zu geleiten.

Die Goldhagen-Debatte ist ein besonders klares Beispiel dafür, daß in der Berichterstattung über Wissenschaft *mediale Prominenz* in Konkurrenz zu *wissenschaftlicher Reputation* treten kann. Die Medien bilden nicht mehr die auf der innerwissenschaftlichen Bewertung beruhende Reputation von Wissenschaftlern ab, sondern konstruieren auf der Grundlage eigener Beurteilungskriterien mediale Prominenz. Sie erheben zwar nicht den Anspruch, mit der Wissenschaft direkt in Konkurrenz zu treten und in der gleichen Weise ›objektives Wissen‹ zu produzieren wie diese. Aber sie setzen neben den Wert wissenschaftlicher Objektivität als der verbindlichen Form der Abbildung der Welt jenen der Geltung im Sinne der Wahrnehmung durch die breite Öffentlichkeit. Nicht die Auffassung weniger Wissenschaftler, sondern die Wahrnehmung der großen Mehrheit der Bevölkerung ist das Geltungskriterium, selbst wenn bekannt ist, daß sie nicht zutrifft. Nirgendwo wird die Macht der Medien in der Konstruktion solcher Wahrnehmungen deutlicher als in der Berichterstattung über und ihrer Einmischung in wissenschaftliche Debatten, auch wenn die Wissenschaft im Gesamtvolumen der medialen Kommunikation nur eine untergeordnete Rolle einnimmt. Es ist bezeichnend, daß die Goldhagen-Debatte auch von den Wissenschaftlern *in den Medien* und *nicht* in der zuständigen Fachgesellschaft geführt wurde. Die Debatte war medial inszeniert. Salopp gesagt haben die führenden deutschen Printmedien die Historikerzunft des Landes ›vorgeführt‹. Ein Historiker kommentierte dies aus der Sicht des Betroffenen:

»Die Welt ist ungerecht, die Medienwelt allemal. Da erscheinen in Amerika die vorzüglichsten Bücher zur deutschen Geschichte und werden kaum zur Kenntnis genommen. […] Dann kommt […] eine durch und durch mangelhafte, mißlungene Dissertation, und der Medienwald erzittert, als sei ein Komet eingeschlagen« (Jäckel, in: *Die Zeit* vom 17. 5. 1996).

In dieser Einschätzung schlägt sich die Resignation des Wissenschaftlers angesichts des wahrgenommenen Einflusses der Medien auf die wissenschaftliche Reputationsbildung nieder. Tatsächlich ging die Konkurrenz zwischen Wissenschaft und Medien in diesem Fall mit einem Patt aus. So kann zumindest der Ausgang eines Berufungsverfahrens an der Harvard University interpretiert werden, der ein New Yorker Finanzier 3,2 Millionen Dollar für die Einrichtung eines Holocaust-Lehrstuhls geboten hatte. Im Juli 1997 wurde die dreijährige Suche nach einem Kandidaten auf unbestimmte Zeit vertagt mit der Begründung, der »Streit um Daniel J. Goldhagens Buch ›Hitlers willige Vollstrecker‹ habe eine Entscheidung unmöglich gemacht. Gegner Goldhagens, die den Historiker Christopher Browning favorisierten, hatten dem Spender vorgeworfen,»den Lehrstuhl nur für Goldhagen einrichten zu wollen« (dpa, in: *FAZ* vom 21. 7. 1997).

In Deutschland war schließlich die Veröffentlichung einer detaillierten Goldhagen-Kritik durch den amerikanischen Politologen Norman Finkelstein in der *New Left Review* für den

Spiegel der Anlaß, sich wieder der Leitkompetenz des wissenschaftlichen Diskurses zu unterwerfen. Der Medienrummel der vergangenen Monate ebenso wie das vereinzelte Lob von Wissenschaftlern werden zurückblickend fast schadenfroh zitiert und der neuerlichen, vernichtenden Kritik des amerikanischen Politologen gegenübergestellt, so als hätten die Medien damit nichts zu tun (*Der Spiegel* vom 11.8.1997).

Damit scheint das Verhältnis von Wissenschaft und Medien in seiner traditionellen Form wiederhergestellt zu sein. Die Goldhagen-Debatte ist kein Normalfall, aber wie zuvor der Fall der kalten Fusion wirft sie ein Schlaglicht auf einen besonderen Aspekt der *Wissenschaft-Medien-Kopplung*: Wie die Analysen zur medialen Konstruktion der Prominenz von Wissenschaftlern in Einzelfällen nahegelegt haben, wird hier der Konflikt zwischen medialer und wissenschaftlicher Beurteilung und die Konkurrenz zwischen Wissenschaft und Medien in der Prägung öffentlicher Wahrnehmungen explizit. Goldhagen, ein bis dahin in der Wissenschaft weitgehend Unbekannter (das Buch ist seine Doktorarbeit), wird von den Medien (vor allem in Deutschland) zu einem Star aufgebaut. Die wissenschaftliche Bewertung der Arbeit muß sich, von den Medien inszeniert, vor der Öffentlichkeit rechtfertigen (noch klarer als in den Printmedien war das Moment der Inszenierung im Fernsehen, wo einer bzw. mehrere Historiker mit Goldhagen und Journalisten konfrontiert und Fragen von Zuschauern über Telefon in die Runde gegeben wurden). Ist die Aufmerksamkeit für das Thema erloschen, kommentieren die Medien ihre eigene vormalige Aufgeregtheit kritisch und unterwerfen sich wieder dem Beurteilungsprimat der Wissenschaft.

Katastrophendiskurse –
Zum strategischen Umgang der Wissenschaft mit den Medien

Eine weitere Ausprägung der *Wissenschaft-Medien-Kopplung* ist die strategische Anpassung wissenschaftlicher Diskurse an die (antizipierten) Bedürfnisse medialer Aufmerksamkeit. Es geht dabei nicht um den gleichsam verschwörungstheoretischen Nachweis, daß Wissenschaftler die Öffentlichkeit mit falschen

Informationen versehen. Ein solcher Nachweis ist schwer zu führen; in einigen Fällen mag er sogar glücken. Der hier gemeinte Sachverhalt ist jedoch ein anderer. Wissenschaftler stellen sich auf die Medien ein, indem sie sich mit ihrer Hilfe an Politik und Öffentlichkeit wenden. Das Resultat sind vereinfachte, dramatisierte und Handlungsbedarf signalisierende Verlautbarungen und Prognosen, die, von den Medien aufgenommen und verstärkt, oft genug zu politisch wirkungsvollen Diskursen werden. Das strategische Moment tritt dahinter vollkommen zurück. Erst wenn die öffentliche Aufmerksamkeit erlahmt, melden sich Abweichler und Kritiker aus der Wissenschaft zu Wort, die die ursprünglichen Katastrophenszenarien in Frage stellen. In dieser Phase wird der Vorwurf explizit thematisiert, die prognostizierten Bedrohungen seien eine bewußte Irreführung oder doch eine ›Public-Relations‹-Version der Wahrheit.

Die Implikation dieses Aspekts der *Wissenschaft-Medien-Kopplung* ist eine doppelte. Zum einen erzeugen die medial verstärkten Prognosen häufig politischen Handlungsbedarf und fokussieren damit Legitimation. Das heißt, ausgedehnte öffentliche Debatten über drohende Gefahren haben delegitimierende Implikationen für die Politik und zwingen sie deshalb zu Selbstbindungen und schließlich zu deren Umsetzung in konkrete Politik (vor allem dann, wenn weitere gesellschaftliche Gruppen in den Diskurs eingetreten sind). Die Stärke solcherart erzeugter Resonanzen hängt vom Umfang der behaupteten Bedrohungen ab.

Zum anderen ist zu erwarten, daß Gewöhnungseffekte im Hinblick auf wissenschaftliche Bedrohungsszenarien eintreten werden. Wissenschaftliche Erklärungen werden sich nicht mehr verläßlich daraufhin beurteilen lassen, ob ihre Dramatik gerechtfertigt oder nur mit Blick auf die Öffentlichkeitswirkung konstruiert ist. Dies gilt zumal dann, wenn die Möglichkeit der eigeninteressierten Übertreibung selbst explizit thematisiert wird. Im folgenden Beispiel des Klimadiskurses wird deutlich, daß im aufbrechenden Dissens unter den Wissenschaftlern der Verweis auf das Motiv der strategischen Informationspolitik auftaucht. Die Folge dieser in den USA als ›backlash‹ bezeichneten ›skeptischen Kommunikation‹ ist vor allem ein Vertrauensverlust für die Wissenschaft. Der Vertrauensverlust aufgrund übertriebener Katastrophenprognosen wird inzwischen als ›negatives Kassandra-Syndrom‹ thematisiert.²³ Die Gefahren dieser Entwicklung sind evident. Die Politik verliert tendenziell eine wichtige Legitimationsgrundlage, nämlich gesichertes Expertenwissen, und die Gesellschaft verliert ihren wichtigsten Lernmechanismus, die Wissenschaft.

Ein Fall, an dem das beschriebene Phänomen illustriert werden kann, ist der Diskurs über den globalen Klimawandel. Er ist der Teildiskurs eines umfassenderen Diskurses über *globale Umweltveränderungen*, der sich durch die Globalität der Bedrohungen und ihre Irreversibilität auszeichnet. Zu den thematisierten Bedrohungen zählen neben dem Klimawandel die Zerstörung der Ozonschicht, die Abholzung der Tropenwälder und das Massenaussterben verschiedener Spezies.²⁴

In den USA begann der öffentliche, in den Medien und in der Politik geführte Diskurs zum Klimawandel 1981, ausgelöst durch einen Artikel des NASA-Forschers James Hansen in der Wissenschaftszeitung *Science*, von dem er einen Vorabdruck an die *New York Times* gesandt hatte. In dem Artikel der *NYT* war die Rede von einer ›nie dagewesenen Erwärmung‹ im nächsten Jahrhundert und einem weltweiten Ansteigen des Meeresspiegels um 15 bis 20 Fuß. Hansen wurde in der Folgezeit die zentrale Figur in der Diskussion um die globale Erwärmung, um den sich die wissenschaftlichen Kontroversen rankten, und zugleich zur wichtigsten Quelle für die Journalisten. Im Oktober 1983 veröffentlichten die *Environmental Protection Agency* und die *National Academy of Science* kurz hintereinander Studien zur Erwärmung aufgrund fossilen Energieverbrauchs, die zu ähnlichen Resultaten, aber entgegengesetzten Schlußfolgerungen für die Politik kamen. Im Sommer 1984 war die globale Erwärmung in den USA kein Medienthema mehr, da sich das Gespenst der Energiekrise inzwischen wieder verzogen hatte.

---

23 In Umkehrung der griechischen Sage, wonach die richtigen Voraussagen der Kassandra in den Wind geschlagen wurden, wird damit auf falsche Prognosen der Wissenschaft verwiesen, die Glaubwürdigkeit finden (Hüttl 1998).

24 Allan Mazur und Jinling Lee (1993) haben eine Medienanalyse der amerikanischen Presse für alle diese ›issues‹ unternommen, auf die ich mich für die amerikanische Klimadiskussion stütze. Der deutsche Diskurs zum Klimawandel wurde in einem von der DFG geförderten Projekt untersucht (Weingart, Engels, Pansegrau 2000; Engels, Weingart 1997)

Die Aufmerksamkeit wandte sich erst 1988 dem Thema wieder zu, diesmal in deutlichem Zusammenhang mit einem extrem heißen Sommer. Jetzt war es ein ›Hearing‹ im amerikanischen Kongreß, in dem Hansen erklärte, er sei sich so gut wie sicher, daß die Erwärmung auf den Aufbau von CO_2 und anderer künstlicher Gase in der Atmosphäre zurückzuführen sei. Wenngleich er selbst ausdrücklich davor warnte, eine Hitzewelle mit dem Treibhauseffekt in Verbindung zu bringen, war diese Assoziation in den Medien dominant.

Die Medienaufmerksamkeit war in diesem Fall bewußt von einem Politiker, Senator Wirth, initiiert worden. Er hatte Hansens Erklärung als ein Ereignis für die Journalisten inszeniert. Der Erfolg der Aktion waren weitere finanzielle Zuwendungen des Kongresses für Forschungen zum Treibhauseffekt. Hansens Erklärung, daß die anthropogene Klimaerwärmung bereits eine gesicherte Tatsache sei, wurde dagegen von anderen Atmosphärenwissenschaftlern nicht geteilt.

Im Mai 1989 kam es abermals zu einem ähnlichen Zusammentreffen von medialer Diskussion und politischer Entscheidung. Wieder war es Hansen, der vor dem Kongreß gehört werden sollte. Da er als Regierungsangestellter dem ›Office of Management und Budget‹ unterstellt war, wurde er von diesem angewiesen, in seinem Bericht die Unsicherheiten der These einer globalen Erwärmung stärker hervorzuheben. Hansen unterrichtete Senator Gore von den angeordneten Veränderungen seines Berichts, der wiederum die *New York Times* informierte. Damit war für das Medieninteresse an Hansens Aussage vor dem Kongreß gesorgt. Das Resultat war, daß das Weiße Haus unter dem Druck negativer Presseberichte seine ablehnende Haltung zu einem internationalen Abkommen über die Kontrolle der globalen Erwärmung zumindest für den Augenblick änderte (Mazur, Lee 1993, S. 694 ff.).

In der zum Teil zeitlich parallellaufenden Klimadiskussion in Deutschland lassen sich die gleichen Phänomene feststellen. Bereits 1980 erschien in den *Physikalischen Blättern* ein Aufsatz, in dem die Klimakatastrophe, die »die Erde vollständig unbewohnbar« werden lasse, vorausgesagt und sogar mit einer relativ präzisen Zeitangabe versehen wurde: »unwiderruflich in den nächsten 50 Jahren« (Heinloth 1980, S. 316). Der Autor dieses Kassandrarufs war auch offenherzig genug, seine wahren Interessen zu offenbaren: Die Kernkraft sollte rasant ausgebaut werden, um die CO_2-Emissionen bei der Verbrennung fossiler Brennstoffe zu vermindern. 1986 veröffentlichte die Deutsche Physikalische Gesellschaft (DPG) eine »Warnung vor einer drohenden Klimakatastrophe durch den Menschen«, mit Angaben über den zu erwartenden Anstieg des Meeresspiegels: Fünf bis zehn Meter wurden für möglich gehalten. Der in Form eines Aufrufs formulierte Bericht der DPG forderte eine sofortige weltweite Regulierung, vor allem aber in bezug auf Deutschland. Die zugestandenen wissenschaftlichen Unsicherheiten der Prognose wurden angesichts der behaupteten Dringlichkeit und der zu befürchtenden Unumkehrbarkeit des Wandels heruntergespielt.[25] Die für wissenschaftliche Publikationen ungewöhnliche Dramatik der Formulierungen zeigte die beabsichtigte Wirkung in den Medien. *Der Spiegel* ließ den Kölner Dom in den Fluten versinken, ein Bild, das in Deutschland zur Ikone des Klimawandels geworden ist (*Der Spiegel* vom 11. 8. 1986).

Der im Folgejahr (1987) veröffentlichte zweite Aufruf, der jetzt von der DPG und der Deutschen Meteorologischen Gesellschaft autorisiert war, schwächte die Katastrophenwarnungen zwar etwas ab, indem er nicht mehr von *Klimakatastrophe*, sondern von *Klimaänderungen* sprach (DPG/DMG 1987). Die Handlungsaufforderungen an die Politik wurden aber jetzt von zwei großen nationalen Wissenschaftsorganisationen unterstützt. Zusätzlicher Druck auf die Politik entstand in der Folgezeit aus der internationalen Forschergemeinschaft heraus.

Der Aufruf der DPG und die Eröffnung der Klimadebatte stand in unmittelbarem Zusammenhang mit den Legitimationsproblemen der Kernenergie, in die diese nach dem Reaktorunglück von Tschernobyl geraten war. Der von den Physikern angezielte Weg, über die Warnung vor dem CO_2-induzierten Treibhauseffekt mit seinen Folgen für das Klima den Ausbau der Kernenergie als Ausweg ins Spiel zu bringen, war für die Politik jedoch nicht mehr beschreitbar. Sie entschied sich statt dessen dafür, weitere Forschung zu fördern, die sich insbesondere an den Regulierungsmöglichkeiten der Bundesrepublik orientieren sollte.[26]

25 Zitiert nach einem vollständigen Abdruck des Aufrufs in der *Frankfurter Rundschau* vom 19. 9. 1986.
26 Durch den vorgegebenen Kontext der Kernenergie war das Problem des

Die Regierung setzte im November 1987 eine Enquêtekommission »Vorsorge zum Schutz der Erdatmosphäre« ein, die in den folgenden vier Jahren drei Berichte vorlegte. Im Zentrum stand die Empfehlung einer nationalen Reduzierung der CO_2-Emissionen um 25 bis 30 Prozent bis zum Jahr 2005. Der Bundestag folgte dieser Empfehlung mit einer Selbstverpflichtung von 25 Prozent. Darüber, wie dieses Ziel zu erreichen sei, und insbesondere über die Frage des Kernenergieausbaus, bestand in der in allen anderen Fragen weitgehend konsensuellen Kommission keine Einigkeit.

Damit war der Klimawandel als politisches Handlungsfeld etabliert. Der Erfolg der wissenschaftlichen Warner kann darüber hinaus auch darin gesehen werden, daß die Klimaforschung als politik- und anwendungsnaher Forschungszweig dauerhaft institutionalisiert wurde.[27] Fortan wurden erhebliche finanzielle Mittel für die Klimaforschung bereitgestellt. Die wissenschaftliche Beratungsszene, die jetzt mit den Folgeproblemen der Präzisierung ihrer Katastrophenwarnungen und der Umsetzung von Regulierungsvorschlägen befaßt war, begann sich zu diversifizieren.

Mitte der neunziger Jahre war der Höhepunkt der öffentlichen Aufmerksamkeit für die Klimakatastrophe zwar überschritten, aber die Klimaforschung ein festetablierter Wissenschaftszweig, finanziert durch eine Fülle nationaler und internationaler Förderprogramme. Derweil sind ihre Prognosen sehr viel vorsichtiger geworden, die Analysen differenzierter und dem öffentlichen Verständnis weiter entrückt. Gerade in dieser Situation brach die bislang unter der Oberfläche schwelende Kontroverse unter den Klimaforschern darüber auf, ob die Ka-

---

Klimawandels allerdings weitgehend auf die CO_2-Problematik verengt worden (Engels, Weingart 1997, S. 100f.).

27 1991 wurde das *Wuppertal-Institut für Klima, Umwelt, Energie* gegründet, ein Jahr darauf das *Potsdam-Institut für Klimafolgenforschung* (PIK). Das bereits existierende Hamburger *Max-Planck-Institut für Meteorologie* wurde mit moderner Computertechnologie ausgestattet, so daß es eines der wenigen international konkurrenzfähigen Klimamodelle *(general circulation models)* erstellen und weiterentwickeln konnte. Das Deutsche Klima-Rechenzentrum wurde mit insgesamt ca. 100 Millionen DM gefördert, die deutsche Klimaforschung durch das BMBF mit rund 120 Millionen DM jährlich.

tastrophenwarnungen gerechtfertigt seien oder nicht. Im Unterschied zu üblichen wissenschaftlichen Kontroversen, über die in den Medien berichtet wird, reagierte diese bereits auf die Beteiligung der Medien. Der Diskurs erreichte eine neue Ebene. Wissenschaftler, die die Medien strategisch mit überzogenen Katastrophenszenarien versehen hatten, sahen sich nun gezwungen, ihre Glaubwürdigkeit unter den Angriffen der Skeptiker in den Medien wiederzugewinnen. Das Märchen vom Hirtenjungen, der zu häufig grundlos ›Wolf‹ gerufen hat, drängt sich auf.

Der *New Scientist* bezeichnete die Kontoverse als »Greenhouse Wars« und zitierte den Klimatologen Pat Michaels von der University of Virginia, er sei überzeugt, »that the tide is about to turn in his favor«, Wissenschaftler des IPCC *(Intergovernmental Panel on Climate Change)* manipulierten Daten. Auf die Frage, ob er Gemeinsamkeiten zwischen den Katastrophenwarnern und den Skeptikern sehe, verwies er auf die Einigkeit darüber, daß eine Verdoppelung des CO_2 in der Atmosphäre zu einem Ansteigen der duchschnittlichen Temperatur um 1,5 °C führt. Das sei die Untergrenze dessen, was die Modellierer unter den Klimatologen annehmen. Und er kommentierte mit Blick auf die seiner Ansicht nach übertriebenen Behauptungen: »You can't make a case for global apocalypse out of a 1.5 C warming. It destroys the issue. If politics weren't driving this we could all meet on common ground« (Pearce 1997, S. 38, 43).

Noch expliziter ging ein Artikel des Hamburger Klimatologen Klaus Hasselmann auf die Rolle der Medien in der Kontroverse zum Klimawandel ein. In einer Antwort auf den Kritiker Dirk Maxeiner, überschrieben »Die Launen der Medien«, ironisierte er die Berichterstattung über den Klimawandel: »Mit dem Klimawandel tun sich manche Journalisten schwer. Wie vermittelt man eine ›Katastrophe‹, die sich erst in fünfzig bis hundert Jahren einstellt und über die Wissenschaftler mit tötender Monotonie seit zwanzig Jahren immer dasselbe sagen? […] Nun, es muß halt ein neuer Zugang gefunden werden. […] Die prognostizierte Klimaänderung als eine Schreckenskatastrophe darzustellen, die uns unmittelbar bevorsteht oder sogar schon eingetreten ist, ist nicht mehr originell. […] Der umgekehrte Ansatz ist reizvoller: Es gibt gar kein Klimaproblem. Das Ganze ist nur eine grandiose Erfindung der Wissenschaftler, um Forschungsgelder anzulocken. Aber auch diese Masche ist inzwischen von der Industrielobby weidlich ausgeschlachtet worden« (Hasselmann 1997, S. 31). Im gleichen Atemzug, in dem Hasselmann den Medien die Schuld für Dramatisierungen zuwies und die überzogenen Behauptungen der Klimatologen in der Vergangenheit unerwähnt ließ, wiederholte er umstrittene Wahrscheinlichkeitsaussagen (95 Prozent geschätzte Wahrscheinlichkeit, daß die beobachteten Temperaturänderungen natürlichen Ursprungs sind) und Dringlichkeitsappelle an die Politik: »Wenn wir aber abwarten, bis auch die letzten Zweifel überwunden sind, wird es zum Handeln zu spät sein« (ebd.).

Was hier als relativ aktuelle und einmalige Entwicklung erscheint, läßt sich als wiederkehrendes Muster nachweisen. Die Entstehung neuer Forschungsgebiete folgt in den politiknahen Bereichen dem für die Klimaforschung skizzierten Verlauf: Am Anfang steht die Behauptung einer drohenden Gefahr, wenn nicht gar einer Katastrophe. Die noch kleine Schar von Wissenschaftlern (aus verschiedenen Disziplinen), die sie verkündet, liefert sowohl die Begründung als auch Vorschläge für eine Lösung. Das Versprechen, die Bedrohung abwenden zu können, wird mit der Autorität der wissenschaftlichen Expertise in einem ganz neuen Forschungsgebiet versehen und zugleich an die Bedingung gebunden, die noch erforderliche Forschung zu finanzieren. Ist dieses Arrangement erfolgreich etabliert, sind die wissenschaftlichen Organisationen gegründet – Fachgesellschaften, Zeitschriften, Institute, Lehrprogramme –, dann beginnt das betreffende Gebiet seinen Lebenszyklus: Das produzierte Wissen wächst, es wird immer differenzierter, spezialisierter, abstrakter und oft genug auch unwichtiger für den praktischen Handlungsbereich, für den es sich ursprünglich empfohlen hat.

Die Klimaforscher sind nicht die einzigen Wissenschaftler, die Katastrophendiskurse inszeniert haben. Die Bevölkerungswissenschaftler warnen seit langem vor der Katastrophe der Überbevölkerung der Erde. Biologen sagen eine drastische Reduzierung der Artenvielfalt voraus, mit unabsehbaren Folgen für die Lebensfähigkeit der verbleibenden Spezies Mensch. Das Sterben des Waldes, vor allem die Abholzung der Tropenwälder, bedroht das klimatische Gleichgewicht. Die Drohung einer drastischen Erhöhung der Hautkrebsinzidenz durch das Ozonloch hat es gar vermocht, ein bis dahin in seiner Art einmaliges internationales Abkommen zur Ächtung der FCKW-Produktion zu bewirken.[28]

Das beschriebene Muster der Politik einzelner Forschungsfelder, durch die öffentlichkeitswirksame Prognose von Katastrophenszenarien und die gleichzeitige Positionierung als Experten mit Bedarf an Forschungsmitteln wiederholt sich offenbar. Bedeutet der Aufweis dieses Musters, daß die von der Wissenschaft prognostizierten Katastrophen prinzipiell unglaubwürdig und nur auf das Interesse ihrer Urheber an der Finanzierung ihrer Forschung zurückzuführen sind? Wie zu Beginn gesagt, ist die verschwörungstheoretische Unterstellung bösen Willens und der Fälschung aufgrund von Eigeninteresse kein fruchtbarer Zugang. Das Problem ist vielmehr, daß die enger gewordene Kopplung zwischen Wissenschaft und Medien eine in ihrer Häufigkeit und Intensität neuartige Konkurrenz um Aufmerksamkeit ausgelöst hat. Die sehr viel enger gewordene *Wissenschaft-Medien-Kopplung* verstärkt den Mechanismus. Im Kampf um Aufmerksamkeit versuchen alle Akteure, die Definitionsmacht zu gewinnen. Aber keiner der beteiligten Akteure kontrolliert das Spiel. Das Resultat sind Überbietungsdiskurse: Die von der Wissenschaft behaupteten Katastrophen werden immer globaler, die politischen Selbstverpflichtungen, für den Legitimationsgewinn im Augenblick getroffen, werden immer riskanter und rechnen mit der Vergeßlichkeit, und die Medien kommentieren ihre eigene Rolle bei der Dramatisierung zunehmend, als wären sie gar nicht daran beteiligt. Dabei spielen sie die zentrale Rolle in der Vermittlung der Szenarien, ihrer Vereinfachung, Überhöhung und wirksamen Verbreitung. Schon die Form der Präsentationen und sodann die erzwungenen Korrekturen zuvor propagierter Positionen führen jedoch zu einem unvermeidlichen Verlust an Glaubwürdigkeit für die Wissenschaft, und zwar unabhängig vom Wahrheitsgehalt der Warnun-

---

28 Die eugenischen Katastrophenwarnungen vor einer Degenerierung des menschlichen Erbguts um die Wende zum 20. Jahrhundert und ihre Neubelebung in den fünfziger Jahren sind ein instruktives Beispiel dafür, daß das Muster zumindest in diesem Fall einen prominenten Vorläufer hat. Er ist ein Beispiel dafür, daß für wahr gehaltene Erkenntnisse und ihre vielleicht in guter Absicht eingesetzten Dramatisierungen unter besonderen Bedingungen wahrhaft katastrophale Konsequenzen haben können. Vgl. zur detaillierten Geschichte dieses Falls Weingart, Kroll, Bayertz (1988).

gen. Das darin zum Ausdruck kommende ›Risiko der Kommunikation‹ entspricht im Prinzip jenem der Kassandra-Sage. Das Ungleichgewicht der Ambivalenz ergibt sich mit der durch die Orientierung an den Medien vorherrschenden Rolle von ›Katastrophen‹. An sich gerechtfertigte Warnungen drohen einer allgemeinen Skepsis zum Opfer zu fallen. Es gibt keine Möglichkeit mehr, ihren Wahrheitsgehalt einer unabhängigen Prüfung zu unterziehen. Wissenschaft als ›Frühwarnsystem‹ der Gesellschaft wird auf diese Weise neutralisiert, zu einer Stimme unter vielen, die niemand mehr ernst nimmt.

Es ist vor diesem Hintergrund ein sinnloses Unterfangen, dieser Falle dadurch entkommen zu wollen, die jeweils andere Seite der Unlauterkeit zu zeihen. Wissenschaftlich gesichertes Wissen gibt es nur einmal, nur von seiten der einen Wissenschaft. Anders gesagt: die Kritik an jenen, denen vorsätzliche und interessengeleitete Sensationalisierung vorgeworfen wird, unterliegt in dieser Situation unweigerlich zweierlei Verdächtigungen: 1. Sie ist selbst interessengeleitet, weil sie den »Gewinnern« ihre Gewinne neidet; und 2. sie verniedlicht die prognostizierten Gefahren (im Fall der Klimadiskussion: weil sie industrienah oder gar von der Industrie bezahlt ist). Aus dieser diskursiven Konstellation wird die eigentliche Tragweite der Entwicklung unmittelbar evident: Wenn der Gegenstand der Kontroverse nicht mehr der Inhalt des umstrittenen Wissens, sondern der Vorwurf der Interessengebundenheit ist, kann das Vertrauen in die Wahrheitsverpflichtung und damit in das Wissen nicht mehr zurückgewonnen werden, von *keiner* der beiden Seiten, ganz gleich, wie gut die Argumente auch sein mögen. Es darf nicht vergessen werden, daß es sich jeweils um Wissensbehauptungen handelt, für die keine gesicherte, das heißt allgemein akzeptierte Evidenz vorliegt. Es geht um die prognostische Funktion der Wissenschaft unter Risiko, nicht um Feststellungen post festum. Wissenschaftliche Prognosen stehen heute, vor dem Hintergrund der *Wissenschaft-Medien-Kopplung*, unter einem hohen Politisierungsrisiko. Vertrauen ist ein öffentliches Gut ähnlich wie die Almende, und es unterliegt dem gleichen Risiko der Tragödie wie diese: Wenn alle laut rufen und sich gegenseitig zu übertreffen suchen, in der Erwartung, Aufmerksamkeit auf sich zu lenken, wird am Ende niemand mehr hinhören.

SECHSTES KAPITEL

Auch das Fazit ziehen die Medien selbst

Es ist scheinbar paradox: Je unabhängiger die Wissenschaft und die Medien werden, um so enger wird ihre Kopplung. Drei Ausprägungen dieser Kopplung habe ich analysiert: 1. den ›Umweg‹ der Wissenschaftler über die Medien zur Sicherung von Prioritäten; 2. die mediale Konstruktion von Prominenz und deren Abweichung von wissenschaftlicher Reputation; und 3. die Konkurrenz der Wissenschaft um öffentliche Aufmerksamkeit durch Überbietungsdiskurse. In allen drei Fällen lautete die entscheidende Frage, ob die Medien indirekten Einfluß auf die (bzw. in Konkurrenz zu den) Selbststeuerungsmechanismen der Wissenschaft gewinnen, das heißt, ob der Bezug auf Öffentlichkeit ein größeres Gewicht erhält als der Bezug auf ›Wahrheit‹. Die Beispiele, die einen solchen Einfluß illustrieren, sind noch wenige, und es handelt sich eher um Indizien als um Beweise. Aber sie sind, was die beschriebenen Klimaforscher als *fingerprints* des vermuteten Sachverhalts bezeichnen.

Die *Wissenschaft-Medien-Kopplung* läßt sich als eine erwartbare Nebenerscheinung moderner Massendemokratien deuten und entspricht deren erhöhten Legitimationsanforderungen. Elitäre Wissenschaft, wie sie noch bis in die Mitte unseres Jahrhunderts sowohl ihrem Selbstverständnis als auch der Wahrnehmung der Öffentlichkeit entsprach, ist in diesem Kontext nicht mehr denkbar. Damit gehen Selbstverständlichkeiten wie die des gesellschaftlichen Primats wissenschaftlichen Wissens verloren. Daß diese Entwicklung ihren Preis hat und vor allem nicht ohne Selbstschädigung des Arrangements beliebig weiter gesteigert werden kann, erschließt sich durch Extrapolation. Das Fazit aus diesen Beobachtungen ziehen die Medien selbst: Was für das Verhältnis der Medien zur Politik festgestellt wird, ist umstandslos auf ihr Verhältnis zur Wissenschaft übertragbar.

»Das öffentliche Bild der Politik wird fast ausschließlich von den Medien bestimmt. […] Durch die explosionsartige Vergrößerung des Medienmarkts haben sich auch die Regeln für die Vermittlung von Politik geändert. […] Gefangen in einem sich immer schneller drehenden Hamsterrad laufen Politiker der von ihnen gesetzten Tagesordnung hinterher und merken nicht, wie wenig am Ende von ihrer Arbeit sichtbar bleibt. Je mehr vorgeschlagen, kritisiert, in Frage gestellt, verworfen und wiederbelebt wird, desto weniger bleibt im öffentlichen Bewußtsein haften.

Zu besichtigen ist lediglich ein irr um sich selbst kreisendes System hoher Geschwätzigkeit und geringer Effizienz. Das politische System kämpft aber nicht nur mit der verheerenden Wirkung seiner Massenproduktion. Ursache und Wirkung stehen in einer Wechselbeziehung. Entscheidungsprozesse finden durch die Medien im öffentlichen Raum statt. Zeit zum Reifen wird einem Thema nicht vergönnt. [...] In diesem Klima höchster Nervosität, eitler Geschwätzigkeit und kritikloser Nähe kann Politik nicht gedeihen. [...] Hektik und Distanzlosigkeit tragen zum Verfall der Politik bei, das Vertrauen in die Akteure geht verloren« (Kornelius 1996).

Dieser Analyse von Stefan Kornelius ist nichts hinzuzufügen. Was er mit der Bedrohung des »wichtigen Guts Politik« anspricht, hat seine Parallele im wichtigen Gut des ›gesicherten Wissens‹, das zu seiner Herstellung der erschöpfenden Kontroverse der Wissenschaftler bedarf. Der Vorschlag, »mehr Distanz zwischen Politikern [hier: Wissenschaftlern, P. W.] und ihren Beobachtern« zu schaffen, ist bedenkenswert, wenngleich hilflos, insofern er nur das Problem noch einmal benennt. Das entscheidende Stichwort lautet: ›Verlust der Distanz‹. Die Frage ist, wie unter den beschriebenen Bedingungen eine angemessene Balance zwischen legitimatorisch gebotener öffentlicher Beobachtung und reflektierter Distanz hergestellt werden und wer der richtige Adressat einer solchen Forderung sein kann.

7. Der Verlust von Distanz und Vertrauen
›Peer review‹, Betrug und die Externalisierung der wissenschaftlichen Steuerungsmechanismen

›Peer review‹ und Autonomie der Wissenschaft

In den siebziger Jahren initiierten einige Abgeordnete des amerikanischen Kongresses eine Debatte über ein Kernstück des Wissenschaftssystems, die eine dreihundert Jahre alte Institution in ihren Grundfesten erschüttern sollte und eine tiefgreifende, wahrscheinlich unumkehrbare Veränderung des Verhältnisses zwischen Wissenschaft und Gesellschaft bedeutete. Es war der Angriff auf das System der sogenannten ›peer review‹, den Mechanismus der internen Begutachtung und damit der Selbststeuerung der Wissenschaft im Bereich der Grundlagenforschung. Der Abgeordnete aus Arizona, John Conlan, erklärte damals: Das ›Peer-review‹-System der *National Science Foundation* »is an incestuous ›buddy system‹ that frequently stifles new ideas and scientific breakthroughs, while carving up the multimillion dollar federal research and education pie in a monopoly game of grantsmanship« (Subcommittee 1976, S. 40; vgl. Cole 1992, S. 140). Dieser Vorwurf, der für viele ähnlich lautende Kritiken am Fördermechanismus der Wissenschaft steht, enthält zwei symptomatische Aspekte: Das System wird als ›inzüchtig‹ charakterisiert; das heißt, den Wissenschaftlern wird die Verletzung des Gebots der distanzierten (und nur dann objektiven) Begutachtung von Forschungsanträgen vorgeworfen; und ihnen wird die unrechtmäßige Aneignung öffentlicher Mittel unterstellt. Einmal zum Gegenstand des öffentlichen Diskurses gemacht, erweist sich dieser Angriff als ein für die institutionalisierte Wissenschaft außerordentlich gefährlicher Sprengsatz. Er bedroht den zentralen Mechanismus, der ihre Autonomie konstituiert, ihr Privileg der Selbststeuerung.

›Peer review‹ steht für die Begutachtung und Bewertung von

Publikationen und Forschungsanträgen, das heißt wissenschaftlicher Wissensbehauptungen durch die dazu allein kompetenten Kollegen (›peers‹). Die Begutachtung, die Kritik und möglicherweise den Zwang zur Korrektur beinhaltet, ist die Voraussetzung der Zertifizierung des solcherart geprüften Wissens. Es reicht nicht aus, daß der einzelne Wissenschaftler behauptet, eine neue Erkenntnis gewonnen oder eine neue Entdeckung gemacht zu haben. Sie bedarf vielmehr der Überprüfung und Lizenzierung durch die Gemeinschaft der kompetenten Kollegen, um als anerkannt und gesichert zu gelten. ›Peer review‹ sichert die Offenheit der Kommunikation bei gleichzeitiger Qualitätskontrolle. Das bedeutet: Sie schafft intern das Vertrauen der Wissenschaftler in die Verläßlichkeit ihrer Kommunikationen. Das wechselseitige Vertrauen der Wissenschaftler in die Wahrhaftigkeit der Behauptungen des anderen ist die Voraussetzung für die erfolgreiche Kommunikation. Sie ist damit der institutionelle Kern des wissenschaftlichen Kommunikationsprozesses.

Historisch läßt sich die Herausbildung dieses Mechanismus, eben die Institutionalisierung des ›organisierten Skeptizismus‹, auf die Gründung der *Royal Society* und ihres Journals, der *Philosophical Transactions*, zurückverfolgen, wenngleich es etwa hundert Jahre dauern sollte, bis die wissenschaftliche Publikation ihre moderne Form gefunden hatte (Zuckerman, Merton 1971). Die zunehmende Stabilität des Systems wurde durch ein doppeltes Interesse der Wissenschaftler gewährleistet. Als *Autoren* sind sie an der Aufmerksamkeit und Anerkennung aktueller und potentieller Kommunikationspartner interessiert und als *Forscher* an der Verläßlichkeit der Informationen anderer, auf die sie sich für ihre eigenen Arbeiten stützen.

Die ›peer review‹ ist der Mechanismus der Selbststeuerung der Wissenschaft und bildet damit die Grundlage ihrer Ausdifferenzierung zu einem eigenständigen Funktionssystem. Sie indiziert, daß die Wissenschaft eine Profession ohne Klientel ist. Das bedeutet auch, daß sie das Privileg genießt, die Standards ihres Prozedierens und der Qualität ihrer Produkte (gesichertes Wissen) selbst zu bestimmen. Das gilt, wie gesagt, zumindest für die traditionelle akademische Grundlagenforschung. Die wechselseitige Begutachtung zieht eine Grenze zwischen denjenigen, die für eine solche Begutachtung kompetent sind, und den

SIEBTES KAPITEL

Laien. Die ›peer review‹ unterstellt dies und kann nur funktionieren, wenn Kritiker und Kritisierte als gleich kompetent gelten können. Es gibt keine Alternative zur Prüfung und Zertifizierung von Wissensbehauptungen durch *kompetente* Kritik. Selbst dort, wo Forschung im Dienst der Wirtschaft oder des Militärs steht, wo das produzierte Wissen nicht der allgemeinen Kommunikation zugänglich gemacht wird, ist die kritische Bewertung neuen Wissens durch kompetente ›peers‹ unerläßlich, nicht etwa durch das Urteil interessierter Vorstandsvorsitzender oder Generäle ersetzbar. Deren Urteil kann sich nur darauf richten, ob die angestrebten Ziele eines Forschungsprojekts erreicht wurden. Die Ausdifferenzierung spezialisierten Fachwissens läßt keine andere, gar konkurrierende Bewertungsinstanz zu als die der kompetenten und für ihre Kompetenz lizenzierten Fachkollegen. ›Peer review‹, Fachkompetenz und die Abgrenzung zu Laien gehören also zusammen. ›Peer review‹ schafft auch außen Vertrauen in die Verläßlichkeit der Wissenschaft.

Das ›Peer-review‹-System wird aber gerade wegen dieser zentralen Bedeutung zum Angriffspunkt gesellschaftlicher und politischer Ansprüche und Kritik. Insofern es die Funktion der Steuerung am offensichtlichsten im Bereich der Grundlagenforschung hat, wo Wissenschaft mit öffentlichen Mitteln gefördert wird, besteht dort für die Wissenschaft der größte Legitimationsbedarf. Für die Grundlagenforschung gilt, daß sie »jenseits der Austauschlogik des Marktes« gefördert werden muß, das heißt, ihre Förderung bedeutet »Finanzierung ohne unmittelbare Gegenleistung und ohne den Anspruch auf maßgebliche Steuerung von außen« (Neidhardt 1988, S. 11). Die Förderung erfolgt aber nicht nur ohne unmittelbar faßbare Gegenleistung, sondern auch ohne direkte Kontrolle. Die Öffentlichkeit muß sich darauf verlassen, daß die interne Selbstkontrolle der Wissenschaft funktioniert, damit sie wenigstens die Gewißheit hat, daß das Geld gut angelegt ist. Förderung der Grundlagenforschung auf Treu und Glauben, vermittelt über das wissenschaftsinterne Begutachtungssystem der jeweiligen nationalen Förderorganisationen, ist also offensichtlich eine Angelegenheit des Vertrauens.

Das ›Peer-review‹-System wird in drei unterschiedlichen Kontexten eingesetzt: bei der Beurteilung wissenschaftlicher Arbeiten vor deren Veröffentlichung, bei der Beurteilung von

Projektanträgen an Förderorganisationen zur Finanzierung von Forschungen und in der Beurteilung und Interpretation von Forschungsergebnissen, die als Grundlage für Politik dienen (Chubin, Jasanoff 1985, S. 3). ›Peer review‹ ist mithin drei divergierenden Ansprüchen ausgesetzt: dem Anspruch der *scientific community* auf professionelle Autonomie, der Rechenschaftspflicht für die Verwendung öffentlicher Ressourcen und dem Aufklärungsanspruch der Öffentlichkeit hinsichtlich der Entwicklungen in Wissenschaft und Technik (Prewitt 1982). Anders gesagt, das ›Peer-review‹-System hat die Funktion, Vertrauen zu erzeugen, und zwar nach ›innen‹ das Vertrauen in die Verläßlichkeit und Wechselseitigkeit der wissenschaftlichen Kommunikation zur Sicherung ihrer Offenheit; und nach ›außen‹, gegenüber der Öffentlichkeit, Vertrauen in die Verläßlichkeit des produzierten Wissens, um die Ressourcen für die Forschung zu legitimieren. Es ist aufgrund dieser strategischen Stellung kaum überraschend, daß Infragestellungen und/oder Funktionsstörungen der ›peer review‹ außerordentlich sensible Reaktionen zur Folge haben. Das kommt nirgendwo deutlicher zum Ausdruck als in der Reaktion der DFG auf die Offenlegung des bis dahin spektakulärsten Betrugsfalls in der deutschen Forschung. »Wissenschaftliche Arbeit beruht auf Grundprinzipien, die in allen Ländern und in allen wissenschaftlichen Disziplinen gleich sind. Allen voran steht die Ehrlichkeit gegenüber sich selbst und anderen. Sie ist zugleich die Norm und Grundlage der von Disziplin zu Disziplin verschiedenen Regeln wissenschaftlicher Professionalität. […] Gravierende Fälle wissenschaftlicher Unredlichkeit sind seltene Ereignisse. Jeder Fall, der vorkommt, ist aber ein Fall zuviel: denn nicht nur widerspricht Unredlichkeit – anders als Irrtum – fundamental den Grundsätzen und dem Wesen wissenschaftlicher Arbeit; sie ist auch für die Wissenschaft selbst eine große Gefahr. *Sie kann das Vertrauen der Öffentlichkeit in die Wissenschaft ebenso untergraben wie das Vertrauen der Wissenschaftler untereinander zerstören*, ohne das erfolgreiche wissenschaftliche Arbeit nicht möglich ist« (DFG 1998, S. 2, meine Hervorhebung).

Die eingangs erwähnten Angriffe amerikanischer Politiker auf die ›peer review‹ richteten sich gegen die entsprechenden Praktiken der Mittelvergabe der großen Förderorganisationen, der *National Science Foundation* (NSF) und der *National Insti-*

SIEBTES KAPITEL

tutes of Health (NIH). Sie lösten eine breite Diskussion aus, die nicht nur Politiker in Frontstellung zur Wissenschaft brachte, sondern auch innerhalb der Wissenschaft Kritiker und Befürworter des Systems mobilisierte.[1] In dieser mit Verspätung und geringerer Publizität auch in Deutschland geführten Diskussion suchten die Wissenschaftler mit den ihnen zu Gebote stehenden Mitteln die einander widersprechenden Argumente zu begründen: durch wissenschaftliche Untersuchungen der tatsächlichen Funktionsweise der ›peer review‹.[2] Außerdem veranlaßten die Kritiken die Förderorganisationen, ihre Gutachterprozesse genauer zu untersuchen (Cole, COSPUB 1981; Neidhardt 1988; USGAO 1994). Die Ergebnisse warfen ein Schlaglicht auf die Schwächen der ›peer review‹ und waren zum Teil geeignet, die Vorurteile der Politiker und der kritischen Wissenschaftler zu bestätigen.

Cole, Cole und Simon kamen in einer experimentellen Untersuchung des ›Peer-review‹-Prozesses in der *NSF* zu dem Ergebnis, daß »das Schicksal eines bestimmten Antrags [an die NSF auf Förderung eines Forschungsprojekts, P. W.] etwa zur Hälfte von dessen Eigenschaften und zur Hälfte von zufälligen Elementen abhängt, die als ›Glück der Gutachterauswahl‹ charakterisiert werden können« (Cole, Cole, Simon 1981, S. 885). Peters und Ceci führten eine experimentelle Studie des ›Review‹-Prozesses in psychologischen Fachzeitschriften durch, indem sie eine Anzahl von bereits publizierten Artikeln unter anderem Titel, Namen und anderer Adresse des Autors sowie

---

1 Eine Untersuchung der NSF 1988 von 14 000 Forschern, die Anträge an die NSF gestellt hatten, ergab, daß 38 Prozent der Befragten mit dem ›Peer-review‹-Prozeß unzufrieden waren (USGAO 1994, S. 13). Eine Untersuchung der deutschen Hochschullehrer 1976/77 ergab, daß nur 5,3 Prozent mit der DFG unzufrieden waren, allerdings jeweils mehr als 50 Prozent kritische Stellungnahmen zu Einzelaspekten des Fördersystems der DFG äußerten, so daß Neidhardt von einem ›in erheblichem Maß verbreiteten konkreten Unbehagen‹ spricht (Neidhardt 1988, S. 17 f.).

2 Verschiedene Diskussionsphasen in unterschiedlichen Disziplinen sind in den folgenden Zeitschriften dokumentiert: *The Behavioral and Brain Sciences* 5 (1982), S. 187-255 als Reaktion auf einen Leitartikel von Peters, Ceci (1982); *The Behavioral and Brain Sciences* 14 (1991), S. 119-186, als Reaktion auf einen Artikel von Cichetti (1991); *Science, Technology & Human Values* 10/3 (1985); *Journal of the American Medical Association* 272/2 (1994).

mit kosmetischen Textänderungen nochmals einreichten. In dieser zweiten Runde lehnten die Gutachter die Artikel in ihrer Mehrzahl ab und waren sich dabei sogar noch ungewöhnlich einig (Peters, Ceci 1982). Cichetti kommt in einem Überblick über eine Vielzahl von Untersuchungen zur Verläßlichkeit des ›Review‹-Verfahrens zu dem Schluß, daß die Gutachter von Forschungsanträgen eher Einigkeit darin finden, welche Anträge nicht förderungswürdig sind, als darüber, welche Forschungen unterstützt werden sollten. Bei der Begutachtung von Artikeln für Fachzeitschriften ist es jedoch umgekehrt: Die Gutachter sind sich eher über die Annahme als über die Ablehnung von Artikeln einig (Cichetti 1991).

Da diese und ähnliche Ergebnisse geeignet waren, das Vertrauen in die Verläßlichkeit und damit auch in die Unparteilichkeit des ›Review‹-Verfahrens nicht nur unter Wissenschaftlern, sondern auch in der Öffentlichkeit, das heißt unter den für die Bewilligungsentscheidungen verantwortlichen Politikern, zu erschüttern, beauftragte ein Ausschuß des US-Senats den Rechnungshof mit einer Untersuchung der ›fairness‹ der ›peer review‹ in amerikanischen Bundesbehörden. Das ›General Accounting Office‹ fand heraus, daß junge Wissenschaftler und Frauen unter den Gutachtern der drei großen Förderorganisationen NIH, NSF und NEH unterrepräsentiert waren. Die Mehrheit der Gutachter erklärte, daß ihre eigene Arbeit und Expertise (!) zwar im weiteren Bereich der Forschungsanträge liege, aber nur für eine Minderheit von ihnen galt, daß sie an denselben oder benachbarten Fragen arbeiteten. Schließlich konnte vor allem für die Gutachter der NSF festgestellt werden, daß mit zunehmender Expertise (Forschung im selben Gebiet) auch die Wahrscheinlichkeit persönlicher Bekanntschaft mit den Antragstellern stieg (USGAO 1994, S. 2 f.). Neidhardt kam in einer Untersuchung des Gutachterwesens der DFG zu dem Schluß, daß sich diese Förderorganisation in »einem außerordentlichen Maße der Eigendynamik der Fächer, ihren Standards und Interessen« überläßt und als Folge dieses strukturellen Konservatismus in erster Linie »normal science«, nicht aber revolutionäre Forschung fördert (Neidhardt 1988, S. 136).[3]

---

3 Dieses Urteil wurde später in der Evaluation der DFG durch eine internationale Gutachterkommission noch bestärkt (Krull 1999, S. 24).

SIEBTES KAPITEL

Auch aus den Reihen der Wissenschaftler selbst wird Kritik am ›Peer-review‹-System geübt. So wird bestritten, daß sich die beste Forschung auf der Grundlage von Projektplänen bestimmen läßt. Es wird auf die Zeitverschwendung verwiesen, angesichts des Umstands, daß Wissenschaftler bis zur Hälfte ihrer Arbeitszeit auf die Einwerbung von Mitteln (mit unsicherem Ausgang!) verwenden müssen, anstatt diese Zeit für die Forschung zu verwenden. Das System wird für innovationsfeindlich erachtet, weil es zeitlich zu schwerfällig ist, radikale Ideen sehr kritisch betrachtet werden und gute Wissenschaftler ihre Ideen ungern preisgeben. Des weiteren unterstellt es, psychologisch naiv, nicht erwartbare Verhaltensweisen und fördert Unehrlichkeit. Es gibt keine Vorkehrungen gegen Interessenkonflikte, so daß Wissenschaftler die Arbeiten ihrer Konkurrenten beurteilen müssen. Dem entspricht, daß das System auch Manipulationen gegenüber ungeschützt ist. Unter dem Deckmantel der ›peer review‹ kann die Förderung von Projekten über die Wahl der Gutachter gesteuert werden (Roy 1985, S. 74 f.). Rustum Roy, der schärfste Kritiker der ›peer review‹, der sich in den USA öffentlich zu Wort gemeldet hat, sieht die Dinge aus der Perspektive des angewandten Materialforschers. Er vertritt damit eine Sicht, die sicher nicht verallgemeinerbar ist, aber insofern ernst genommen werden muß, als sie das Spektrum der Argumente gegen die ›peer review‹ in der breitesten Form repräsentiert. Bedenklicher noch: Er ist eine der Stimmen *von innen*, das heißt aus den Reihen der Wissenschaft selbst, zusammen mit Nobelpreisträgern und Redakteuren von Zeitschriften (Singer 1989, S. 132).

Hier artikulieren sich die Selbstzweifel der Wissenschaft, die Reflexion der Institution auf ihre eigenen Voraussetzungen und Verfahrensweisen, die von Soziologen gewöhnlich als frühe Anzeichen grundlegender Veränderungen oder gar ihrer Auflösung gedeutet werden. Sowohl die Untersuchung des USGAO in den USA als auch die genannte Evaluation des deutschen Fördersystems sind bereits Reaktionen auf die Wahrnehmung innerhalb der institutionalisierten Wissenschaft und im politischen Raum, daß die Rechenschaftspflicht der Wissenschaft gegenüber der Öffentlichkeit eine neue Qualität angenommen hat. Die Zeiten des fraglosen Vertrauens in die professionellen Selbststeuerungsmechanismen, des unbeobachteten Tuns, der informellen Verhandlungen und Übereinkünfte, sind, so scheint es, vorüber.

Wie bedeutsam ist das ›Peer-review‹-System für die Wissenschaft, wenn weniger als die Hälfte der Mittel der DFG in das sogenannte Normalverfahren fließen, in dem sowohl die Antragstellung als auch die Begutachtung keiner thematischen Einschränkung unterliegen? Oder wenn man in Anschlag bringt, daß die für die Grundlagenforschung verausgabten Mittel weniger als 10 Prozent aller Ausgaben für Forschung und Entwicklung ausmachen? Hinweise dieser Art auf den – gemessen am Gesamtvolumen der Forschungsförderung – beschränkten Einsatz der ›peer review‹ übersieht zum einen, daß auch in der Mehrzahl jener Verfahren, in denen die Entscheidung über die Zuweisung von Finanzmitteln an die Forschung anhand des Themas oder anderer Kriterien getroffen wird, nicht auf die Bewertung wissenschaftlicher Qualität verzichtet wird und werden kann. Glaubt die Politik dennoch, nach geographischen, politischen oder institutionellen *statt* nach wissenschaftlichen Kriterien (und nicht *zusätzlich* zu ihnen) fördern zu sollen, hat dies nicht nur den raschen Verfall der Qualität und die Korrumpierung des Systems zur Folge; sie setzt sich vor allem dem Vorwurf aus, die Unabhängigkeit der Wissenschaft in Frage zustellen. Dieser Vorwurf ist gleichbedeutend mit dem Zweifel an der Objektivität und Verläßlichkeit des unter den Bedingungen *politischer* Förderung produzierten Wissens, das folglich auch seinen legitimatorischen Wert verlieren muß. Das in vielen verschiedenen Varianten institutionalisierte ›Peer-review‹-Verfahren hat aufgrund seiner für die Autonomie der Wissenschaft strategischen Funktion einen hohen Symbolwert, der über die tatsächliche Steuerungsfunktion hinausreicht.

Die Verbindung von ›peer review‹ und öffentlichem Vertrauen in die Wissenschaft verweist auf zwei Ereignisse, die die Autonomie der Wissenschaft zu gefährden vermögen: Innerhalb der Wissenschaft ist es der *Betrug*, von außen ist es die politisch motivierte Förderung.[4] Im folgenden wird die vergleichsweise rezente Diskussion um Betrug in der Wissenschaft beleuchtet; dabei werden insbesondere die Reaktionen der Wissenschaft ei-

---

4 Chubin und Hackett sprechen von ›earmarking‹ bzw. ›pork-barreling‹, von Förderung aufgrund politischer Kriterien und als Ergebnis politischer ›Kuhhändel‹ (Chubin, Hackett 1990, S. 126).

nerseits und der Politik bzw. der Öffentlichkeit andererseits verglichen. Sowohl Betrug als auch Politisierung der Förderung müssen als Versagen des ›Peer-review‹-Systems gelten. Die Reaktionen sind gleichsam seismographische Indikationen dafür, welche Bedeutung diesem Versagen außerhalb der Wissenschaft beigemessen wird. Im letzten Abschnitt wird gezeigt, daß es zu einer *Externalisierung* der Kontrolle und der Leistungsbewertung kommt, die einer zumindest partiellen Aufhebung der Autonomie der Wissenschaft entspricht.

Betrug in der Wissenschaft

Im Mai 1986 begann die Geschichte des wohl spektakulärsten Betrugsfalls in der amerikanischen Wissenschaft, die sogenannte ›Baltimore/Imanishi-Kari-Affäre‹.

Ausgangspunkt war ein im April 1986 erschienener Artikel, der über ein Experiment der Einschleusung von Immungenen bei Mäusen berichtete.[5] Einer der Autoren war David Baltimore, einer der führenden Biomediziner, Nobelpreisträger und Direktor des Whitehead Institute of Biomedical Research am MIT. Eine weitere Autorin war Theresa Imanishi-Kari.

Margot O'Toole, die als Postdoc unter Imanishi-Kari am MIT arbeitete, entdeckte bei ihren Versuchen, Experimente ihrer Chefin zu replizieren, Unstimmigkeiten zwischen dem ursprünglichen Laborprotokoll und den in dem Artikel publizierten Daten. Als sie auf Nachfrage keine weiteren Daten von Imanishi-Kari erhielt, meldete sie ihre Entdeckung der Leitung des Departments. Eine daraufhin eingesetzte Untersuchungskommission fand jedoch keine Gründe, die ein Zurückziehen des Artikels nahegelegt hätten. O'Toole wandte sich daraufhin an die Spitze des MIT. Die daraufhin eingesetzte zweite Kommission bestätigte zwar unter anderem die inkriminierten Fehler, hielt sie jedoch nicht für gravierend und überantwortete sie dem wissenschaftlichen Kommunikationsprozeß. Inzwischen hatte ein Kollege von O'Toole zwei Wissenschaftler der NIH, Walter Stewart und Ned Feder, informiert, die eine eigene Analyse des

---

5 Ausgangspunkt der Affäre war der Artikel von Weaver, Reis, Albanese, Constantini, Baltimore und Imanishi-Kari (1986).

Falls unternahmen. Ihr Bericht vom September 1987, dessen Veröffentlichung von den Zeitschriften *Cell, Science* und *Nature* abgelehnt wurde, zirkulierte unter vielen Wissenschaftlern und war Anlaß für Baltimore, gegen ihn zu protestieren. Im Januar 1989 kamen die NIH zu der Überzeugung, daß der Artikel von 1986 zwar »significant errors of misstatement and omission [… but] no evidence of fraud, conscious misrepresentation, or manipulation of data« enthalte. Im Mai 1988 nahm sich der Kongreßabgeordnete John Dingell im Rahmen eines Hearings der Affäre an. Damit war sie zum Gegenstand der öffentlichen politischen Debatte geworden (Andersen u. a., 1992, S. 31 f.; Chubin, Hackett 1990, S. 138 ff.).

Im März 1991 geriet der Entwurf eines neuen Berichts der NIH an die Öffentlichkeit. Im Gegensatz zum vorhergehenden sprach dieser Bericht von »serious scientific misconduct« und »fabrication of data« und hielt Baltimores Verteidigung des Artikels und seiner Mitarbeiterin Imanishi-Kari für »schwer verständlich« und »tief beunruhigend«. Dieser Bericht erzeugte offenbar einen Sinneswandel auf seiten Baltimores, der zusammen mit dreien der Ko-Autoren den ursprünglichen Artikel zurückzog und zugestand, daß Fragen hinsichtlich der Validität einiger der Daten aufgetaucht seien. NIH gegenüber distanzierte er sich von Imanishi-Kari und nahm für sich in Anspruch, von eventuellen Fälschungen keine Kenntnis gehabt zu haben. Im übrigen billigte er jetzt der Politik als Förderinstanz das Recht zu, die wissenschaftliche Gemeinschaft für die Verwendung öffentlicher Mittel für rechenschaftspflichtig zu halten. In der *New York Times* erschienen Berichte und Editorials unter sinnfälligen Titeln wie »On the Trail of Misconduct in Science Where U.S. Billions Can Be at Stake« und »A Scientific Watergate?« (Leary 1991; Editorial 1991). Baltimore gab 1992 seine Position als Präsident der Rockefeller University auf, ein Schritt, der die Tragweite der Affäre anzeigt.

Die Baltimore/Imanishi-Kari-Affäre ist nie vollständig aufgeklärt worden.[6] Unabhängig von Fragen der Schuld hat sie, gerade aufgrund der Prominenz der involvierten Personen und Institutionen, sowohl der Wissenschaft als auch der Öffentlichkeit

---

6 Nach jahrelangem Rechtsstreit unterlag das *Office for Research Integrity* (ORI) gegen Baltimore, weil seine direkte Schuld nicht nachgewiesen werden konnte. Kevles (1998) sieht Baltimore als voll rehabilitiert an.

SIEBTES KAPITEL

eindringlich vor Augen geführt, welcher Schaden durch Betrug für die beteiligten Wissenschaftler und ihre Organisationen entstehen kann. Besonders gravierend erscheint Beobachtern das defensive und selbstgerechte Verhalten der Wissenschaftler sowohl gegenüber der Politik und der Öffentlichkeit als auch gegenüber der jungen Postdoktorandin, die sich doch nur dem Ethos der Wissenschaft gemäß verhalten und der Institution einen Dienst erwiesen hat (Andersen u. a. 1992, S. 35).

Betrug in der Wissenschaft galt in Deutschland jahrelang als ein Problem der Amerikaner, zumindest als ein Problem der Wissenschaft in anderen Ländern, nur nicht im eigenen – bis zum Mai 1997. Da nämlich erschütterte der Fall Herrmann/Brach das Vertrauen in die Besonderheit der deutschen Wissenschaftskultur nachhaltig. Die von diesem Fall ausgehenden Erschütterungen waren um so größer, als Friedhelm Herrmann ein hochangesehener Forscher war, der mit 398 Publikationen an der Spitze seines Faches, der Hämatologie, stand und unter anderem die Position eines Fachgutachters der DFG innehatte. Er genoß also das Vertrauen und die damit verbundene Verantwortung einer wichtigen Steuerungsfunktion in der Wissenschaft.

Ähnlich wie im zuvor genannten Fall Baltimore/Imanishi-Kari entdeckte ein junger Postdoktorand Herrmanns eine gefälschte Abbildung in einem Artikel seines Chefs. Als er von ihm keine befriedigende Erklärung erhielt und Herrmann auch keine Korrektur vornahm, wandte er sich an seinen früheren Doktorvater. Im Mai 1997 traten die Professoren Hofschneider und Bertram mit der Nachricht an die Öffentlichkeit. Eine kurz darauf eingesetzte Kommission legte weitere Fälschungen der beiden Autoren offen. Sie stellte fest, daß Herrmann und Brach »in zahlreichen Publikationen [inzwischen über 50 nachgewiesene, P. W.] experimentelle Befunde [fälschten], indem sie Abbildungen oder Tabellen entweder gänzlich erfanden oder vorhandenes Datenmaterial manipulierten. Sie verwendeten auch ein- und dieselbe Abbildung mehrfach in verschiedenen Publikationen und änderten dazu nur die Bildunterschrift. Damit täuschten sie Experimente vor, die in Wirklichkeit nie gemacht worden waren« (Gemeinsame Kommission 1997).[7]

---

[7] Eine zur Aufklärung des Skandals eingesetzte, ›task force‹ genannte Arbeitsgruppe hat inzwischen einen Bericht vorgelegt, 347 Publikationen Herrmanns untersucht, in 94 davon Unregelmäßigkeiten festgestellt und

Während Brach kurz darauf Fälschungen eingestand, bestritt Herrmann jede Mitwirkung und schob die Schuld für Fehlverhalten auf seine ehemalige Mitarbeiterin und Lebensgefährtin. Die institutionelle Wissenschaft, das heißt in diesem Fall die Deutsche Forschungsgemeinschaft, sah in dem Fall das »Fehlverhalten einzelner«, und ihr damaliger Präsident Frühwald insistierte darauf, daß die DFG »nur im Einzelfall fehlbar« sei (in: *Focus*, 9.6.1997). Doch diese ›Personalisierung‹ und Vereinzelung des Betrugsfalls, die eine typische Reaktion der Korporation ist und von strukturellen Ursachen ablenken soll, erwies sich schnell als unhaltbar.

Betrug in der Wissenschaft im Spiegel der Medien

Gerade dort, wo Betrug für ein Problem der anderen gehalten wurde, war das Entsetzen um so größer, und anders als sonst, wenn es um innere Angelegenheiten der Wissenschaft geht, waren die Medien diesmal aufmerksame Beobachter und Berichterstatter für die Öffentlichkeit. Zum ersten Mal war die deutsche Wissenschaft mit einem Betrugsskandal in den eigenen Reihen und mit seiner detailreichen Spiegelung vor den Augen einer breiten Öffentlichkeit konfrontiert. Der Fall Herrmann/Brach ist insofern eine Wasserscheide im Verhältnis von Wissenschaft und Gesellschaft, als die Wissenschaft auch im Hinblick auf ihre ›intimsten‹ Probleme, nämlich die Aufdeckung und Sanktionierung betrügerischen Handelns, zu einer *öffentlichen Wissenschaft* wurde. Das heißt, die Wissenschaft als ein von der Gesellschaft finanziertes Subsystem, das für die Verwendung der Ressourcen rechenschaftspflichtig ist und sich aufwandsgemäßen Nutzenerwartungen gegenübersieht, wird nunmehr auf seine internen Praktiken hin beobachtet. Während sich das öffentliche Interesse bislang allenfalls auf die Ergebnisse richtete, erstreckt es sich jetzt auch auf die Handlungen und Instrumente, die zu deren Produktion eingesetzt werden (Chubin, Hackett 1990, S. 129f.). Die Warnung deutscher Wissenschaftspolitiker angesichts des Falls Herrmann/Brach vor einer Über-

---

dabei Hinweise gefunden, die auf eine Ausweitung des Falls auf weitere Mitautoren Herrmanns deuten (idw Pressemitteilung vom 5.7.2000).

reaktion nach amerikanischem Muster täuscht darüber hinweg, daß die öffentliche Diskussion des Betrugs in der Wissenschaft in den USA über zehn Jahre früher eingesetzt und zu einem Reflexionsniveau im Diskurs zwischen Wissenschaft, Politik und Medien geführt hat, das es in der stark korporatistisch geprägten politischen Kultur der Bundesrepublik erst noch zu erreichen gilt.[8]

Die Betrugsaffäre Herrmann/Brach wurde auf den sonst so trockenen Wissenschaftsseiten der führenden Tages- und Wochenzeitungen in alarmierender Weise kommentiert. Die *Süddeutsche Zeitung* sprach vom »GAU in der Forschung« (7. 4. 1998); *Die Zeit* bezeichnete den Fall als den ›größten deutschen Forschungsskandal‹, der »nach und nach [...] immer mehr Institutionen und Forscher in Mitleidenschaft« gezogen habe (19. 12. 1997). Die angesehene britische Wissenschaftszeitschrift *Nature* sah die ›deutsche Selbstgefälligkeit‹ hinsichtlich der wissenschaftlichen Integrität erschüttert (19. 6. 1997), und *Der Spiegel* erachtete die Affäre als »exemplarisch für Mißstände in der Wissenschaft« (23. 6. 1997). Tatsächlich geriet der Fall Herrmann/Brach zu einem Medienereignis, das über mehr als ein Jahr beträchtliche Aufmerksamkeit in den Printmedien auf sich zog. Die Berichterstattung ging weit über den Fall hinaus und erstreckte sich schließlich auf allgemeinere Analysen des Phänomens ›Betrug in der Forschung‹ und der Folgen für das Vertrauensverhältnis zwischen Wissenschaft und Gesellschaft. Ausführliche Dossiers oder zumindest themenfokussierte Seiten zum Betrug rückten die Medien in eine zentrale Rolle der Informierung und Aufklärung der Öffentlichkeit.[9] Die Medien berichteten über Häufigkeit und Ursachen von Betrug, über die betroffenen Disziplinen, den Vergleich zu anderen Ländern, über die Reaktion der Wissenschaft und über die möglichen Folgen für sie und leisteten dabei sehr wichtige Vermittlungsarbeit.

Diese Moderationsfunktion gegenüber der Öffentlichkeit

---

8 Zum Korporatismus der bundesrepublikanischen Gesellschaft, der auch das Wissenschaftssystem kennzeichnet, vgl. die kurze Analyse von Scheuch und Scheuch (1999).
9 Eine detaillierte quantitative und qualitative Analyse der Berichterstattung über Betrug in der Wissenschaft im zeitlichen Umkreis des Herrmann/Brach-Falls liefert Rigauer (1999).

wird erkennbar, betrachtet man die Berichterstattung im Überblick (Rigauer 1999, S. 72 ff.). Zum einen diskutieren die Medien die Frage der Häufigkeit wissenschaftlichen Fehlverhaltens. Damit wird zunächst einmal die Dimension des Problems näher bestimmt. Allerdings ist die tatsächliche Häufigkeit umstritten. Wissenschaft und Medien präsentieren unterschiedliche Einschätzungen. Dadurch wird die Sensibilität für die Aufdeckung und Sanktionierung von Fehlverhalten gestärkt. Keine Metapher wird so häufig verwendet wie die von der ›Spitze des Eisbergs‹, um drohend oder negierend die Ungewißheit über das tatsächliche Verhältnis von entdeckten zu unentdeckten Betrugsfällen zu umschreiben. So bildet sich der Konsens, daß Betrug in der Wissenschaft keineswegs mehr auf Einzelfälle beschränkt sei, die schwerwiegenden Skandale jedoch weiterhin Ausnahmen bildeten. Insbesondere könne aber die deutsche Wissenschaft nicht mehr für sich in Anspruch nehmen, eine ›Insel der Seligen‹ zu sein (Stegemann-Boehl 1997).

Bei der für die Medien üblichen Personalisierung von Ereignissen fällt auf, daß die vornehmlich auf die Person Friedhelm Herrmanns fokussierte Berichterstattung vor allem dessen wissenschaftliche Reputation, seine mit ihr verbundenen Positionen in der Wissenschaftsverwaltung und die Höhe der von ihm eingeworbenen Forschungsmittel eine zentrale Rolle einnehmen. Er wird als »Prototyp des erfolgreichen Wissenschaftlers« apostrophiert (Thurau 1998). Mit dieser Form der Darstellung wird der Abwehrhaltung der Wissenschaft entgegengewirkt, mit der entsprechende Fälle als Handlungsweisen ›geistig verwirrter‹ und/oder unbedeutender Forscher abgetan werden.[10] Die Medien nehmen gegenüber der Wissenschaft also eine skeptische Haltung ein. Die Tragweite des Betrugs sehen sie zu Recht gerade darin begründet, daß er von besonders renommierten Forschern verübt wird und verübt werden *kann*. Es

10 In der *Zeit* reagierte A. Sentker auf eine entsprechende Erklärung der MPG zu einem im Kölner Max-Planck-Institut für Züchtungsforschung im März 1998 bekanntgewordenen Fall von Fälschung: »Eine technische Assistentin [...] wurde des mehrfachen Betrugs überführt. [...] Die beiden Fälle könnten kaum gegensätzlicher sein: hier eine vermutlich geistig verwirrte Laborangestellte, deren Machenschaften die Wissenschaftler ungläubig vor den Trümmern ihrer Arbeit stehen läßt, dort kühl kalkulierende Forscher, vom Ehrgeiz zum Betrug getrieben« (Sentker 1998).

bedarf kaum noch des Hinweises, daß sie damit im Namen der Öffentlichkeit die Einhaltung des wissenschaftlichen Ethos einklagen.

Das gilt in vergleichbarer Form auch für die Kommentierung eines weiteren Komplexes, nämlich der Kontrollmechanismen der Wissenschaft gegen Betrug. Die Medien verhalten sich auffallend distanziert und sogar skeptisch zu den Beschwörungen der »Selbstheilungskräfte«, die von prominenten Wissenschaftsadministratoren mit Verweis auf die routinemäßige Replikation von Forschungsergebnissen vorgebracht werden (Blum 1998). Statt dessen nimmt die Diskussion möglicher alternativer Instrumente eine größere Rolle ein. Für die Medien haben die in den USA und in Dänemark errichteten *externen* Kontrollinstanzen nicht den Schrecken, den sie für die deutsche Wissenschaft offensichtlich besitzen, sondern nehmen eher eine Vorbildrolle ein. Die als Reaktion auf den Fall Herrmann/Brach von der DFG im Dezember 1997 verabschiedeten Empfehlungen »zur Sicherung guter wissenschaftlicher Praxis«, ein Ehrenkodex, der die Selbstkontrolle in der Forschung stärken soll, erreicht erwartungsgemäß eine hohe Aufmerksamkeit.

Die mediale Einschätzung dieses Ehrenkodexes, der im Grunde nur eine Bekräftigung dessen ist, was ohnehin die Praxis der Wissenschaft leiten sollte, ist vor dem Hintergrund der Diskussion über die Ursachen der Betrugsfälle zu sehen. Obgleich die Medien zum großen Teil die Analysen von Wissenschaftlern selbst übernehmen und folglich auf den erhöhten Publikationsdruck und den Konkurrenzdruck vor allem in den sich schnell entwickelnden Gebieten der Biomedizin verweisen, nimmt daneben die Kritik an der Überforderung und den Fehlfunktionen des Gutachtersystems breiten Raum ein. Die Schwäche der Mechanismen der Selbstkontrolle (Batholomäus/Schnabel, in: Die *Zeit* vom 13.6.1997), »Gutachterkartelle«, in denen die »Arbeiten und Forschungsanträge von alten Kameraden verdealt« werden (*taz* vom 11.8.1997), »Fehlentwicklung des Wissenschaftsbetriebs« (Zell, in: *Die Zeit* vom 1.8.1997): so lauten die Diagnosen. Auch in diesem Kontext halten die Medien der Wissenschaft ihr eigenes Ethos vor und fordern dessen Einhaltung.[11]

11 »Das vielgepriesene Gutachtersystem hat offensichtlich Schwächen. Diese Mängel sind freilich seit Jahren bekannt und von den Wissenschaftlern

Schließlich kommentieren die Medien die Folgen des Betrugs für die Wissenschaft insgesamt. Dabei nehmen sie ebenfalls eine kritische Rolle ein, indem sie den »Herolden des deutschen Wissenschaftsbetriebs« (Adam, in: *FAZ* vom 12.7.1997) vor allem im Vergleich zu den USA einen Mangel an offener Diskussion vorwerfen, auf den gravierenden Schaden für den Ruf der Forschung und auf den Vertrauensverlust in der Öffentlichkeit hinweisen (so unter anderem Rubner, in: *SZ* vom 7.8.1997). Die Stimmung wird von einem Kommentator auf den Punkt gebracht: »Nicht gerade die beste Reklame für eine zumeist öffentlich finanzierte Branche, die sich der Wahrheitssuche verpflichtet sieht und dafür das Recht auf Selbstkontrolle vehement einfordert« (Thurau, in: *SZ* vom 7.4.1998).

Es kann kein Zweifel bestehen: Die Medien etablierten sich in der Diskussion um Betrug und Fehlverhalten in der Wissenschaft auch in Deutschland als kritische Instanz, die darüber wacht, daß das Informationsinteresse der Öffentlichkeit respektiert, korporatistische Verschleierungen aufgedeckt, als solche inkriminiert und daß Vertrauen durch Offenlegung gewährleistet werden. Ihre kritische Funktion bestand insbesondere darin, daß sie der Wissenschaft den Spiegel ihres eigenen Ethos vorhielten und für dessen Befolgung verantwortlich machten. Angesichts der skandalösen Betrugsfälle war der institutionalisierten Wissenschaft in Gestalt der Medien ein *externer* Sachwalter der inneren Kontrollmechanismen erwachsen.[12]

---

selbst verschuldet. Die Flut von Veröffentlichungen steigt stetig [...]. Die Institutschefs wollen als Ko-Autoren auf jeder Publikation ihrer Doktoranden erscheinen, obwohl sie oft nicht genau wissen, was drinsteht. Die Gutachter sind überlastet und urteilen häufig nach dem Prinzip: Bekannter Autor, gute Adresse, alles in Ordnung« (Rubner, in: *SZ* vom 27.6.1997).

12 Die Rolle der Medien war insofern auch weit konstruktiver, als es ihr Ruf hätte erwarten lassen. Vgl. die negative Einschätzung der Rolle der Medien in den USA in der Betrugsdiskussion (Fuchs, Westervelt 1996, S. 256).

SIEBTES KAPITEL

Die Reaktion der Wissenschaft auf Betrug und deren Ursachen

Die zwei beschriebenen großen Betrugsfälle in den USA und Deutschland sind insofern nur die ›Spitze eines Eisbergs‹, als es außer ihnen noch etliche, vielleicht Hunderte anderer Fälle gibt, die nur nicht die gleiche Prominenz in den Medien erlangt haben. Damit erhebt sich sogleich die seit einigen Jahren immer häufiger gestellte Frage, wie viele Fälle von Betrug es wirklich gibt und ob der Eindruck richtig ist, daß die Zahl der Betrugsfälle ansteigt. Oder ist die auffällig gestiegene Zahl von Fällen nur ein Reflex der größeren Aufmerksamkeit, die dem Phänomen in der Politik und in den Medien geschenkt wird? Oder gilt beides? Eine weitere Möglichkeit wäre schließlich, daß sich die Definition von Betrug geändert hat bzw. daß verschiedene Beobachter verschiedene Begriffe von Betrug und Fehlverhalten verwenden. Es kann mit hoher Wahrscheinlichkeit gesagt werden, daß alles dies der Fall ist und folglich der eigentlich interessante Sachverhalt in der *Öffentlichkeit der Diskussion* über den Betrug in der Wissenschaft zu sehen ist.

Der Begriff des Betrugs in der Wissenschaft ist verschwommen, eine einheitliche Definition gibt es nicht.[13] Die komplizierten Diskussionen darum, was schon als Betrug zu gelten hat und was noch als allenfalls anstößiges Verhalten durchgeht, spiegeln den hochgradig kompetitiven Prozeß der Forschung und des Publizierens wider. Die Ambivalenzen ergeben sich aus der einzigartigen Verknüpfung von Konkurrenz um Priorität (und finanzielle Ressourcen) auf der einen und des Teilens relevanter Informationen sowie des Vertrauens in ihre Verläßlichkeit auf der anderen Seite. Sie reflektieren die prinzipielle Unsicherheit des innovativen Erkenntnisprozesses und sind in der

---

13 Eine Typologie unter juristischen Gesichtspunkten liefert Stegemann-Boehl (1994, S. 66 ff.). Eine Übersicht über unterschiedlich geartete Fälle und deren Diskussion liefert das *Danish Medical Research Council* in der Untersuchung von Andersen u. a. (1992). Broad und Wade (1984) unterstellen ein Kontinuum von bewußtem Betrug über Manipulation zu unbewußtem Selbstbetrug. Damit fokussieren sie die in der tatsächlichen Praxis gegebene Grauzone zum Beispiel bei der Selektion von ›passenden‹ Daten. Bei der Diskussion des Phänomens spielen nur die bewußten Täuschungsversuche eine wirklich relevante Rolle.

scheinbaren Widersprüchlichkeit des wissenschaftlichen Ethos, in der Gleichzeitigkeit von Kommunalität und organisiertem Skeptizismus, kodifiziert (Merton 1942). Fuchs und Westervelt verweisen in diesem Zusammenhang auf zwei Paradoxien des Betrugs in der Wissenschaft. 1. Die Entdeckung von Betrug in der Wissenschaft ist nur durch die Integrität der Informanten, also anderer Wissenschaftler, möglich, ohne deren Kenntnis die Außenwelt nichts erfahren und beurteilen könnte. Betrug wird durch ›peers‹ entdeckt, zumeist solche Wissenschaftler, die in engem sozialen Kontakt mit den ›Betrügern‹ stehen. Auch das ist paradox: daß soziale Nähe (häufig) eine Bedingung für die Aufdeckung von Betrug ist, zugleich aber ein Hinderungsgrund, diesen zu erwarten und davon zu berichten. Dieser Umstand verweist auf die prekäre Rolle der Informanten, der sogenannten ›Whistle-blower‹. 2. Betrug muß immer als eine Ausnahme in einer ansonsten ehrlichen Praxis erscheinen, andernfalls müßte auch die Entdeckung des Betrugs dem Betrugsverdacht unterliegen (Fuchs, Westervelt 1996, S. 251 f., 255).[14]

Die darin zum Ausdruck kommende ›Geschlossenheit‹ der Wissenschaft spiegelt sich auch darin wider, daß Verstöße gegen das Ethos einer strafrechtlich begründeten Sanktionierung nicht oder nur in seltenen Fällen zugänglich sind. Sie können nur innerhalb der *scientific community* selbst geahndet werden. Wissenschaft und Öffentlichkeit bzw. Politik bleiben bei der Entdeckung und Sanktionierung von Betrug aufeinander verwiesen, voneinander abhängig. Aber das Abhängigkeitsverhältnis ist enger geworden und hat sich zuungunsten der Wissenschaft verschoben: Der Anspruch der Öffentlichkeit auf die Kontrolle der Einhaltung des Ethos ist in dem Maße ›direkter‹ und weiterreichend geworden, in dem er in den Medien öffentlich Ausdruck findet. Die öffentliche Diskussion über die Definition ›wissenschaftlichen Fehlverhaltens‹ (›scientific miscon-

---

14 Das dritte von ihnen genannte und Peter Medawar zugeschriebene Paradox ist nicht zwingend: Entgegen populärer Meinung seien die Betrüger in der Wissenschaft nicht zynisch und egoistisch, sondern Hauptmotiv des Betrugs sei ein »leidenschaftlicher Glaube an die Wahrheit« (Fuchs, Westervelt 1996, S. 252). Diese Interpretation ließe sich im Fall Herrmann/Brach angesichts der flächendeckenden Datenfabrikation kaum aufrechterhalten.

SIEBTES KAPITEL

duct‹) und von Betrug (›fraud‹) in der Wissenschaft ist deshalb ein Indiz für das Neuaushandeln der Grenze zwischen der Wissenschaft als Korporation und der demokratischen Öffentlichkeit. Letztlich geht es um die Frage, ob bzw. wieweit der Wissenschaft weiterhin das Privileg der Selbstkontrolle gewährt werden soll oder nicht, und das ist eine Machtfrage.

Der Ausgang dieser Machtfrage läßt sich als das Ergebnis der inneren Dynamik des apostrophierten wechselseitigen Abhängigkeitsverhältnisses prognostizieren. Es wird zu einer weitergehenden *Externalisierung* der vormals *wissenschaftsinternen* Mechanismen der Kontrolle und der Bewertung kommen. Das bedeutet nicht etwa, daß das Strafrecht und damit Juristen an die Stelle des wissenschaftlichen Ethos treten werden, denn das käme einer Auflösung des erwähnten Paradoxons gleich. Vielmehr werden die Kontrollmechanismen und die Sanktionierungen von Fehlverhalten der öffentlichen Beobachtung unterworfen, das Ethos wird durch die öffentliche Diskussion seiner Gewährleistung gestärkt. Die Medien übernehmen hierbei die zentrale Rolle. Wie die enger werdende Kopplung funktioniert, läßt sich bereits an den bisherigen Ereignissen illustrieren.

Forschung und wissenschaftliche Kommunikation sind wie nur wenige andere soziale Beziehungen von gegenseitigem Vertrauen abhängig. Kooperative Forschungsprozesse, vielfach in kleinen Gruppen, und ein Kommunikationsprozeß, dessen Effektivität und Erfolg von der kritischen Reaktion der kompetenten Kollegen (der ›peers‹) abhängt, wären ohne Vertrauen nicht möglich. Die *scientific community* ist durch Netzwerke enger sozialer Beziehungen geprägt. Persönliche Beziehungen spielen wahrscheinlich eine noch größere Rolle als etwa in der Wirtschaft oder der Politik. In einem solchen Kontext stellt der Vertrauensbruch, der bewußte Betrug, eine besonders große Bedrohung dar, und dementsprechend sind die Sanktionen besonders schwerwiegend. Allerdings ist auch die Schwelle für die Aufdeckung des Betrugs und die Anklage sehr hoch. Der Ankläger befindet sich damit in einer außerordentlich prekären Rolle. Die Kollegialität der Beziehungen macht den abrupten Wechsel von persönlich geprägtem Vertrauensverhältnis zu öffentlicher Anklage ohnehin zu einer psychisch und sozial schwierigen Handlung. Die Gemeinschaft neigt gegenüber geringfügig erscheinenden Verstößen deshalb eher zu Toleranz, weil die Kosten der Zerstörung funktionierender sozialer Beziehungen durch die Ahndung sehr hoch erscheinen. Erweist sich ein Verdacht im nachhinein als unberechtigt, fällt die ganze Last der moralischen Verurteilung auf den Ankläger zurück. Das Risiko des öffentlich geäußerten Verdachts und die Beweislast werden im übrigen noch dadurch erhöht, daß in der Wissenschaft Vertrauen, Glaubwürdigkeit und sozialer Status in Gestalt von wissenschaftlicher Reputation eng miteinander verknüpft, verschiedene Einheiten derselben Währung sind. Betrugsbeschuldigungen gegen renommierte Wissenschaftler von seiten jüngerer Mitarbeiter, wie sie in den beiden spektakulären Fällen erhoben wurden, sind für diese hoch riskant.

Anders als im Rechtssystem gibt es in der Wissenschaft keine formalen Prozeduren, die Anklageerhebung, Beweisführung und Verteidigung regeln. Der gesamte Prozeß von der Äußerung eines Verdachts bis zum Schuldspruch, ist informell. Statusunterschiede, Machtdifferenzen und Abhängigkeitsverhältnisse schlagen durch. Es gibt so gut wie keinen Schutz für den Verdächtigenden. Es gibt allerdings auch keinen Schutz für den Verdächtigten vor ungerechtfertigten Verdächtigungen, außer den Beweis seiner Unschuld und die Ressourcen seiner Stellung in der Gemeinschaft, sein Kapital an Glaubwürdigkeit, Reputation und vertrauenden Kollegen. Es hat einen guten Sinn, daß das eilfertige ›whistle blowing‹ unter erhebliches Risiko gestellt wird. Wissenschaftliche Forschung ist hoch kompetitiv, und ihr Gegenstand ist Ungewißheit. Die Versuchung, in der Konkurrenz verlorenes Terrain durch Verdächtigungen wiedergutzumachen, ist groß. Der Nachweis kann für beide Seiten schwierig sein; in der verstreichenden Zeit tut der Makel des Verdachts seine zerstörerische Wirkung.

Alles dies macht den besonderen Charakter der Wissenschaft als einer Korporation aus, die zwar in der Gesellschaft besteht und von ihr remuneriert wird, die aber nur partiell ihren Regulierungen und Kontrollen unterliegt, sondern ihre ›inneren‹ Angelegenheiten selbst regelt. Das alles erklärt auch, warum die Wissenschaft als Institution große Widerstände gegen Betrugsverfahren entwickelt, warum sie überaus zurückhaltend, abweisend und zuweilen selbstgerecht reagiert, wenn eine öffentliche Diskussion von Betrugsfällen gefordert wird (Fuchs, Westervelt 1996, S. 257).

SIEBTES KAPITEL

Genau dieser Typ von Reaktion, der aus der Sicht der Wissenschaft ihrer sozialen (korporativen) Organisation und ihren konstitutiven Operationen entspricht und durch sie legitimiert wird, steht in direktem Konflikt mit der politischen Kultur massendemokratischer Gesellschaften. In ihr gelten Werte wie Gleichheit, Rechtmäßigkeit und Öffentlichkeit. Die Werte dieser Gesellschaft werden in den Medien widergespiegelt. Die Medien nehmen Partei für den ›underdog‹ gegen ›die da oben‹. Recht und Ordnung werden gerade dann mit Enthusiasmus eingeklagt, wenn sie sich gegen diejenigen auswirken, die sie aufgrund ihrer Macht und ihres Status mißachtet haben. Geheimnistuerei, die Zurückhaltung von Informationen, ist ein Verstoß gegen das Recht auf Informiertheit, das zuallererst die Medien im Namen der demokratischen Teilhabe für die Öffentlichkeit reklamieren. Korporatistische Taktiken der Verschleierung oder patronaler Umgang mit den öffentlichen Informationsansprüchen sind aus der Sicht der Medien Skandale bzw. vor dem Hintergrund des massendemokratischen Wertekanons sensationelle Verstöße gegen denselben und mithin willkommene Anlässe der Berichterstattung.

1981 schuf die *Association of American Universities* (AAU) eine Kommission zur Untersuchung der Ehrlichkeit in der Forschung. In ihrem ein Jahr darauf veröffentlichten Bericht kam die Kommission zu dem Schluß, daß die bis dahin üblichen ›*informellen und diskreten*‹ Bemühungen der Behandlung wissenschaftlicher Unehrlichkeit nicht länger hinnehmbar seien. Sie schlug vor, daß alle akademischen Forschungseinrichtungen Verfahren etablieren sollten, die einen hohen Standard der Forschungsethik garantieren würden (in: Andersen u. a. 1992, S. 40).

Damit wurde eine lange Reihe ähnlicher Maßnahmen von Forschungsinstituten, Förderorganisationen, Universitäten und vergleichbareb Einrichtungen begonnen: in den USA die *Association of American Medical Colleges* (AAMC), der *Public Health Service* (PHS), die *National Institutes of Health* (NIH) und schließlich die *National Science Foundation* (NSF). Noch zehn weitere Jahre dauerte es, bis – aufgeschreckt durch den Fall Herrmann/Brach – auch die Deutsche Forschungsgemeinschaft (DFG) und die Max-Planck-Gesellschaft mit entsprechenden Empfehlungen zur »Sicherung guter wissenschaftlicher Praxis« nachfolgten (DFG 1998; MPG 1997).

Die von all diesen Wissenschaftsorganisationen entwickelten Richtlinien und Verfahren gleichen sich. Das überrascht nicht angesichts des Umstands, daß, wie die DFG Empfehlungen ausführen, wissenschaftliche Arbeit auf Grundprinzipien beruht, »die in allen Ländern und in allen wissenschaftlichen Disziplinen gleich sind« (DFG 1998, S. 5). Überraschend ist jedoch, daß die Formulierung dieser Regeln in allen Ländern mit bedeutenderen Wissenschaftssystemen innerhalb eines relativ kurzen Zeitraums stattgefunden hat. Die entsprechenden Richtlinien betreffen zwei Komplexe: Verhaltensnormen für die Wissenschaftler, die Grundlage sogenannter ›guter Praxis‹ sind, und Verfahrensvorschläge, die die Untersuchung und Sanktionierung von Betrugsfällen regeln sollen.

Die gedruckten Regeln des Verhaltens zur Sicherung der guten Praxis sind Formalisierungen von zuvor informellen und impliziten Regeln. Es sind öffentliche Dokumentationen des vormals intern Selbstverständlichen, zum Beispiel »lege artis zu arbeiten, Resultate zu dokumentieren, alle Ergebnisse konsequent selbst anzuzweifeln, strikte Ehrlichkeit im Hinblick auf die Beiträge von Partnern, Konkurrenten und Vorgängern zu wahren« (ebd., S. 7, Empfehlung 1). Es fällt nicht schwer, in diesen Verhaltensnormen zentrale Elemente des wissenschaftlichen Ethos wiederzuerkennen. Die Institution erinnert sich gleichsam selbst an die Wichtigkeit dieser Regeln für ihre eigene Fortdauer, wenn sie sie zum »festen Bestandteil der Lehre und der Ausbildung des wissenschaftlichen Nachwuchses« zu machen empfiehlt (ebd., S. 7, Empfehlung 2). Analoges gilt, wenn auf die Bedeutung der »Ausbildung und Förderung des wissenschaftlichen Nachwuchses« hingewiesen wird, für dessen Betreuung Hochschulen und Forschungseinrichtungen verpflichtende Grundsätze entwickeln sollen (ebd., S. 9, Empfehlung 4), oder wenn diese angehalten werden, ihre »Leistungs- und Bewertungskriterien […] so fest[zu]legen, daß Originalität und Qualität als Bewertungsmaßstab stets Vorrang vor Quantität haben« (ebd., S. 10, Empfehlung 6).

Nur graduell anders verhält es sich mit den Verfahrensregeln zur Behandlung von Betrugsfällen. Die Empfehlungen, daß Hochschulen und Forschungseinrichtungen Vertrauenspersonen ernennen sollen, an die sich Mitglieder »in Fragen vermuteten wissenschaftlichen Fehlverhaltens wenden können«, und daß sie »Verfahren zum Umgang mit Vorwürfen wissenschaftlichen Fehlverhaltens« entwickeln sollen, sind ebenfalls Formalisierungen bislang informeller und kaum ausdifferenzierter Mechanismen (ebd., S. 10, Empfehlung 5; S. 13, Empfehlung 8). Wenngleich die Verantwortung für die Ausformulierung der entsprechenden Verfahren nach den Vorstellungen der DFG noch weitgehend den Einrichtungen überlassen bleiben soll, wird die Richtung der Entwicklung schon angegeben. Sie zielt eindeutig auf eine *Verrechtlichung* des Umgangs mit wissenschaftlichem Fehlverhalten und Betrug. Die für die Verfahrensabschnitte der Vorermittlung und des Hauptverfahrens formulierten Grundsätze entsprechen bereits den Prinzipien öffentlicher Ermittlungs- und Gerichtsverfahren, und die DFG-Kommission konstatiert voraussehend, daß »die Umsetzung dieser Empfehlung [...] ein hohes Maß an juristischer Erfahrung erfordern« wird und eine »zentrale Institution« eine Muster-Verfahrensordnung erarbeiten solle (ebd., S. 16).[15]

Es stellt sich die Frage, wer die Adressaten dieser Empfehlungen sind. Insofern es die angesprochenen Einrichtungen sind, also die Institutionen selbst, kommen die Empfehlungen einer Analyse der Fehlfunktionen gleich. Sie erinnern daran, wie es ursprünglich (richtig) war, und diese Erinnerung ist gleichbedeutend mit dem Hinweis, daß es derzeit so nicht mehr funktioniert. Die Institution reflektiert das vormals Selbstverständliche und somit sich selbst, und das ist ein Zeichen der Krise. Insofern der Adressat die Öffentlichkeit ist, demonstrieren die Empfehlungen den Willen der Institution, sich selbst auf die Normen zu verpflichten, denen sie an sich schon immer folgt. Die Medien haben sich von dieser öffentlichen Deklamation des guten Willens offensichtlich überzeugen lassen: Während sie die Selbstreinigungskräfte der Wissenschaft angesichts der Betrugsfälle für unzureichend gehalten haben, rezipieren sie die neu formulierten ›Ehrenkodizes‹ durchgängig neutral oder mit positiven Kommentaren (vgl. Rigauer 1999, S. 78 ff.). Sowohl im Hinblick auf die Verhaltensnormen als auch im Hinblick auf die formalen

---

15 In der Verfahrensordnung der MPG wird die Verrechtlichung noch viel deutlicher. Hier sind die einzelnen Schritte der Prüfung, die Zuständigkeiten, die Tatbestände des Fehlverhaltens sowie die arbeitsrechtlichen, akademischen, zivil- und strafrechtlichen Konsequenzen präzise festgelegt (MPG 1998).

Verfahrensregeln für die Behandlung von Betrug gilt, daß die informellen Selbstregulierungsmechanismen der Wissenschaft der öffentlichen Beobachtung und Diskussion zugänglich gemacht und partiell verrechtlicht werden. Die Abgeschiedenheit der Korporation mit ihren informellen Regelungen wird aufgebrochen. Die soziale Nähe ihrer Mitglieder setzt sie dem Verdacht der Manipulation und Kumpanei aus, sobald Fälle von Fehlverhalten und Betrug ruchbar werden. Um Glaubhaftigkeit und Vertrauen zu sichern, werden die internen Kontrollen *externalisiert,* die Wissenschaft als Institution wird ›öffentlich‹ (Chubin, Hackett, 1990, S. 129 ff.).

Unterschiedliche Wissenschafts- und politische Kulturen bringen unterschiedliche Ausprägungen dieser Externalisierung der Selbstkontrolle der Wissenschaft hervor. In der häufig als konfrontativ, das heißt konkurrenzdemokratisch, charakterisierten politischen Kultur der USA besteht eine vergleichsweise geringe Neigung, korporative Selbstregulierungsprivilegien zu dulden, wenn deren Fehlfunktion vermutet wird und öffentliche Steuergelder im Spiel sind (Vogel 1986; Jasanoff 1990 b). Statt dessen liegt die Schwelle zu politisch-regulativen Eingriffen niedrig. 1981 begann sich der Kongreß mit dem Problem wissenschaftlichen Fehlverhaltens zu befassen. 1985 wurden die ersten gesetzgeberischen Schritte unternommen, die den Public Health Service verpflichteten, Verfahren für die Untersuchung solcher Betrugsfälle zu entwickeln, bei denen öffentliche Mittel auf dem Spiel standen. 1988 folgten drei weitere Anhörungen im Kongreß, eine unter der Leitung von John Dingell, der auch in der Baltimore/Imanishi-Kari-Affäre eine hervorgehobene Rolle spielte. 1989 veröffentlichte der PHS seine Empfehlungen, die unter anderem die Gründung des *Office of Scientific Integrity Review* (OSIR) im Verantwortungsbereich des *Assistant Secretary of Health* und des *Office of Scientific Integrity* (OSI) unter dem Direktor der NIH bewirkten. Inzwischen ist aus beiden das *Office of Research Integrity* (ORI) gebildet worden, das dem *Department of Health and Human Services* zugeordnet ist und Jurisdiktion für alle Bereiche des PHS (außer der *Food and Drug Administration*) besitzt. Dem ORI auf seiten der NIH steht das *Office of the Inspector General* (OIG) auf der Seite der NSF gegenüber, das in ähnlicher Weise arbeitet. Die Verfahrensregeln sehen vor, daß Vorwürfe des Fehlverhaltens zunächst in den betreffenden Universitäten und Forschungseinrichtungen behandelt werden. Nach Abschluß der entsprechenden Verfahren befinden ORI und OIG über die zu verhängenden Sanktionen. Sie können die Verfahren jedoch auch an sich ziehen und eigene Ermittlungen anstellen (DFG 1998, S. 37).

Daß das amerikanische Beispiel in seinem Kern eine Entwicklung indiziert, die sich auch auf europäische politische Kulturen erstreckt, belegen die Beispiele Dänemarks und Großbritanniens. In Dänemark ist 1992 das *Danish Committee on Scientific Dishonesty* (DCSD) gebildet worden, das 1996 dem Forschungsministerium direkt unterstellt wurde und seither für alle Wissenschaftsgebiete zuständig ist. In Großbritannien hat der *Medical Research Council* (MRC) eine ähnliche Funktion wie der Dänische Medizinische Forschungsrat übernommen und Regeln für korrektes wissenschaftliches Verhalten veröffentlicht. Die für die Behandlung von Fehlverhalten entwickelten Verfahren ähneln im übrigen den amerikanischen, insofern sie die Durchführung der Verfahren in den betroffenen Institutionen belassen (DFG 1998, S. 38 f.).

Die USA sind damit hinsichtlich des politischen Eingriffs in die wissenschaftlichen Regulierungsmechanismen und damit ihrer Verrechtlichung weiter gegangen als irgendein anderes demokratisch regiertes Land. Die Errichtung von Regierungsbehörden zur Kontrolle wissenschaftlichen Fehlverhaltens und der Verhandlung von Betrugsfällen, die direkt an das staatliche Fördersystem geknüpft sind, bildet den extremen Fall der Verlagerung der Kontrolle aus dem Wissenschaftssystem nach außen in das Rechtssystem, das heißt der Externalisierung.

Genau aus diesem Grund ist dieser Schritt auch kritisiert worden. Dabei stehen vor allem Argumente im Vordergrund, die auf die nicht reduzierbare Abhängigkeit der staatlichen Bürokratie von den Einschätzungen der Wissenschaftler hinweisen, sei es bei der Entdeckung von Betrug, sei es bei der Beurteilung der Art und Tragweite des Fehlverhaltens. Schon die derzeitige Praxis zeige, daß die Behörden nur über einen geringen Teil der tatsächlich bekanntgewordenen Fälle selbst verhandeln können. Außerdem sei nicht auszuschließen, daß die Tätigkeit der Regulierungsbehörden die paradoxe Konsequenz haben könne, das Vertrauen in das informelle System der Kommunikation und Kooperation zu unterminieren (Chubin, Hackett 1990,

S. 264 f.). Diese Erwägungen, so richtig sie sein mögen, ändern jedoch nichts an dem Umstand, daß der mit der Errichtung außerwissenschaftlicher Regulierungsinstanzen vollzogene Schritt der Externalisierung der wissenschaftlichen Kontrollmechanismen nur schwer zu revidieren sein wird. Die Wiederherstellung der uneingeschränkten korporativen Privilegien der Selbstkontrolle würde voraussetzen, daß das öffentliche Vertrauen in deren Funktionsfähigkeit zurückgewonnen werden kann und zugleich die Externalisierung als weniger leistungsfähig erfahrbar wird. Die Zeichen dafür stehen jedoch nicht gut. Die strukturellen Ursachen des Fehlverhaltens – die Konkurrenz um wissenschaftliche Priorität, die (vor allem in der Biomedizin) immer enger mit ökonomischen Belohnungen gekoppelt ist; die informationelle Überforderung der ›Peer-review‹-Mechanismen und der sich daraus ergebende Zwang zu immer stärkerer Orientierung am Symptom, das heißt an der Reputation der Wissenschaftler und ihrer Institutionen, der Quantität der Publikationen, der Zahl der Zitationen und dem Renommee der Zeitschriften (dem ›Impact‹-Faktor) – werden in ihrer Wirkung durch die Entwicklung des Wissenschaftssystems verstärkt und lassen sich nur schwer durch sanktionsbewehrte Regeln aufheben. Zugleich ist nicht zu erwarten, daß das Interesse der Öffentlichkeit, gebündelt durch die Medien und legitimiert durch die in der übrigen Gesellschaft geltenden Prinzipien der Rechenschaftspflicht, an Wachsamkeit nachlassen wird.

Hat die Zahl der Betrugsfälle in der Wissenschaft in besorgniserregender Weise zugenommen, oder ist der Anstieg der bekanntgewordenen Fälle ›nur‹ das Ergebnis gesteigerter Aufmerksamkeit? Alle Versuche, zu einer befriedigenden Antwort zu kommen, müssen vergeblich sein, weil die Dunkelziffer per definitionem und ebenso der ›Beobachtungseffekt‹ unbekannt bleiben müssen. Das Verhältnis zwischen der Zahl geförderter Forschungsprojekte und der bekanntgewordenen Betrugsfälle weist auf einen außerordentlich geringen Prozentsatz an Fällen von Fehlverhalten hin.[16] Der Umstand, daß das Wissenschafts-

---

16 Fuchs und Westervelt (1996, S. 262) kalkulieren das Vorkommen von Betrug auf der Basis von 10 aufgedeckten Fällen pro Jahr und einer Rate von 90 Prozent unentdeckter Fälle, d. h. 100 angenommenen Fällen bei 27 000 von der NIH geförderten Forschungsprojekten und 112 000 von ihr finanzierten Forschern, und kommen so auf einen Satz von 0,089 Prozent.

system im Unterschied zu Wirtschaft und Politik konstitutiv auf Ehrlichkeit beruht, gibt Anlaß zu der Vermutung, daß Fehlverhalten und Betrug eher seltener sind als vergleichbare Delikte in anderen gesellschaftlichen Bereichen. Erklärungswürdig ist also nicht so sehr die Zahl von Betrugsfällen oder deren möglicher Anstieg, wenngleich die Erforschung der strukturellen Gründe für einen möglichen Anstieg selbstverständlich eine wichtige Grundlage zum Verständnis der veränderten Funktionsbedingungen des Systems ist. Erklärungsbedürftig ist hingegen das scheinbare Paradox, daß die im Vergleich zu den Fällen von Korruption und ähnlichem kriminellen Verhalten in anderen gesellschaftlichen Bereichen offensichtlich sehr kleine Zahl von Betrugsfällen in der Wissenschaft unverhältnismäßig hohe Aufmerksamkeit erlangt. Die Erklärung erscheint angesichts der vorangegangenen Analyse nicht mehr schwer: Die Wissenschaft hat unter den gesellschaftlichen Institutionen eine Sonderstellung. Das Ethos wissenschaftlichen Verhaltens als Grundlage der Produktion gesicherten Wissens hat eine Vorbildfunktion. Es symbolisiert die Werte von Gleichheit und Wahrhaftigkeit, wie sie sonst nirgendwo in der Gesellschaft als operative Modi institutionalisiert sind. Auf diesem Ethos beruht die Bereitschaft der Gesellschaft, öffentliche Mittel bereitzustellen, ohne direkte Kontrollen ihres Nutzens und der Art ihrer Verwendung zu fordern. Die Verletzung der Werte des Ethos durch diejenigen, denen dieses Privileg zugebilligt wurde, muß als ein besonders eklatanter Vertrauensbruch erscheinen, für den es keine dem Markt oder der politischen Wahl vergleichbare Kontrollmechanismen gibt. Das erklärt die außerordentliche Konjunktur des Themas ›Betrug in der Wissenschaft‹ und den zehrenden Verdacht, es handele sich um ein Phänomen, dessen Dimensionen unbekannt, aber in jedem Fall zunehmend bedrohlich seien.

Die Externalisierung der Leistungsbewertung

Unter den vielen Empfehlungen zum Schutz vor wissenschaftlichem Fehlverhalten sticht eine hervor, die zunächst ungläubiges Erstaunen erregen muß. Bei Berufungen bzw. Einstellungen und Beförderungen sollen Originalität und Qualität Vorrang vor Quantität haben. Wird hier nicht eine Selbstverständlichkeit bekräftigt? Tatsächlich verbirgt sich hinter dieser Aufforderung die Einschätzung einer Fehlentwicklung: der Externalisierung der Leistungsbewertung und ihres Mißbrauchs. Sie ist Teil einer bis in die späten sechziger Jahre des vergangenen Jahrhunderts zurückreichenden, alle gesellschaftlichen Bereiche erfassenden Bewegung, die Leistungen von Firmen, Organisationen, Bürokratien und schließlich auch von Forschungsinstituten, Fakultäten und ganzen Universitäten in Relation zum Aufwand zu bewerten – und das heißt: nach Möglichkeit quantitativ zu messen. Bei dieser Bewegung handelt es sich im Grunde um eine Stärkung der finanziellen und administrativen Kontrolle im Hinblick auf die Implementierung von Zielen und die Zuweisung von Ressourcen, also der Kosten. Sie läßt sich als Ökonomisierung interpretieren, insofern dadurch Leistungen unterschiedlicher Art auf finanziellen Aufwand zurechenbar werden. Sie läßt sich aber auch als Stärkung demokratischer Kontrolle betrachten, bei der es immer um die präzisere Rechenschaftslegung von Leistungen geht, die mit öffentlichen Mitteln finanziert werden (Kaufmann u. a. 1986). Genau das betrifft die Wissenschaft, und folglich war es nur eine Frage der Zeit, wann die Evaluationsbewegung auch auf die Wissenschaft übergreifen würde.

Das Problem der Quantifizierung qualitativer, im Grunde nicht direkt quantifizierbarer Leistungen stellt sich in verschiedenen Bereichen unterschiedlich dar. In der Wissenschaft stand die Lösung des Problems in unmittelbarem Zusammenhang mit ihrem Wachstum und den sich daraus für sie selbst ergebenden Schwierigkeiten, ständig wachsende Informationsmengen zu verarbeiten und daraus Steuerungsimpulse für die Fortsetzung der Forschung zu gewinnen. Der Anstoß zur Konstruktion wissenschaftsspezifischer Indikatoren der Qualität, Produktivität und Innovativität ging von dem amerikanischen Wissenschaftshistoriker Derek de Solla Price aus, der vorschlug, die »Instrumente der Wissenschaft auf die Wissenschaft selbst« anzuwenden und sie, vergleichbar mit den Methoden der Thermodynamik, wie ein Gas unter dem Einfluß verschiedener Temperatur- und Druckbedingungen zu untersuchen (de Solla Price 1963, S. VII ff.). Bei diesem Projekt kam ihm eine zunächst ganz unabhängige Entwicklung zur Hilfe. 1963 war eine neuartige Datenbank, der *Science Citation Index* (SCI), aufgelegt worden.

In ihr wurden, darin bis heute einzigartig, nicht nur die bibliographischen Angaben über Dokumente gespeichert und somit elektronisch zugänglich gemacht, sondern darüber hinaus auch die in den Dokumenten aufgeführten Zitierungen anderer Dokumente. Das ursprüngliche Ziel dieser Datenbank war es, einen einfachen und effektiven Zugang zur Literatur ganzer Forschungsgebiete zu gewährleisten, die in ihm arbeitenden Forscher zu identifizieren und zum Beispiel die Beziehungen zwischen bzw. die Verwendung von Forschungsergebnissen über die Zitationen zu verfolgen. Der *Citation Index* ist also nicht nur ein ständig wachsendes riesiges Register der wissenschaftlichen Literatur, sondern er bildet auch die zentralen Elemente des wissenschaftlichen Kommunikationsprozesses ab. Das erwies sich für de Solla Price' Absicht, die Wissenschaft zu messen, nämlich quantitative Indikatoren zur wissenschaftspolitischen Bewertung zu entwickeln, aber auch für die wissenschaftssoziologische und -historische Analyse als unschätzbare Informationsquelle (Weingart, Winterhager 1984, S. 122 ff.; Garfield 1979, Kapitel 1-3).

Das Zitat einer wissenschaftlichen Arbeit durch einen anderen Autor läßt sich als ein ›Indikator‹ der Aufmerksamkeit und damit indirekt auch ihres Werts für die Forschung interpretieren. Arbeiten, die besonders viele Zitate auf sich ziehen, sind für die Forschung offensichtlich von größerem Wert als solche, die unbeachtet bleiben. Sie sind in diesem Sinn von höherer Qualität. Häufig zitierte Autoren können nach dieser Logik als angesehene, in der Forschung erfolgreiche und somit besonders gute Wissenschaftler gelten. Der Zugang zu den entsprechenden Daten, das heißt den Zitationen, die auf eine bestimmte Publikation entfallen, oder auch aller Publikationen eines bestimmten Wissenschaftlers lassen es nach diesen Überlegungen zumindest im Prinzip zu, sowohl die ›Qualität‹ eines wissenschaftlichen Artikels als auch eines Wissenschaftlers zu ›messen‹.[17]

17 Selbstverständlich gibt es eine Vielzahl von theoretischen und methodischen Einwänden gegen eine eindimensionale Gleichsetzung von Zitationsraten und wissenschaftlicher Qualität. Die darüber entstandene wissenschaftliche Diskussion ist so alt wie der SCI selbst und inzwischen fast unübersehbar (vgl. dazu Weingart, Winterhager 1984, Kapitel IV und die dort zitierte Literatur). Den umfassendsten Überblick liefert das Handbuch von Kostoff (1997). Diese Diskussion wird hier ausgeblendet.

Genau das ist geschehen. Knapp ein Jahrzehnt nachdem de Solla Price seine Vorstellungen, die Wissenschaft mit den Mitteln der Wissenschaft zu messen, formuliert hatte, erreichten quantitative Indikatoren die politische Arena. 1972 erschien der erste vom *National Science Board* (dem Lenkungsgremium der amerikanischen *National Science Foundation*) herausgegebene Bericht »Science Indicators«. Er stellte einen Satz von Indikatoren vor, die dazu beitragen könnten, »die Verteilung und das Management der Mittel für Wissenschaft und Technologie zu verbessern und die Forschung und Entwicklung der Nation auf Wege zu lenken, die für die Gesellschaft die größten Vorteile versprechen« (NSB 1973, S. III).

In den USA wurden Zitationsanalysen bereits Mitte der siebziger Jahre in Berufungs- und Beförderungsentscheidungen der Universitäten verwendet, und die NSF stützte sich auf dieses neue Instrument zur Evaluierung ihrer Förderung von Chemie-Departments. Noch einmal zwanzig Jahre später sind quantitative Indikatoren zumindest in den USA und einigen europäischen Ländern wie England, Frankreich, den Niederlanden, Spanien und der Schweiz zum Standardinstrumentarium der Evaluation der Wissenschaft geworden.

In England und den Niederlanden werden die Universitäten seit Mitte der achtziger Jahre in regelmäßigen Abständen in aufwendigen Verfahren evaluiert. In England, wo die Evaluierungsverfahren, übrigens ungeachtet der politischen Orientierungen der Regierungen Thatcher oder Blair, am weitesten vorangetrieben worden sind, werden die finanziellen Zuwendungen an die Universitäten an die Ergebnisse dieser Evaluationen zurückgebunden. Hier stehen traditionelle ›Peer-review‹-Verfahren im Vordergrund; quantitative Indikatoren wurden vorübergehend eingesetzt, dann wieder fallengelassen (Martin 1999). Die ähnlich aufwendigen Evaluationsverfahren in den Niederlanden werden durch quantitative Indikatoren gestützt (van der Meulen 2000). In der Schweiz erstellt der Schweizerische Wissenschaftsrat regelmäßig ›Forschungslandkarten‹, in denen die relative Position der Universitäten und Forschungsinstitute anhand quantitativer Indikatoren angegeben ist. Außerdem wird der Leistungsstand verschiedener Disziplinen mittels dieser Indikatoren erhoben, die dann zur Grundlage für weitergehende qualitative Evaluationen durch international zusammengesetzte Kommissionen werden (Winterhager, Weingart 1997; Schweizerischer Wissenschaftsrat 1998). Spanien hat die Reform seines Besoldungssystems für Hochschullehrer unter anderem an die Ergebnisse von Publikations- und Zitationsanalysen gebunden (Garcia 1997). In Kanada, den skandinavischen Ländern und Italien sind quantitative Indikatoren zur Bewertung von individuellen Wissenschaftlern und Institutionen eingesetzt worden (Calza, Garbisa 1995; Taubes 1993 a; Seglen 1997). Frankreich hat mit dem *Observatoire des Sciences et des Techniques* (OST) ein eigenes Institut gegründet, das ausschließlich der Erhebung quantitativer Indikatoren gewidmet ist (OST 1991). Die Bundesrepublik hat diese Entwicklung bislang nur sehr zögernd nachvollzogen. Während traditionelle ›Peer-review‹-Verfahren noch vorherrschen, beginnt auch hier der Wissenschaftsrat, quantitativen Indikatoren im Rahmen der ›Systemevaluationen‹ etwa der Helmholz-Gesellschaft und der Blauen-Liste-Institute eine zumindest experimentelle Rolle einzuräumen.

Unterhalb der Ebene der wissenschaftspolitischen Evaluation nationaler Forschungssysteme bzw. Teilsysteme sind quantitative Indikatoren in Verbindung mit qualitativen Verfahren zu einem wichtigen Instrument des Managements von Universitäten und anderen wissenschaftlichen Einrichtungen geworden. Hier werden die entsprechenden Daten eingesetzt, um die interne Mittelverteilung leistungs- bzw. erfolgsbezogen zu steuern. Die Zahl der Publikationen und Zitationen, oftmals gewichtet nach dem sogenannten ›Impact‹-Faktor, das heißt dem Erscheinen in besonders ›sichtbaren‹, häufig zitierten Zeitschriften, gelten ebenso als Ausweis von Qualität und Leistungsfähigkeit wie die eingeworbenen Forschungsmittel und die Zahl der Doktoranden. Den Universitäten und Forschungsinstituten wird es dadurch ermöglicht, einerseits die interne Ressourcenverteilung nach ›objektiveren‹ Kriterien vorzunehmen und sich andererseits gegenüber den zumeist staatlichen Geldgebern zu legitimieren sowie schließlich mit konkurrierenden Institutionen eine Rangordnung zu bilden.

Damit ist bereits die Doppelfunktion der Evaluation benannt. Zum einen hat sie eine *instrumentelle* Funktion. Sowohl auf der Ebene der nationalen staatlichen Forschungsfinanzierung als auch auf der Ebene von Organisationen wie zum Beispiel den

Universitäten ermöglicht die Evaluation mittels kombinierter quantitativer Indikatoren eine Steigerung der Effizienz und eine enger an die Ziele der Organisation zurückgebundene Steuerung. In dieser Weise entspricht die Anwendung von ›Kennzahlen‹ dem betriebswirtschaftlichen Controlling, dessen Siegeszug die Evaluationsbewegung in der Wissenschaft zuallererst ausgelöst hat. Der Rationalisierungseffekt in den Universitäten ist schon jetzt unverkennbar. Je nach den Prioritäten der staatlichen Hochschulpolitik kann die Ressourcenzuwendung zum Beispiel an die Zahl der Studenten gebunden werden, wenn die Ausbildungsfunktion der Universitäten gestärkt werden soll, oder zum Beispiel an die Höhe der eingeworbenen Forschungsmittel und die Zitationszahlen in renommierten Zeitschriften, wenn die Forschungsfunktion Priorität erhält. Entsprechend der universitätsspezifischen Verknüpfung von Forschung und Lehre wird in der Regel ein kombinierter Satz von Indikatoren eingesetzt, der die Komplexität der Funktionen annähernd widerspiegeln soll. Da Indikatoren per definitionem Vereinfachungen der komplexeren Realität sind, liegen die Gefahren einer Steuerung komplexer organisatorischer Gebilde wie einer Universität oder gar eines ganzen Wissenschaftssystems durch Indikatoren ebenfalls auf der Hand.

Eine zweite Funktion der Evaluation ist *legitimatorisch*. Im Bereich der Wissenschaft gilt inzwischen mehr als irgendwo sonst, daß die Öffentlichkeit Rechenschaftslegung erwartet, wenn auch noch nicht von einem vollständigen Vertrauensentzug gesprochen werden kann. Die Welle von Evaluationen, die seit Mitte der achtziger Jahre einsetzte, ist eine Reaktion auf diese Erwartungen. Deshalb ist die Publizität der Ergebnisse von Evaluationen wichtig. Es ist kein Zufall, daß das erste *ranking* der deutschen Universitäten von den Medien inszeniert wurde und daß Leistungsvergleiche der Wissenschaft seither ein Medienthema geblieben sind.[18] Auf diese Weise wird ein bisher

18 In der Bundesrepublik hat der *Spiegel* das erste Universitätsranking initiiert (*Der Spiegel* 1989). Seither haben sich *Focus* (Jurtschitsch, Gottschling 1993) und *Stern* (1999) in ähnlichen Unternehmungen engagiert. Die populärwissenschaftlich orientierte Zeitschrift *Bild der Wissenschaft* hat 1993/94 sowie 1999/2000 Rankings deutscher Forschungsinstitute in ausgesuchten Gebieten publiziert (*Bild der Wissenschaft* 5/1993 bis 5/1994 und 1/1999 bis 5/2000). In allen Fällen beruhten die Rangordnungen

SIEBTES KAPITEL

vollkommen außerhalb der öffentlichen Aufmerksamkeit liegender Bereich Gegenstand der Berichterstattung. Evaluation und Selbstdarstellung in legitimatorischer Absicht rücken nahezu ununterscheidbar aufeinander zu. Hohe Rangplätze auf extern initiierten Evaluationen werden zu Insignien der *corporate identity* von Universitäten und gehen in deren Selbstdarstellungen ein. Die veröffentlichten Evaluationen der Wissenschaft sind ein untrügliches Indiz für die Reformulierung des »Gesellschaftsvertrags« mit ihr (Martin 1999).

Welche tiefgreifende Veränderung die Einführung externer, das heißt politisch verfügter, formalisierter und zum Teil auf quantitative Indikatoren gestützter Evaluationen für die Wissenschaft bedeutet, läßt sich am besten an ihren Reaktionen demonstrieren. Ein für die Reaktionsmuster in der frühen Phase der Einführung von Wissenschaftsindikatoren exemplarischer Fall war die Auseinandersetzung um eine vergleichende Evaluation führender Forschungszentren der Radioastronomie in England. Die Studie von Martin und Irvine war zu dem Ergebnis gekommen, daß das Institut der Universität Manchester, *Jodrell Bank*, unter vier verglichenen Einrichtungen die schlechtesten Resultate erzielte. Sir Bernard Lovell, der Direktor von *Jodrell Bank*, drohte daraufhin gerichtliche Schritte gegen eine Veröffentlichung der Ergebnisse an, die erst zurückgenommen wurden, als die Autoren zugestanden hatten, seine Ar-gumente mit in die Publikation aufzunehmen. Ähnlich scharf reagierte das britische *Social Science Research Council* (SSRC) auf eine zweite Untersuchung Martins und Irvines, die Forschungszentren der Hochenergiephysik verglichen hatte und zu dem Ergebnis kam, daß der 1977 geschlossene britische Elektronenbeschleuniger NINA eine Fehlinvestition war. Das SSRC versagte die Förderung einer weiteren Evaluationsstudie, eine Entscheidung, die als Gegenschlag der *scientific community* interpretiert wurde (Weingart, Winterhager 1984, S. 30). Der deutsche *Wissenschaftsrat* lehnte Mitte der siebziger Jahre eine Anwendung von Kennziffern zur Messung der Wirtschaftlichkeit »auf den Leistungserstellungsprozeß Forschung« noch grundsätzlich ab (Wissenschaftsrat 1977, S. 7). In gleicher Weise

überwiegend auf quantitativen Indikatoren. Die erforderlichen Untersuchungen wurden von den veröffentlichenden Medien finanziert.

ablehnend reagierte auch der Hochschulverband, der einen Mißbrauch durch die Politik befürchtete (Flämig 1978). Diese sehr sensiblen Reaktionen sind, wohl unter dem Eindruck der Unvermeidlichkeit, inzwischen einer zum Teil noch sehr skeptischen Akzeptanz gewichen.[19] Dabei ist die Wissenschaft zudem in zwei Lager gespalten. Während die Naturwissenschaftler, ohnehin im Umgang mit den auf ihren Publikationsstil zugeschnittenen Datenbanken geübt, weniger Probleme mit dem evaluierenden Einsatz bibliometrischer Methoden haben, stehen die Geisteswissenschaftler ihnen nach wie vor eher ablehnend gegenüber. Das Zählen und Messen des Immateriellen ist ihnen suspekt.

Die lange Zeit währende Ablehnung externer Evaluationen im allgemeinen und der quantitativen bibliometrischen, das heißt auf Publikations- und Zitationsanalysen beruhenden Indikatoren im besonderen wird zumeist damit begründet, daß damit der ›Peer-review‹-Mechanismus außer Kraft gesetzt werde. In diesem *falschen* Argument dokumentiert sich die Sensibilität der *scientific community* gegenüber dem, was die Verfahren tatsächlich bedeuten: nämlich die *Externalisierung des Bewertungsprozesses*, der (zumindest im Bereich der Grundlagenforschung) bislang ausschließlich innerhalb der Wissenschaft, unter ihrer alleinigen Kontrolle und jeder Intervention von außen unzugänglich ablief. Der zuvor *informelle Prozeß* wird nunmehr *formalisiert* und *öffentlich*, das heißt für die Klienten Politik, Wirtschaft und Medien zugänglich, verwaltbar, erzwingbar, und er läßt sich an deren Ziele zurückbinden. Falsch ist das Argument, weil die bibliometrischen Methoden den ›Peer-review‹-Prozeß nicht etwa aushebeln, inhaltlich verändern oder gar ersetzen. Vielmehr werden die durch die ›peer review‹ getroffenen Selektionen, die Entscheidungen über die Veröffentlichung in wissenschaftlich angesehenen Zeitschriften und die Rezeption von Forschungsergebnissen durch deren Zitierung,

---

19 Eine Untersuchung englischer Naturwissenschaftler und Ingenieure Anfang der neunziger Jahre hat ergeben, daß ungefähr jeweils rund zwei Drittel der Befragten der Anwendung verschiedener quantitativer Indikatoren – und insbesondere einer Kombination dieser Indikatoren – zustimmen, das heißt der eingeworbenen Forschungsmittel, der Zahl der Publikationen, der Zitationen und der Zahl der Doktoranden (Martin 1999).

lediglich über längere Zeiträume und mit Bezug auf eine größere Anzahl von beteiligten Forschern erfaßt, zu Zahlen komprimiert und somit objektiviert. Nicht die Kriterien werden verändert, sondern der Prozeß wird von außen einsehbar. Letztlich halten Zitationsanalysen den Wissenschaftlern nur den Spiegel ihres eigenen Tuns vor. Allerdings sind die enthaltenen Informationen sehr viel reichhaltiger, als es die Einschätzungen einzelner Experten angesichts der Fülle der Literatur je sein könnten. Sie erlauben das Erkennen von Mustern, das aus der Perspektive des einzelnen Forschers kaum zu leisten wäre. Entsprechende Untersuchungen haben daher auch immer wieder gezeigt, daß die bibliometrischen Analysen den Urteilen der ›peers‹ nicht widersprechen, sie aber sehr wohl ergänzen und präzisieren können.[20]

Die Rückwirkungen der Externalisierung der Leistungsbewertung auf die Wissenschaft

Zwar sind die Argumente skeptischer Wissenschaftler gegen bibliometrische und andere indikatorengestützte Evaluationen in der Mehrzahl nicht aufrechtzuerhalten. Aber sie drücken doch ein ernstzunehmendes Unbehagen gegenüber der Externalisierung der wissenschaftlichen Leistungsbewertung aus.[21] Die Evaluationsverfahren indizieren ein grundlegend verändertes Verhältnis der Gesellschaft zu ›ihrer‹ Wissenschaft, und ihre Etablierung hat zu nachhaltigen Veränderungen der Wissenschaft selbst geführt.

Politiker und staatliche Verwaltungen sind nach anfänglicher Zurückhaltung inzwischen der Anziehungskraft der einfachen

---

20 Das bedeutet, daß für die Wissenschaft ein Indikatorensystem entwickelt worden ist, das die Spezifik des Systems möglicherweise besser repräsentiert, als dies für andere organisatorische Bereiche und deren ›Produkte‹ gilt. Es sei aber nochmals darauf hingewiesen, daß dies nur unter der Bedingung der Regeln der ›best practise‹ gilt, also vorbehaltlich der Berücksichtigung der vielen inzwischen bekannten Fehlerquellen und ihrer möglichen Korrekturen sowie der für verschiedene Disziplinen geltenden Differenzierungen. Die Kritik an den Methoden ist häufig über den tatsächlichen Forschungsstand nicht informiert.

21 Eine nicht ganz ernste Reflexion des Argumentationsrepertoires gegen die Evaluation liefert Neidhardt (2000).

Zahlen im Bereich der Wissenschaftspolitik ebenso erlegen wie zum Beispiel in der Wirtschaftspolitik. Für die Politik gilt der Primat der Entscheidung, und Zahlen sind geeignet, Entscheidungen zu legitimieren. Die Reflexion der möglichen Folgen, die die Einführung von Indikatoren zur Steuerung komplexer Handlungssysteme auf diese selbst haben können, setzt häufig erst dann ein, wenn diese Folgen selbst wieder zu einem Problem geworden sind, das der politischen Entscheidung bedarf. Die Furcht der Wissenschaftsadministrationen vor einer allzu einfachen politischen Instrumentalisierung der quantitativen Indikatoren ist nachvollziehbar und nicht unbegründet.[22] Ihr Einsatz ist nicht allein eine Frage der Angemessenheit der mit ihnen begründeten Entscheidungen. Die Anwendung von Indikatoren zur Leistungsevaluation hat es vor allem mit der reflexiven Natur sozialer Systeme zu tun. Die verwendeten Maße sind nicht unabhängig von dem Sachverhalt, den sie messen. Es handelt sich vielmehr um rational handelnde Menschen in sozialen Systemen, die auf die Maße reagieren können. Die nachhaltigsten Folgen entstehen daher auch nicht durch die Adäquanz der Indikatoren im Hinblick auf den von ihnen gemessenen Sachverhalt, also die intendierten Steuerungen, sondern sie gehen allererst von den durch sie ausgelösten Verhaltensänderungen der betroffenen Individuen aus.

Der Siegeszug der Evaluationsbewegung hat zum einen zu *organisatorischen* Folgen in den Universitäten geführt. Hier kam es zur Professionalisierung der Leitungsfunktionen, das heißt zur Ausdifferenzierung eines Wissenschaftsmanagements. Diese Entwicklung ist in verschiedenen Ländern unterschiedlich weit fortgeschritten, aber der Weg führt ganz klar in die Richtung einer Ablösung der traditionellen akademischen

---

22 Das für die deutsche Hochschulpolitik einschlägige Beispiel ist die seit 1974 geltende Kapazitätsverordnung, das Verfahren also, mit dem die Personalstellenzuweisung an die Universitäten durch die Wissenschafts- bzw. Kultusministerien der Länder an die Entwicklung der Studentenzahlen und die Struktur der Lehrpläne gekoppelt wurde. Damit wurde die Funktion der Universitäten implizit eindimensional auf die Lehre festgelegt und die Forschung ausgeblendet. Die Folgen und die Kosten, die die eindimensionale Orientierung der Hochschulpolitik an der Lehre für die Forschung haben, werden mangels verfügbarer Vergleiche unbekannt bleiben.

SIEBTES KAPITEL

Selbstverwaltung und die Ausbildung professioneller Verwaltungsstäbe mit spezifisch neuen Kompetenzen des Managements der Wissensproduktion und des Wissenstransfers. Eine weitere Folge dieser Entwicklung ist die allenthalben zu beobachtende Orientierung der Universitäten an für sie relevanten Märkten sowie an der Öffentlichkeit. Sie steht in Verbindung mit einer Ökonomisierung der internen Allokationsentscheidungen, die sich zunehmend auf die Überlebenserfordernisse der Gesamtorganisation beziehen. Universitäten verhalten sich nunmehr strategisch, indem sie die internen Ressourcenzuweisungen an Fakultäten bzw. Disziplinen an Leistungskriterien bemessen, die ihrerseits durch externe Nachfrage beeinflußt sind. Auf diese Weise kommt es zum Beispiel zu Schwerpunktbildungen und Kooperationsabkommen einzelner Universitäten. Die Universitäten geben damit ihren Anspruch der umfassenden Vertretung aller Wissenschaften auf und richten sich an den jeweiligen Marktkontexten aus. Welche langfristigen Folgen dies für die unterschiedliche Entwicklung der Disziplinen haben wird, ist ungewiß. Einen Vorgeschmack auf die zu erwartenden Ungleichgewichte gibt das Verhältnis zwischen einer großzügig finanzierten und rasant fortschreitenden biomedizinischen und biotechnologischen Forschung einerseits und der völlig unzulänglichen sozialen Einbettung ihrer Ergebnisse mit entsprechend kostspieligen Überraschungseffekten auf der anderen Seite.

Ein zweiter Typ von Folgen der Externalisierung der Leistungsbewertung ist *epistemischer* Natur und betrifft die wissenschaftliche Kommunikation selbst. Dies sind unter anderem die Effekte, die Gegenstand der Diskussionen um die Ursachen der Betrugsfälle waren. Da an die Einführung der Indikatoren Steuerungsintentionen, das heißt Belohnungen und Bestrafungen, gebunden sind und da die bibliometrischen Indikatoren Repräsentationen des wissenschaftlichen Kommunikationsprozesses sind, reagieren die Wissenschaftler strategisch. Sie verfügen dabei über besondere Kompetenz, spielen gleichsam mit ›Heimvorteil‹. In dem Maße, in dem Berufungsverfahren, Beförderungen, Gehaltszulagen und Ressourcenzuteilungen an die Zahl von Publikationen oder an Zitationszahlen gebunden werden, verändern die davon betroffenen Wissenschaftler ihr Publikationsverhalten, um das Indikatorensystem vorteilhaft für sich erscheinen zu lassen. Die Vervielfältigung von Publikationen durch die Veröffentlichung möglichst kleiner Einheiten (›least publishable units‹), das heißt also die Zerstückelung von Information, ist eine Pervertierung des Publikationsgebots. Sie hat dazu geführt, daß an vielen Universitäten bei Berufungsverfahren Bewerber nicht mehr aufgrund der Gesamtheit ihrer Arbeiten beurteilt, sondern aufgefordert werden, nur die aus ihrer Sicht wichtigsten Veröffentlichungen zu nennen. Eine verwandte Reaktion ist die verbreitete Praxis von Institutsdirektoren, ihren Namen auf die Publikationen der von ihnen geleiteten Forschungsgruppen zu setzen, ohne an deren Verfassung mitgearbeitet zu haben. Diese Praxis ist Gegenstand zahlreicher Formulierungen ethischer Prinzipien des wissenschaftlichen Publizierens geworden, nicht zuletzt weil sich des Betrugs verdächtige Forscher in mehreren Fällen mit der Behauptung zu rechtfertigen versucht hatten, den Inhalt der inkriminierten Publikationen, die doch ihren Namen trugen, nicht gekannt zu haben.[23]

Eine durchaus beabsichtigte Konsequenz ist die Orientierung an den sogenannten ›Impact‹-Faktoren von Zeitschriften, die die Wissenschaftler dazu bewegen soll, ihre Artikel in möglichst angesehenen Zeitschriften zu publizieren. Es gibt eine Reihe technischer Argumente, die eine allzu starke Gewichtung der ›Impact‹-Faktoren von Zeitschriften bei der Bewertung von Publikationen fragwürdig erscheinen lassen (Seglen 1997; Opthof 1997). Insoweit die Orientierung an ihnen auf seiten der Wissenschaftler zu einem kollektiven Effekt wird, muß dies zu einer Erhöhung der Konkurrenz um den begrenzten Publikationsplatz in wenigen Zeitschriften und tendenziell um die Überlastung ihres ›Peer-review‹-Systems führen. Außerdem geht dieser Effekt auf Kosten spezialisierter Zeitschriften, die von der Sache her betrachtet der angemessene Publikationsort entsprechender Forschungsergebnisse wären (Seglen 1997, S. 12; Maffulli 1995).

---

23 Diese Schutzbehauptung spielte unter anderem in den beiden behandelten Fällen Baltimore/Imanishi-Kari und Herrmann/Brach eine Rolle. Die inzwischen üblichen devianten Muster des Publikationsverhaltens lassen sich an den dazu formulierten ›ethischen Prinzipien‹ ablesen, mit denen sie bekämpft werden (vgl. zum Beispiel BMJ 1998).

Insgesamt führt die Externalisierung der wissenschaftlichen Leistungsbewertung aufgrund der reflexiven Wirkung der verwendeten Indikatoren im günstigen Fall zu einer Steigerung der Selektivität des Kommunikationsprozesses. Zum einen wird die Selbstselektivität aufgrund des strategischen Verhaltens der Wissenschaftler gesteigert. Zum anderen wird die Selektivität im Hinblick auf die externen Kriterien erhöht, die in den eingesetzten Indikatoren implizit enthalten sind. Im ungünstigen Fall sind diese Kriterien implizit, nicht bewußt und in ihren Rückwirkungen auf das System unbekannt. Betrugsverdächtiges oder doch zumindest fragwürdiges Publikationsverhalten, wie es inzwischen zum Gegenstand öffentlicher Diskussionen geworden ist, stellt ein prototypisches Beispiel für diesen Mechanismus dar. Das Beispiel zeigt, daß Betrug kein Problem ›schwarzer Schafe‹ ist, die es überall gibt, sondern ein strukturelles Problem, das in einem angebbaren Zusammenhang mit dem öffentlichen Charakter von Wissenschaft steht.

Das Dilemma der Externalisierung von Steuerung und Kontrolle

Mitte der siebziger Jahre des vergangenen Jahrhunderts erhitzte die sogenannte ›Finalisierungsdebatte‹ die Gemüter von Wissenschaftsverwaltern und Wissenschaftspolitikern. Die Aufregung über die Prognose einer zunehmend an ›externen‹, das heißt anderen als rein wissenschaftlichen Kriterien orientierten Wissenschaftsentwicklung, die mit der Zerstörung der freien Wissenschaft gleichgesetzt wurde, ist aus der Rückschau nur vor dem Hintergrund des damals herrschenden kalten Krieges verständlich. Die ›freie Wissenschaft‹ war nicht zuletzt ›ideologisches Kapital‹ im Wettstreit der Systeme, eine Zuordnung, die bis in die dreißiger Jahre zurückzuverfolgen ist.[24] Was Anfang der siebziger Jahre als Skandalon wahrgenommen wurde, ist von der beschriebenen Entwicklung der externen bürokrati-

---

24 Nicht zufällig trug der in Reaktion auf die Debatte in der Bundesrepublik gegründete ›Bund Freiheit der Wissenschaft‹ denselben Namen wie die entsprechende Organisation in England, die in den dreißiger Jahren aus der Auseinandersetzung zwischen Michael Polanyi und J. D. Bernal hervorgegangen war.

schen Kontrolle der Betrugsfälle und der formalisierten externen Evaluierung der Wissenschaft längst überholt worden und fast schon Normalität.²⁵ Die Grundlage dieser Entwicklung ist die zu jener Zeit noch unvorstellbare Aufkündigung des ›Gesellschaftsvertrags‹ für die Grundlagenforschung, die in allen westlichen Industrienationen mit Ende des kalten Krieges vollzogen wurde. Erst heute wird erkennbar, daß die politischen Bedingungen des kalten Krieges diese Entwicklung für mehrere Jahrzehnte verhindert haben, die andernfalls wahrscheinlich schon früher eingesetzt hätte. In dem Augenblick, in dem die ›freie Wissenschaft‹ nicht mehr als ideologische Münze, als Synonym des ›freien Westens‹ dienen mußte, wurde sie den Regulativen der Massendemokratie und des Marktes unterworfen: der über die Medien vermittelten Legitimierung ihrer Ziele und der über den Markt vermittelten Legitimierung ihres Nutzens. Die Folge dieser Entwicklung war, wenn nicht die Rücknahme, so doch die erhebliche Einschränkung des Vertrauens in die Selbstregulierungsmechanismen der Wissenschaft und deren partielle Ersetzung durch *öffentliche* und *formalisierte* Verfahren. Diese *Externalisierung* der Evaluierung der Wissenschaft und der Kontrolle der Einhaltung ihres Ethos ist Ausdruck der enger gewordenen Kopplung des Wissenschaftssystems mit der Gesellschaft. Die Einschränkung des Vertrauens bedeutet, daß die zuvor gegebene *Distanz* zwischen Wissenschaft und Gesellschaft und deren spezifische Vorteile aufgehoben werden.

Prozesse dieser Art haben kein Subjekt, das auf die Folgen reflektieren könnte. Die Spezifik der Wissenschaft besteht darin, daß sie in Gestalt eines hochgradig spezialisierten und differenzierten Kommunikationsprozesses neues Wissen produziert. Die Eigenart dieses Prozesses liegt darin, daß es keine andere Instanz in der Gesellschaft gibt, die über seine Richtigkeit und Adäquanz urteilen kann. Jede Bewertung der Qualität und jedes Urteil über die Einhaltung der Regeln des ›richtigen Kommunizierens‹ sind letztlich abhängig vom Urteil der Experten in diesem Prozeß. Solange die ›Distanz‹ der Gesellschaft zur

---

25 Der Sinneswandel der Wissenschaftspolitik ist nicht zuletzt daran ablesbar, daß Bücher, die die Förderung der Forschung in erster Linie durch ihren gesellschaftlichen Nutzen legitimiert sehen, wie zum Beispiel Gibbons u. a. (1994) und Stokes (1997), inzwischen Aufmerksamkeit und Wohlgefallen errungen haben (vgl. Frühwald 1996).

Wissenschaft gewahrt war, das heißt, solange die Gesellschaft den Selbstregulierungsmechanismen der Wissenschaft vertraut hat, war deren optimale Wirkungsweise zumindest im Prinzip gewährleistet, nicht zuletzt schon deshalb, weil es in diesem Arrangement weder Beobachter von Fehlfunktionen noch Kläger über sie gab. Nun gilt jedoch weiterhin, daß externe Evaluierungen und bürokratische Kontrollen der Verletzung des Ethos der Wissenschaft gar nicht unabhängig von den Einschätzungen der Wissenschaftler funktionieren können. Sie sind letztlich immer von diesen abhängig. (Die zur Evaluation eingesetzten Indikatoren tragen diesem Grundsatz auch Rechnung.) Ebendarin besteht das unaufhebbare Dilemma der Externalisierung von Bewertung und Kontrolle. Die Aufkündigung der Distanz, ganz gleich von welcher Seite sie erfolgt, hat, wenn sie zu weit getrieben wird, ihren Preis. Dessen Höhe aber bleibt einstweilen ungewiß.

8. Die Zukunft der Wissensordnung

Wissen in der ›Wissensgesellschaft‹

Der sogenannte *Unabomber* – ein ehemaliger Computerwissenschaftler, der mit Sprengstoffanschlägen die Zukunft aufzuhalten versuchte – bot im Januar 1998 an, seinen mörderischen Feldzug zu beenden, wenn eine der nationalen Zeitungen der USA sein Manifest gegen die korrumpierenden und entmenschlichenden Einflüsse der »postindustriellen (das heißt technologischen) Gesellschaft« publizieren würde (Bell 1999, S. IX). Bells Konzept hat also offenbar nicht nur positive Konnotationen geweckt. Gleichwohl ist er in den allgemeinen Sprachgebrauch und das akademische Lexikon eingegangen.[1] Der Begriff der ›Informationsgesellschaft‹, der schon Anfang der sechziger Jahre in Japan geläufig wurde, ist 1994 vom EU-Ministerratstreffen in die europäische politische Rhetorik aufgenommen worden. Aber schon wird erkennbar, daß nicht Information, ihr Transfer und damit die Informationstechnologien allein das entscheidende Kennzeichen der künftigen Gesellschaftsordnung sein werden, sondern die jeweilig kontextspezifische Produktion, Aneignung und Verarbeitung von Information zu Wissen. Inzwischen beginnt der Begriff ›Wissensgesellschaft‹ die Vorstellungen der Politik und der Medien von der Gesellschaft der Zukunft zu beherrschen.[2] Immer häufiger wird er verwendet, auch wenn er noch nicht die gleiche diskursive Prominenz erlangt hat.[3] Dennoch darf man gespannt sein, wann der Begriff

---

1 Bell sieht dies in den 104 Zitaten des Begriffs in der Nexis-Datenbank für August 1997 bis August 1998 gegeben (Bell 1999, S. IX).
2 Das Bundesministerium für Bildung, Wissenschaft, Forschung und Technologie hat 1996/1998 eine Delphi-Befragung zu Potentialen und Dimensionen der Wissensgesellschaft durchgeführt (BMBF 1996/98).
3 Um so erstaunlicher muß es anmuten, daß der Begriff in der wissenschaftlichen Literatur des letzten Jahrzehnts (genauer: zwischen 1993 und 2000) nahezu überhaupt noch nicht vorkommt. Er erscheint gerade einmal in zehn von über 7.3 Millionen Dokumenten im Titel, 19 weitere erwähnen ihn in ihren ›abstracts‹ (Ergebnis einer Recherche nach dem Begriff *knowledge society* im ›Web of Science‹, der umfassendsten elektronischen Datenbank für wissenschaftliche Artikel, die den Science Citation Index und den

zu einer (sozial-)wissenschaftlichen Mode wird. Ein Gegenstand für die Soziologie und namentlich die Wissenssoziologie ist die Wissensgesellschaft allemal (Maasen 1999, S. 59 ff.). Angesichts der schnellen Abfolge der Typisierungen von Gesellschaft und der begrifflichen Divergenzen ist es wenig erstaunlich, daß unter den sozialwissenschaftlichen Beobachtern noch strittig ist, ob wir uns schon in der Wissensgesellschaft befinden oder ob diese nur ihre ›Schatten vorauswirft‹ (Stehr 1994; Willke 1998, S. 163). Strittig – und im Kontext unserer Untersuchung besonders relevant – ist überdies, ob die Wissenschaft in der Wissensgesellschaft eine herausragende Rolle spielt oder nicht. Für die einen ist die Wissenschaft der maßgebliche Typus der Wissensproduktion, ohne freilich noch Rationalität und Sicherheit des Wissens zu verbürgen. Für die anderen ist die Identifikation der Wissensgesellschaft mit der Wissenschaft deshalb falsch, weil die Produktion reflexiven Wissens nicht mehr auf die Wissenschaft beschränkt ist, sondern auch in anderen Organisationen stattfindet.

Die hier vorangegangenen Untersuchungen haben sich dem Problem von der anderen Seite her genähert. Indem die Veränderungen der Kommunikationsformen wissenschaftlichen Wissens ins Zentrum der Betrachtung gerückt wurden, lassen sich die Konturen der Wissensgesellschaft empirisch aus der Perspektive der Produktion gesicherten Wissens und deren Veränderungen erschließen. Die Leitfrage lautet: Wie wird, wenn überhaupt, gesichertes Wissen produziert und kommuniziert, wenn die herkömmlichen Bedingungen der Wissensproduktion nicht mehr gelten, das heißt, wenn die soziale Distanz der Wissenschaft und das dadurch erzeugte besondere Vertrauen in gesichertes Wissen durch ›enge Kopplungen‹ ersetzt werden? Welche Ordnung des Wissens entsteht unter diesen neuen Bedingungen, wie werden Glaubwürdigkeit und Vertrauen erzeugt bzw. wie kann überhaupt Wissen stabilisiert werden, welche Form des Wissens wird sich in dieser neuen Ordnung als primäre Form durchsetzen, wenn der traditionelle Typus wis-

Social Sciences Citation Index zusammenfaßt). Auch der Begriff der ›Informationsgesellschaft‹ *(information society)* erscheint nur in 199 Titeln. Die Zukunft in Gestalt der ›Wissensgesellschaft‹ hat für die Wissenschaft selbst offenbar noch nicht begonnen.

senschaftlichen Wissens tatsächlich keinen Bestand mehr haben sollte?

Rekapitulieren wir zunächst noch einmal die hauptsächlichen Tendenzen, die sich aus den vorangegangenen Analysen der Kopplungen der Wissenschaft mit der Politik, der Wirtschaft und den Medien herauskristallisieren. Aus ihnen lassen sich – bei aller gebotenen Vorsicht und Skepsis gegenüber Extrapolationen – tentative Antworten auf die gestellten Fragen gewinnen.

Ausgangspunkt der Analyse war die Charakterisierung der historischen Bedingungen der Entstehung der akademischen Wissensordnung. Sie sind in der Entwicklung der sozialen Distanz in der persönlichen Kommunikation – zunächst der Abkopplung der Eigenschaften des Individuums von den Inhalten der Kommunikation, später der Isolierung der Institution Wissenschaft von den anderen Institutionen der Gesellschaft – zu sehen. Diese soziale Distanz war die institutionelle Voraussetzung für das von direkter Verantwortung entlastete Kommunizieren hypothetischer, riskanter und irrtumswahrscheinlicher Inhalte und für das von unmittelbarem Handlungsdruck entlastete Experimentieren mit der Natur. Die institutionelle Isolierung war ein besonders leistungsfähiger Mechanismus, die Innovationsfähigkeit der Gesellschaft zu gewährleisten, und erklärt deshalb auch den eklatanten Erfolg der Wissenschaft. Gerade dieser Erfolg ist es jedoch, der, in Verbindung mit einer säkularen Demokratisierung moderner Gesellschaften, zu den engen Kopplungen der Wissenschaft mit anderen gesellschaftlichen Teilsystemen und damit zur Aufhebung der Distanz führt.

Die *Tendenz zur Politisierung der Wissenschaft* ergibt sich aus der Kopplung von Wissenschaft und Politik. Der ubiquitäre Zugriff der Politik auf wissenschaftliche Expertise als Legitimationsressource involviert die Wissenschaft nicht nur unausweichlich in das Geschäft politischer Entscheidung und macht die Experten politischen Positionen zurechenbar. Eine weitere Konsequenz ist die Überbietungsspirale der Argumentation mit dem ›neuesten Stand der Forschung‹, der die politischen Kontrahenten in den Bereich des noch umstrittenen, nicht gesicherten Wissens treibt, mit der Folge, daß der (öffentliche) Expertenstreit in der politischen Arena zum allgegenwärtigen Risiko der Berufung auf wissenschaftliches Wissen wird. Das bedeutet darüber hinaus, daß die Grenze zwischen gesichertem und hypothetischem Wissen porös wird. Im Prinzip bleibt alles wissenschaftliche Wissen vorläufig und hypothetisch. Aber dennoch läßt sich ein Kontinuum denken, das (innerhalb der *scientific community*) von gesichertem zu ungesichertem, hypothetischem Wissen reicht. Das beobachtete Phänomen der Politisierung bedeutet, daß sich Experten bei Rückgriffen auf wissenschaftliches Wissen der Tendenz nach immer weiter auf das zuletzt genannte Ende des Kontinuums hin bewegen. Man kann auch von einer stärker werdenden Interferenz des (wissenschaftlichen) Kontexts der Rechtfertigung des Wissens *(context of justification)* und des (politischen) Bedeutungskontexts *(context of relevance)* sprechen.[4]

Dagegen könnte eingewandt werden, daß dies wegen der prinzipiellen Hypothetizität wissenschaftlichen Wissens schon immer so gewesen sei. Dieser Einwand übersieht jedoch den gesellschaftlichen Wandel, in dessen Kontext sich das Verhältnis von Wissenschaft und Politik entwickelt. Die Dynamik dieses Wandels erklärt sich aus der Umstellung von einer stratifizierten zu einer funktional differenzierten Gesellschaftsordnung, in deren Gefolge die Auflösung aller nicht funktional begründbaren Hierarchien steht. Auch die moderne Massendemokratie verdankt sich diesem Prozeß. Die grundsätzliche Gleichheit aller Gesellschaftsmitglieder äußert sich im politischen Bereich unter anderem in der kollektiven Individualisierung von Ansprüchen. Dazu zählen neuerdings die Wahrnehmung individu-

---

4 Der ›context of relevance‹ umschreibt die Interpretation wissenschaftlichen Wissens in öffentlichen Diskursen, die Orientierungsfunktion, die dieses Wissen erlangt, und gegebenenfalls die Implementierung in politisches Handeln unabhängig davon, ob dieses Wissen in der wissenschaftlichen Kommunikation als gesichert gilt. Der Grad der Unmittelbarkeit dieser Überführung aus dem wissenschaftlichen Kontext in den öffentlichen bzw. politischen ist abhängig vom Inhalt des betreffenden Wissens und den Werten und Interessen, zu denen es in Beziehung steht. Die Klassifizierung von Kometen bleibt möglicherweise auf die wissenschaftliche Kommunikation beschränkt, die statistische Beziehung zwischen einer DNA-Sequenz und einer bestimmten menschlichen Eigenschaft macht dagegen Schlagzeilen in den Medien, auch ohne abschließende Bestätigung durch entsprechende Testserien (Weingart 1988, S. 49 f.; vgl. auch Graham 1981, S. 379).

DIE ZUKUNFT DER WISSENSORDNUNG

eller Risiken der Technologien, die die moderne Wissenschaft bereitstellt, die Abschätzung ihrer Folgen und die Entscheidung für oder gegen ihren Einsatz.[5] Die rezente Prominenz der Risikodiskurse in der Politik und die durch sie abermals gestiegene Bedeutung wissenschaftlicher Experten in der Politikberatung ergeben sich also aus der fortschreitenden Demokratisierung in Verbindung mit den in ihrem Kontext sich entwickelnden wissenschaftlichen und technischen Innovationen. Besonders prägnant wird dieser Zusammenhang auch in Luhmanns Formulierung der säkularen Umwandlung von Gefahren in Risiken, die die Entscheidungsabhängigkeit von Risiken sowie die Differenz zwischen Entscheidern und von den Entscheidungen Betroffenen verknüpft (Luhmann 1991). Die Implementierung wissenschaftlichen Wissens in Gestalt komplexer Technologien konnte noch vor wenigen Jahrzehnten von einer technokratischen Elite vorgenommen werden, ohne auf nennenswerte Proteste zu stoßen. Mit der Einführung der Kernenergie hat sich das grundlegend verändert: Die individuellen Sicherheitsansprüche und Risikoabwägungen sind von Bürgerinitiativen und ›Betroffenengruppen‹ organisiert und zu einer öffentlichen Herausforderung der politischen Legitimität artikuliert worden. Die Tendenz zur Politisierung der Wissenschaft ist folglich untrennbar mit der *Demokratisierung der Gesellschaft* in dem hier umfassend gemeinten Sinn verbunden.

Die zweite herausgearbeitete Tendenz ist die einer *Kommerzialisierung der Wissenschaft*. Genauer gesagt: Wissenschaftliches Wissen erhält zunehmend Warencharakter und wird intellektuellen Eigentumsrechten unterworfen. Die Analyse der institutionellen Entwicklungen des Verhältnisses zwischen Wissenschaft und Wirtschaft bzw. präziser zwischen Universität und Industrie hat zwar, wenig überraschend, ergeben, daß weder von einer Übernahme der Universitäten durch die Industrie noch umgekehrt von einer Akademisierung der Industrie die Rede sein kann. Vielmehr ist gerade die Schnittstelle zwischen

---

[5] Zum Zusammenhang zwischen dem Prozeß der gesellschaftlichen Individualisierung im Sinne individueller Risikozuschreibungen und dem Umgang mit Risiken (von der Versicherung zur Verunsicherung) siehe Krohn, Krücken (1993). Allgemeiner ist der Prozeß der Subjektivierung und der Zumutungen der Gesellschaft (als Ubiquität von Macht/Wissen-Beziehungen) das Thema Foucaults.

ACHTES KAPITEL

beiden Sektoren zum Ort organisatorischer Innovationen geworden, an dem unter dem Reformdruck, dem sowohl die Universitäten als auch die Industrie unterliegen, alte Lösungen fortgesetzt und verstärkt sowie neue Lösungen erprobt werden. Die Bilanz bleibt ambivalent, beides beschreibt die Tendenz: sowohl Akademisierung der Industrie als auch Kommerzialisierung der Universität. Die Koppelung ist enger geworden.

Eine eindeutigere Tendenz ist auf der Ebene der Produktion und Verwendung des Wissens zu beobachten. Sie betrifft allerdings bislang vornehmlich einen spezifischen Bereich des Wissens, nämlich die Biochemie und ihre Verfahren. Für diesen Bereich gilt, daß die Produktion des Wissens industrielle Formen annimmt; das heißt, daß Wissen wie eine Ware nach vorher gesetzten Zielen zugeschnitten, zusammengesetzt, kombiniert, kontrolliert, zertifiziert, lizenziert und verkauft werden kann. Das Paradigma dieser Art von Wissen ist ein Algorithmus, der Software-Kern intelligenter Produkte und Verfahren (Fuller 1992; Krohn 2000). Das eindeutigste Indiz der Kommerzialisierung wissenschaftlichen Wissens ist die Drift in der Patentierung von der Erfindung in Richtung auf die Entdeckung. Die Auseinandersetzungen um die Grenzen der Patentierung, die sich an dieser einstmals eindeutigen Unterscheidung orientieren, lassen erkennen, daß der Typus des produzierten Wissens die Unterscheidung selbst fragwürdig werden läßt und daß der Markt als Regelungsmechanismus für die Finanzierung und Distribution des Wissens in den Bereich der wissenschaftlichen Kommunikation vordringt. Gerade darin dokumentiert sich die (zumindest in den Erwartungen der ›venture capitalists‹) Nützlichkeit des Wissens und damit seine ›Richtigkeit‹. Dieser ›Erfolg‹ wird jedoch potentiell gefährdet durch die Umstellung der grundlegenden Regeln der Kommunikation. An die Stelle von Vertrauen in die Verläßlichkeit des Wissens tritt kommerzielles Interesse an den Vermarktungsrechten und damit strategisches Interesse im Umgang mit dem Wissen, seiner Geheimhaltung oder partiellen Manipulation, in der Konkurrenz um Vorteile.

Die dritte Tendenz ist die der *Medialisierung der Wissenschaft*. Wissen, für dessen Produktion im politischen Raum oder auf dem Markt das erforderliche Geld eingeworben werden muß, das sich auch im politischen Interessenkonflikt einsetzen läßt, um strategische Vorteile zu erlangen, das sich am Markt verkaufen läßt und mit dem sich große Profite realisieren lassen, solches Wissen ist Gegenstand medialen Interesses, und solches Wissen wird auch angepriesen. Seine Bedeutung und Leistungsfähigkeit werden möglicherweise übertrieben, seine Grenzen und Schwächen verschwiegen. Es ist schwer, das Phänomen der Medialisierung der Wissenschaft präzise zu erfassen, aber dennoch sind die Indizien gegeben, die sich für eine Operationalisierung eignen würden.

›Public Science‹, eine der medialen Beobachtung ausgesetzte Wissenschaft, operiert anders als die öffentlichkeitsaverse Korporation, die die Wissenschaft zuvor war. Institutionell ist die Orientierung der Wissenschaftler und ihrer Organisationen an den Medien und die Konkurrenz um ihre Aufmerksamkeit inzwischen unübersehbar. Organisationen wie Universitäten nutzen die Medien zur Eigenwerbung, zur Präsentation eines ›Corporate image‹, weil sie am Markt der Bildung operieren. (Selbst in Deutschland, wo es keine Studiengebühren gibt, bedeuten höhere Studentenzahlen die Sicherung von Stellen). Zum Teil sind die Medien unmittelbar in den wissenschaftlichen Kommunikationsprozeß mit einbezogen, wenn es um die schnelle Sicherung von Prioritäten geht. Zum Teil werden die Wissenschaftler zum Gegenstand medialen Interesses und können ihre so gewonnene ›Sichtbarkeit‹ als symbolisches Kapital, als öffentliche Anerkennung und auf diese Weise demonstrierte ›Legitimität‹ in der Konkurrenz um Ressourcen einsetzen.

Von dieser Orientierung an den Medien bleibt das kommunizierte Wissen nicht unbeeinflußt. Es wird auf dem medialen Markt der symbolischen Repräsentationen in Umlauf gebracht und droht denselben Regeln der Skepsis unterworfen zu werden wie alle übrigen Repräsentationen dieses Wissensgenres. Noch sind die Bezüge auf die Zertifizierungsmechanismen der Wissenschaft als Garanten der Glaubwürdigkeit in der Welt der Werbung präsent, aber sie verlieren offensichtlich ihre vormalige Bedeutung.[6] Wissenschaftsnachrichten über drohende Kata-

---

[6] Das legt zumindest ein oberflächlicher Blick auf die Textseite diverser Kosmetika und Hygieneartikel – wie Zahnpasta, Shampoo, Hautcreme und dergleichen – nahe, die sich einst in der Härte der medizinisch-klinischen Labortests, die sie durchlaufen hatten, überboten. Inzwischen haben diese Symbole der Verläßlichkeit aber offenbar ihre Funktion an die emotionale Wirkung des Umweltschutzes verloren.

strophen, Waldsterben, anthropogene Klimaveränderung, drohenden Meteoriteneinschlag oder Massensterben biologischer Arten werden von den Medien als Sensationsmeldungen verbreitet und mit derselben Attitüde der Aktualität nach Erreichen des Aufmerksamkeitshöhepunkts als mögliche Übertreibungen der Wissenschaft ›recycelt‹ (Hornschuh 1999). Die Rede vom ›negativen Kassandra-Syndrom‹ verweist auf das Glaubwürdigkeitsdilemma der Wissenschaft unter den Bedingungen der Medialisierung.[7] Ihre Warnungen vor kommenden Katastrophen werden zum Gegenstand medialer Berichterstattung, und gerade weil sie diese öffentliche Aufmerksamkeit erlangen, wird auch jede Korrektur in den Medien berichtet, nur eben nicht als in der Kommunikation übliche und konstruktive Revision, sondern als Beleg für intendierte Übertreibung zuvor. Die in der wissenschaftlichen Kommunikation geltenden Regeln, wonach falsche Behauptungen aufgestellt und ohne den Verdacht des Täuschungsversuchs widerlegt werden können, weil beides, Hypothese und Widerlegung, als Motor des Erkenntnisfortschritts gelten, sind hier außer Kraft gesetzt. Aus dieser Differenz zwischen der distanzierten wissenschaftlichen gegenüber der öffentlichen Kommunikation wird die eigentliche Tragweite der Entwicklung unmittelbar evident: Wenn der Gegenstand einer Kontroverse nicht mehr der Inhalt des umstrittenen Wissens, sondern der Vorwurf der Interessegebundenheit ist, kann das Vertrauen in das Wissen nicht mehr zurückgewonnen werden, von *keiner* der beiden Seiten, ganz gleich, wie gut die Argumente auch sein mögen.

Die Gemeinsamkeit der untersuchten Tendenzen, das ist das Fazit, besteht in dem Verlust der sozialen Distanz, die sich seit dem 17. Jahrhundert zwischen der Wissenschaft und den übrigen gesellschaftlichen Teilsystemen entwickelt hatte und die die institutionelle Vorbedingung für die Produktion gesicherten Wissens darstellte. Aus diesem Distanzverlust bzw. den Kopplungen, in denen er sich manifestiert, ergeben sich paradoxe Folgen. Wie also sieht die zukünftige Wissensordnung aus, um die oben gestellte Frage in Erinnerung zu rufen,

7 Die Formulierung ›negatives Kassandra-Syndrom‹ geht auf Reinhard Hüttl zurück, der den Begriff auf einem Symposium der Berlin-Brandenburgischen Akademie 1998 verwendete *(http://www.bbaw.de/aa/termine/1998/11/26_text.html)*.

- wenn Wissen tendenziell politisiert bzw. politisch instrumentalisiert wird mit der Folge, daß die Grenze zwischen gesichertem und hypothetischen Wissen diskursiv verwischt wird;
- wenn Wissen zunehmend kommodifiziert und eigentumsrechtlichen Regelungen unterworfen wird;
- wenn Wissen bereits im Stadium seiner Produktion öffentlicher Beobachtung ausgesetzt ist und aufgrund dessen die Grenze zu symbolischen Formen der Repräsentation überschritten wird?

Soziale Distribution der Wissensproduktion und Generalisierung der Forschung als Handlungsmodus

Es käme wohl niemand auf die Idee, zu behaupten, daß die wissenschaftliche Kommunikation aufgrund der beobachteten Kopplungen zusammengebrochen sei. Bedeutet das, daß die zuvor für so wichtig erachtete soziale Distanz und das Vertrauen als Grundlagen der Produktion gesicherten Wissens nicht (mehr) so zentral für die Produktion gesicherten Wissens sind, wie unterstellt worden ist? Oder war deren Bedeutung nur auf eine bestimmte historische Epoche beschränkt, und gelten jetzt andere Bedingungen?

Genau diese Frage verweist noch einmal auf die Thesen zur Wissensgesellschaft und die Rolle, die in ihr der Wissenschaft zukommen soll. In einer Charakterisierung heißt es, daß von Wissensgesellschaft sinnvoll nur gesprochen werden könne, »wenn eine qualitativ neue Form der Wissensbasierung und Symbolisierung *alle* Bereiche einer Gesellschaft durchdringt *und* kontextspezifische Expertise in allen Bereichen der Gesellschaft generiert wird« (Willke 1998, S. 164). Diese Bedingung wird dahingehend spezifiziert, daß die Infrastrukturen der Gesellschaft mit »eingebauter kontextsensitiver Expertise arbeiten«, die Institutionen und Regelsysteme »lernfähig organisiert sind und aktiv Wissensbasierung betreiben« und daß die »Operationsweise ihrer Funktionssysteme [...] ihre Eigenlogik mit der neuen Metadifferenz von Expertise und Risiko koppeln«

(ebd.). Diese theoretisch begründete Charakterisierung grenzt die *Wissens*gesellschaft von der *Wissenschafts*gesellschaft ab, die man sich auch als ›verwissenschaftlichte‹ Industriegesellschaft vorstellen kann. Erstere ist danach weder durch die Herrschaft einer ›Wissensklasse‹ oder die Professionen gekennzeichnet noch durch eine Überlagerung der ganzen funktional differenzierten Gesellschaft mit dem einen Funktionssystem ›Wissenschaft‹.

Diese Abgrenzung ist jedoch mindestens mißverständlich, weil sie einen wichtigen Aspekt verdeckt. Es wird nämlich zugleich behauptet, daß die bislang geltende Arbeitsteilung zwischen den Funktionssystemen aufgehoben wird, in der die Wissenschaft das relevante Wissen erzeugt, validiert, lizenziert und auch revidiert hat, um es sodann in »intermediatisierende Prozesse« wie Politikberatung, Expertenanhörungen oder institutionelle Verknüpfungen zwischen Forschung und Praxis zu transferieren. Umgekehrt sind die Erfahrungen mit der Anwendung des Wissens sowie neue Problemstellungen als Forschungsfragen an die Wissenschaft zurückgegeben worden. Diese Arbeitsteilung sei zugunsten einer ›sozialen Distribution des Systems der Wissensproduktion‹ aufgeweicht worden (Gibbons u. a. 1994, S. 6, 13). Gemeint ist damit, daß an vielen Orten der Gesellschaft Expertise, Wissen in Organisationen, professionelles Steuerungswissen, implizites Wissen und andere Formen systematisierter Informationen entwickelt werden. Der wichtige Aspekt in dieser Charakterisierung ist *organisationaler* Art. Die *Disziplinen* sind nicht mehr allein die Organisationsformen, welche die Gegenstandsbereiche des Wissens definieren, und die *Universitäten* sind nicht mehr die alleinigen Orte, an denen (disziplinär gegliedertes) Wissen verbindlich für die Gesellschaft produziert und ihr zur weiteren Anwendung weitergegeben wird.

Die Gegenüberstellung von Wissenschaftsgesellschaft und Wissensgesellschaft richtet sich also darauf, daß die Produktion und Validierung des Wissens nicht mehr allein durch die institutionalisierte Wissenschaft geleistet wird. Daraus könnte gefolgert werden, daß die Wissenschaft in der Wissensgesellschaft ihre Bedeutung verliert. Tatsächlich wird aber nichts anderes gesagt, als daß das *Prinzip* der Wissenschaft, nämlich die erfahrungsgesteuerte Produktion *und* Revision von Wissen, auf andere Wissensformen und die sie produzierenden Organisationen ausgedehnt wird. Das Wissenschaftssystem wird für überfordert erachtet, die in anderen Kontexten anfallende Expertise zu kontrollieren. Aufgrund der distribuierten Wissensproduktion ist zudem das »Tempo der Wissensrevision so gesteigert, daß der langwierige Umweg über das Wissenschaftssystem kontraproduktiv wäre« (Willke 1998, S. 165). Als überzeugendster Beleg für diese Entwicklung werden ›intelligente‹ Organisationen angeführt, die eine »selbstverstärkende Rekursivität der Nutzung *und der Generalisierung* von Wissen« betreiben (ebd.). Es ist aus verschiedenen Gründen fraglich, ob intelligente Organisationen schon den besonderen Charakter der Wissensgesellschaft belegen. Entscheidend ist aber zunächst einmal, daß in ihnen Prozesse der wissensgenerierenden und -prüfenden Kommunikation organisiert sind, die strukturähnlich wie in der Wissenschaft selbst ablaufen. Dies ist jedoch nur die Voraussetzung für einen noch wichtigeren Aspekt: Die soziale Distribution der Wissensproduktion konstituiert erst dann einen neuen Typus von Gesellschaft, wenn die funktionsspezifischen Operationsweisen der Wissenschaft, eben die Forschung, generalisiert werden, das heißt, wenn hypothetisches Denken und experimentelles Handeln aus dem isolierten Schutzraum des Labors heraus in die Gesellschaft diffundiert und an vielfältigen Orten praktiziert wird, an denen Handeln auf Wissen gegründet wird. In dem Maße, wie dies in relevantem Umfang geschieht (und nicht nur auf die Implementierung einiger riskanter Technologien beschränkt bleibt), gewinnt die Rede von der »Gesellschaft als Labor« zunehmende Bedeutung als Beschreibung eines konstitutiven Aspekts der Wissensgesellschaft (Krohn, Weyer 1989). Abstrakt gesagt handelt es sich um die Etablierung der Forschung als eines *generalisierten* Handlungsmodus, der sich evolutionär aus dem Wachstum der Wissensproduktion und dem dadurch erzeugten Innovationstempo ergibt. Am deutlichsten wird diese grundlegende Veränderung an der Eigendynamik der Wahrnehmung von Risiken, Unsicherheit und Nichtwissen.

Niklas Luhmann hat auf die historischen Ursprünge der semantischen Unterscheidung und Umwandlung von Gefahr und Risiko hingewiesen (Luhmann 1990b, Kapitel 9; 1991). Nicht zuletzt aufgrund der durch Wissenschaft und Technik gestiege-

ACHTES KAPITEL

nen Einflußmöglichkeiten auf die Umwelt ist die Zukunftsorientierung von Gefahr auf Risiko umgestellt worden, hat sich die Zurechnung von den Entscheidern zu den von Entscheidungen Betroffenen verschoben. Die Wissenschaft ist von so viel »Präsenz von Zukunft in der Gegenwart« in doppelter Weise betroffen. Zum einen steht die Forschung unter dem Vorbehalt des Risikos von Kosten, die durch die Implementierung ihrer Ergebnisse etwa in Gestalt komplexer Technologien in der Zukunft entstehen können. Zum anderen wird die Wissenschaft aber auch zur Kalkulation dieser Kosten herangezogen und kann dann nur noch »ihre eigene Unsicherheit bzw. die Inkohärenz der als Wissenschaft vertretenen Meinungen offenbaren« (Luhmann 1990 b, S. 665). Durch die entsprechende Diversifizierung der Beobachter von Risiken, also der möglichen Folgen von Entscheidungen, verliert die wissenschaftliche Expertise ihre Sonderstellung und ihr Definitionsmonopol. Zugleich wird erkennbar, daß jeder weitere Versuch, Risiken zu minimieren, wiederum neue Einsichten in Bereiche des Nichtwissens produziert und so fort. Die Steigerung der Wissensproduktion in der Erwartung von Sicherheit bei der Abschätzung von Risiken reproduziert ihre eigene Ungewißheit aufgrund von Nichtwissen.[8] Die säkulare Ausweitung der Produktion gesicherten Wissens hatte also zwei gleichwertige Konsequenzen: die Umstellung (bei der Wahrnehmung von Entscheidungen) von Gefahr auf Risiko und die verallgemeinerte Anwendung der wissenschaftlichen Methode auf die Minderung der Risiken. Das ist mit der Einsicht verbunden, daß mehr Wissen zugleich mehr Nichtwissen produziert, und hat die Enttäuschung der Sicherheitserwartungen zur Folge.

Darin liegt nun eine erste Antwort auf die zuvor gestellte Frage nach der Rolle der Wissenschaft in der Wissensgesellschaft. Es gilt beides: Die Wissenschaft verliert einerseits ihre Sonderstellung in der Gesellschaft als die Instanz, die letztlich

---

8 Diese Einsicht hat sich inzwischen bis in die mediale Repräsentation der Wissenschaft durchgesetzt. Die Nobelpreisträger wurden auf ihrem 50. Treffen in Lindau in ungewohnter Bescheidenheit dargestellt. Unter der Überschrift »Der gordische Knoten bleibt zu. Je mehr die Wissenschaft herausfindet, um so weniger weiß sie« hieß es unter anderem: »[...] da war nichts mehr von der Siegesstimmung früherer Jahre zu spüren« (Rogosch 2000, S. 35).

gesichertes Wissen autoritativ verkünden kann. Andererseits wird das Prinzip der Forschung, des hypothetischen und experimentellen, lernenden Umgangs mit Informationen in der Gesellschaft zum allgemeinen Handlungsmodus. Wenn der Terminus der ›Wissensgesellschaft‹ dem der ›Wissenschaftsgesellschaft‹ beziehungsweise der Verwissenschaftlichung gegenübergestellt werden soll, müssen beide Aspekte berücksichtigt werden. Andernfalls entstünde der irreführende Eindruck, die Wissensgesellschaft sei durch eine neuartige Irrationalität geprägt. Das Bewußtsein von Kontingenz und die Einsicht, daß mehr Wissen auch mehr Nichtwissen produziert, sind nicht etwa Ausdruck von weniger Rationalität, sondern stellen gegenüber dem naiven Glauben an den Zusammenhang zwischen der stetigen Zunahme des Wissens und der Sicherheit von Entscheidungen eine Steigerung der Rationalität dar. Das erhöhte Kontingenzbewußtsein in der Gesellschaft, das von der Wissenschaft allererst erzeugt worden ist, schlägt auf die Wissenschaft zurück, indem es die zuvor noch gegebenen Möglichkeiten, das Nichtwissen unsichtbar zu machen, verstellt (Frederichs 1999). Gerade darin ist aber ein Moment der reklamierten Kontextsensitivität zu sehen. Damit erweisen sich die Thesen als voreilig, die die Wissenschaft zu einer überholten Institution erklären. Die beobachteten organisatorischen Veränderungen sind vielmehr der Ausdruck des Siegeszugs der Wissenschaft als Methode des Erkenntnisgewinns.

Soziale Distribuiertheit der Wissensproduktion und Institutionalisierungsgefälle

Dieses Ergebnis, das die eingangs formulierte Kritik an den dichotomen Konstruktionen von technokratischer und vergesellschafteter Wissenschaft präzisiert, verweist in einem nächsten Schritt auf die Frage, wie das Wissen institutionell stabilisiert wird, das an diversifizierten Orten in der Gesellschaft produziert wird. Anders gefragt: Bleibt die institutionalisierte Wissenschaft als Bezugssystem erhalten? Auch im Hinblick auf diese Frage fällt die Antwort ernüchternd aus.

Unstritig ist die allgemeine Voraussetzung aller Wissensproduktion: Es muß einen Kommunikationszusammenhang von ausreichendem Umfang geben, der nach außen abgegrenzt und intern nach einem bestimmten Modus, bezogen auf einen spezifischen Gegenstand und mit spezifischen Methoden operiert. Ein wichtiger, vielleicht der wichtigste Unterschied besteht in dem Umfang dieser Kommunikationszusammenhänge, damit dem Grad an Sicherheit des Wissens und dem Grad des Konsenses unter den an der Kommunikation Beteiligten. Dies sind die Bedingungen der Stabilisierung des Wissens.⁹

Die als Beispiel für sozial distribuierte Wissensarbeit in intelligenten Organisationen angeführte Unternehmensberatung deutet auf ebenjene Unterschiede, welche die anwendungsbezogene und kontextsensitive Wissensproduktion zu derjenigen der traditionellen akademischen Disziplinen aufweist. Danach zeichnet sich die Unternehmensberatung durch Schulenbildung und organisierte Wissensarbeit aus. Die Expertise ist nicht mehr zeitlich stabil, sondern volatil und veraltet rasch. In sachlich-inhaltlicher Hinsicht läßt sich das entsprechende Wissen nicht in allgemeine Lehrsätze und Gesetzmäßigkeiten fassen, sondern ist kontextsensitiv. In sozialer Hinsicht hat die beraterische Expertise kaum Chancen, sich zu einem konsensfähigen Regelsystem zu verdichten und allgemeine Anerkennung zu finden. In operativer Hinsicht läßt sie sich nicht in funktionierende Maschinen und Technologien fassen, sondern erzwingt eine »nicht endende Spirale wechselseitiger Überraschung von Beobachtung und Intervention« (Willke 1998, S. 169f.).

Die Unternehmensberatung, das Feld der Finanzdienstleistungen, die bereits weitergehend akademisierten Pflegewissenschaften, das Management mit den Schulen für MBAs sind allesamt Beispiele, die für ›organisierte Wissensarbeit‹ stehen mögen. Entscheidend sind hier die Differenzen zur Wissensproduktion der traditionellen wissenschaftlichen Disziplinen, weil sie auf den Prozeß der noch nicht abgeschlossenen Ausdifferenzierung und Institutionalisierung als Profession verweisen.

9 Mit dem Rekurs auf das theoretische Instrumentarium der Selbstorganisationstheorie und die Kernkonzepte der Selbstreferenz und der operativen Geschlossenheit stellt Willke auf das zentrale Moment der Wissensproduktion ab: die distribuierte, zirkulär vernetzte Kommunikation, in der sich über Regelsysteme und Standardprozeduren selbstverstärkende und selbststabilisierende Modi bzw. Operationslogiken der Informationsverarbeitung ergeben (Willke 1998, S. 168).

Der wichtigste Unterschied zwischen den Formen der sozial distribuierten Wissensproduktion und den akademischen ist die *Stabilität des Wissens*, das heißt ihr *Institutionalisierungsgrad*. Er ergibt sich aus dem Umfang des Kommunikationsnetzwerks, aus der Etablierung formaler Ausbildungswege, durch die die späteren Experten in den Wissenskanon sozialisiert werden, aus institutionalisierten Mustern des Zugangs zur Anwendung des entsprechenden Wissens über Titel und die Bedingungen ihrer Erlangung sowie schließlich aus institutionalisierten Mustern der Anwendung des Wissens (Parsons 1968, Wilensky 1964). Das sind die klassischen Kriterien der Professionalisierung. Sie markieren das eine Ende des Stabilitäts-/Instabilitäts-Spektrums der Wissensproduktion.[10] Am anderen Ende sind die instabilen Formen der Wissensproduktion angesiedelt. Zwischen den Enden des Spektrums gibt es eine Vielzahl unterschiedlicher Ausprägungen von Wissensfeldern. Ob der Ausdifferenzierungs- und Professionalisierungsprozeß in bestimmten Fällen aufgrund der Eigenart des Gegenstandsbereichs für prinzipiell unabschließbar gehalten wird, wie Willke annimmt, oder ob, wie etwa im Fall der Pflegewissenschaften, die Akademisierung doch am Ende des Prozesses steht, ob also das Spektrum zugleich auch den Prozeß der Akademisierung bzw. Professionalisierung beschreibt, sei dahingestellt. Vieles spricht tatsächlich dafür, daß die Unterschiede der Gegenstandsbereiche wissenschaftlicher Disziplinen auch ganz unterschiedliche Aufgabenorientierungen, damit unterschiedliche interne soziale Organisationsformen (unter anderem der Kommunikation) und schließlich auch unterschiedliche Chancen der Institutionalisierung des entsprechenden Wissensfeldes in der gesellschaftlichen Praxis, sprich auf dem Arbeitsmarkt, bedingen.[11]

---

10 Es ist bemerkenswert, daß der gleiche Sachverhalt Mitte der siebziger Jahre von der OECD unter dem Gesichtspunkt des *credentialling* als Prozeß der Professionalisierung und mit Blick auf den Arbeitsmarkt untersucht wurde. Zu jener Zeit war für die Institutionalisierung neuer Bereiche der Wissensproduktion noch das Modell der klassischen Professionen verbindlich, aber die Grenzen seiner Verallgemeinerung waren bereits erkennbar (Schmitz, Weingart 1975).
11 Whitleys Standardwerk zum Zusammenhang interner intellektueller und sozialer Organisation und den gesellschaftlichen Umweltbedingungen der Wissenschaften gibt unbeabsichtigt auch Aufschluß über das, was

ACHTES KAPITEL

Es ist folglich davon auszugehen, daß dies auch für Formen der nicht-akademischen Wissensproduktion gilt und daß die herkömmliche Akademisierung und Professionalisierung vielleicht nicht (mehr) das alleinige Modell ist. Die fortdauernde Geltung des traditionellen Professionalisierungsmodells mit akademischer Wissensbasis auch in der Wissensgesellschaft wird allerdings durch die Existenz eines Geschäftszweigs unterstrichen, der *sowohl* die ungebrochene soziale und ökonomische Bedeutung von Universitätsdiplomen *als auch* ihre potentielle Entwertung durch die fragwürdige Umgehung üblicher Qualifikationsanforderungen und die allgemeine, nur finanziell begrenzte Verfügbarkeit signalisiert.[12]

All das bedeutet nichts anderes, als daß in der Wissensgesellschaft die Formen und Prinzipien der wissenschaftlichen Wissensproduktion auf nahezu beliebige, praxisnahe Gegenstände und Problemstellungen ausgeweitet werden, ohne daß sie alle zu etablierten Wissensfeldern im traditionellen Sinn akademischer Wissenschaft werden. Für alle Felder der Wissensproduktion und insbesondere die Wissenschaft gilt, daß sie das Resultat von sich abschließenden und sich selbst kontinuierenden Kommunikationen sind. Dieser Mechanismus der Ausdifferenzierung ist auf keine irgendwie gearteten ontologischen Gegenstandsbereiche begrenzt, sondern im Prinzip auf alle Bereiche gesellschaftlicher Praxis ausdehnbar, die in irgendeiner Form als problematisch (das heißt der Reflexion und damit einer besonderen Kommunikation würdig) erfahren werden. In der Politik, der Wirtschaft, den Medien, den Kirchen usw. wird jede spezifische Expertise über sich selbst und ihre Sicht der Welt aus ihrer speziellen Perspektive produziert. Mit Blick auf die gesellschaftliche Distribuiertheit der Produktion von Expertise ist

man die Institutionalisierungchancen ›neuer‹ Wissensfelder nennen könnte (Whitley 1984).

12 Wissensgesellschaft ›in a nutshell‹: »University Diplomas. Obtain a prosperous future, money earning power, and the admiration of all. – Diplomas from prestigious non-accredited universities based on your present knowledge and life experience. – No required tests, classes, books, or interviews. – Bachelors, masters, MBA, and doctorate (PhD) diplomas available in the field of your choice. – No one is turned down. – Confidentiality assured. – CALL NOW to receive your diploma within days!!!« (Text einer E-mail von *gei26@igp.gob.pe*).

daraus aber nicht zu folgern, daß sich deshalb die Wissenschaft auflöst. Außerwissenschaftliche Wissensproduktion und wissenschaftliche bestehen *nebeneinander*.

Die Frage, ob das System der institutionalisierten Wissenschaft weiterhin den Bezugsrahmen für geringer institutionalisierte Formen der (kontextsensitiven, sozial distribuierten) Wissensproduktion abgibt, wird unterschiedlich zu beantworten sein. Allgemein geht es jedoch um die Frage, ob die kontextspezifische Wissensproduktion sich dadurch auszeichnet, daß sie sich gleichsam mit der Produktion des jeweils aufgabenbezogenen Wissens zufriedengibt, also aufgabenbezogen ist, oder jeweils auf die theoretischen Grundlagen rekurrieren muß, um sich des Wahrheitsgehalts zu versichern. Die beiden Möglichkeiten lassen sich schnell entscheiden: Aufgabenbezogene Forschung kann so lange selbstgenügsam bleiben, wie das produzierte Wissen instrumentell erfolgreich und kommunikativ unumstritten ist (Stokes 1997). Jeder Mißerfolg ebenso wie jede Anfechtung erzwingen ›Wahrheitsbeweise‹. Die gibt es in modernen und selbst in postmodernen Gesellschaften nur durch die Wissenschaft. Die Vorstellung einer sozial distribuierten und *deshalb* institutionell enthierarchisierten Wissensproduktion ist aus systematischen Gründen unhaltbar, weil sie die inhärente Dynamik von Wahrheitskommunikationen außer acht läßt. Damit wird die oben getroffene Schlußfolgerung bestätigt: Die soziale Distribuiertheit des wissenschaftlichen Handlungsmodus ist prinzipiell unbegrenzt, er ist auch jenseits des Wissenschaftssystems und ohne den Bezug auf universelle Erkenntnis möglich. Aber dennoch bleibt das Wissenschaftssystem das Bezugssystem, das letztlich die Stabilisierung verläßlichen Wissens leistet.

Eine dritte Möglichkeit jenseits des beschriebenen Kontinuums der Institutionalisierungsgrade des Wissens wird mit dem Verweis auf eine ›neue‹ Art des Wissens suggeriert, nämlich daß es sich um epistemologisch neues Wissen handele. Diese These verdient eine kurze Diskussion.

ACHTES KAPITEL

Wissensgesellschaft und neue Epistemologie?

»Was hält die Weltsicht des 21. Jahrhunderts für die Wissenschaft in der Gesellschaft bereit?« fragt Helga Nowotny und verweist auf die Zielsetzungen, einschränkenden Bedingungen und Versprechungen, die mit allseits zirkulierenden *catch-words* wie ›kognitive Revolution‹, ›Informationsexplosion‹, ›globale Ökonomie‹ usw. signalisiert werden (Nowotny 1999, S. 247). Sieht die Wissenschaft der Wissensgesellschaft (des 21. Jahrhunderts) wirklich epistemologisch anders aus als die des 20. Jahrhunderts und, wenn ja, in welcher Beziehung? Für den Typus der ›post-normal science‹ wird immerhin behauptet, daß es sich dabei um eine »qualitative Transformation der Wissenschaft« handele, um eine Revolution wie die des 17. Jahrhunderts, die die Definition von Gegenständen, Methoden und sozialen Funktionen beeinflussen werde (Funtowicz, Ravetz 1993, S. 112, 117). Es ist auch von einer »neuen Form der Wissenschaft«, einer »Re-Definition des Wissens« oder von einer polit-ökologischen Epistemologie die Rede, wobei gar behauptet wird, das Modell sei bereits der »Praxis [sic!] [...] entnommen« (ebd., S. 121). Auch der inzwischen offenbar unwiderstehlich gewordene Begriff der Transdisziplinarität, der besonders unter Wissenschaftspolitikern große Beliebtheit erlangt hat, transportiert das Versprechen eines epistemologischen Wandels der Wissenschaft, insofern transdisziplinäres Wissen seine eigenen theoretischen Strukturen und Forschungsmethoden habe (Gibbons u. a. 1994, S. 5; Funtowicz, Ravetz 1993, S. 109). Die gleiche Implikation scheint auch das Plädoyer für ein ›sozial robustes‹, kontextsensitives Wissen zu enthalten. Wissenschaftliches Wissen sei nur noch als ›lokalisiert‹ und ›kontextualisiert‹ denkbar, angepaßt an die Spezifität jedes einzelnen Falls und ständig den widersprüchlichen Erwartungen, Infragestellungen und Widerständen der jeweiligen sozialen Umwelt unterworfen. Erfolgreich könne Wissenschaft unter diesen Bedingungen nur noch sein, wenn sie ›sozial robustes‹ Wissen produziere (Nowotny 1999, S. 259).[13]

[13] Wynne argumentiert schon 1991, daß das zusätzliche Wissen, das zu einer Kontextualisierung der Wissenschaft erforderlich sei, nicht nur situationsspezifisches physikalisches Wissen sein müsse, sondern institutionelles oder *soziales* Wissen bzw. Urteilsfähigkeit (Wynne 1991, S. 115).

Es ist sicher kein Zufall, daß die Reichweite dieser Thesen in scharfem Kontrast zur mangelnden Spezifizierung der Kriterien steht, die eine Überprüfung erlauben würde. Es ist ohnehin schwer vorstellbar, wie fundamentale epistemologische Veränderungen näher zu bestimmen wären, wo sich kaum einheitliche Kriterien *der* Epistemologie der Wissenschaft feststellen lassen. Je nachdem, welche Wissenschaften man im Auge hat, wird man unterschiedliche Theorien, Methoden, Modelle und Prozeduren als ›typisch‹ für sie veranschlagen müssen (Galison, Stump 1996). Läßt sich aber kein ›harter epistemologischer Kern‹ der Wissenschaften ausmachen und wird die Heterogenität wissenschaftlicher Überzeugungen und Praktiken in den Vordergrund gestellt, dann bleibt von der Radikalität der These einer fundamentalen Veränderung der Wissenschaft nicht viel übrig. Bezeichnenderweise werden parallel zu den Behauptungen eines epistemologischen Wandels sowohl die wissenschaftliche Autonomie als auch die wissenschaftliche Objektivität weiterhin als unerläßliche Voraussetzungen der Bildung und Erhaltung wissenschaftlicher Identitäten und der Produktion verläßlichen Wissens betrachtet.

Eine neue Epistemologie ist mit der normativen Forderung nach ›sozial robustem‹ Wissen, das den Widerspruch zwischen einer gesellschaftsfernen, bedrohlichen und einer gesellschaftlich integrierten und harmonisierten Wissenschaft auflösen könnte, nicht einmal in groben Konturen erkennbar. Die Frage, warum die Wissenschaft nicht besser sozial eingepaßt ist, warum zum Beispiel das reklamierte sozialwissenschaftliche Wissen zur besseren Einpassung entweder nicht vorhanden ist oder nicht als solches wahrgenommen wird, wird gar nicht gestellt.[14] Diese Frage müßte vor allem auch an die Politik, die Wirtschaft und die Medien gerichtet werden. Die Antwort ist in der Konkurrenz der wissenschaftlichen Disziplinen um die Definitions-

---

14 Das implizierte Plädoyer für eine größere Beachtung der Sozialwissenschaften soll damit keinesfalls in Frage gestellt werden, im Gegenteil. Allerdings sollten auch die Erwartungen an sie nicht überdehnt werden. Die Erfahrungen mit der ›Planungseuphorie‹ der siebziger Jahre muß als Warnung dienen. Aber die Erfolge der Technikfolgenabschätzung und der sozialwissenschaftlichen Risikoforschung können schon als Erfolgsgeschichten der sozialwissenschaftlich informierten Einbettung von Technologien in die Gesellschaft gelten.

gewalt zu suchen. Diese Konkurrenz wird aber nicht durch die Disziplinen entschieden, sondern durch Politik, Wirtschaft und Medien, die alle eine Präferenz für ›technological fixes‹, für technische Lösungen sozialer Probleme haben. Es muß nach dem Ursprung dieser Präferenz gefragt werden. Es ist zu vermuten, daß die Gründe für sie grundsätzlicherer Art sind.

Das Publikum der Wissenschaft – Varianten der Re-Integration

Die verschiedenen Spielarten des Unbehagens an der Wissenschaft lassen sich als Elemente eines umfassenden Diskurses verstehen. Die Forderungen nach größerer Praxisnähe der Forschung, nach stärkerer Anwendungsorientierung oder besserer Verständlichkeit der Wissenschaft gehören ebenso zu diesem Diskurs wie das Plädoyer für ›sozial robustes‹ oder kontextsensitives Wissen. Auch die Konjunktur der Begriffe der Inter- oder Transdisziplinarität verdanken sich dem Desiderat der Re-Integration der Wissenschaft in die Gesellschaft. Das Merkwürdige an diesem Diskurs sind seine Persistenz und der stets aufs neue geschürte Enthusiasmus für neu erscheinende Varianten, ohne daß sich an der fortschreitenden Spezialisierung der Wissenschaft, an ihrer Unverständlichkeit, das heißt an ihrer Distanz zu anderen Wissensformen irgend etwas änderte. Die Gründe für das fortdauernde Unbehagen an der Wissenschaft sind in den besonderen Bedingungen ihrer Ausdifferenzierung zu suchen.

Die Wissenschaft bildet im Ensemble der ausdifferenzierten Funktionssysteme insofern eine Ausnahme, als sie, zumindest im überwiegenden Teil ihrer Kommunikationen, nicht an einem außer ihr selbst vorgestellten Publikum orientiert ist; sie ist vielmehr ihr eigenes Publikum. Das hat historisch die soziale Distanz und mit ihr die Handlungsentlastung begründet, die die Voraussetzung für die Privilegierung wissenschaftlichen Wissens gegenüber anderen Wissensformen war. Ebendieser Sachverhalt wird unter den Bedingungen der säkularen Demokratisierung der Teilhabechancen zum Ärgernis. Die Behandlung inkompatibler Wissensansprüche oder auch das Ansinnen, sich praktischen Problemen zuzuwenden, erfolgt deshalb an den im übrigen informationsdurchlässigen und deshalb auch variablen Grenzen der Wissenschaft. Hier geht es dann um die Aushandlungen dessen, was noch oder nicht mehr als wissenschaftlich gelten kann, mit aus historischer Sicht sehr unterschiedlichen Ergebnissen (Luhmann 1990 b, S. 624-626). Die Varianten des Ansinnens an die Wissenschaft, anwendungsorientierter, praxisbezogener oder kontextsensitiver zu werden, lassen sich alle dahingehend interpretieren, daß es um die (Re-)Etablierung eines außerwissenschaftlichen Publikums geht. Unterschiede zwischen ihnen bestehen im Hinblick darauf, *welches* Publikum adressiert wird bzw. *wo* dieses Publikum etabliert werden soll, *innerhalb oder außerhalb* der Wissenschaft.[15]

Dabei handelt es sich um ein von verschiedenen Seiten jeweils unterschiedlich projiziertes Publikum. *Die* Öffentlichkeit, der gegenüber die Wissenschaft legitimierungspflichtig ist, gibt es in keiner realen Form außer in Gestalt von Politikern, die wiederum unter Verweis auf die Öffentlichkeit Budget- und Prioritätenentscheidungen begründen, oder in Gestalt von Medien, die das Recht der Öffentlichkeit auf Aufklärung beschwören. Die Wirkungsmacht dieses Konstrukts besteht darin, daß es dennoch von allen Seiten geteilt wird. Politik, Wirtschaft und Medien berufen sich gleichermaßen auf die Öffentlichkeit und unterstellen ihr bestimmte Interessen. Dahinter steht die Furcht

---

15 Eine vorab zu erwähnende Zwischenform, die von der Wissenschaft selbst betrieben wird, ist die Etablierung eines abstrakten Publikums, dem keine anderen Ansprüche zuerkannt werden als nur das Recht auf ein Verstehen der Wissenschaft (im angelsächsischen Sprachgebrauch ›Public Understanding of Science‹). Hierbei handelt es sich jedoch in erster Linie um das Eingeständnis der Wissenschaft, daß sie der Öffentlichkeit rechenschaftspflichtig ist. Die Bemühungen um ein besseres Verständnis in der Öffentlichkeit sind nicht von den eigenen Legitimierungsinteressen zu trennen. Folglich ist es auch nicht verwunderlich, daß sie allzu häufig zu reinen ›Public-Relations‹-Übungen werden, die kaum geeignet sind, das Verständnis und das Vertrauen in der Öffentlichkeit zu stärken. ›Public Understanding of Science‹ steht in der Tradition der Popularisierung und reagiert defensiv auf den ebenfalls gegen alle Erfahrung ständig neu geäußerten Appell an die Wissenschaft, sich doch »verständlicher auszudrücken und Wissen mehr zu verbreiten – nur daß eben niemand zu sagen weiß, wie das ohne Verlust an Sinngenauigkeit und Komplexität zu machen wäre« (Luhmann 1990 b, S. 626). Zu den modernen Bedingungen der öffentlichen Wissenschaft vgl. das Kapitel ›Wissenschaft und Medien‹ sowie Gregory, Miller (1998).

vor ihrer Unberechenbarkeit: In England verüben Tierschützer Brandanschläge auf Laboratorien, in denen Tierversuche vorgenommen werden; in Deutschland verwüsten Gegner der grünen Gentechnik die für Freilandversuche mit genmanipulierten Pflanzen präparierten Felder usw. Niemand kann voraussagen, welcher Anlaß als nächster den Protest einer Gruppe von Aktivisten auslöst. Deshalb wird vorsichtshalber die Öffentlichkeit abstrakt adressiert. Diese ist ihrerseits, soweit sie zum Beispiel in der Leserschaft von Printmedien repräsentiert wird, wenig faßbar. »Die bittere Wahrheit läßt sich so zusammenfassen: Wissenschaft interessiert die Leute nicht – es sei denn, sie wird als Sensation aufgemacht oder als Popanz hingestellt, als kurioses Schmankerl oder als Gefahr für Mensch und Natur« (von Randow 1992, S. 10).[16] Die von der Wissenschaft wahrgenommenen vermeintlich negativen Auswirkungen der Medienberichterstattung über Gentechnologie auf die öffentliche Meinung erweisen sich in entsprechenden Untersuchungen als fiktiv (Hampel u. a. 1998, Hampel, Renn 1999).

Ein sinnfälliges Beispiel für die Etablierung eines Publikums *außerhalb* der Wissenschaft bieten die Medien in ihrem Verhältnis zur Geschichtswissenschaft. In der Goldhagen-Debatte, aber auch in der Diskussion historischer Filme wird unter anderem die Authentizität der medialen Repräsentation mit dem Hinweis begründet, daß ästhetische Kategorien wie Emotionalität in der Wissenschaft unberücksichtigt blieben. Die wissenschaftliche Repräsentation wird deshalb für defizitär erklärt (Weingart, Pansegrau 1998).[17] Der dabei von den Medien ins Spiel gebrachte Bezug ist selbstverständlich *ihr* Massenpublikum, das als maßgeblich für die Repräsentation und Geltung historischen Wissens (zumindest temporär) etabliert wird. Den Historikern wird explizit vorgeworfen, sich mit ihren Vorstel-

---

16 Zum Begriff der Öffentlichkeit vgl. Neidhardt (1994). Ziman kommt zu einem tröstlicheren, aber wahrscheinlich zu optimistischen Urteil (Ziman 1991).
17 Die Auseinandersetzung zu der Frage, ob der Film Geschichte ›wahrheitsgemäß‹ darstellen könne, also zum Verhältnis des Films als Medium zu den Methoden der Repräsentation der Historiographie, ist wiederum selbst zum Gegenstand eines wissenschaftlichen Diskurses geworden, an dem die Medien selbst kein sonderliches Interesse haben, am wenigsten die Filmemacher. Stellvertretend siehe Rosenstone (1995).

lungen nur an das vergleichsweise marginale Publikum der Fachkollegen zu wenden. Es ist aufschlußreich, daß gerade in diesem Grenzfall die Ambivalenz der Wissenschaftler zwischen der Verpflichtung auf wissenschaftsinterne Standards (und damit auf das Fachpublikum) und der Versuchung, Breitenwirkung (vor dem Massenpublikum der Medien) zu erzielen, offen zutage tritt.[18] Die außerhalb der Wissenschaft etablierten Wissensansprüche sind nicht oder nur in seltenen Fällen ›Wahrheitsansprüche‹, sondern solche der Geltung. Es geht um die Geltung des Wissens mit Bezug auf ein bestimmtes Publikum, das eben *nicht* der Kommmunikationszusammenhang einer bestimmten wissenschaftlichen Disziplin ist und dessen Glaubwürdigkeitskriterien *nicht* die der Wissenschaft sind, sondern, wie im diskutierten Fall, zum Beispiel Emotionalität. In diesen Fällen bleibt die Wissenschaft allerdings letztlich der Bezugsrahmen für die Beurteilung der Wahrheitsfragen.[19]

Von dem vorangegangenen Fall zu unterscheiden sind Forderungen nach der Berücksichtigung des besonderen Wissens der Laien, ihrer lokalen Expertise, die ›angepaßter‹ sei als das universalistische und disziplinär fraktionierte Wissen der institutionalisierten Wissenschaft. Solche Forderungen stellen nämlich Beispiele für die Etablierung des externen Publikums *innerhalb* der Wissenschaft dar. Das lokale oder ›sozial robuste‹ Wissen wird als Wahrheitsbehauptung dem universalistischen Wissen gegenübergestellt. Dabei werden die Objektivität, die Sicherheit und Verläßlichkeit wissenschaftlichen Wissens zwar nicht direkt in Frage gestellt, sondern sogar bekräftigt, aber es wird

---

18 Ein einschlägiger, wenngleich bei weitem nicht vereinzelter Beleg in der Goldhagen-Debatte war die bereits oben (S. 271) zitierte Äußerung des Historikers E. Jäckel: »Die Welt ist ungerecht, die Medienwelt allemal. Da erscheinen in Amerika die vorzüglichsten Bücher zur deutschen Geschichte und werden kaum zur Kenntnis genommen. […] Dann kommt […] eine durch und durch mangelhafte, mißlungene Dissertation, und der Medienwald erzittert, als sei ein Komet eingeschlagen« (Jäckel 1996).

19 Im angesprochenen Fall berichteten die Medien, nach Abschluß der von ihnen inszenierten Debatte, über die innerwissenschaftliche Kritik an Goldhagen, so als hätten sie vorher gar nicht interveniert (Weingart, Pansegrau 1998, S. 206). Im Diskurs über historische Filme wird auch von den Medien selbst typischerweise der ›Wahrheitsgehalt‹ der Filme an den von der Historiographie etablierten ›tatsächlichen‹ Ereignissen gemessen.

unter anderem eine bedeutendere Rolle für die Subjektivität und für die Spezifität lokaler Bedürfnisse reklamiert. Oftmals, aber selten explizit handelt es sich auch um eine Kritik an den Selektionen, die dem wissenschaftlichen Wissen zugrunde liegen.[20] Von der Wissenschaft wird erwartet, daß sich die Selektionen in der Organisation der Wissensproduktion und des Wissens an den Bedürfnissen eines vorgestellten Publikums orientieren. Insofern kann man davon sprechen, daß in diesem Teil des Diskurses das Publikum als Klientel der Wissenschaft *innerhalb* der Wissenschaft etabliert wird.

Die herausragende diskursive Variante dieser Inklusion eines externen Publikums in das Wissenschaftssystem ist das Postulat der *Transdisziplinarität*. Transdisziplinarität erscheint als eine Steigerung von Interdisziplinarität und hat diese wohl deshalb in der Rangskala der Beliebtheit bei Wissenschaftspolitikern und -verwaltern in den vergangenen Jahren abgelöst. Beide Begriffe erfreuen sich größter Popularität.[21]

Mit den Begriffen der Inter- und der Transdisziplinarität verbinden sich Konnotationen von Dynamik, Flexibilität und Innovativität, mit dem Gegenbegriff der Disziplin hingegen die von Statik, Rigidität und Innovationsfeindlichkeit. Dieselbe Polarität der Bewertung betrifft die Spezialisierung (negativ) und die Integration (positiv). Interdisziplinarität wird kommuniziert als Versprechen einer Einheit, Transdisziplinarität als Versprechen einer jenseits der Disziplinen erreichten Integration von Wissensproduktion und gesellschaftlicher Praxis.

Dies erklärt die positive Bewertung von Transdisziplinarität bei fortschreitender Differenzierung und Spezialisierung: Je mehr Differenzierung in der Wissensproduktion tatsächlich stattfindet, desto intensiver wird der Ruf nach Transdisziplinarität. Die Beschwörungen der postnormalen, transdisziplinären

---

20 Das gilt etwa, wenn Wynne darauf abhebt, daß nicht das wissenschaftliche Wissen an sich im Hinblick auf einen bestimmten Kontext problematisch sei, sondern das Ausmaß und die Variabilität der Übersetzung oder des »reframing«, dessen es bedürfe (Wynne 1991, S. 116).
21 Eine ausführliche, hier nur kursorisch wiederzugebende Analyse des Diskurses hat sich noch vornehmlich auf den Terminus ›Interdisziplinarität‹ gerichtet (Weingart 1997a). Inzwischen hat sich ›Transdisziplinarität‹ an die Spitze gesetzt. Die *Funktion* der beiden Begriffe ist jedoch dieselbe, wenn auch nicht ihre Wortbedeutung.

Wissenschaft enthalten die gleichen Elemente, die schon die Debatte über die Interdisziplinarität Ende der sechziger Jahre bestimmt haben.[22] Die tieferen Wurzeln liegen in dem nie enden wollenden Disput über die Vorzüge der praktischen Vernunft gegenüber den universellen Wahrheitsansprüchen der mathematischen Wissenschaft oder über den vermeintlichen Gegensatz zwischen Exzellenz und Relevanz (Toulmin 1990, besonders Kapitel 5). Die religiösen Motive, die das Streben nach Wissen an die Hoffnung auf Offenbarung gebunden haben, sind aus der Wissensproduktion verschwunden; geblieben ist die abstrakte Vorstellung einer unzureichenden Passung zwischen der fraktionierten Organisation des Wissens und ihrer erforderlichen Integration oder Restrukturierung, um die ›wirklichen

---

[22] Bei der Neuauflage des Diskurses in den neunziger Jahren wird kaum jemals an die Ursprünge des Transdisziplinaritätskonzepts Anfang der siebziger Jahre angeschlossen. Erich Jantsch hatte einen radikalen Vorschlag der Reorganisation der Universität zu einer transdisziplinären Struktur vorgelegt. Das wesentliche Merkmal dieser Struktur sollte die rückgekoppelte Beziehung zwischen drei Typen von Departments sein: sogenannte ›*systems design laboratories*‹, in denen die Lebenswissenschaften, die Geisteswissenschaften, Rechtswissenschaft und Politischen Wissenschaften an umfassenden Themen (zum Beispiel ›Ökologische Systeme in natürlicher Umwelt‹ oder ›Öffentliche Gesundheitssysteme‹) zusammenarbeiten würden; *funktionsorientierte Departments*, die ergebnisbezogen auf die Funktionen bestimmter Technologien in sozialen Systemen (›Telekommunikation‹, ›Nahrungsmittelproduktion und -distribution‹); und *disziplinenorientierte Departments* des vertrauten Typs. Diese Struktur sollte die exzessive Orientierung der Universitäten an *Wissen per se* ablösen. Jantsch sah eine vollständige Auflösung der traditionellen Konzepte der ›wertfreien‹ Wissenschaft und der ›neutralen‹ Technologien in einem Systemansatz voraus sowie eine stärkere Betonung der menschlichen und psychosozialen Entwicklung gegenüber den wissenschaftlich-technischen Aspekten bei der Planung sozialer Systeme. Bleibt nur noch zu erwähnen, daß Jantsch diese Verschiebung für das Ende des Jahrhunderts voraussagte (Jantsch 1972). In der Rückschau erweist sich Jantschs Konzept einerseits als viel präziser und radikaler als die inzwischen gängigen plakativen Verwendungen des Begriffs. Es war darüber hinaus auch insofern weitsichtig, als viele der von ihm als transdisziplinär identifizierten Themen inzwischen Gegenstand von Forschung und Lehre sind. Es war aber auch zeitgebunden, insofern die mit dem Konzept verbundenen Rationalitäts- und Planungsvisionen und die an sie geknüpften Hoffnungen der Umstrukturierung der Wissenschaft heute keine Geltung mehr haben.

Probleme‹ lösen zu können. Jetzt ist es die ›transdisziplinäre‹ Wissenschaft, die den Anwendungskontext berücksichtigen und Nichtwissenschaftler (als Anwender oder Interessenten) in die Produktion des Wissens und sogar dessen Validierung einbinden soll. Die ›Systeme‹, um die es geht, seien ›komplexer‹, was wiederum umfassendere organisatorische oder normative Leitprinzipien der Wissensproduktion erfordere. Der selbstreferentielle Modus der Wissensproduktionen sei inadäquat, um die wirkliche Welt abzubilden; die Struktur der Disziplinen sei zu einfach, um mit deren Komplexität fertig zu werden. Um dieses Mißverhältnis zu korrigieren, müsse sie ergänzt oder eben durch eine transdisziplinäre Organisation der Wissensproduktion ersetzt werden.

Hinter diesen Vorstellungen steht ein spezifisches Wissensmodell, das trotz aller erklärten Modernität an eine altmodische ontologische Epistemologie zurückgebunden ist, die ihrerseits die Vorstellung einer ›außergesellschaftlichen‹ Wissenschaft mittransportiert. Dieses ontologische Modell von Wissenschaft beherrscht nach wie vor die wissenschaftliche Praxis ebenso wie die wissenschaftspolitischen und öffentlichen Beschreibungen der Wissenschaft. Es setzt die Unterscheidung zwischen einer beobachtungsunabhängigen ›Außenwelt‹ auf der einen und menschlicher Wissensproduktion, die langsam einen wachsenden Wissensbestand akkumuliert, auf der anderen Seite voraus. Der Eindruck von Modernität wird durch die Behauptung eines Mißverhältnisses zwischen der Struktur des Wissens und der Struktur der »wirklichen Probleme« der Welt erweckt. Hinzu kommt ein normatives Moment, das sich in den demokratischen Konsens einpaßt: die Ablösung der Wächter disziplinärer Strukturen zugunsten derjenigen, die vom Wissen betroffen sind, aber eigentlich von ihm profitieren sollen und denen die Kontrolle über die Wissensproduktion angetragen wird. Transdisziplinarität steht für die Realisierung der legitimen Ansprüche der Laien der Alltagswelt gegen die autokratische Elite der Wissenschaft. Die Popularität des Transdisziplinaritätskonzepts verdankt sich im Grunde einem wissenschaftspolitischen Populismus.

Die Abgrenzung von Gegenstandsbereichen, die durch Disziplinen organisiert sind, ist offensichtlich veränderlich. Disziplinengrenzen und -strukturen verändern sich fortlaufend. Das

DIE ZUKUNFT DER WISSENSORDNUNG

gilt selbstverständlich auch für die Gesamtstruktur der Wissenslandschaft. Für den Inhalt dieser Strukturen sind verschiedene historische Umstände verantwortlich. Selbst wenn Biologie, Physik und Computerwissenschaften zusammengeführt werden und zu Biotechnik und Nanotechnologie verschmelzen, um eine aktuelle Vision anzuführen, wird auch diese neue Transdisziplin ihre spezifischen blinden Flecken haben. Sie wird sich voraussichtlich in krassem Mißverhältnis zur sozialen Einbettung der mit ihrer Hilfe produzierten Technologien befinden, wie eingeweihte Kritiker schon jetzt prophezeien (Lanier 2000). Jede Beobachtung der Welt geht von Unterscheidungen aus, die als selektive Struktur die Produktion von Wissen steuern. Der Unterschied zwischen einer disziplinären Struktur und einer angeblich transdisziplinären ist nicht eine mystische Nähe oder eine bessere Anpassung der letzteren an die ›Realität‹, sondern er besteht in den Umständen, unter denen sich diese Strukturen herausgebildet haben, und den neuen, die sich erst später eingestellt haben.

Das Subjekt dieser Entwicklung ist aber die Wissenschaft selbst, die wiederum auf Ansinnen der Politik, der Wirtschaft und der Medien reagiert (oder auch nicht). Anders gesagt: Mit dem Postulat der Transdisziplinarität wird das in verschiedenen Anwendungskontexten repräsentierte Publikum entweder anstelle der nur auf sich selbst bezogenen Disziplinen oder aber als ein Publikum etabliert, dem die Disziplinen ihre Aufmerksamkeit zu schenken haben.

Das Neue der Wissensordnung

Was ist das Neue an der Wissensordnung in der Wissensgesellschaft, und was bleibt unverändert? Revolutionäre Umwälzungen sozialer Ordnungen sind selten, sie finden vor allem in den visionären Diskursen statt; Normalfall ist der allmähliche Wandel. Die soziale Distribuiertheit der Wissensproduktion nimmt zu. Langsam tritt ins Bewußtsein, daß es dabei nicht allein um den quantitativen Zuwachs des Wissenssektors der Gesellschaft geht, sondern um die gesellschaftliche Verbreitung des experimentellen Lernens als Handlungsmodus. Das hat mehrere Folgewirkungen. Die Durchdringungstiefe des Wissens in der Gesellschaft nimmt ebenfalls zu; das heißt, wissenschaftliches Wissen verbreitet sich nicht mehr nur oberflächlich horizontal (zum Beispiel die Anwendung chemischer Analysen in der Landwirtschaft oder physikalischen Wissens in der Industrieproduktion usw.), sondern auch vertikal, in Gestalt gestaffelter Dependenzbeziehungen zwischen unterschiedlichen Wissenssystemen (zum Beispiel werden die Agrarwissenschaften durch neue Entwicklungen in der Biochemie zur Änderung von Strategien veranlaßt, die auf sozialen Protest stoßen, der seinerseits mit Hilfe ›sozial robusten‹ Wissens vermittelt werden muß). Die größere Durchdringungstiefe des Wissens geht mit der Steigerung der Reflexivität und der dadurch eröffneten Sicht auf Nichtwissen einher. Schließlich erzwingt sie auch eine zunehmende Vielfalt von intermediären Wissenstypen, das heißt Wissen, das erforderlich ist, um Übersetzungen bzw. zumeist nur temporäre Verständigungen zwischen verschiedenen Handlungsbereichen zu ermöglichen.[23]

Alles dies schlägt sich auch in der institutionellen Struktur der Wissenschaft nieder: Universitäten werden intern differenzierter, versuchen sich in der Ausweitung ihrer Funktionen und konkurrieren mit anderen wissensproduzierenden Institutionen. Unverändert bleibt hingegen die Grundlage der überkommenen Wissensordnung: die Orientierung an Wahrheit und die dadurch gesetzte Konkurrenz um das ›richtigere‹, ›bessere‹, aber in jedem Fall verläßliche Wissen. ›Wahrheit‹ wird zwar nicht mehr im emphatischen Sinn gebraucht; zu offensichtlich ist die Unsicherheit und Vorläufigkeit des wissenschaftlichen Wissens geworden. Aber gesichert soll das Wissen schon sein. Von einer Änderung der Epistemologie, die den Verzicht darauf implizierte, kann ebensowenig die Rede sein wie von einer Egalisierung und Generalisierung der Akkreditierungsmechanismen, die das Vertrauen in die Verläßlichkeit des Wissens sichern. Das Gefälle der Institutionalisierungsformen und damit der Stabilisierung von Wissen bleibt erhalten.

---

23 Diesem systematisch erzeugten Bedarf verdankt sich die Konjunktur an Mediations-, Interventions- und Beratungsexpertise aller Art. Zu deren soziologischer Reflexion vgl. Fuchs, Pankoke (1994); Maasen (2000). Auch der Transdisziplinaritätsdiskurs erfährt hieraus seine Anziehungskraft.

Die Komplexität der wissensbasierten Abhängigkeitsverhältnisse, eben die Durchdringungstiefe, macht die Gesellschaft immer anfälliger für Desinformation.[24] Neben den informationstechnologischen Aspekten betrifft das die wissensbasierten Mobilisierungseffekte: Die mit der Autorität der Wissenschaft versehenen Verlautbarungen eines bislang unerkannten Risikos können zu massenhaften Folgehandlungen führen, die ganze Industriezweige gefährden. Schon wird vorstellbar, daß die Kontrolle, Verbreitung sowie die Abschätzung der Folgen von Wissen zum Gegenstand einer Wissenspolitik wird, die weit über die bereits bestehenden Regelungen hinausgeht (Grundmann, Stehr 2000).

Die beschriebene Externalisierung der wissenschaftlichen Steuerungsmechanismen zeigt sehr deutlich, daß die Gesellschaft auf die Prinzipien der Kommunikation von Wahrheit angewiesen bleibt. Wo sie von der Wissenschaft selbst in Frage gestellt zu werden drohen, bekräftigt die Gesellschaft sie. Die Medien fordern ihre Beachtung, und die Politik versucht, die sozialen Mechanismen der Erzeugung von Vertrauen in der Wissensproduktion durch Verrechtlichung zu gewährleisten. Die Wissenschaft ist eben durch kein anderes Funktionssystem ersetzbar. Es gibt keine anderen Adressen für gesichertes Wissen.

Welches sind dann letztlich die Konsequenzen der Kopplungen für die Kommunikation von gesichertem Wissen, um die Eingangsfrage wiederaufzunehmen? Gerade weil die Ausdifferenzierung der Wissenschaft nur bei Strafe des Rückfalls in die Vormoderne umkehrbar (und dies vorstellbar) ist, können Entwicklungen nur in Richtung einer Steigerung ihrer eigenen Prinzipien weisen, auch im Hinblick auf die Interaktion mit ihrer Umwelt. Ihr Funktionsmonopol bleibt erhalten, allerdings nunmehr unter den Bedingungen erhöhter Unsicherheit, Polykontextualität sowie komplexer und dezentrierter Beobachtungsverhältnisse und vor allem des Verlusts ihrer ursprünglichen Autorität, das Richtige und Vernünftige zu vertreten (Luhmann 1990 b, S. 634).

24 Die Visionen moderner Kriegführung als ›Cyber War‹ sind zwar auf die infrastrukturelle Seite der Informationsgesellschaft bezogen, legen aber zugleich offen, wie tief gestaffelt die institutionelle Abhängigkeit von Wissen in der Gesellschaft bereits ist (vgl. Waller 1995).

Die gleiche Ambivalenz kennzeichnet den Zusammenhang zwischen den Prinzipien wissenschaftlicher Kommunikation und den liberal-demokratischen Werten, der die Vermutung nahelegte, daß die Wissenschaft am besten in demokratischen Gesellschaftsformen floriere. Die einsinnige Beziehung zwischen wissenschaftlichem Ethos und demokratischer Ordnung ist nicht aufrechtzuerhalten. Sie ist komplexer, nicht zuletzt schon deshalb, weil es in der Politik um Entscheidungen, nicht um Wahrheit geht (Wang 1999). Die umfassende Demokratisierung der ›postindustriellen‹ Gesellschaften tritt deshalb in Konflikt zur Wahrheitsorientierung der Wissenschaft, indem sie die Distanz der Wissenschaft durch Partizipations- und Integrationsforderungen zu verringern oder gar zu beseitigen sucht. Das Resultat ist die zunehmende Bedeutung von öffentlichen Repräsentationen und Symbolen. Die Konjunktur von ›Public-Relations‹-Agenturen verdankt sich ebenfalls dieser Entwicklung. Sie nehmen – prototypisch – eine Vermittlungsfunktion – auch zwischen der Wissenschaft, der Politik und den Medien – ein. Sie vermitteln zwischen dem externen Publikum und der Wissenschaft. Ihr ureigenes Geschäft und ihre genuine Leistung ist es, eine Öffentlichkeit zu projizieren, der sie den Anspruch gegenüber der Wissenschaft auf Rechenschaftslegung, auf gesellschaftliche Verantwortung und auf größere Nähe zu gesellschaftlichen Problemen attribuieren, und sodann deren öffentliches ›Image‹ zu gestalten, das als adäquate Reaktion auf diese Anforderungen erscheint. Dieses PR-Management ist aus soziologischer Perspektive kritisch als Retusche durchschaubar, aber für die Akteure nicht wirklich hintergehbar. Es ist ein Produkt der engen Kopplungen, ein funktionales Äquivalent für Distanz, es ist die derzeitige Form der Re-Integration der Wissenschaft in die Gesellschaft.

Der Verlust der Distanz führt also nicht zum Zusammenbruch der Wahrheitskommunikation, weil die gesellschaftlichen Bedingungen, unter denen die hergebrachten Mechanismen sich allererst entwickelt haben und auf die sie eine Antwort lieferten, nicht mehr gelten. Vertrauen und Glaubwürdigkeit bleiben jedoch weiterhin die konstitutiven und zugleich knappen Werte dieser Kommunikation, und dies mehr denn je, da die Abhängigkeiten von der Verläßlichkeit des Wissens größer denn je sind. Die Konkurrenz um Vertrauen und Glaubwürdigkeit kennzeichnet die neue Wissensordnung genauso wie die alte; nur der Aufwand, sie herzustellen, ist für die Wissenschaft ungleich größer geworden. Zuweilen droht sie sich dabei selbst zu gefährden.

Literatur

Abbott, A., »Fraud claims shake German complacency«, in: *Nature* 387, 19. 6. 1997, S. 750.
Abramson, H. N., J. Encarnaçao, P. R. Proctor, U. Schmoch (Hg.), *Technology Transfer Systems in the United States and Germany*, Washington; D.C.: National Academy Press 1997.
Arrow, K. J., »Economic Welfare and the Allocation of Resources for Invention«, in: *The Rate and Direction of Inventive Activity: Economic and Social Factors: A Conference of the Universities-National Bureau Committee for Economic Research and The Committee on Economic Growth of the Social Science Research Council*. A Report of the National Bureau of Economic Research, New York, Princeton: Princeton University Press 1962, S. 609-626.
Adam, K., »Ist es was?«, in: *Frankfurter Allgemeine Zeitung*, 12. 7. 1997.
Alberts, B., und A. Klug, »The human genome itself must be freely available to all humankind«, in: *Nature*, 23. 3. 2000, S. 325.
Albrecht, H., »Gefährliche Liaison? Der Kommerz unterwandert die Wissenschaft. Die Objektivität bleibt auf der Strecke«, in: *Die Zeit* 25, 15. 6. 2000, S. 43.
Andersen, D., L. Attrup, N. Axelsen und P. Riis, *Scientific Dishonesty & Good Scientific Practice*, Kopenhagen: The Danish Medical Research Council 1992.
Anrich, E., *Die Idee der deutschen Universität. Die fünf Grundschriften aus der Zeit ihrer Neubegründung durch klassischen Idealismus und romantischen Realismus*, Darmstadt: Wissenschaftliche Buchgesellschaft 1956.
Atkinson-Grosjean, J., »Illusions of Excellence and the Selling of the University. A Micro-Study«, in: *Electronic Journal of Sociology* 1998.
Barr, K. D., »Estimates of the Number of Currently Available Scientific and Technical Periodicals«, in: *Journal of Documentation* 23, 2 (1967), S. 110-116.
Barnes, S. B., und R. G. A. Dolby, »The Scientific Ethos: A Deviant Viewpoint«, in: *Archives Européennes de Sociologie* XI (1970), S. 3-25; deutsche Übersetzung: »Das wissenschaftliche Ethos: ein abweichender Standpunkt«, in: P. Weingart (Hg.), *Wissenschaftssoziologie 1. Wissenschaftliche Entwicklung als sozialer Prozeß*, Frankfurt am Main: Athenäum Fischer 1972, S. 263-286.
Bartholomäus, U., und U. Schnabel, »Betrüger im Labor«, in: *Die Zeit* vom 13. 6. 1997.

Barton, J. H., »Reforming the Patent System«, in: *Science* 287, 17. 3. 2000, S. 1933 f.
Bechmann, G., und F. Gloede, »Sozialverträglichkeit – eine neue Strategie der Verwissenschaftlichung von Politik?«, in: H. Jungermann, W. Pfaffenberger, G. F. Schäfer und W. Wild (Hg.), *Die Analyse der Sozialverträglichkeit für Technologiepolitik: Perspektiven und Interpretationen*, München: High-Tech-Verlag 1986, S. 36-51.
Bechmann, G., und J. Jörissen, »Technikfolgenabschätzung und Umweltverträglichkeitsprüfung: Konzepte und Entscheidungsbezug. Vergleich zweier Instrumente der Technik- und Umweltpolitik«, in: *Kritische Vierteljahresschrift für Gesetzgebung und Rechtswissenschaft* 75, 2 (1992), S. 140-171.
Beier, F. K., und H. Ullrich, *Staatliche Forschungsförderung und Patentschutz*, Bd. 1: *USA*, Weinheim: Verlag Chemie 1982.
Bell, D., *The End of Ideology*, Glencoe: Free Press 1960.
–, *The Coming of Post-Industrial Society: A Venture in Social Forecasting*, New York: Basic Books 1973.
–, »The Axial Age of Technology. Foreword 1999«, in: D. Bell, *The Coming of Post-Industrial Society: A Venture in Social Forecasting*, New York: Basic Books 1999.
Bensaude-Vincent, B., »The Construction of a Public For Science«, unveröffentlichtes Vortragsmanuskript, o. J.
Bernal, J. D., *Die Wissenschaft in der Geschichte*, Darmstadt: Progress Verlag Fladung 1961.
–, *Wissenschaft*, Reinbek: Rowohlt 1970. (Frühere Auflagen unter dem Titel *Die Wissenschaft in der Geschichte*).
Beyerchen, A. D., *Scientists under Hitler*, New Haven und London: Yale University Press 1977. Deutsch: *Wissenschaftler unter Hitler. Physiker im Dritten Reich*, Köln: Kiepenheuer & Witsch 1980.
Blum, A., »Der Mythos der objektiven Forschung«, in: *Die Zeit* vom 10. 6. 1998.
Blumenthal, D., M. Gluck, L. K. Seashore, M. A. Stoto und D. Wise, »University-Industry Research Relationships in Biotechnology: Implications for the University«, in: *Science* 232, 13. 6. 1986, S. 1361-1366.
Boehmer-Christiansen, S., »Reflections on Scientific Advice and EC Transboundary Pollution Policy«, in: *Science and Public Policy* 22, 3 (1995), S. 195-203.
Böhme, G., und W. van den Daele, »Erfahrung als Programm. Über Strukturen vorparadigmatischer Wissenschaft«, in: G. Böhme, W. van den Daele und W. Krohn, *Experimentelle Philosophie*, Frankfurt am Main: Suhrkamp 1977, S. 183-236.
Bok, D., und D. Kennedy, *Business, Science, and the Universities. Speeding the Transfer of Technology*, Committee for Corporate Support of Private Universities, Inc., Boston 1981.

Bok, S., *Secrets. On the Ethics of Concealment and Revelation,* New York: Pantheon Books 1982.

Bozeman, B., »Technology Transfer and Public Policy: A Review of Research and Theory«, in: *Research Policy* 29, 4-5 (2000), S. 627-655.

Breuer, H., »Professor Coca-Cola«, in: *Der Spiegel* 45 (1999), S. 276-278.

British Medical Journal (BMJ), *The COPE Report 1998,* http://www.bmj.com/misc/cope/.

Broad, N., und W. Wade, *Betrayers of the Truth,* New York: Simon and Schuster 1982; deutsch: *Betrug und Fälschung in der Wissenschaft,* Basel, Boston, Stuttgart: Birkhäuser 1984.

Broad, W. J., *Star Warriors,* New York: Simon and Schuster 1985.

–, »Science Can't Keep up With Flood of New Journals«, in: *New York Times* vom 16. 2. 1988, S. C1, C11.

Brown, H., *Scientific Organizations in Seventeenth Century France,* Baltimore: The Williams and Wilkins Company 1934.

Bucchi, M., »When Scientists Turn to the Public: Alternative Routes in Science Communication«, in: *Public Understanding of Science* 5 (1996), S. 375-394.

–, *When Scientists Turn to the Public. Alternative Routes in Science Communication,* Thesis submitted to the European University Institute, Ms., Florenz 1997.

Bundesministerium für Bildung, Wissenschaft, Forschung und Technologie (BMBF), *Bundesbericht Forschung,* Bonn 1996.

–, *Delphi Befragung. Potentiale und Dimensionen der Wissensgesellschaft – Auswirkungen auf Bildungsprozesse und Bildungsstrukturen,* München, Basel 1996/1998.

–, *Faktenbericht 1998,* Bonn 1998.

Bush, V., *Science, The Endless Frontier. A report to the President on a Program for Postwar Scientific Research,* Washington, D.C. 1945; Wiederabdruck: National Science Foundation 1960.

Butler, D., »US/UK statement on genome data prompts debate on ›free access‹«, in: *Nature,* 23. 3. 2000, S. 324 f.

Cairns, J., G. S. Stent, und J. D. Watson (Hg.), *Phage and the Origins of Molecular Biology,* Cold Spring Harbor: Cold Spring Harbor Laboratory of Molecular Quantitative Biology 1966.

Calza, L., und S. Garbisa, »Italian professorships«, in: *Nature* 374 (1995), S. 492.

Carpenter, M. P., und F. Narin, »The Subject Composition of the World's Scientific Journals«, *Scientometrics* 2, 1 (1980), S. 53-63.

Chalk, R., »Overview: AAAS Project on Openness and Secrecy in Science and Technology«, in: *Science, Technology & Human Values* 10, 2 (1985), S. 28-35.

Chubin, D., »Open and Closed Science: Tradeoffs in a Democracy«, in: *Science, Technology & Human Values* 10, 2 (1985), S. 73-81.

–, und E. Hackett, *Peerless Science. Peer Review and U.S. Science Policy*, New York: State University of New York Press 1990.

–, und S. Jasanoff, »Peer Review and Public Policy«, in: *Science, Technology & Human Values*, 10, 3 (1985), S. 3-5.

Cichetti, D. V., »The reliability of peer review for manuscript and grant submissions: A cross-disciplinary investigation«, in: *The Behavioral and Brain Sciences* 14 (1991), S. 119-135.

Cloitre, M., und T. Shinn, »Expository Practice: Social, Cognitive and Epistemological Linkage«, in: T. Shinn und R. Whitley (Hg.), *Expository Science: Forms and Functions of Popularisation*. Yearbook Sociology of the Sciences IX, Dordrecht: Reidel 1985, S. 31-60.

Close, F., *Too Hot to Handle: The Race for Cold Fusion*, Princeton: Princeton University 1991.

Cole, J., S. Cole with the Committee on Science and Public Policy, National Academy of Sciences, *Peer Review at the National Science Foundation: Phase Two of a Study,* Washington, D.C.: National Academy Press 1981.

Cole, S., *Making Science. Between Nature and Society,* Cambridge: Harvard University Press 1992.

–, J. R. Cole und G. A. Simon, »Chance and Consensus in Peer Review«, in: *Science* 214, 20. 10. 1981, S. 881-886.

Cotgrove, S., und S. Box, *Science, Industry and Society,* London: Allen & Unwin 1970.

Cozzens, E. E., Woodhouse, E. J., »Science Government and Politics of Knowledge«, in: S. Jasanoff u. a. (Hg.), *Handbook of Science and Technology Studies*, Thousand Oaks, London, New Delhi: Sage 1995, S. 533-553.

Crawford, E., T. Shinn und S. Sörlin (Hg.), *Denationalizing Science. The Context of International Scientific Practice*. Sociology of the Sciences Yearbook 1992, Dordrecht, Boston, London: Kluwer Academic Publishers 1993.

Culliton, B., »The Academic-Industrial Complex«, in: *Science* 216, 28. 5. 1982, S. 960-962.

Cyert, R. M., und P. S. Goodman, »Creating Effective University-Industry Alliances: An Organizational Learning Perspective«, in: *Organizational Dynamics,* Spring 1997, S. 45-57.

Daele, W. van den, »Die soziale Konstruktion der Wissenschaft. Institutionalisierung und Definition der positiven Wissenschaft in der zweiten Hälfte des 17. Jahrhunderts«, in: G. Böhme, W. van den Daele und W. Krohn, *Experimentelle Philosophie*, Frankfurt am Main: Suhrkamp 1977, S. 129-182.

–, »Kulturelle Bedingungen der Technikkontrolle durch regulative Politik«, in: P. Weingart (Hg.), *Technik als sozialer Prozeß*, Frankfurt am Main: Suhrkamp 1989, S. 197-230.

–, »Sozialverträglichkeit und Umweltverträglichkeit. Inhaltliche Mindeststandards und Verfahren bei der Beurteilung neuer Technik«, in: *Politische Vierteljahresschrift* 34, 2 (1993), S. 219-248.
–, »Objektives Wissen als politische Ressource: Experten und Gegenexperten im Diskurs«, in: W. van den Daele und F. Neidhardt (Hg.), *Kommunikation und Entscheidung. Politische Funktionen öffentlicher Meinungsbildung und diskursiver Verfahren.* WZB-Jahrbuch 1996, Berlin: Edition Sigma, 1996, S. 297-326.
–, W. Krohn und P. Weingart (Hg.), *Geplante Forschung*, Frankfurt am Main: Suhrkamp 1979.
Daston, L., »The Ideal and Reality of the Republic of Letters in the Enlightenment«, in: *Science in Context* 4, 2 (1991), S. 367-386.
–, »Objectivity and the Escape from Perspective«, in: *Social Studies of Science* 22, 4 (1992), S. 597-618.
–, »How Probabilities Came to Be Objective and Subjective«, in: *Historia Mathematica* 21 (1994 a), S. 330-344.
–, »Baconian Facts, Academic Civility, and the Prehistory of Objectivity«, in: A. Megill (Hg.), *Rethinking Objectivity*, Durham and London: Duke University Press 1994 b, S. 37-63.
–, »The Moral Economy of Science«, in: *Osiris* 10 (1995), S. 3-24.
–, »Die Akademien und die Klassifizierung der Wissenschaften: Die Disziplinierung der Disziplinen«. Vortrag vor der Berlin-Brandenburgischen Akademie der Wissenschaften, 28. 11. 1997, Ms.
–, und P. Galison, »The Image of Objectivity«, in: *Representations* 40 (1992), S. 81-128.
David, P., »The Knowledge Factory«, in: *The Economist. A Survey of Universities*, 4. 10. 1997, S. 1-22.
Dear, P., »From Truth to Disinterestedness in the Seventeenth Century«, in: *Social Studies of Science* 22 (1992), S. 619-631.
Der Spiegel, »Welche Uni ist die beste?« Heft 50, 11. 12. 1989, S. 71-83.
Der Spiegel, »Das machen doch alle«, Heft 26, 23. 6. 1997, S. 202-204.
Deutsche Physikalische Gesellschaft/Deutsche Meteorologische Gesellschaft (DPG/DMG), »Warnung vor drohenden weltweiten Klimaänderungen durch den Menschen« (DPG/DMG-Aufruf), in: *Physikalische Blätter* 43, 8 (1987), S. 347-349.
Deutsche Forschungsgemeinschaft (DFG), *Sicherung guter wissenschaftlicher Praxis. Empfehlungen der Kommission Selbstkontrolle in der Wissenschaft*, Weinheim: Wiley-VCH 1998.
Dickson, D., *The New Politics of Science*, New York: Pantheon 1984.
die tageszeitung (taz), »Der Fall Herrmann ist nur die Spitze des Eisbergs«, 11. 8. 1997.
Die Zeit, »Welche Wahrheit zählt?«, Nr. 25, 15. 6. 2000, S. 42.
DiFabio, U., »Verwaltungsentscheidung durch externen Sachverstand«, in: *Verwaltungsarchiv* 81 (1990), S. 193-227.

DiTroccio, F., *Der große Schwindel: Betrug und Fälschung in der Wissenschaft,* Frankfurt am Main: Campus 1994.
Donovan, A., »Education, industry, and the American university«, in: R. Fox und A. Guagnini (Hg.), *Education, Technology and Industrial Performance in Europe, 1850-1939,* Cambridge: Cambridge University Press 1993, S. 255-276.
du Bois-Reymond, E., »Über die wissenschaftlichen Zustände der Gegenwart«, in: E. du Bois-Reymond, *Reden.* Zweite Folge, Leipzig: Verlag von Veit & Comp. 1886, S. 448-464.
Dunn, W. N., und B. Holzner, »Knowledge in society: anatomy of an emergent field«, in: *Knowledge in Society* 1 (1988), S. 5-26.
Dunwoody, S., »A question of accuracy«, in: *IEEE Transactions on Professional Communication* PC- 25 (4) 1982, S. 196-199.
–, und M. Ryan, »The Credible Scientific Source«, in: *Journalism Quarterly* 64, 1 (1987), S. 21-27.
–, und H. P. Peters, »Massenmedien und Risikowahrnehmung«, in: Bayerische Rück (Hg.), *Risiko ist ein Konstrukt,* München 1993, S. 317-341.
Ellul, J., *La technique ou l'enjeu du siècle,* Paris: Armand Colin 1954.
Elzinga, A., »Shaping Worldwide Consensus: The Orchestration of Global Climate Change Research«, in: A. Elzinga und C. Landström (Hg.), *Internationalism and Science,* London: Taylor Graham 1996, S. 223-253.
–, und C. Landström (Hg.), *Internationalism and Science,* Taylor Graham: London 1996.
Engels, A., und P. Weingart, »Die Politisierung des Klimas. Zur Entstehung von anthropogenem Klimawandel als politischem Handlungsfeld«, in: P. Hiller und G. Krücken (Hg.), *Risiko und Regulierung,* Frankfurt am Main: Suhrkamp 1997, S. 90-115.
Etzkowitz, H., »Entrepreneurial Science in the Academy: A Case of the Transformation of Norms«, in: *Social Problems* 36, 1 (1989), S. 14-29.
–, »The second academic revolution: the role of the research university in economic development«, in: S. Cozzens, P. Healey, A. Rip und J. M. Ziman (Hg.), *The Research System in Transition,* Dordrecht: Kluwer Academic Publishers 1990, S. 109-124.
–, »Knowledge as Property: The Massachusetts Institute of Technology and the Debate over Academic Patent Policy«, in: *Minerva* 32, 4 (1994), 383-421.
–, und A. Webster, »Science as Intellectual Property«, in: S. Jasanoff u. a. (Hg.), *Handbook of Science and Technology Studies,* Thousand Oaks, London, New Delhi: Sage 1995, S. 480-505.
–, und L. Leydesdorff (Hg.), *Universities and the Global Knowledge Economy. A Triple Helix of University-Industry-Government Relations,* London und Washington: Pinter 1997 a.

–, und L. Leydesdorff, »Introduction: Universities in the Global Knowledge Economy«, in: H. Etzkowitz und L. Leydesdorff (Hg.), *Universities and the Global Knowledge Economy. A Triple Helix of University-Industry-Government Relations*, London & Washington: Pinter 1997 b, S. 1-8.

–, und L. Leydesdorff, »The Endless Transition: A ›Triple-Helix‹ of University-Industry-Government Relations«, in: *Minerva* 36, 3 (1998), S. 203-208.

–, und A. Webster, »Entrepreneurial science: The second Academic Revolution«, in: H. Etzkowitz, A., Webster und P. Healey (Hg.), *Capitalizing Knowledge. New Intersections of Industry and Academia*, Stony Brook: State University of New York Press 1998, S. 21-46.

EU-Commission (European Commission), *Towards a European Research Area*, Brüssel, Januar 2000.

Ezrahi, Y., »Science and the problem of authority in Democracy«, in: *Science and Social Structure. A Festschrift for Robert K. Merton*, hg. von T. F. Gieryn, Transactions of The New York Academy Of Science, II, 39 (1980), S. 43-60.

–, *The Descent of Icarus. Science and the Transformation of Contemporary Society*, Cambridge: Harvard University Press 1990.

–, »Science and the Postmodern Shift in Contemporary Democracies«, unveröffentlichtes Ms., 1999.

Fagen, M. D. (Hg.), *A History of Engineering and Science in the Bell System*, 2 Bände, Bell Telephone Laboratories 1975.

Frankfurter Allgemeine Zeitung, »Glauben Sie denn, es sei nicht längst im Gange? Ein Gespräch mit Ray Kurzweil«, 5. 7. 2000, S. 51.

Ferguson, J. R., »Scientific Freedom, National Security, and the First Amendment«, *Science* 12. 8. 1983, S. 620-624.

Flämig, C., »Bemessung von Forschungsleistungen?«, in: *Forum des Hochschulverbandes* 16 (1978), S. 32-35.

Fleischman, M., S. Pons, M. W. Anderson, L. J. Li und M. Hawkins, »Calorimetry of the Palladium-Deuterium-Heavy Water System«, in: *Journal of Electroanalytical Chemistry and Interfacial Electrochemistry* 287 (1990), S. 293-348.

Forman, P., »Recent Science: Late-Modern and Post-Modern«, in: T. Söderquist (Hg.), *The Historiography of Contemporary Science and Technology*, Amsterdam: Harwood Academic Publishers 1997, S. 179-213.

Focus, »Hat die Forschung ihre Unschuld verloren?«, 9. 6. 1997.

Foucault, M., *Die Ordnung des Diskurses*. Inauguralvorlesung am Collège de France, Frankfurt am Main, Berlin, Wien: Ullstein 1974.

Frederichs, G., »Der Wandel der Wissenschaft«, *TA-Datenbank* 8, 3, Dezember 1999, S. 16-25.

Freyer, H., *Theorie des gegenwärtigen Zeitalters*, Stuttgart: DVA 1955.

Frühwald, W., »Der Herr der Erde. Technikbilder der Moderne oder die neue Produktion des Wissens«, in: *MPG-Spiegel* 2 (1996), S. 59-64.

Fuchs, P., und E. Pankoke (Hg.), *Beratungsgesellschaft*, Schwerte: Katholische Akademie 1994.

Fuchs, S., und S. D. Westervelt, »Fraud and Trust in Science«, in: *Perspectives in Biology and Medicine* 39, 2 (1996), S. 248-269.

Fuller, S., »Knowledge as Product and Property«, in: N. Stehr und R. V. Ericson (Hg.), *The Culture and Power of Knowledge. Inquiries into Contemporary Societies,* Berlin: de Gruyter 1992, S. 157-190.

Funtowicz, S. O., und J. R. Ravetz, »The Emergence of Post-Normal Science«, in: R. von Schomberg (Hg.), *Science, Politics, and Morality. Scientific Uncertainty and Decision Making*, Dordrecht, Boston, London: Kluwer Academic Publishers 1993, S. 85-123.

Galison, P., und D. J. Stump (Hg.), *The Disunity of Science: Boundaries, Contexts, and Power,* Stanford: Stanford University Press 1996.

Garcia, C., *Das spanische Modell zur Evaluation individueller Forschungsleistung*, Diss. Bielefeld, 1997.

Garfield, E., *Citation Indexing. Its Theory and Application in Science, Technology and Humanities,* New York: Wiley 1979.

–, »The 170 Surviving Journals That CC Would Have Covered 100 Years Ago«, in: *Current Contents* 26 vom 29. Juni 1987, S. 3-12.

–, »Too Many Journals? Nonsense!«, in: *Current Contents* 45 vom 7. 11. 1988, S. 5 f. (Wiederabdruck von *The Scientist* 2, 5 vom 7. 3. 1988).

–, »Citation Behavior – An Aid or a Hindrance to Information Retrieval?«, in: *Current Contents* 18 vom 1. 5. 1989, S. 3-8.

–, »How ISI Selects Journals for Coverage: Quantitative and Qualitative Considerations«, in: *Current Contents* 22 vom 28. 5. 1990, S. 5-13.

–, »In Truth, the ›Flood‹ of Scientific Literature Is Only A Myth«, in: *The Scientist* 5, 17 vom 2. 9. 1991, S. 11.

Gascoigne, R. M., *A Historical Catalogue of Scientific Periodicals, 1665-1900,* New York & London: Garland Publishing Inc. 1985.

Gehlen, A., *Die Seele im technischen Zeitalter. Sozialpsychologische Probleme in der industriellen Gesellschaft,* Reinbek: Rowohlt 1957.

Geisler, E., und A. H. Rubinstein, »University-Industry Relations: A Review of Major Issues«, in: A. N. Link und G. Tassey (Hg.), *Cooperative Research and Development: The Industry, University, Government Relationship*, Boston, Dordrecht, London: Kluwer 1989, S. 43-62.

Gemeinsame Kommission zur Aufklärung der Vorwürfe wissenschaftlicher Fälschungen, *Presseerklärung*, 4. 8. 1997.

Gibbons, M., und B. Wittrock (Hg.), *Science as a Commodity. Threats to the Open Community of Scholars,* Harlow: Longman 1985.

–, C. Limoges, H. Nowotny, S. Schwartzman, P. Scott und M. Trow, *The New Production of Knowledge,* London: Sage 1994.

Gieryn, T. F., »Boundary-Work and the Demarcation of Science from Non-Science: Strains and Interests in Professional Ideologies of Scientists«, in: *American Sociological Review* 48 (1983), S. 781-795.
–, G. M. Bevins und S. C. Zehr, »Professionalization of American Scientists: Public Science in the Creation/Evolution Trials«, in: *American Sociological Review* 50 (1985), S. 392-409.
–, »Boundaries of Science«, in: S. Jasanoff u. a. (Hg.), *Handbook of Science and Technology Studies*, Thousand Oaks: Sage 1995, S. 393-443.
–, *Cultural Boundaries of Science. Credibility on the Line*, Chicago: The University of Chicago Press 1999.
Gilbert, G. N., »Measuring the Growth of Science. A Review of Indicators of Scientific Growth«, in: *Scientometrics* vom 1. 1. 1978, S. 9-34.
Gillespie, C. C., *The Edge of Objectivity: An Essay in the History of Scientific Ideas*, Princeton: Princeton University Press 1960.
Gilpin, R., und R. Wright (Hg.), *Scientists and National Policy Making*, New York: Columbia University Press 1965.
Goldman, A. H., »Ethical issues in proprietary restrictions on research results«, in: *Science, Technology & Human Values* 12, 1 (1987), S. 22-30.
Goodell, R., *The Visible Scientist*, Boston, Toronto: Little Brown 1977.
Göpfert, W., und M. Schanne, »Das Förderprogramm Wissenschaftsjournalismus der Robert Bosch Stiftung GmbH – Evaluationsbericht«, Stuttgart: Robert Bosch Stiftung 1999.
Gottschalk, C. M., und W. F. Desmond, »Worldwide Census of Scientific and Technical Serials«, in: *American Documentation*, Juli 1963, S. 188-194.
Graham, L., *Between Science and Values*, New York: Columbia University Press 1981.
Green, J., »Media Sensationalisation and Science: The Case of the Criminal Chromosome«, in: T. Shinn und R. Whitley (Hg.), *Expository Science: Forms and Functions of Popularisation*. Yearbook Sociology of the Sciences IX, Dordrecht: Reidel 1985, S. 139-162.
Gregory, J., und S. Miller, *Science in Public. Communication, Culture, and Credibility*, New York, London: Plenum Trade 1998.
Greiffenhagen, M., *Kulturen des Kompromisses*, Opladen: Leske & Budrich 1999.
Griffith, B. C., und N. C. Mullins, »Coherent Social Groups in Scientific Change«, in: *Science* 177, 4053, 15. 9. 1972; deutsch in: P. Weingart (Hg.), *Wissenschaftssoziologie 2. Determinanten wissenschaftlicher Entwicklung*, Frankfurt am Main: Athenäum 1974, S. 223-238.
Grötschel, M., und J. Lügger, »Wissenschaftliche Kommunikation am Wendepunkt. Bibliotheken im Zeitalter globaler elektronischer Netze«, in: *Technical Report TR 95-1*, Konrad-Zuse-Zentrum für Informationstechnik Berlin, März 1995.

Grundmann, R., *Transnationale Umweltpolitik zum Schutz der Ozonschicht. USA und Deutschland im Vergleich*, Frankfurt am Main: Campus 1999.

–, und N. Stehr, »Wissenspolitik«, unveröffentlichtes Ms., 2000.

Grupp, H., I. Dominguez Lacasa, M. Friedrich-Nishio, G. Jaeckel und U. Schmoch, »Indikatorenbasis zur Innovationstätigkeit in Deutschland seit der Reichsgründung«, Ms., Karlsruhe 2000.

Guston, D. H., und K. Keniston (Hg.), *The Fragile Contract*, Cambridge: MIT Press 1994.

Habermas, J., *Strukturwandel der Öffentlichkeit. Untersuchungen zu einer Kategorie der bürgerlichen Gesellschaft*, Neuwied: Luchterhand 1962.

–, »Verwissenschaftlichte Politik in demokratischer Gesellschaft«, in: H. Krauch, W. Kunz und H. Rittel (Hg.), *Forschungsplanung*, München, Wien: Oldenbourg Verlag 1966, S. 130-144.

Hack, L., *Technologietransfer und Wissenstransformation. Zur Globalisierung der Forschungsorganisation von Siemens*, Münster: Verlag Westfälisches Dampfboot 1998.

Hagenah, E., »Stand der Wissenschaft ... Stand des Rechts«, in: *Report Science Studies* 30, Bielefeld 1986.

–, *Prozeduraler Umweltschutz*, Baden-Baden: Nomos 1995.

Hagendijk, R., und J. Meeus, »Blind faith: fact, fiction and fraud in public controversy over science«, in: *Public Understanding of Science* 2 (1993), S. 391-415.

Hahn, R., *The Anatomy of a Scientific Institution. The Paris Academy of Science, 1666-1803*, Berkeley, London: University of California Press 1971.

Haller, M., »Wie wissenschaftlich ist Wissenschaftsjournalismus? Zum Problem wissenschaftsbezogener Arbeitsmethoden im tagesaktuellen Journalismus«, in: *Publizistik* 32 (1987), S. 305-319.

Hampel, J., G. Ruhrmann, M. Kohring, A. Goerke, »Germany«, in: J. Durant, M. W. Bauer und G. Gaskell (Hg.), *Biotechnology in the Public Sphere. A European Sourcebook*, London: Science Museum 1998, S. 63-76.

Hampel, J., und O. Renn (Hg.), *Gentechnik in der Öffentlichkeit. Wahrnehmung und Bewertung einer umstrittenen Technologie*, Frankfurt am Main: Campus 1999.

Harnad, S., »Implementing Peer Review on the Net: Scientific Quality Control in Scholarly Electronic Journals«, in: R. Peek und G. Newby (Hg.), *Scholarly Publication: The Electronic Frontier*, Cambridge, MA: MIT Press 1996, S. 103-108.

Hartz, J., und R. Chappell, *Worlds Apart. How the Distance Between Science and Journalism Threatens America's Future*, Nashville: First Amendment Center 1997.

Hasse, R., G. Krücken und P. Weingart, »Laborkonstruktivismus. Eine wissenschaftssoziologische Reflexion«, in: G. Rusch und S. J. Schmidt (Hg.), *Konstruktivismus und Sozialtheorie. Delfin 1993*, Frankfurt am Main: Suhrkamp 1994, S. 220-262.

Hasselmann, K., »Die Launen der Medien«, in: *Die Zeit*, 32 vom 1. 8. 1997, S. 31.

Haynes, R. D., *From Faust to Strangelove. Representations of the Scientist in Western Literature*, Baltimore and London: The Johns Hopkins University Press 1994.

Heinloth, K., »Energie für heute und morgen«, in: *Physikalische Blätter* 36, 10/1980.

Helmholtz, H. von, »Über das Verhältnis der Naturwissenschaften zur Gesamtheit der Wissenschaften«. Akademische Festrede (1862), in: H. von Helmholtz, *Vorträge und Reden*, 1. Bd., 4. Aufl., Brauschweig: Vieweg und Sohn 1896, S. 157-186.

Hilgartner, S., »The Dominant View of Popularization: Conceptual Problems, Political Uses«, in: *Social Studies of Science* 20 (1990), S. 519-539.

Hobbes, T., *Leviathan*, London: Everyman [1914] 1962.

Holden, C., »Libraries Stunned by Journal Price Increases«, in: *Science* 236 vom 22. 5. 1987, S. 908-909.

Hollinger, D. A., »The Defense of Democracy and Robert K. Merton's Formulation of the Scientific Ethos«, in: *Knowledge and Society: Studies in the Sociology of Culture Past and Present* 4 (1983), S. 1-15.

Hoppe, R., »Policy Analysis, Science and Politics: From ›Speaking Truth to Power‹ to ›Making Sense Together‹«, in: *Science and Public Policy* 26, 3 (1999), S. 201-210.

Hornschuh, T., »Skepsis als Schema? Zur Bedeutung des ›Backlash‹ in der Berichterstattung über anthropogenen Klimawandel in den deutschen Printmedien«, unveröffentlichte Diplomarbeit, Bielefeld 1999.

Hughes, T. P., *Elmer Sperry. Inventor and Engineer*, Baltimore & London: The Johns Hopkins University Press 1971.

–, *Networks of Power. Electrification in Western Society 1880-1930*, Baltimore & London: The Johns Hopkins University Press 1983.

Huizinga, J., *Cold Fusion: The Scientific Fiasco of the Century*, rev. ed., Oxford, New York, Tokyo: Oxford University Press 1993.

Humboldt, W. von, »Über die Innere und Äußere Organisation der höheren wissenschaftlichen Anstalten in Berlin« (1810), in: F. W. J. von Schelling u. a., *Die Idee der deutschen Universität: Die fünf Grundschriften aus der Zeit ihrer Neugründung durch klassischen Idealismus und romantischen Realismus*, Darmstadt: Wissenschaftliche Buchgesellschaft 1956, S. 377-386.

Hunter, M., »First Steps in Institutionalization: The Role of the Royal

Society of London«, in: T. Frängsmyr (Hg.), *Solomon's House Revisited: The Organization and Institutionalization of Science. Nobel Symposium 75*, Canton: Science History Publications 1990, S. 13-30.

Hüttl, R., »Das negative Kassandra-Syndrom oder Wissenschaft im Streit«. Vortrag vor der Berlin-Brandenburgischen Akademie der Wissenschaften 1998, http://www.bbaw.de/aa/termine/1989/11/26_textt.html.

Jäckel, E., »Einfach ein schlechtes Buch«, in: *Die Zeit* vom 17. 5. 1996.

Jantsch, E., »Towards Interdisciplinarity and Transdisciplinarity in Education and Innovation«, in: CERI, *Interdisciplinarity. Problems of Teaching and Research in Universities*, Paris: OECD 1972, S. 97-120.

Japp, K. P., »Die Beobachtung von Nichtwissen«, in: *Soziale Systeme* 3, 2 (1997), S. 289-312.

Jarren, O., »Gesellschaftswissenschaften in der Medienöffentlichkeit«. Werkstattbericht September '96, ein Projekt der Schader-Stiftung, Darmstadt: Schader-Stiftung 1996.

Jasanoff, S., »American Exceptionalism and the Political Acknowledgement of Risk«, in: *Daedalus*, 119 (1990a), S. 61-81.

–, *The Fifth Branch*, Cambridge: Harvard University Press 1990b.

Joy, B., »Warum die Zukunft uns nicht braucht«, in: *Frankfurter Allgemeine Zeitung* vom 6. 6. 2000, S. 49, 51.

Jurtschitsch, E., und C. Gottschling, »Die besten deutschen Universitäten«, in: *Focus* 39 vom 27. 9. 1993, S. 129-131.

Kaufmann, F. X., G. Majone und V. Ostrom (Hg.), *Guidance, Control, and Evaluation in the Public Sector. The Bielefeld Interdisciplinary Project*, Berlin, New York: de Gruyter 1986.

Keck, O., »The National System for Technical Innovation in Germany«, in: R. R. Nelson (Hg.), *National Innovation Systems. A Comparative Analysis*, Oxford: Oxford University Press 1993, S. 115 157.

Kepplinger, H. M., S. C. Ehmig und C. Ahlheim, *Gentechnik im Widerstreit: Zum Verhältnis von Wissenschaft und Journalismus*, Frankfurt am Main: Campus 1991.

Kevles, D. J., *The Baltimore Case: A trial of politics, science and character*, New York: Norton 1998.

King, M. D., »Vernunft, Tradition und die Fortschrittlichkeit der Wissenschaft«, in: P. Weingart (Hg.), *Wissenschaftssoziologie 2. Determinanten wissenschaftlicher Entwicklung*, Frankfurt am Main: Athenäum Fischer 1974, S. 39-75.

Kitschelt, H., *Kernenergiepolitik. Arena eines gesellschaftlichen Konflikts*, Frankfurt am Main: Campus 1980.

Klein, J., *Crossing Boundaries. Knowledge, Disciplinarities and Interdisciplinarities*, Charlottesville: University Press of Virginia 1996.

Knorr-Cetina, K., *The Manufacture of Knowledge. An Essay on the Constructivist and Contextual Nature of Knowledge*, Oxford u. a.:

Pergamon Press 1981; deutsch: *Die Fabrikation von Erkenntnis. Zur Anthropologie der Naturwissenschaft*, Frankfurt am Main: Suhrkamp 1984.
–, »Laboratory studies: The cultural approach to the study of science«, in: S. Jasanoff u. a. (Hg.), *Handbook of Science and Technology Studies*, Thousand Oaks: Sage 1995, S. 140-166.
König, W., »Technical education and industrial performance in Germany: a triumph of heterogenity«, in: R. Fox und A. Guagnini (Hg.), *Education, technology and industrial performance in Europe, 1850-1939*, Cambridge: Cambridge University Press 1993, S. 65-87.
–, *Technikwissenschaften. Die Entstehung der Elektrotechnik aus Industrie und Wissenschaft zwischen 1880 und 1914*, Chur: G & B Verlag Fakultas 1995.
Kornelius, S., »Ein irres System von hoher Geschwätzigkeit«, in: *Süddeutsche Zeitung* vom 18. 5. 1996.
Kostoff, R. N, *Handbook of Research Impact Assessment*, Arlington, VA: Office of Naval Research, 1997, http://www.dtic.mil/dtic/kostoff/handweb7index.htm.
Krohn, W., »Wissenschaftsfortschritt und Dezentrierung. Piagets Modell der evolutionären Epistemologie und die dekonstruktionistischen Angriffe auf die Objektivität und Universalität von Erkenntnis«, Bielefeld: *IWT-Paper* 9, 1996.
–, »Knowledge Societies«, Ms., Bielefeld 2000.
–, und P. Weingart, »›Tschernobyl‹ – das größte anzunehmende Experiment«, in: *Kursbuch* 85 (1986), S. 1-25.
–, und J. Weyer, »Gesellschaft als Labor. Die Erzeugung sozialer Risiken durch experimentelle Forschung«, in: *Soziale Welt* 40 (1989), 349-373.
–, und G. Krücken, »Risiko als Konstruktion und Wirklichkeit«, in: W. Krohn und G. Krücken (Hg.), *Riskante Technologien: Reflexion und Regulation*, Frankfurt am Main: Suhrkamp 1993, S. 9-44.
Kronick, D. A., *A History of Scientific and Technical Periodicals: The Origins and Development of the Scientific and Technical Press 1655-1790*, Metuchen, N. J.: Scarecrow Press 1976.
Krücken, G., *Risikotransformation: Die politische Regulierung technisch-ökologischer Gefahren in der Risikogesellschaft*, Opladen/Wiesbaden: Westdeutscher Verlag 1997.
–, »Wissenschaft im Wandel? Gegenwart und Zukunft der Forschung an deutschen Hochschulen«, in: E. Stölting und U. Schimank (Hg.), *Die Krise der Universitäten. Leviathan* (Sonderheft) 2001, im Druck.
– (Hg.), »Jenseits von Einsamkeit und Freiheit: Institutioneller Wandel von Universitäten. Eine Untersuchung zum Wissens- und Technologietransfer an den Universitäten des Landes Nordrhein-Westfalen«, Lehrforschungsbericht, Fakultät für Soziologie, Universität Bielefeld, 1999, http://www.uni-bielefeld.de/~kruecken/lfp/Endbericht.zip.

Krull, W. (Hg.), *Forschungsförderung in Deutschland. Bericht der internationalen Kommission zur Systemevaluation der Deutschen Forschungsgemeinschaft und der Max-Planck-Gesellschaft*, Hannover: Scherrer Druck 1999.

Kuhlmann, S., »Volkstümliche Hitparade«, in: *Bild der Wissenschaft*, Heft 5/2000.

Kuhnert, W., »Hochschulen als Kooperationspartner für die Wirtschaft«, in: *Politische Studien* 48 (Sonderheft 1) 1997, S. 25-39.

Küppers, G., P. Lundgreen und P. Weingart, *Umweltforschung – Gesteuerte Wissenschaft?* Frankfurt am Main: Suhrkamp 1978.

Kwa, C., »Representations of Nature Mediating Between Ecology and Science Policy: The Case of the International Biological Programme«, in: *Social Studies of Science* 17, London et al.: Sage 1987, S. 413-442.

Lakoff, S. A. (Hg.), *Knowledge and Power*, New York: Free Press 1966.

Lane, R. E., »The decline of Politics and Ideology in a Knowledgeable Society«, in: *American Sociological Review* 31 (1966), 649-662.

Lanier, J., »Das neue Package«, in: *Frankfurter Allgemeine Zeitung* vom 22.7.2000, S. 41.

Lapp, R. E., *The New Priesthood*, New York: Harper & Row 1965.

Latour, B., *Science in Action: how to follow scientists and engineers through society*, Milton Keynes: Open University Press 1987.

–, *We have never been modern*, Cambridge, Mass.: Harvard University Press 1995; deutsch: *Wir sind nie modern gewesen*, Berlin: Akademie Verlag 1995.

Leary, W. E., »On the trail of misconduct in science where U.S. billions can be at stake«, in: *The New York Times* vom 25. März 1991.

Leeuw, F. L., »Analyzing Policy Theories and the Systematic Use of Knowledge for Public Policy«, in: B. G. Peters und A. Barker (Hg.), *Advising West European Governments*, Edinburgh: Edinburgh University Press 1993, S. 60-71.

Lemaine, G., R. MacLeod, M. Mulkay und P. Weingart (Hg.), *Perspectives on the Emergence of Scientific Disciplines*, The Hague: Mouton & Co. 1976.

Lepenies, W., *Das Ende der Naturgeschichte. Wandel kultureller Selbstverständlichkeiten in den Wissenschaften des 18. und 19. Jahrhunderts*, München: Hanser Verlag 1976.

Levin, L., und I. Lind (Hg.), *Interdisciplinarity Revisited*, OECD/CERI, Swedish National Board of Universities and Colleges, Linköping University 1985.

Lewenstein, B. J., »The meaning of ›Public understanding of science‹ in the United States after World War II«, in: *Public Understanding of Science* 1 (1992), S. 45-68.

–, »From Fax to Facts: Communication in the Cold Fusion Saga«, in: *Social Studies of Science* 25 (1995), S. 403-436.

Lippmann, W., *Public Opinion*, New York: Macmillan [1922] 1954.
Luhmann, N., »Die Selbststeuerung der Wissenschaft«, in: N. Luhmann, *Soziologische Aufklärung*, Bd. 1, Köln/Opladen: Westdeutscher Verlag 1970, S. 232-252.
–, *Vertrauen. Ein Mechanismus zur Reduktion sozialer Komplexität*, 2., erw. Auflage, Stuttgart: Enke Verlag 1973.
–, »Risiko und Gefahr«, in: N. Luhmann, *Soziologische Aufklärung*, Bd. 5, Opladen: Westdeutscher Verlag 1990a, S. 131-169.
–, *Die Wissenschaft der Gesellschaft*, Frankfurt am Main: Suhrkamp 1990b.
–, »Verständigung über Risiken und Gefahren«, in: *Die Politische Meinung* 36 (1991), S. 86-95.
–, »Ökologie des Nichtwissens«, in: N. Luhmann, *Beobachtungen der Moderne*, Opladen: Westdeutscher Verlag 1992, S. 149-220.
–, *Die Realität der Massenmedien*, Opladen: Westdeutscher Verlag 1996.
–, *Die Gesellschaft der Gesellschaft*, 2 Bände, Frankfurt am Main: Suhrkamp 1997.
Lundgreen, P., »Die Vertretung technischer Expertise ›im Interesse der gesamten Industrie Deutschlands‹ durch den VDI 1856 bis 1890«, in: K.-H. Ludwig (Hg.), *Technik, Ingenieure und Gesellschaft. Geschichte des Vereins Deutscher Ingenieure*, Düsseldorf: VDI 1981, S. 67-132.
–, B. Horn, W. Krohn, G. Küppers und R. Paslack, *Staatliche Forschung in Deutschland 1870-1980*, Frankfurt am Main: Campus 1986.
Maasen, S., *Genealogie der Unmoral: Zur Therapeutisierung sexueller Selbste*, Frankfurt am Main: Suhrkamp 1998.
–, *Wissenssoziologie*, Bielefeld: transcript 1999.
–, »›Klinische Soziologie‹ – Soziologie (in) der Wissensgesellschaft. Intervention als Problem einer reflexiven Wissenschaftspraxis«, unveröffentlichtes Vortragsmanuskript 2000.
–, und P. Weingart, »Metaphors – Messengers of Meaning: A Contribution to an Evolutionary Sociology of Science«, in: *Science Communication* 17, 1 (1995), S. 9-31.
–, und P. Weingart, *Metaphors and the Dynamics of Knowledge*, London & New York: Routledge 2000.
–, E. Mendelsohn und P. Weingart (Hg.) *Biology as Society, Society as Biology: Metaphors*. Yearbook Sociology of the Sciences XVIII, Dordrecht: Kluwer 1995.
Maddox, J., »Cold (Con)fusion«, in: *Nature* 338 (1989), S. 361 f.
Maffulli, N., »More on citation analysis«, in: *Nature* 378 (1995), S. 760.
Magee, J. F., »Foreword«, in: P. A. Roussel, K. N. Saad und T. J. Erickson, *Third Generation R&D. Managing the Link to Corporate Strategy*, Boston: Harvard Business School Press 1991, IX-XIII.
Mansfield, E., »Academic research and industrial innovation«, in: *Research Policy* 20 (1991), S. 1-12.

Marcinkowski, F., *Publizistik als autopoietisches System: Politik und Massenmedien – eine systemtheoretische Analyse*, Opladen: Westdeutscher Verlag 1993.

Martin, B., »Research Assessment in the United Kingdom and how it might be improved«. Invited lecture at the international conference on ›Quality Assessment in Academia‹, Berlin-Brandenburgische Akademie der Wissenschaften, Berlin, 27. November 1999.

Marx, W., G. Gramm, »Wächst der Wissenschaft das Wissen über den Kopf?«, *http://www.mpi-stuttgart.mpg.de/IVS/literaturflut.html.*

Max-Planck-Gesellschaft (MPG), *Verfahren bei Verdacht auf wissenschaftliches Fehlverhalten. Verfahrensordnung*, *http://www.mpg.de/fehlver.htm*, 1997.

Mayntz, R., »West Germany«, in: W. Plowden (Hg.), *Advising the Rulers*, Oxford: Basil Blackwell 1987, 3-18.

Mazur, A., und J. Lee, »Sounding the Global Alarm: Environmental Issue in the US National News«, in: *Social Studies of Science* 23 (1993), S. 681-720.

McMullin, E., »Openness and Secrecy in Science«, in: *Science, Technology & Human Values* 10, 2 (1985), S. 14-23.

Mendelsohn, E., »Science, Power and the Reconstruction of Knowledge«, in: G. Bergendah (Hg.), *Knowledge and Higher Education. Studies in Higher Education in Sweden*, No. 2 (1982), S. 49-83.

Merton, R. K., »The Celebration and Defense of Science«, in: *Science in Context* 3, 1 (1989), S. 269-289.

–, »Science and the Social Order«, in: R. K. Merton (Hg.), *Social Structure and Social Theory*, rev. ed., Glencoe: Free Press 1957, S. 537-549; zuerst erschienen in: *Philosophy of Science* 5 (1938), S. 321-337.

–, *Science, Technology and Society in Seventeenth-Century England*, New York: Harper Torchbooks 1970; zuerst erschienen in: *Osiris* 4 (1938), S. 360-632.

–, »Science and Technology in a Democratic Order«, in: *Journal of Legal and Political Sociology* 1 (1942), S. 115-126; deutsch: »Wissenschaft und demokratische Sozialstruktur«, in: P. Weingart (Hg.), *Wissenschaftssoziologie 1. Wissenschaftliche Entwicklung als sozialer Prozeß*, Frankfurt am Main: Athenäum Fischer 1972, S. 45-59.

–, »Behavior Patterns of Scientists«, in: R. K. Merton, *The Sociology of Science. Theoretical and Empirical Investigations*, hg. von N. Storer, Chicago, London: University of Chicago Press 1973, S. 325-342; zuerst erschienen in: *American Scientist* 58 (1969), S. 1-23.

–, »Science and Democratic Social Structure«, in: R. K. Merton, *Social Structure and Social Theory*, rev. ed., Glencoe: Free Press 1957, S. 550-561; zuerst erschienen als »Science and Technology in a Democratic Order«, in: *Journal of Legal and Political Sociology* 1 (1942), S. 115-126; erste deutsche Übersetzung: »Wissenschaft und demokratische

Sozialstruktur«, in: P. Weingart (Hg.), *Wissenschaftssoziologie 1. Wissenschaftliche Entwicklung als sozialer Prozeß*, Frankfurt am Main: Athenäum Fischer 1972, S. 45-59; erneute und veränderte deutsche Übersetzung unter dem Titel »Die normative Struktur der Wissenschaft«, in: R. K. Merton, *Entwicklung und Wandel von Forschungsinteressen. Aufsätze zur Wissenschaftssoziologie*, Frankfurt am Main: Suhrkamp 1985 a, S. 86-99.

–, »The Ambivalence of Scientists«, in: R. K. Merton, *The Sociology of Science. Theoretical and Empirical Investigations*, hg. von N. Storer, Chicago, London: University of Chicago Press 1973, S. 383-412; deutsch: »Die Ambivalenz des Wissenschaftlers«, in: R. K. Merton, *Entwicklung und Wandel von Forschungsinteressen. Aufsätze zur Wissenschaftssoziologie*, Frankfurt am Main: Suhrkamp 1985 b, 117-146.

Meulen, B. van der, »A Letter to German Colleagues on Dutch Experiences«, in: *Gegenworte* 5 (2000), S. 12-14.

Molina, M. J., und F. S. Rowland, »Stratospheric sink for chlorofluormethanes: chlorine- atomcatalysed destruction of ozone«, in: *Nature* 249, 28. Juni 1974, S. 810-812.

Mullins, N. C., »The Development of a Scientific Speciality: The Phage Group and the Origins of Molecular Biology«, in: *Minerva* 10, 1 (1972), S. 51-82; deutsch in: P. Weingart (Hg.), *Wissenschaftssoziologie 2. Determinanten wissenschaftlicher Entwicklung*, Frankfurt am Main: Athenäum Fischer 1974, S. 184-222.

Murswieck, A., »Policy Advice and Decision-Making in the German Federal Bureaucracy«, in: B. G. Peters, und A. Barker (Hg.), *Advising West European Governments*, Edinburgh: Edinburgh University Press 1993, S. 87-97.

–, »Wissenschaftliche Beratung im Regierungsprozeß«, in: A. Murswieck (Hg.), *Regieren und Politikberatung*, Opladen: Leske und Budrich 1994, S. 103-119.

Narin, F., und D. Olivastro, »Status Report: Linkage Between Technology and Science«, in: *Research Policy* 21 (1992), S. 237-249.

National Science Foundation (NSF), *Report on Project* TRACES, Washington: National Science Foundation (NSF) 1969.

National Science Board (NSB), *Science Indicators 1972*, Washington, D.C.: National Science Foundation (NSF) 1973.

–, *Science Indicators 1980*, Washington, D.C.: National Science Foundation (NSF) 1981.

–, *Science & Engineering Indicators – 1998*, Arlington, VA: National Science Foundation 1998 (NSB 98-1).

–, *Science Indicators 1998*, Washington, D.C.: National Science Foundation (NSF) 1999.

Nature, »Science Advice in an Uncertain World«, 393 vom 25. Juni 2000, S. 720.

Neidhardt, F., *Selbststeuerung in der Forschungsförderung. Das Gutachterwesen der DFG*, Opladen: Westdeutscher Verlag 1988.

–, »Über die Kunst der Selbstverteidigung«, in: *Gegenworte* 5 (2000), S. 26-29.

Nelkin, D., *Nuclear Power and its Critics*, Ithaca and London: Cornell University Press 1971.

–, »Intellectual Property: The Control of Scientific Information«, in: *Science* 216, 14. Mai 1982, S. 704-708.

–, *Selling Science*, New York: Freeman 1987.

–, »Science Controversies«, in: S. Jasanoff u. a. (Hg.), *Handbook of Science and Technology Studies*, Thousand Oaks, London, New Delhi: Sage 1995, S. 444-456.

Nelsen, L., »The Rise of Intellectual Property Protection in the American University«, in: *Science* 279, 5356 vom 6. 3. 1998, S. 1460 f.

Nelson, R. R., »What is private and what is public about technology?«, in: *Science, Technology & Human Values* 14, 3 (1989), S. 229-241.

–, und N. Rosenberg, »Technical Innovation and National Systems«, in: R. R. Nelson (Hg.), *National Innovation Systems. A Comparative Analysis*, New York, Oxford: Oxford University Press 1993, S. 3-21.

Neurath, O., R. Carnap und Ch. W. Morris (Hg.), *Encyclopedia and Unified Science. Foundations of the Unity of Science*, 1, 1, Chicago: University of Chicago Press [1938] 1970.

Nowotny, H., *Kernenergie: Gefahr oder Notwendigkeit*, Frankfurt am Main: Suhrkamp 1979.

–, »The place of people in our knowledge«, in: *European Review* 7, 2 (1999), S. 247-262.

–, »Re-thinking Science: Learning to speak (also) in the name of society«, unveröffentlichtes Ms. 2000.

Nye, M. J., »On Gentlemen, Science and the State. A Commentary on Sessions III and IV«, in: T. Frängsmyr (Hg.), *Solomon's House Revisited: The Organization and Institutionalization of Science. Nobel Symposium 75*, Canton: Science History Publications 1990, S. 322-330.

Odlyzko, A. M., »Tragic loss or good riddance? The impending demise of traditional scholarly journals«, in: *Intern. J. Human-Computer Studies* (formerly *Intern. J. Man-Machine Studies*) 42 (1995), S. 71-122; and in the electronic *J. Univ. Comp. Sci.*, pilot issue 1994; Kurzfassung in: *Notices Amer. Math. Soc.* 42, Januar 1995, S. 49-53; deutsch in: *Deutsche Math. Ver. Mitteilungen*, Nr. 1, 1995, S.19-24, http://www.research.att.com/~amo/doc/tragic.loss.long.pdf.

–, »Silicon Dreams and Silicon Bricks: The Continuing Evolution of Libraries«, in: *AT&T Labs-Research*, rev. draft, 29. 5. 1997, Ms.

OECD, *Science and Technology Indicators*, Paris: OECD 1984 a.

–, *Industry and University. New Forms of Cooperation and Communication*, Paris: OECD 1984 b.

–, *Main Science and Technology Indicators; Statistical Publications on Diskette*, Paris: OECD, September 1998.
–, *The Global Village: How Information and Communication Technologies Affect the Science System*. Background Report to the international conference »Global Research Village II: Maximising the Benefits of Information Technology for Science«, Sintra, Portugal, 17.-18. September 1998, Ms.
Olesko, K. M., *Physics as a Calling: Disziplin and Practice in Königsbergseminar for Physics*, Ithaca, New York/London: Cornell University Press 1991.
Opthof, T., »Sense and Nonsense about the impact factor«, in: *Cardiovascular Research* 3 (1997), S. 1-7.
Ornstein, M., *The Role of Scientific Societies in the Seventeenth Century*, Chicago: The University of Chicago Press 1928.
OST (Observatoire des Sciences et de Techniques), *Indicateurs 1992. Rapport de l'Oberservatoire des Sciences et de Techniques*, Paris: Economica 1991.
–, *The Use of Scientific Advice in Policy Making*, Department of Trade and Industry, März 1997.
–, *The Use of Scientific Advice in Policy Making: Implementation of the Guidelines*, Juli 1998.
–, *The Use of Scientific Advice in Policy Making: Implementation of the Guidelines*, Second Annual Report by the Chief Science Adviser Sir Robert May, Department of Trade and Industry, November 1999.
Packer, K., und A. Webster, »Patenting Culture in Science: Reinventing the Scientific Wheel of Credibility«, in: *Science, Technology & Human Values* 21, 4 (1996), S. 427-453.
Pajaro Dunes Conference, Draft statement, 25.-27. März 1982, Ms.
Parsons, T., »Professions«, in: *International Encyclopedia of the Social Sciences* 12 (1968), S. 536- 547.
Pavitt, K., »What makes basic research economically useful?«, in: *Research Policy* 20 (1991 a), S. 109-119.
–, »What Do We Know about the Usefulness of Science? The Case for Diversity«, in: D. Hague (Hg.) *The Management of Science*, Houndmills and London: MacMillan 1991 b, S. 21-46.
Pearce, F., »Greenhouse Wars«, in: *New Scientist*, 19. Juli 1997, S. 38-43.
Peters, B., »›Öffentlichkeitselite‹. Bedingungen und Bedeutungen von Prominenz«, in: F. Neidhardt (Hg.), *Öffentlichkeit, öffentliche Meinung, soziale Bewegung*. Sonderheft 34 der *Kölner Zeitschrift für Soziologie und Sozialpsychologie* 1994, S. 191-213.
–, *Prominenz. Eine soziologische Analyse ihrer Entstehung und Wirkung*, Opladen: Westdeutscher Verlag 1996.
Peters, B. G., und A. Barker, »Governments, Information, Advice and

Policy-making«, in: B. G. Peters und A. Barker (Hg.), *Advising West European Governments*, Edinburgh: Edinburgh University Press 1993 a, S. 1-19.

– und A. Barker (Hg.), *Advising West European Governments*, Edinburgh: Edinburgh University Press 1993 b.

Peters, D. P., und S. J. Ceci,»Peer-review practices of psychological journals: The fate of published articles, submitted again«, in: *The Behavioral and Brain Sciences* 5 (1982), S. 187-195.

Peters, H. P.,»Wissenschaftliche Experten in der öffentlichen Kommunikation über Technik, Umwelt und Risiken«, in: F. Neidhardt (Hg.), *Öffentlichkeit, öffentliche Meinung, soziale Bewegung*. Sonderheft 34 der *Kölner Zeitschrift für Soziologie und Sozialpsychologie* 1994, S. 162-190.

Peters, L. S.,»Pharmaceuticals«, in: H. I. Fusfeld und C. S. Haklisch (Hg.), *University-Industry Research Interactions*, New York et al.: Pergamon Press 1984, S. 35-40.

Pfarrer Weingart,»Erziehungswissenschaft«, in: *Allgemeiner Anzeiger und Nationalzeitung der Deutschen*, Nr. 221, Gotha: Verlag der Bekkerschen Buchhandlung 1839, S. 2830-2831.

Phillips, D. P., E. J. Kanter, B. Bednarczyk und P. L. Tastad,»Importance of the Lay Press in the Transmission of Medical Knowledge to the Scientific Community«, in: *The New England Journal of Medicine* 325, 16 (1991).

Plowden, W. (Hg.), *Advising the Rulers*, Oxford: Basil Blackwell 1987.

Porter, T. M.,»Quantification and the Accounting Ideal in Science«, in: *Social Studies of Science* 22 (1992), S. 633-652.

Press, E., und J. Washburn,»The Kept University«, in: *The Atlantic Monthly*, März 2000, S. 39-54.

Prewitt, K.,»The Public and Science Policy«, in: *Science, Technology & Human Values* 7 (1982), S. 5-14.

Price, D. K., *The Scientific Estate*, Cambridge: The Belknap Press of Harvard University Press 1967.

Price, de Solla, D. J., *Little Science, Big Science*, New York/London: Columbia University Press 1963; Taschenbuchausgabe 1971; deutsch unter demselben Titel: Frankfurt am Main: Suhrkamp 1974.

–, *Science since Babylon*, New Haven, Conn.: Yale University Press 1975.

–,»Towards a Model for Science Indicators«, in: Y. Elkana, J. Lederberg, R. K. Merton, A. Thackray und H. Zuckerman (Hg.), *Towards a Metric of Science*, New York: J. Wiley 1978, S. 69-95.

Radkau, J., *Technik in Deutschland. Vom 18. Jahrhundert bis zur Gegenwart*, Frankfurt am Main: Suhrkamp 1989.

Raichvarg, D. J. J., *Savants et Ignorants. Une histoire de la vulgarisation de science*, Paris: Seuil, 1991.

Randow, T. von,»Albert Einsteins Vision blieb unerfüllt. Was haben wir nur falsch gemacht? Selbstkritische Einführung in eine vielschichtige Thematik«, in: R. Gerwin (Hg.), *Die Medien zwischen Wissenschaft und Öffentlichkeit*, Stuttgart: Wissenschaftliche Verlagsgesellschaft 1992, S. 9-13.

Reich, L. S., *The Making of Industrial Research. Science and Business at GE and Bell, 1876-1926*, Cambridge et al.: Cambridge University Press 1985.

Reinhard, M., und H. Schmalholz, *Technologietransfer in Deutschland: Stand und Reformbedarf*, Berlin: Duncker & Humblot 1996.

Remington, J. A., »Beyond big science in America: The binding of inquiry«, in: *Social Studies of Science* 18, 1 (1988), S. 45-72.

Renn, O., »Styles of using scientific expertise: a comparative framework«, in: *Science and Public Policy* 22, 3 (1995), S. 147-156.

Rescher, N., *Wissenschaftlicher Fortschritt. Eine Studie über die Ökonomie der Forschung*, Berlin, New York: de Gruyter 1982.

Richta, R., und Kollektiv, *Ziviliation am Scheideweg (Richta Report)*, Freiburg: Verlag an der Basis, o. J. [1968].

Rigauer, K., »Betrug in der Wissenschaft. Eine soziologische Untersuchung zur massenmedialen Kommunikation wissenschaftlichen Fehlverhaltens in Deutschland«, Diplomarbeit, Fakultät für Soziologie, Universität Bielefeld 1999.

Ringer, F., *Die Gelehrten. Niedergang der deutschen Mandarine 1890-1933*, Stuttgart: Klett-Cotta 1983.

Rip, A., »Legitimations of Science in a Changing World«, in: T. Bungarten (Hg.), *Wissenschaftssprache und Gesellschaft*, Hamburg: Edition Akademion 1986, S. 134-148.

Robert Bosch Stiftung GmbH, *Bericht 1978-79*, Stuttgart: Robert Bosch Stiftung 1979.

Rogosch, J., »Der gordische Knoten bleibt zu«, in: *Die Zeit* vom 13.7.2000, S. 35.

Roqueplo, P., »Scientific Expertise among Political Powers, Administrations and Public Opinion«, in: *Science and Public Policy* 22, 3 (1995), S. 175-187.

Rosenberg, N., »Why do firms do basic research (with their own money)?«, in: *Research Policy* 19 (1990), S. 165-174.

–, und R. R. Nelson, »American universities and technical advance in industry«, in: *Research Policy* 23 (1994), S. 323-348.

Rosenstone, R., *Visions of the Past. The Challenge of Film to Our Idea of History*, Cambridge: Harvard University Press 1995.

Roy, R., »Funding Science: The *Real* Defects of Peer Review and An Alternative To It«, in: *Science, Technology & Human Values* 10, 3 (1985), S. 73-81.

Rubner, J., »Zuviel Respekt vor dem Gedruckten«, in: *Süddeutsche Zeitung* vom 27.6.1997.

–, »Wissenschaft ohne Kontrolle«, in: *Süddeutsche Zeitung* vom 7. 8. 1997.
Saad, K. N., P. A. Roussel und C. Tiby, *Management der F&E-Strategie*, Wiesbaden: Gabler 1991.
Salomon, J. J., »Science as a Commodity: Policy Changes, Issues and Threats«, in: M. Gibbons und B. Wittrock (Hg.) *Science as a Commodity. Threats to the Open community of Scholars*, Harlow: Longman 1985, S. 78-98.
Schelling, F. W. J. von, »Vorlesungen über die Methode des akademischen Studiums (gehalten 1802)«, in: F. W. J. von Schelling, *Die Idee der deutschen Universität: Die fünf Grundschriften aus der Zeit ihrer Neugründung durch klassischen Idealismus und romantischen Realismus*, Darmstadt: Wissenschaftliche Buchgesellschaft 1956, S. 1-124.
Schelsky, H., »Der Mensch in der wissenschaftlichen Zivilisation«, in: H. Schelsky (Hg.), *Auf der Suche nach Wirklichkeit,* Düsseldorf: Bertelsmann Universitätsverlag 1965, S. 439-480.
–, »Der Mensch in der wissenschaftlichen Zivilisation«, in: H. Schelsky, *Auf der Suche nach Wirklichkeit. Gesammelte Aufsätze*, München: Goldmann 1979, S. 449-499 (zuerst: Düsseldorf: Diederichs 1965).
Scheuch, E. K., und U. Scheuch, »An den Krippen der Macht«, in: *Frankfurter Allgemeine Zeitung*, 24. 12. 1999, S. III.
Schmitz, E., und P. Weingart, *Knowledge, Qualifications and Credentials: Changing Patterns of Occupations. An Analysis of Six Cases of Crendentialling in Germany*, Report Science Studies 5, Bielefeld: Forschungsschwerpunkt Wissenschaftsforschung 1975.
Schnabel, U., »Ohne Moral kein Geld«, in: *Die Zeit*, 19. 12. 1997.
Schummer, J., »Scientometric Studies on Chemistry I: The exponential Growth of Chemical Substances, 1800-1995«, in: *Scientometrics* 39, 1 (1997), S. 107-123.
Schweizerischer Wissenschaftsrat (Hg.), *Beitrag zu einem Indikatorensystem für die Wissenschafts- und Technologiepolitik. Fakten und Bewertungen für die Ziele der schweizerischen Forschungspolitik 2000-2003*, Bern: F&B 1, 1998.
Seglen, P. O., »Why the impact factor of journals should not be used for evaluating research«, in: *British Medical Journal* 314 (1997), S. 498-502.
Sentker, A., »Betrug im Labor«, in: *Die Zeit* vom 10. 6. 1998.
Shapin, S., »Understanding the Merton Thesis«, in: *Isis* 79 (1988), S. 594-605.
–, *A Social History of Truth. Civility and Science in Seventeenth-Century England*, Chicago: The University of Chicago Press 1994.
–, und S. Schaffer, *Leviathan and the Air-Pump. Hobbes, Boyle and the Experimental Life*, Princeton: Princeton University Press 1985.
Shattuck, J., »Harvard University Basic Science, Secrecy and National

Security. Federal Restrictions of the Free Flow of Academic Information and Ideas«, in: *Minerva* 22 (1984), S. 424-436.
Shils, E., »Science and Scientists in the Public Arena«, in: *The American Scholar* 56 (1987), S. 185-202.
Shinn, T., »The impact of research and education on industry«, in: *Industry & Higher Education*, Oktober 1998, S. 270-289.
–, und R. Whitley (Hg.) *Expository Science: Forms and Functions of Popularization.* Yearbook Sociology of the Sciences IX, Dordrecht: Reidel 1985.
Singer, B. D., »The Criterial Crisis of the Academic World«, in: *Sociological Inquiry* 59, 2 (1989), S. 127-143.
Slaughter, S., »Beyond Basic Science: Research University Presidents' Narratives of Science Policy«, in: *Science, Technology & Human Values* 18, 3 (1993), S. 278-302.
Smilor, R. W., G. B. Dietrich und D. V. Gibson, »The entrepreneurial university: The role of higher education in the United States in technology commercialization and economic development«, in: *International Social Science Journal* 135 (1993), S. 3-11.
Snow, C. P., *Science and Government*, Cambridge, Mass.: Harvard University Press 1961.
Spinner, H. F., *Die Wissensordnung. Ein Leitkonzept für die dritte Grundordnung des Informationszeitalters*, Opladen: Leske 1994.
Sprat, T., *History of the Royal Society*, St. Louis: Washington University Press/London: Routledge & Kegan Paul 1959 (Faksimile-Ausgabe von 1667).
Staab, J. F., *Nachrichtenwert-Theorie. Formale Struktur und empirischer Gehalt*, München: Alber 1990.
Stegemann-Boehl, S., *Fehlverhalten von Forschern. Eine Untersuchung am Beispiel der biomedizinischen Forschung im Rechtsvergleich USA–Deutschland*, Stuttgart: Enke 1994.
–, »Wer wacht über die wissenschaftliche Lauterkeit«, in: *Frankfurter Allgemeine Zeitung* vom 9. 7. 1997.
Stehr, N., *Arbeit, Eigentum und Wissen. Zur Theorie von Wissensgesellschaften*, Frankfurt am Main: Suhrkamp 1994.
Stern, »Welche Hochschule paßt zu mir?«, Heft 25, 17. 6. 1999, S. 70-84.
Stichweh, R., *Zur Entstehung des modernen Systems wissenschaftlicher Disziplinen. Physik in Deutschland 1740-1890*, Frankfurt am Main: Suhrkamp 1984.
–, *Der frühmoderne Staat und die europäische Universität*, Frankfurt am Main Suhrkamp 1991.
Stix, G., »Publizieren mit Lichtgeschwindigkeit«, in: *Spektrum der Wissenschaft*, März 1995, S. 34-39.
Stokes, D. E., *Pasteur's Quadrant. Basic Science and Technological Innovation*, Washington, D.C.: Brookings Institution Press 1997.

Subcommittee on Science, Research, and Technology, *National Science Foundation Peer Review* 1. A Report of the Subcommittee on Science, Research, and Technology of the Committee on Science and Technology, U.S. House of Representatives, 94th Congress, Second Session, Washington, D.C.: Government Printing Office Januar 1976.

Sutton, J. R., »Organizational Autonomy and Professional Norms in Science: A Case Study of the Lawrence Livermore Laboratory«, in: *Social Studies of Science* 14 (1984), S. 197-224.

Task Force of Presidential Advisory Group on Anticipated Advances in Science and Technology, »The Science Court Experiment«, in: *Science* 193 (1976), S. 653-656.

Taubes, G., »The Game of the Name is Fame. But is it Science?«, in: *Discover*, Dezember 1986, S. 28-52.

–, »Measure for measure in science«, in: *Science* 260 (1993 a), S. 884-886.

–, »Publication by Electronic Mail Takes Physics by Storm«, in: *Science* 259, 26. 2. 1993 b, S. 1246-1248.

–, »Peer Review in Cyberspace«, in: *Science* 266, 11. 11. 1994, S. 967.

The New York Times, »Editorial. A Scientific Watergate?«, 26. 3. 1991.

Thurau, M., »Die hektische Suche nach den Lücken im System«, in: *Süddeutsche Zeitung* vom 7. 4. 1998, S. 9.

Tocqueville, A. de, *Über die Demokratie in Amerika*, München: Deutscher Taschenbuch Verlag 1976.

Toulmin, S., *Kosmopolis. Die unerkannten Aufgaben der Moderne*, Frankfurt am Main: Suhrkamp 1991.

Turpin, T., und S. Garrett-Jones, »Mapping the new cultures and organization of research in Australia«, in: P. Weingart und N. Stehr (Hg.), *Practising Interdisciplinarity*, Toronto: Toronto University Press 2000, S. 79-109.

Umschau, »Gefährdet der Kommerz die Grundlagenforschung? Interview mit R. Lüst«, 83 (1983), S. 23-25.

United States General Accounting Office (USGAO), *Peer Review. Reforms Needed to Ensure Fairness in Federal Agency Grant Selection*, Washington, D.C.: USGAO 1994.

Vogel, D., *National Styles of Regulation. Environmental Policy in Great Britain and the United States*, Ithaca: Cornell University Press 1986.

Wagner, S., »Die Entwicklung der exakten Naturwissenschaften von der Antike bis zur Gegenwart. Eine Quantifizierung ihrer Geschichte«, in: *Science Studies Report* 27, Bielefeld: Kleine Verlag 1985, Bd. II.

Waller, D., »Onward Cyber Soldiers«, in: *Time* vom 21. 8. 1995, S. 38-44.

Wang, J., »Merton's shadow: Perspectives on science and democracy since 1940«, in: *Historical Studies in the Physical and Biological Sciences* 30 (1999), S. 279-306.

Watson, J. D., *The double helix: a personal account of the discovery of the structure of DNA*, London: Weidenfeld & Nicolson 1968.

Weaver, D., M. Reis, C. Albanese, F. Constantini, D. Baltimore und T. Imanishi-Kari, »Altered Repertoire of Endogenous Immunoglobulin Gene Expression in Transgenic Mice Containing a Rearranged Mu Heavy Chain Gene«, in: *Cell* 45, 25. 4. 1986, S. 247-259.

Weber, M., »Wissenschaft als Beruf«, in: M. Weber, *Gesammelte Aufsätze zur Wissenschaftslehre*, Tübingen: J. C. B. Mohr 1922 a, S. 524-555.

–, »Die Objektivität sozialwissenschaftlicher und sozialpolitischer Erkenntnis«, in: M. Weber, *Gesammelte Aufsätze zur Wissenschaftslehre*, Tübingen: J. C. B. Mohr 1922 b, S. 146-214.

Webster, A., und K. Packer, »When Worlds Collide: Patents in Public-Sector Research«, in: H. E. Etzkowitz und L. Leydesdorff (Hg.), *Universities and the Global Knowledge Economy. A Triple Helix of University-Industry-Government Relations*, London & Washington: Pinter 1997, S. 47-59.

Weingart, P., *Die amerikanische Wissenschaftslobby*, Düsseldorf: Bertelsmann Universitätsverlag, 1970.

– (Hg.), *Wissenschaftssoziologie 1. Wissenschaftliche Entwicklung als sozialer Prozeß*, Frankfurt am Main: Athenäum Fischer 1972.

– (Hg.), *Wissenschaftssoziologie 2. Determinanten wissenschaftlicher Entwicklung*, Frankfurt am Main: Athenäum 1974.

–, *Wissensproduktion und soziale Struktur*, Frankfurt am Main: Suhrkamp 1976.

–, »Das ›Harrisburg-Syndrom‹ oder die De-Professionalisierung der Experten«, in: H. Nowotny, *Kernenergie: Gefahr oder Notwendigkeit*, Frankfurt am Main: Suhrkamp 1979, S. 9-17.

–, »The Scientific Power Elite: A Chimera. The De-Institutionalization and Politicization of Science«, in: N. Elias, H. Martins und R. Whitley (Hg.), *Scientific Establishments and Hierarchies. Sociology of the Sciences Yearbook* VI, Dordrecht: Reidel 1982, S. 71-87.

–, »Verwissenschaftlichung der Gesellschaft – Politisierung der Wissenschaft«, in: *Zeitschrift für Soziologie* 12, 3 (1983), S. 225-241.

–, »Close encounters of the third kind: Science and the context of relevance«, in: *Poetics Today* 9, 1 (1988), S. 43-60.

–, »Large Technical Systems, Real-Life Experiments, and the Legitimation Trap of Technology Assessment: The Contribution of Science and Technology to Constituting Risk Perception«, in: T. R. LaPorte (Hg.), *Social Responses to Large Technical Systems, Control or Anticipation*, Dordrecht: Kluwer 1991, S. 5-17.

–, »Welche Forschung ist gut?«, in: *Bild der Wissenschaft* 5/1993.

–, »Interdisziplinarität – der paradoxe Diskurs«, in: *Ethik und Sozialwissenschaften* 8, 4 (1997 a), S. 521-529.

–, »Interdisziplinarität im Kreuzfeuer: Aus dem Paradox in die Konfusion und zurück«, in: *Ethik und Sozialwissenschaften* 8, 4 (1997 b), S. 589-597.

–, »From ›Finalization‹ to ›Mode 2‹: Old Wine in New Bottles?«, in: *Social Science Information* 36, 4 (1997 c), S. 591-614.
–, und M. Winterhager, *Die Vermessung der Forschung*, Frankfurt am Main: Campus 1982.
–, und M. Winterhager, *Die Vermessung der Forschung. Theorie und Praxis der Wissenschaftsindikatoren*, Frankfurt am Main: Campus 1984.
– und S. Maasen, »Chaos – The Career of a Metaphor«, in: *Configurations* 5, 3 (1997), S. 463-520.
–, und P. Pansegrau, »Reputation in der Wissenschaft und Prominenz in den Medien. Die Goldhagendebatte«, in: *Rundfunk und Fernsehen. Zeitschrift für Medien- und Kommunikationswissenschaft* 46, 2-3 (1998), S. 193-208.
–, und P. Pansegrau, »Reputation in science and prominence in the media: the Goldhagen debate«, in: *Public Understanding of Science* 8 (1999), S. 1-16.
–, J. Kroll, und K. Bayertz, *Geschichte der Eugenik und Rassenhygiene in Deutschland*, Frankfurt am Main: Suhrkamp 1988.
–, A. Engels und P. Pansegrau, »Kommunikation über Klimawandel zwischen Wissenschaft, Politik und Massenmedien. Zwischenbericht«, *IWT Paper* 13, Bielefeld 1996.
–, A. Engels und P. Pansegrau, »Risks of communication: discourses on climate change in science, politics, and the mass media«, in: *Public Understandig of Science* 9 (2000), S. 1-23.
–, W. Prinz, M. Kastner, S. Maasen und W. Walter, *Die sogenannten Geisteswissenschaften: Außenansichten*, Frankfurt am Main: Suhrkamp 1991.
Weßler, H., »Die journalistische Verwendung sozialwissenschaftlichen Wissens und ihre Bedeutung für gesellschaftliche Diskurse«, in: *Publizistik* 40, 1 (1995), S. 20-38.
»White House Press Release, April 20, 1951«, in: J. L. Penick (Hg.), *The Politics of American Science, 1939 to the Present*, Chicago: Rand McNally 1965, S. 182.
Whitley, R. (Hg.), *Social Processes of Scientific Development*, London: Routledge & Kegan Paul 1974.
–, *The Intellectual and Social Organization of the Sciences*, Oxford: Clarendon 1984.
–, »Knowledge Producers and Knowledge Aquirers: Popularisation as a Relation Between Scientific Fields and their Publics«, in: T. Shinn und R. Whitley (Hg.), *Expository Science: Forms and Functions of Popularization. Yearbook Sociology of the Sciences* IX, Dordrecht: Reidel 1985, S. 3-28.
Wiedemann, P. M., »Tabu, Sünde, Risiko: Veränderungen der gesellschaftlichen Wahrnehmung von Gefährdungen«, in: Bayerische Rück

(Hg.), *Risiko ist ein Konstrukt – Wahrnehmungen zur Risikowahrnehmung*, München: Knesebeck 1993, S. 43-67.
Wilensky, H., »The Professionalization of Everyone?«, in: *American Journal of Sociology* 70 (1964), S. 137-158.
Willke, H., *Ironie des Staates. Grundlinien einer Staatstheorie polyzentrischer Gesellschaft*, Frankfurt am Main: Suhrkamp 1992.
–, »Organisierte Wissensarbeit«, in: *Zeitschrift für Soziologie* 27, 3 (1998), S. 161-177.
Winterhager, M., und P. Weingart, »Forschungsstatus Schweiz 1995. Publikationsaktivität und Rezeptionserfolg der schweizerischen Grundlagenforschung im internationalen Vergleich 1981-1995«, Bern: Schweizerischer Wissenschaftsrat. FOP 45/1997.
Wirsing, B., »Fortentwicklung der Presse- und Öffentlichkeitsarbeit in der Max-Planck-Gesellschaft«, Ms., München 1999.
Wissenschaftsrat, »Kennziffern zur Darstellung der Wirtschaftlichkeit des Mitteleinsatzes in der Hochschule«, 1. Entwurf, Ms., Köln 1977.
–, *Zur Förderung von Wissenschaft und Forschung durch wissenschaftliche Fachgesellschaften*, Bremen 1992.
Wittrock, B., »Postscript«, in: M. Gibbons und B. Wittrock (Hg.), *Science as a Commodity. Threats to the Open community of Scholars*, Harlow: Longman 1985, S. 156-168.
–, »The Modern University: The Three Transformations«, in: S. Rothblatt und B. Wittrock (Hg.), *The European and American University since 1800. Historical and Sociological Essays*, Cambridge: Cambridge University Press 1993, S. 303-362.
Wolpert, M., »Das innovative Netz? Wissenstransfer zwischen akademischer Wissenschaft und Wirtschaftsunternehmen«, unveröffentlichte Diplomarbeit, Bielefeld 1998.
Wood, J. B., »The Growth of Scholarship: An Online Bibliometric Comparison of Dissertations in the Sciences and Humanities«, in: *Scientometrics* 13, 1-2 (1988), S. 53-62.
Woodhouse, E. J., und D. Nieusma, »When Expert Advice Works and When it Does Not«, in: *IEEE Technology and Society Magazine* 16, 1 (1997), S. 23-29.
Wynne, B., »Sheepfarming after Chernobyl«, in: *Environment* 31 (1989), S. 10-15, 33-39.
–, »Knowledges in Context«, in: *Science, Technology & Human Values* 16, 1 (1991), S. 111-121.
Zell, R. A., »Der Autor als Phantom«, in: *Die Zeit* vom 1. 8. 1997.
Ziegler, H., »Unsicherheit und die wissenschaftliche Grundlage für Entscheidungen«, in: *IPTS-Report*, 6. 7. 2000, S. 22-25.
Ziman, J., *An Introduction to Science Studies. The Philosophical and Social Aspects of Science and Technology*, Cambridge: Cambridge University Press 1984.

–, »Public Understanding of Science«, in: *Science, Technology & Human Values* 16, 1 (1991), S. 99-105.
–, *Prometheus Bound. Science in a Dynamic Steady State,* Cambridge: Cambridge University Press 1994.
Zuckerman, H., und R. K. Merton, »Patterns of Evaluation in Science: Institutionalisation, Structure and Functions of the Referee System«, in: *Minerva* 9, 1 (1971).

Namenregister

Abbott, A. 356
Abramson, H. N. 179, 199, 210, 212-215, 356
Adam, K. 299, 356
Ahlheim, C. 367
Albanese, C. 380
Alberts, B. 171, 356
Albrecht, H. 230, 356
American Association for the Advancement of Science (AAAS) 224, 249
American Research and Development Corporation (ARD) 214
Andersen, D. 293 f., 300, 304, 356
Anderson, M. W. 362
Anrich, E. 60, 356
Arrow, K. J. 189, 356
Association of American Medical Colleges (AAMC) 304
Association of American Universities (AAU) 304
AT&T 201 f., 206
Atkinson-Grosjean, J. 246, 356
Attrup, L. 356
Axelsen, N. 356

Bacon, F. 43 f., 47 f., 137, 221
Baltimore, D. 292-294, 307, 321, 380
Barker, A. 129, 144 f., 160, 374 f.
Barnes, S. B. 71 f., 356
Barr, K. D. 101, 356
Bartholomäus, U. 298, 356
Barton, J. H. 228, 357
BASF 208
Bayer 208
Bayertz, K. 280, 381
Bechmann, G. 153-156, 357
Bednarczyk, B. 375
Beier, F. K. 224, 357
Bell Laboratories 201, 206, 217
Bell Telephone 201
Bell, D. 11, 87, 89, 136, 325, 357
Bensaude-Vincent, B. 233, 357
Bernal, J. D. 101, 322, 357
Bevins, M, G. 364
Beyerchen, A. D. 55, 357

Blair, T. 161, 171, 228, 313
Blum, A. 298, 357
Blumenthal, D. 227, 357
Boeckh, A. 119
Boehmer-Christiansen, S. 139, 143, 146, 166, 357
Böhme, G. 56, 357
Bohr, N. 120
Bok, D. 226, 357
Bok, S. 231, 358
Box, S. 218, 359
Boyle, R. 45-47
Bozeman, B. 195, 358
Breuer, H. 230, 358
British Medical Journal (BMJ) 321, 358
Broad, N. 300, 358
Broad, W. J. 102, 106, 219, 358
Brown, H. 55, 358
Browning, Ch. 271
Bucchi, M. 235, 243 f., 358
Bundesministerium für Bildung, Wissenschaft, Forschung und Technologie (BMBF) 178, 277, 325
Bush, V. 79, 96, 99, 177, 183, 358
Busquin, Ph. 161
Butler, D. 171, 358

Cairns, J. 118, 358
California Institute of Technology (CALTECH) 182
Calza, L. 314, 358
Carnap, R. 120, 373
Carnegie Mellon University 204, 212
Carpenter, M. P. 101, 358
Ceci, S. J. 288 f., 375
Celera Genomics 171
Center for Integrated Systems (Stanford University) 212
Chalk, R. 224, 231, 358
Chappell, R. 234, 236, 365
Chubin, D. 222, 287, 291, 293, 295, 307, 358
Churchill, W. 135
Cichetti, D. V. 289, 359
Clinton, W. J. 171, 228

Cloitre, M. 243, 359
Close, F. 254, 359
Cole, J. R. 288, 359
Cole, S. 284, 288, 359
Conlan, J. 284
Constantini, F. 292, 380
Cooperative Research Centers (CRCs) 213
Cornell University 182, 262
Cotgrove, S. 218, 359
Crawford, E. 55, 359
Crutzen, P. 266
Culliton, B. 227, 359
Cyert, R. M. 191, 197 f., 359

Daele, W. van den 30, 47, 55 f., 58, 131, 141, 143, 145, 150, 152-157, 359 f.
Danish Committee on Scientific Dishonesty (DCSD) 308
Danish Medical Research Council 300
Daston, L. 40, 42-44, 48, 50-53, 55, 59, 64, 71, 118-120, 360
David, E. D. 226
David, P. 172, 360
Dear, P. 40-42, 360
Der Spiegel 264, 272, 276, 296, 315, 360
Desmond, W. F. 101, 364
Deutsche Forschungsgemeinschaft (DFG) 39, 70, 254, 274, 287-289, 291, 294 f., 298, 304-306, 308, 360
Deutsche Meteorologische Gesellschaft (DMG) 166, 276, 360
Deutsche Physikalische Gesellschaft (DPG) 166, 276, 360
Deutscher Wissenschaftsrat 108, 314, 382
Dewey, J. 79, 120
Dickson, D. 196, 360
Die Zeit 165, 169 f., 249, 264 f., 267 f., 270 f., 296, 298, 357, 360, 366
Diels, H. 120
Dietrich, G. B. 378
DiFabio, U. 153, 360
DiTroccio, F. 95, 360
Dolby, R. G. A. 71 f., 356
Dominguez Lacasa, I. 365
Donovan, A. 183, 360
du Bois-Reymond, E. 118-120, 361
Dunn, W. N. 130, 361

Dunwoody, S. 235, 237 f., 262, 361
DuPont 200

Edison, T. A. 201
Ehmig, S. C. 367
Eisenhower, D. D. 134
Elias, N. 50
Ellul, J. 19, 361
Elzinga, A. 164, 361
Encarnaçao, J. 356
Engels, A. 150, 166, 252, 274, 277, 361, 381
Engineering Research Center in Data Storage Systems 212
Environmental Protection Agency (USA) 274
Etzkowitz, H. 172, 185, 193-195, 214 f., 225, 229, 361
EU-Kommission 161, 362
Europäische Kommission 164
Europäisches Patentamt 228
Exxon Research and Engineering 227
Ezrahi, Y. 65, 68, 77, 79-81, 84, 138, 362

Fagen, M. D. 201, 362
Feder, N. 292
Ferguson, J. R. 225, 362
Feyerabend, P. 71
Fichte, F. G. 60
Finkelstein, N. 271
Flämig, C. 317, 362
Fleischman, M. 254-257, 259-261, 362
Focus 264, 295, 315, 362
Forman, P. 81 f., 84, 106, 362
Foucault, M. 25, 362
Foundation Peer Review 379
Fox, R. 361
Franck, J. 147
Frankfurter Allgemeine Zeitung (FAZ) 23, 228, 264 f., 267-269, 271, 299, 362
Frankfurter Rundschau 276
Fraunhofer-Gesellschaft 204
Frederichs, G. 337, 362
Freyer, H. 19, 362
Friedrich-Nishio, M. 365
Frühwald, W. 295, 323, 363
Fuchs, P. 352, 363
Fuchs, S. 299, 301, 303, 309, 363
Fuller, S. 330, 363

NAMENREGISTER

Funtowicz, S. O. 15 f., 22, 30, 35, 342, 363
Galilei, G. 42 f.
Galison, P. L. 51 f., 123, 343, 360, 363
Garbisa, S. 314, 358
Garcia, C. 314, 363
Garfield, E. 101 f., 105, 109, 312, 363
Garrett-Jones, S. 213, 379
Gascoigne, R. M. 102, 363
Gehlen, A. 19, 363
Geisler, E. 197, 363
Gemeinsame Kommission zur Aufklärung der Vorwürfe wissenschaftlicher Fälschungen 363
General Electric 201
Gibbons, M. 15, 22, 86, 124, 187, 195, 197, 323, 334, 342, 363
Gibson, D. V. 378
Gieryn, T. F. 169, 240, 242 f., 364
Gilbert, G. N. 94, 364
Gillespie, C. C. 40, 364
Gilpin, R. 134, 364
Gloede, F. 155, 357
Gluck, M. 357
Goclenius, R. 41
Goerke, A. 365
Goldhagen, D. 267-272, 346 f., 381
Goldman, A. H. 221, 364
Goodell, R. 250 f., 262, 364
Goodman, P. S. 191, 197 f., 359
Göpfert, W. 249, 364
Gore, A. 275
Gottschalk, C. M. 101, 364
Gottschling, C. 315, 367
Graham, L. 328, 364
Gramm, G. 98, 101, 371
Green, J. 233, 249, 364
Gregory, J. 233, 247, 345, 364
Greiffenhagen, M. 47, 364
Griffith, B. C. 109, 364
Grötschel, M. 101, 110 f., 113, 364
Grundmann, R. 141, 167, 353, 365
Grupp, H., I. 199, 365
Guagnini, A. 361
Guston, D. H. 78, 125, 365

Habermas, J. 136-138, 233, 365
Hack, L. 202, 203, 205, 365
Hackett, E. 291, 292, 295, 307 f., 359
Hagelstein, P. 219

Hagenah, E. 157, 365
Hagendijk, R. 232, 365
Hahn, R. 55 f., 365
Haller, M. 239, 365
Hampel, J. 346, 365
Hansen, J. 274, 275
Harnad, S. 114, 365
Hartz, J. 234, 236, 365
Harvard Medical School 200
Harvard University 111, 200, 208, 226, 271
Hasse, R. 30, 366
Hasselmann, K. 278 f., 366
Hawkins, M. 362
Haynes, R. D. 23, 366
Heinloth, K. 275, 366
Helmholtz, H. von 119, 122, 366
Herrmann, F. 294-298, 301, 304, 321
Hilgartner, S. 233, 249, 366
Hobbes, T. 42, 44-46, 137, 366
Hobom, G. 169 f.
Hoechst 200, 208
Holden, C. 110, 112, 366
Hollinger, D. A. 75, 79, 366
Holzner, B., 130, 361
Hooke, R. 46
Hoppe, R. 139, 366
Horn, B. 370
Hornschuh, T. 332, 366
Hughes, T. P. 201, 366
Huizinga, J. 366
Humboldt, W. von 60 f., 366
Humboldt-Universität Berlin (HU) 208
Hunter, M. 55, 366
Hüttl, R. 274, 332, 367

IBM 176, 201, 204, 208, 223
Imanishi-Kari, T. 292-294, 307, 321, 380
Interdepartmental Committee on Scientific Research and Development (ICSRD) 133
Intergovernmental Panel on Climate Change (IPCC) 164, 167, 278

Jäckel, E. 271, 347, 367
Jaeckel, G. 365
Jantsch, E. 121, 349, 367
Japp, K. P. 20, 367
Jarren, O. 252, 367

NAMENREGISTER

Jasanoff, S. 138, 144, 141, 146, 150, 158, 287, 307, 359, 367
Jörissen, J. 153 f., 156, 357
Journal des Savants 56
Joy, B. 23, 367
Jurtschitsch, E. 315, 367

Kanter, E. J. 375
Kastner, M. 381
Kaufmann, F. X. 311, 367
Keck, O. 181, 367
Keniston, K. 78, 365
Kennedy, D. P. 178, 226, 357
Kepler, J. 42
Kepplinger, H. M. 237, 367
Kevles, D. J. 293, 367
Killian, James R. 134
King, M. D. 72, 367
Kitschelt, H. 143, 367
Klein, J. 121, 367
Klug, A. 171, 356
Knorr-Cetina, K. 21, 146, 367 f.
Kocka, J. 270
Kohring, M. 365
Kölner Max-Planck-Institut für Züchtungsforschung 297
König, W. 59, 180, 194, 368
Kornelius, S. 283, 368
Kostoff, R. N, 312, 368
Krohn, W. 141, 150, 329 f., 335, 360, 368, 370
Kroll, J. 280, 381
Kronick, D. A. 101, 368
Krücken, G. 30, 159, 164, 214 f., 229, 329, 365, 368
Krull, W. 289, 369
Kuhlmann, S. 369
Kuhn, T. 70 f., 82
Kuhnert, W. 198, 369
Küppers, G. 150, 369, 370
Kwa, C. 252, 369

Lakoff, S. A. 134, 369
Landström, C. 361
Lane, N. 268
Lane, R. E. 11, 136, 369
Lanier, J. 351, 369
Lapp, R. E. 134, 369
Latour, B. 22, 369
Leary, W. E. 293, 369
Lederberg, J. 112

Lee, J. 274 f., 371
Leeuw, F. L. 130, 369
Leibniz, G. W. 118 f.
Lemaine, G. 70, 369
Lepenies, W. 116, 369
Levin, L. 121, 190, 369
Lewenstein, B. J. 236, 254 f., 257, 259, 362, 369
Leydesdorff, L. 172, 185, 193 f., 361 f.
Li, L. J. 362
Limoges, C. 363
Lind, I. 121, 369
Lindemann, F. A. 135
Lippmann, W. 237, 370
Lügger, J. 101, 110– f., 113, 364
Luhmann, N. 17, 20, 24, 28, 35, 49, 121, 234, 237-239, 329, 335 f., 345, 353, 370
Lundgreen, P. 95, 97, 150, 152, 369 f.
Lüst, R. 226

Maasen, S. 82, 123, 251, 326, 352, 370, 381
MacLeod, R. 369
Maddox, J. 370
Maffulli, N. 321, 370
Magee, J. F. 198, 370
Majone, G. 367
Mansfield, E. 188 f., 193, 370
Marcinkowski, F. 238, 371
Martin, B. 313, 316 f., 371
Marx, W. 98, 101, 371
Massachusetts Institute for Technology (MIT) 182, 184, 200, 204, 214, 225, 255, 292, 306
Maxeiner, D. 278
Max-Planck-Gesellschaft (MPG) 39, 226, 248, 297, 304, 371
May, R. 161, 165, 249
Mayntz, R. 130, 157, 371
Mazur, A. 274 f., 371
McMullin, E. 221, 371
Medical Research Council (MRC) (England) 300, 308, 356
Meeus, J. 232, 365
Mendelsohn, E. 37, 62, 75, 370 f.
Merton, R. K. 35-37, 40, 49, 64, 68-76, 85, 245, 285, 301, 371 f., 377, 383
Meulen van der, B. 313, 372
Miller, S. 233, 247, 345, 364
Molina, M. J. 141, 147, 170, 372

Mommsen, H. 268, 270
Mommsen, T. 118
Morris, C. W. 373
Mulkay, M. 369
Mullins, N. C. 109, 118, 364, 372
Murswieck, A. 129, 140, 142 f., 146, 158, 372 f.

Narin, F. 101, 189, 358, 372
National Academy of Sciences (USA) 171, 274
National Cold Fusion Institute (Utah) 261
National Endowment for the Humanities (NEH) 289
National Institutes of Health (NIH) (USA) 288, 289, 304, 309
National Science Board (NSB) (USA) 197, 313, 372
National Science Foundation (NSF) (USA) 95, 173, 177, 213, 248, 284, 288, 304, 313
Nationaler Technologierat 163
Neidhardt, F. 286, 288 f., 318, 346, 373
Nelkin, D. 143, 227, 251, 373
Nelsen, L. 214 f., 373
Nelson, R. R. 172, 182, 185, 190, 193, 213 f., 222, 224, 373, 376
Neurath, O. 120 f., 373
Newsweek 127, 254 f., 259
Nieusma, D. 139, 382
Nowotny, H. 30, 143, 342, 363, 373
Nye, M. J. 59, 373

Observatoire des Sciences et des Techniques (OST) (Frankreich) 129, 160-162, 165, 314, 374
Odlyzko, A. M. 92, 103, 110, 112 f., 373
OECD 95, 114 f., 200, 339, 373 f.
Office for Research Integrity (ORI) (USA) 293, 307
Office of Defense Mobilization (ODM) (USA) 134
Oldenburg, H. 57
Olesko, K. M. 50, 374
Olivastro, D. 189, 372
Opthof, T. 321, 374
Ornstein, M. 46, 374
Ostrom, V. 367

Packer, K. 223-225, 374, 380
Pajaro Dunnes Conference 226, 374
Pankoke, E. 352, 363
Pansegrau, P. 19, 150, 252, 262, 267, 274, 346 f., 381
Parsons, T. 339, 374
Paslack, R. 370
Patent and Trademark Office (PTO) (USA) 228
Pavitt, K. 188-190, 374
Pearce, F. 278, 374
Peters, B. 239, 263 f., 374
Peters, B. G. 129, 144 f., 160, 374 f.
Peters, D. P. 288 f., 375
Peters, H. P. 238 f., 263, 361, 375
Peters, L. S. 208, 375
Pfarrer Weingart 90, 375
Phillips, D. P. 245, 375
Philosophical Transactions 56 f., 285
Plowden, W. 129, 375
Polanyi, M. 322
Pons, S. 254-257, 259-261, 362
Popper, K. 71
Porter, T. M. 40, 50 f., 64 f., 375
Potsdam-Institut für Klimafolgenforschung (PIK) 277
Press, E. 230, 375
Prewitt, K. 287, 375
Price, D. K. 101, 134-136, 138 f., 375
Price, de Solla, D. J. 87 f., 90-93, 101 f., 110, 116, 125, 311-313, 375
Prinz, W. 381
Proctor, R. P. 356

Radkau, J. 181, 375
Raichvarg, D. J. J. 241, 375
Randow von, T. 346, 375
Ravetz, J. R. 15 f., 22, 30, 35, 342, 363
Reagan, R. W. 177
Reich, L. S. 201, 376
Reinhard, M. 215, 376
Reis, M. 292, 380
Remington, J. A. 199, 376
Renn, O. 142 f., 346, 365, 376
Rescher, N. 94, 376
Richta, R. 11, 124, 185, 376
Rigauer, K. 296 f., 306, 376
Riis, P. 356
Ringer, F. 62 f. 376
Rip, A. 22, 376

NAMENREGISTER

Robert-Bosch-Stiftung 236 f., 376
Rogosch, J. 336, 376
Roqueplo, P. 132, 138, 148, 376
Rosenberg, N. 172, 182, 185, 188, 190, 193, 211, 213-4, 373, 376
Rosenstone, R. 346, 376
Roussel, P. A. 218, 377
Rowland, F. S. 141, 147, 170, 372
Roy, R. 290, 376
Rubinstein, H. 197, 363
Rubner, J. 299, 376, 377
Ruhrmann, G. 365
Russell, B. 120
Ryan, M. 235, 262, 361

Saad, K. N. 218, 377
Salomon, J. J. 172, 377
Schaffer, S. 42, 45 f., 377
Schanne, M. 249, 364
Schelling, F. W. J. von 60, 377
Schelsky, H. 19 f. 136, 377
Schering 176, 201, 208 f.
Scheuch, E. K. 296, 377
Scheuch, U. 296, 377
Schleiermacher, F. D. E. 60
Schmalholz, H. 215, 376
Schmitt, C. 137
Schmitz, E. 339, 377
Schmoch, U. 356, 365
Schnabel, U. 298, 356, 377
Schummer, J. 97 f., 377
Schwartzman, S. 363
Schweizerischer Wissenschaftsrat 313 f., 377
Science Citation Index (SCI) 105 f., 265, 311 f.
Scott, P. 363
Seashore, L. K. 357
Seglen, P. O. 314, 321, 377
Sentker, A. 297, 377
Shapin, S. 37, 40, 42, 45 f., 48 f., 73, 377
Shattuck, J. 225, 377
Shils, E. 147-149, 378
Shinn, T. 55, 179, 182, 184, 241, 243, 249, 359, 378
Siemens 176, 198, 201-206, 208, 223
Siemens Corporate Research Inc. 204
Siemens, W. 201
Silicon Valley 202, 214
Simon, G. A. 288, 359

Singer, B. D. 290, 378
Slaughter, S. 177, 178, 378
Smilor, R. W. 212, 216, 378
Snow, C. P. 135, 378
Social Science Citation Index (SSCI) 106
Social Science Research Council (SSRC) (England) 316
Sörlin, S. 55, 359
Special Assistant for Science and Technology (USA) 134
Sperry, E. 201
Spinner, H. F. 16, 378
Sprat, T. 47, 55 f., 68, 378
Staab, J. F. 237, 378
Stanford University 111, 178, 182, 212
Stegemann-Boehl, S. 297, 300, 378
Stehr, N. 11-14, 17, 20 f., 124, 326, 353, 365, 378
Stent, G. S. 358
Stewart, W. 292
Stichweh, R. 55, 116, 120, 378
Stix, G. 110, 112, 378
Stock, G. 190, 208
Stokes, D. E. 174, 189, 194, 323, 341, 378
Stoto, M. A. 357
Stump, D. J. 123, 343, 363
Subcommittee on Science, Research, and Technology (USA) 284, 379
Süddeutsche Zeitung (SZ) 265, 268 f., 296, 299
Sutton, J. R. 220, 379
Szilard, L. 147

Task Force of Presidential Advisory Group on Anticipated Advances in Science and Technology (USA) 163, 379
Tastad, P. L. 375
Taubes, G. 113 f., 314, 379
Technische Universität Berlin (TU) 208
Thatcher, M. 313
The New York Times 134, 144, 231, 274 f., 293
The Royal Society of London 46 f., 54 f. 57-59, 68, 171, 285
Thurau, M. 297, 299, 379
Tiby, C. 218, 377

Tizard, H. 135
Tocqueville de, A. 36, 379
Toulmin, S. 22, 349, 379
Trow, M. 363
Truman, H. S. 133
Turpin, T. 213, 379

Ullrich, H. 224, 270, 357
Umschau 227, 379
Universität Freiburg 208
Universität Heidelberg 208
Universität Leipzig 208
University of Manchester 316
University of San Francisco 208
University of Shanghai 208
University of Southampton 254
University of Utah 254
University-Industry Research Centers (UIRC) (USA) 212
Urey, H. 147
United States General Accounting Office (USGAO) 288, 379

Venter, C. 227
Vogel, D. 307, 379

Waddington, C. H. 79
Wade, W. 300, 358
Wagner, S. 96, 379
Waller, D. 353, 379
Walter, W. 127, 292, 381
Wang, J. 37, 354, 379
Washburn, J. 230, 375
Watson, J. D. 74, 358, 379
Weaver, D. 292, 380
Weber, M. 16 f., 35, 137, 380
Webster, A. 185, 193-195, 214, 223-225, 229, 361, 362, 374, 380
Weinberg, A. 125
Weingart, P. 15, 17, 19, 30, 36, 70, 82, 92, 94, 100, 107, 121, 123 f., 128, 136,
139-141, 150, 152, 160, 166, 220, 247, 251, 265, 267, 274, 277, 280, 312, 314, 316, 328, 339, 346-348, 360 f., 365, 368-370, 377, 380-382
Weßler, H. 265, 381
Westervelt, S. D. 299, 301, 303, 309, 363
Weyer, J. 335, 368
Whitehead Institute of Biomedical Research 200, 292
White House Press Release 381
Whitley, R. 70, 107, 122, 234 f., 237, 241, 249, 340, 378, 381
Wiedemann, P. M. 141, 381
Wilensky, H. 339, 382
Willke, H. 12 f., 159, 326, 333, 335, 338 f., 382
Winterhager, M. 87, 94, 262, 265, 312, 314, 316, 381, 382
Wirsing, B. 248, 382
Wise, D. 357
Wissenschaftsgericht (*Science Court*) 163
Wittrock, B. 60, 63, 122, 124, 172, 363, 382
Wolff, C. 116
Wolpert, M. 215, 382
Wood, J. B. 94, 382
Woodhouse, E. J. 131, 139, 382
Wright, R. 134, 364
Wuppertal-Institut für Klima, Umwelt, Energie 277
Wynne, B. 22, 342, 348, 382

Zehr, S. C. 364
Zell, R. A. 298, 382
Zentrale Kommission für die Biologische Sicherheit (ZKBS) 169
Ziegler, H. 164, 382
Ziman, J. 115, 126, 229, 346, 382 f.
Zuckerman, H. 285, 383

Sachregister

Abhängigkeit von Institutionen 82
Abstract Journals 102
Akademische
– Freiheit 63
– Selbstverwaltung 319
Akademischer Arbeitsmarkt 218
Akademisierung 123, 180, 198, 210, 329, 339
– der Industrie 198, 329
Ambivalenz bei Wissenschaftlern 73
Amplifikation 255
Anglistik 107
Anthropomorphismus 52
Anwendungskontext 15, 18, 69, 217, 350
Ästhetik 269
Astronomie 50, 92
Aufklärung der Öffentlichkeit 243, 296
Aufklärungsmodell 233, 241
Aufmerksamkeit, selektive 104
Ausgründung 182, 214

Baltimore/Imanishi-Kari-Affäre 292
Bayh-Dole-Act 215
Bescheidenheit 45, 47, 80, 336
Betrug 32, 69, 102, 284, 291, 296, 302, 309, 358
Bevölkerungswachstum 87
Bildungsmarkt 246
Biochemie 107, 330, 352
Biologie 93, 351
Blaue Liste Institute 314
Boundary work 141, 169, 242

Chemical engineering 182
Chemie 25, 93, 97, 181, 189, 208, 211, 227, 357
Computer science 182, 190
Cyber war 353

Demokratisierung 23, 30, 35, 68, 86, 120, 329, 344, 354
– der Gesellschaft 30, 38, 80, 83, 86, 96, 132, 187, 327, 329, 354
– des Expertenwissens 131

– der Kommunikation 115
Demokratisierungsprozeß 29
Deregulierung 177, 202
Desinteresse (Desinteressiertheit) 42, 45, 57, 66, 236
Dissertationen 93
Disziplin(en) 15, 18, 25, 70, 89, 91, 97, 107 f., 114, 117, 122, 131, 154, 175, 178, 187, 207, 238, 242 f., 279, 287 f., 296, 305, 313, 334, 338, 344, 347 f., 350, 360
–, angewandte 181
– Ausdifferenzierung der ~ 123
– Differenzierung der Wissenschaft in ~ 117
– Grenzen der ~ 244
–, technische 181
– Verschiedenheit der ~ 125
– Wiedervereinigung der ~ 121
–, wissenschaftsbasierte ~ 182

Écoles des Arts et Métiers 183
Ehrenkodex 39, 78, 298
Eigentumsrechte
–, intellektuelle 176, 329
Einheit der Wissenschaft 111, 118, 125
Electronic publishing 114
Elektronische Zeitschrift 113
Elektrotechnik 25, 181, 201, 368
Emotionalität 269, 346
Entrepreneurial university 215, 378
Environmental impact assessment 153
Epidemiologie 123
Epistemologie 22, 27, 30, 71, 342, 350, 352
Ernährungswissenschaften 123
Ethos
– der Exaktheit 50
– der Wissenschaft 36 f., 40, 53, 67, 74, 80 f., 84, 229, 245, 294, 324, 354
– des Instrumentalismus 82
Evaluation
– Doppelfunktion der ~ 314
– instrumentelle Funktion der ~ 314
– legitimatorische Funktion ~ 315

SACHREGISTER

Experimentalphysik 50, 117
Experten 13, 22, 28, 30 f., 67, 82 f., 90, 127, 137 f., 157, 161, 165, 170, 231, 266, 280, 318, 327, 329, 339, 359
– Abhängigkeit von ~ 82
– Autorität der ~ 151
– Autoritätsverfall der wissenschaftlichen ~ 132
– Demokratisierung des ~wissens 131
– -hybris 27
– -kommissionen 158
– Legitimität der ~ 139
– Nichtwissen der ~ 13, 20 f., 26, 335, 352
– Risiko der ~ 13, 26, 33, 82, 159, 259, 281, 303, 327, 333, 335, 361
– Unsicherheit der ~ 13, 26, 27, 145, 159, 165, 191, 255, 300, 335, 352
Expertise 59, 67, 127, 139, 148, 166, 289, 334 f., 340, 370
–, instrumentelle Funktion der ~ 143
–, legitimatorische Funktion der ~ 143
– Funktionen wissenschaftlicher ~ 142
– Hierarchisierung wissenschaftlicher ~ 132, 163
– Inflationierung wissenschaftlicher ~ 163, 168
–, institutionelle 49
–, kontextspezifische 13, 333
– Konkurrenz um ~ 132
–, lokale 347
– Verknappung wissenschaftlicher ~ 163, 168
–, wissenschaftliche 31, 128, 131, 133 f., 139, 142, 151, 157, 159 f., 162-169, 279, 289, 327, 336, 338
Externalisierung
– der Kontrolle 292
– der Leistungsbewertung 32, 292, 310

Facultés des Sciences 183
Faschismus 79
Fehlverhalten 295, 297, 302, 309 f., 371
F&E-Management 197, 218
Finalisierungsdebatte 322
Fluorkohlenwasserstoffe (FCKWs) 147
Forschung
– akademische 171 f., 198, 209

– als generalisierter Handlungsmodus 335
–, angewandte 58, 125, 179, 181, 189, 203, 210, 220, 227
–, industrielle 172, 190, 209
– Öffentlichkeit der ~ 56
– Organisation der ~ 213, 218
–, reine 58, 125
– Stand der ~ 156, 327
–, zweckfreie 62
Forschungsuniversität 57, 63 f., 212
Freilandversuche 346
Fusion, kalte 245, 253, 272

Gefahrenabwehr zur Gefahrenvorsorge 151
Gegenexpertise 131, 145, 248
Geheimhaltung
– und Offenheit 231
– von Wissen 56, 165
Gelehrtenrepublik 55
Genomforschung 103, 208, 228
Geodäsie 50
Geologie 93
Geowissenschaften 92
Germanistik 93
Geschichte (als Disziplin) 93
– der Objektivität 37, 40, 53 f., 64
Gesellschaft
– als Labor 335, 368
–, postindustrielle 325
Gesellschaftsform, demokratische 37, 354
Gesellschaftsordnung, demokratische 36
Gesellschaftsvertrag für die Wissenschaft 76, 83, 172, 192
Gewißheit
– Grade der ~ 41
–, metaphysische 41
–, objektive 41
–, subjektive 41
Goldhagen-Debatte 267, 346
Grandes Écoles 183
Großforschungseinrichtungen 97, 158
Grundlagenforschung 14, 26, 62, 84, 95, 136, 173, 177, 183 f., 189, 203, 207 f., 212, 224, 236, 284, 286, 291, 317, 379
Gutachtersystem 298

SACHREGISTER

Herrmann/Brach-Fall 294-296, 298, 301, 304, 321
High-Tech-Inkubatoren 211
Hochenergiephysik 113, 316
Holocaust-Forscher 268
Humangenetik 33, 123
Human Genom-Projekt 171, 227
Humboldtsche Universität 60, 62-64, 180
Hyperspezialisierung 110, 112

Idealismus 60, 356
–, philosophischer 62
Impact-Faktor 105
Indikatoren, quantitative 312
Industriegesellschaft 14, 34, 87, 124, 334
Industries, science-based 191
Informatik 112, 158
Instabilität 255
Informationsgesellschaft 12, 14, 325 f., 353
–, post-industrielle 11
–, professionelle 11
Ingenieurausbildung 180 f., 184, 205
Innovations-
– -feindlichkeit 348
– -systeme, nationale 185
– -szenarien 203
Institutionelle Imperative 37, 69
Instrumentalisierung des Wissens 81
Intellectual Property Law 177
Intellektuelle Eigentumsrechte 176, 329
Interdisziplinarität 121, 348, 380

Jurisprudenz 61

Kampf um Aufmerksamkeit 245, 280
Kassandra-Syndrom, negatives 167, 274, 332
Katastrophen 31, 166, 250, 280 f., 332
– -diskurse 166
Klima
– -forschung 167, 231, 277
– -wandel 144, 166, 253, 274, 276 f., 361
Knowledge
– *industries* 195
– *society* 11, 325
Knowledgeable society 11

Kommerzialisierung 177, 210, 216, 221, 228, 329
– der Universität 229, 330
– der Wissenschaft 329
– des Wissens 228
– wissenschaftlichen Wissens 221
Kommunismus 69
Konkurrenzkampf in der Wissenschaft 74
Konstruktivismus 30, 366
Kopplung(en)
–, enge 27, 29, 31-33, 81, 86, 118, 126, 196, 201, 220, 302, 323, 326, 332, 353 f.
– von Wissenschaft und Politik 127, 132 f., 140, 148, 151, 156, 159-161, 168 f., 327
– von Wissenschaft und Wirtschaft 175 f., 193, 197 f., 206, 210 f., 216, 220, 230
– von Wissenschaft und Medien (Wissenschaft-Medien-Kopplung) 252 f., 255, 261, 263, 272 f., 280-282, 302
–, strukturelle 28
Korporatismus 296
Kryptographie 225

Laborexperimente 25
Land Grant Colleges 181
Legitimation(en) 13, 27 f., 131, 137, 142, 159, 168, 188, 242, 273, 380
– -bedarf seitens der Wissenschaft 94
– Rhetorik der ~ 173, 187, 188
Leistungsbewertung 32, 292, 311
– Externalisierung der ~ 32, 292, 310
– Externalisierung der Kontrolle der ~ 292
Leistungsevaluation 319
Literaturflut 100
Lizenzabteilungen 211

Massenuniversität 96, 187
Mathematik 92, 94, 117, 120, 180
Mechanismen, reflexive 17 f.
Mediale Prominenz 239, 262, 270
Medialisierung der Wissenschaft 19, 27, 124, 244, 252, 330
Medien
– -analyse 262, 265, 274
– -aufmerksamkeit 166, 254, 266, 275

393

SACHREGISTER

- -hysterie 256
- -orientierung der Wissenschaft 246
- -präsenz 265
- -soziologie 237
- -stars 253, 264 f.
- -wissenschaften 232, 237

Medizin 61, 189
Metaphern 251
Methoden
- der Beobachtung 44
- des Experiments 44

Militär 133, 219
- -forschung 91, 220

Modell
- Aufklärungsmodell 233, 241
- ,demokratisches 138
- ,dezisionistisches 137, 149
- ,pragmatistisches 138
- ,rekursives 150
- ,technokratisches 137 f.
- Triple-Helix ~ 230

Modellierung 26
Modus 1 15
Modus 2 15, 24, 85
Modus der Wissensproduktion 11, 38, 350
Molekularbiologie 112, 118, 188, 224

Nachrichtenwert 162, 238 f., 378
Naturgeschichte 42-44, 116, 369
Naturphilosophie 43, 47
Nichtwissen 13, 20 f., 26, 156, 335, 352
Normierung 25, 151

Objektivität 26, 30, 34, 42, 47 f., 50, 52, 58, 66, 77, 149, 270, 291, 343, 347, 356
- ,aperspektivische 52
- ,Geschichte der ~ 37, 40, 53 f., 64
- ,mechanische 51 f.

Öffentlichkeit 26, 40, 78, 80, 89, 95, 128 f., 138, 143, 147, 149, 153, 155 f., 162 f., 227, 234 f., 240 f., 243 f., 246, 251 f., 256, 265, 271-273, 282, 287, 289 f., 292, 296, 302, 304, 306, 309, 315, 320, 345 f., 354
- der Diskussion 300
- in der Forschung 56
- der Kommunikation 109, 115
- von Wissen 57, 66, 85

- wissenschaftlicher Kontroversen 165

Öffentlichkeitsgebot 110
- Bedrohung des ~ 112

Ökologie 22, 123, 154, 252, 370
Ökonomie 92, 224, 342
Ökonomisierung
- der akademischen Wissenschaft 176
- der Wissenschaft 198

Optimismus, szientistischer 16
Organisationen der Wissenschaft
- Akademien 38
- Universitäten 38

Originalität, Primat der ~ 119

Paradigmen 70, 72
Paradox 103, 162, 301, 310, 380
Paradoxien 31, 73, 127, 301
Patentierung 171, 209, 221, 228, 330
Patentrecht 177
Peer review 15, 32, 110, 114, 234, 250, 256, 284, 288, 317, 359
Pharma-
- -forschung 208
- -industrie 208, 209
Philosophie 61
Physik 94, 113, 190, 351, 378
Politikberatung 129, 139, 158, 160, 165, 329, 334, 372
Politisierung 19, 24, 27, 29, 124, 131, 140, 159, 168, 251, 292, 327, 329, 361
- der Wissenschaft 19, 132, 140, 159, 168, 327, 329, 380
Polytechnische Schulen 179
Positivismus 82
Postmoderne 80 f.
Post-normal science 22, 124, 342
Primat der Originalität 119
Prioritätensicherung 74
Prioritätsstreitigkeiten 73, 244
Privatisierung 177
Privileg der Selbststeuerung 284
Produktion und Validierung des Wissens 235, 334
Professionalisierung 339
- der Forschung und Lehre 63
- der Kritik 145
Prozeduralisierung 47, 154
Psychologie 92, 101
Public understanding of science 247, 345, 358

Publikationen 81, 91, 94, 134, 209, 227, 252, 276, 285, 294, 309, 312
Publikum 147, 235, 239, 268, 344 f., 354
Quantifizierung 50, 65, 311, 379
Rationalität 14, 19 f., 23, 72, 137, 326, 337
Reaktorsicherheitskommission 159
Reflexive Modernisierung 20
Reflexivität, der Steigerung 352
Regulierungspraxis 159
Relativismus, ethischer 80
Reorganisation der Universität 349
Repräsentation 41, 106, 165, 240, 247, 251, 333, 336, 346
– Authentizität medialer ~ 346
– Authentizität medialer ~ in historischen Filmen 346
–, mediale 246, 336, 346
–, wissenschaftliche 346
Reputation 73, 166, 222, 231, 234, 239, 251, 265, 282, 297, 303, 309, 381
– Hierarchie der ~ 234
– reputationale Autonomie 234
–, wissenschaftliche 235, 239 f., 262 f., 265 f., 270, 282, 297, 303
Research university 64, 361
Ressortforschung 129, 158
Rezeption 37, 75, 89, 99, 112, 317
– von Wissen 99
Risiko 13, 26, 33, 82, 159, 259, 281, 303, 327, 333, 335, 361
– -diskurs 141
– -forschung 123, 343
– -gesellschaft 13, 14, 26, 368
– -kapitalfirmen 214
– -prävention 151, 153, 158

Scholastik 42
Science, industry-based 194
Selbstkontrolle 32, 52, 242, 286, 298, 302, 309, 360
– interne ~ der Wissenschaft 286
Selektivität
– der Qualitätskontrolle 115
– der Wahrnehmung 105
– selektive Aufmerksamkeit 104
– Zwang zur ~ 111
Sexualforschung 123
Sicherheit von Entscheidungen 337

Sicherung guter wissenschaftlicher Praxis 298, 304, 360
Simulation 26
Skeptizismus
–, kognitiver 80
–, organisierter 49, 69, 76, 285
Soziale Distanz 32, 326 f., 333, 344
– der Wissenschaft 24, 29, 32, 326
– Verlust der ~ 29, 34, 332
Sozialer Vertrag zwischen Gesellschaft und Wissenschaft 78
Sozialverträglichkeit 152, 155, 357
Soziologie 92, 103, 262, 326, 368
Spezialisierung in disziplinäre Forschungsgebiete 119
Sponsoring 230
Stand von Wissenschaft und Technik 156 f., 160
Standardisierung 50, 57
Start-up companies 209, 214, 227
Strahlenschutzkommission 159
Strukturen, disziplinäre 350

Technik
– -feindlichkeit 27
– -folgenabschätzung (TA) 153, 155, 343, 357
Technische Hochschulen 179
Technokratietheorien 19, 21
Technologie
– der Distanz 50 f., 64
– -transfer 195, 212, 226, 365
– -zentren 212
Technoparks 211
Theologie 46, 61
Theoriefreie Fakten 44
Three-Mile-Island-Kernreaktor 127
Tierversuche 346
Transdisziplinarität 15, 342, 344, 348
– Popularität des Transdisziplinaritätskonzepts 350
Transferbüros 211
Triple Helix 194, 230, 361
Tschernobyl 127, 166, 276, 368

Überbietungsdiskurse 253, 280, 282
Umwelt
– -psychologie 123
– -verträglichkeit 152, 155, 359
– -verträglichkeitsprüfung (UVP) 153
– -wissenschaften 123

SACHREGISTER

Umweltverträglichkeit, globale 274
Uneigennützigkeit 69, 73, 229
Unity-of-Science-Bewegung 120
Universalismus 55, 69
– Norm des ~ 55
Universitätsbibliothek 111-12
Unternehmensberatung 338
Unterscheidung von Entdeckung und Erfindung 222
Unvoreingenommenheit (Desinteressiertheit) 57

Veränderungen
–, epistemische 25
–, institutionelle 25
Verhaltens-
– -kodex 47
– -normen für Wissenschaftler 305
Verlust
– der Glaubwürdigkeit 31
– der sozialen Distanz 29, 34, 332
Veröffentlichungspflicht 56
Vertrauen 26, 32, 39, 44, 48, 50, 127, 162, 173, 223, 281, 283, 286, 289, 294, 299 f., 302 f., 307, 309, 323, 333, 345, 352
– Erosion des ~s 83
– Generalisierbarkeit des ~s 66
– in Institutionen 49
– in Personen 49
Verwissenschaftlichung 12, 21, 25, 27, 29, 35, 38, 68, 152, 160, 240, 337
– der Gesellschaft 17-20, 30, 118, 124,
– der Politik 20, 24, 27, 130, 132 f., 137, 140, 151, 158 f., 168, 357
Vorveröffentlichung 244, 253

Wachstum
–, exponentielles 87, 95, 116, 126
– Abschwächung des ~ 98
– der Zahl der Wissenschaftler 90
Wahrheit 30, 35, 41 f., 45, 48, 52, 80, 100, 137, 144, 234, 273, 282, 301, 346, 352
– Orientierung an der ~ 352
Wahrheitsbehauptung 347
Wahrheitsvorstellungen 35-37
Wandel
–, epistemischer 35
–, epistemologischer 342
–, sozialer 14

Whistle blowing 303
Wissen(s)
– -angebot 168
– Akkumulation des ~ 57
– Aristotelische Auffassung des ~ 43
– Baconische Auffassung des ~ 43
– -basierung 12, 333
– Durchdringungstiefe des ~ 351 f.
– Geheimhaltung des ~ 56, 165, 330
– Instrumentalisierung des ~ 81
– Kommerzialisierung des ~ 221, 228
–, kontextsensitives 338, 344
– -nachfrage 168
–, objektives 32, 37, 39 f., 50, 53, 66, 81, 146, 270
– -politik 353
– Popularisierung des ~, Aufklärungsmodell 233
– Popularisierung wissenschaftlichen ~ 233
– Produktion des ~ 64, 99, 129, 168, 197, 235, 334, 351
– Produktion und Validierung des ~ 235, 334
– Rezeption von ~ 99
– Sicherheit und Verläßlichkeit wissenschaftlichen ~ 347
–, sozial robustes 344
– Stabilisierung verläßlichen ~s 341
–, transdisziplinäres 15, 342, 350
– universalistischer Charakter experimentellen ~ 55
– Validierung des ~ 235, 334
– Verläßlichkeit des ~ 14, 40, 48 f., 289, 326, 330, 352
Wissensgesellschaft 11, 13 f., 16-20, 23, 26 f. 30, 33-35, 38, 82, 87, 124, 172, 325 f., 333-335, 337, 351, 358
–, post-industrielle 11
Wissensordnung 16, 27, 34 f., 37, 45 f., 64, 83, 85, 121, 325, 327, 332, 351 f.
–, akademische ~ 83, 327
Wissensproduktion 12, 15-17, 21, 24, 26, 38, 51, 54, 59, 64, 70, 81, 83 f., 95, 124, 129, 152, 171, 173, 201, 203, 206, 210, 216, 220, 231, 249, 320, 333-335, 348, 353
– enthierarchisierte 341
–, Modus der ~ 11, 38, 350
–, selbstreferentieller Modus 350
–, sozial distribuierte 339, 351

- Transformation der ~ 16
-, -transfer 186, 190, 204 f., 215, 320, 382
- -typen 221, 352
Wissenschaft
-, akademische 31 f., 37, 39, 54, 63, 68, 76, 85, 140, 176, 181, 185, 194, 218, 224, 340, 382
- akademisches System der ~ 14
- als Frühwarnsystem 281
-, angewandte 26, 59, 118
- Ausdifferenzierung der ~ 24 f., 58, 117, 186, 240, 353
- Autonomie der ~ 83, 125, 284, 291
-, bedrohliche 343
-, Betrug in der ~ 32, 291, 296, 310, 376
- Einheit der ~ 111, 118, 125
- Ethos der 36 f., 40, 53, 67, 74, 80 f., 84, 229, 245, 294, 324
- Finalisierung der ~ 178
- Freiheit der ~ 63, 322
- Funktionssystem der ~ 12
-, gesellschaftlich integrierte 343
-, gesellschaftsferne 343
- Gesellschaftsvertrag für die ~ 83, 192
- Glaubwürdigkeit der ~ 167, 231, 253
-, harmonisierte 343
- Identität der ~ 89, 109, 111, 118, 120, 122, 124-126
- im NS-Deutschland 36
- Innendifferenzierung ~ 117
- Institution der ~ 38, 86, 115, 327
- interne Selbstkontrolle der ~ 286
- Kommerzialisierung der ~ 329
- Konkurrenzkampf der ~ 74
- Legitimationsbedarf der ~ 94
- Medialisierung der ~ 19, 27, 124, 244, 252, 330
- Medienorientierung der ~ 246
- Normierungsparadigma der ~ 25
- Ökonomisierung der ~ 19, 27, 198
- Ökonomisierung der akademischen ~ 176
- Organisationen der ~ 38
-, partizipatorische 22
- Politisierung der ~ 19, 27, 132, 140, 159, 168, 327, 329, 380

-, reine 59, 76, 123
- Re-Integration der ~ 24, 27, 344, 354
-, soziale Distanz der ~ 24, 29, 32, 326
-, sozialer Vertrag zwischen Gesellschaft und ~ 78
- Stand von Wissenschaft und Technik 156 f., 160
- Vergesellschaftung der ~ 18, 24
- Verlust der sozialen Distanz der ~ 29
- Vermittlungskonzepte der ~ 234
Wissenschaftliche
- Berater 129, 147
- Kommunikation 78, 89, 104, 114, 117, 223 f., 285, 292, 312, 328, 332
- Repräsentation 346
- Reputation 239 f., 262 f., 265 f., 270, 282, 303
- Steuerungsmechanismen
- Externalisierung der ~ 284, 353
Wissenschaftliches Ethos 53, 64, 354
Wissenschaft-Medien-Kopplung 252, 272, 280 f.
Wissenschafts-
- -administration 319
- -ausgaben 95
- -geschichte 40, 120
- -gesellschaft 12, 249, 334, 337
- -journalismus 236, 239, 248, 364
- -journalisten 236, 248
- -kritik, postmoderne 22
- -kulturen 89
- -management 319
- -philosophie 71
- -politik 133, 175, 177, 191, 216 f., 263, 318
- -soziologie 37, 70, 356
- -system 28, 89, 98, 114, 173, 233 f., 296, 308, 310, 335, 348
- -verwaltung 297
Wissenschaftsverständnis 20, 71
-, skeptisch-konstruktivistisches 20
-, technokratisches 20

Zitat 104, 259, 312
Zitationsanalysen 114, 313

2. muße doch epistem.(wie mod. Technik) kontextsensibel sein !!!

"transdisziplinär" 342   W.

"sozial robustes" kontextsensitives ("angepaßt")
  peistig. integriert, harmonisiert   disziplinär fraktioniert vs. spaltig fein, bedrohlich
  vs. universalist.

lokalisiert

wie wäre eine "neue" Epistemologie
zu Gemimmen, wenn doch identif.
die alte E. keine einzige transdisziplinär gültige
Kriterien auffindbar wäre. 343
- haben keinen "harten epistemol. Kern"

vs. neue Epistemologie:

Die Frage muß
von der Annahme
um Wiss.
beantwortet werden —
Politik, Medien,
Wirtsch.
[- wer offenbar
nicht brauchbar]
343

Die Frage warum
solchen Wissen um Wiss.
bisher nicht bereitgestellt
wurde, und gar
nicht gestellt.
[Sollten Wiss. forscher/in.
zu dumm o. zu zaghaft
gewesen sein, solche Ideen
zu formen, & zumal sie
alt sind: das alle Wiss..]

Merkwürdig:
die Resistenz
dieses
Diskurses u.
der immer
wieder
erfolgte
Erneuerungen
344

Grundfrage: Wer soll ein relev.
außerwiss. Publikum sein ?
- denen Plausibilitätskriterien
nicht die Wahrheitskriterien d. Wiss. sind. 347
[Befriedig.]
Rolle für Subj.u. koll.
Bedürfnisse
reklamiert.

Wiss.
soll wie Selektionen
zu Winner u.
Bedürfnissen eines
vorgestellten externen
Publikums
orientieren 348

intern

meint die Inklusion einer (d. Wiss., der Übergang. der Bedürfnis
externen Publikum 348
Funktion ~ Interdisziplinarität
  Anwender Intellektueller Betroffene
Nichtwissenschaftler in Prod. u. Validierung
d. Wissens einbinden 350

an eine postmod. ontol. Epistemologie
anknüpfender 350
u. Vorstellg. einer
  außergesellsch. Wissenschaft

[ihnen wird kontrolle angetragen]

Partizipations-
u.
Integrations-
forderungen

PR-Aktivitäten d.
Wiss. als funktionales
Äquivalent d. Re-Integration 354

Demokratisierung d. Ges.
kann in Gegensatz zur
Marktorientierung d. Wiss.
treten 354

Unternehmer-
beratung u.a.: **kontextsensitives Wissen**,
das sich nicht allg.gültig   338
formulieren läßt.

(instabiles Wissen
mittels instabiler
Formen d. Wissensproduktion

(Finanzdienstleister, Pflegewesen,
nicht-akadem. Wissensproduktion — herkömml.
Professionalisierung/Akademisierung unwahrsch.

Funktionsspezif. Operationsweisen d. Wiss. diffundieren   hypoth. Denken, experimentelles
                                                           i.d. Geselsch.   Handeln...
Prinzipien d. wiss. Wissensproduktion   334 Umweg
fest auf alle praxisnahe   über Wiss. Verfahren vermieden
Gegenstände u. Probleme angewendet,
ohne daß sie zu eindeutigen
Wissensformen werden
                                                           sofern sie nur
                                                           d. Wissen.
                                                           bauwirtsch u.
                                                           würdig
                                                           erscheinen

explodierende   340 ←
außerwiss.
Wissensproduktion

Kontext- u.
aufgabenbezogen
Solang d. so produzierte Wissen
erfolgreich + human. unumstritten ist,
bedarf es keiner wiss. Aneignung.
Infolge freien Wissensbewerbs
die es nur i.d. Wiss. gibt.
institut.
= Grenze einer soz. distribuierten
u. enthierarchis. Wissensproduktion
u.a. Aneignungen
Das Wissenschaftssystem als
Bezugssystem unentbehrlich → Sterilisierung d. Wissens
leistet letzte. die Sterilisierung d. Wissens